The First Million Digits of e

edited by

David E. McAdams

Author's website is http://www.demcadams.com.

Other Books by David E. McAdams

Parrot Colors - An introduction to the concept of colors for preschoolers.

Flower Colors - An introduction to the concept of colors for preschoolers.

Space Colors - An introduction to the concept of colors for preschoolers.

Shapes - An introduction to shapes for preschoolers.

Numbers - An introduction to the concept of numbers for grades K-2.

What is Bigger Than Anything (Infinity) - An introduction to the concept of infinity for grades 1-3.

Swing sets (Sets) - An introduction to set theory for grades 2-4.

One Penny, Two - If Sig's penny doubles each day, how long until he can buy a dark green sports car? For grades 3-6.

My Favorite Fractals - A picture book of wondrous fractals presented as high resolution images.

First Million Digits of Pi - The first million digits of pi for all ages.

Square Root of 2 to One Million Digits - The first million digits of the square root of 2 for all ages.

Orders of Ten - A book that illustrates orders of ten with dots (1, 10, 100, … dots)

Geometric Nets Project Book - 80 geometric nets to copy, cut out, and tape together into 3 dimensional polyhedra for ages 9 and up.

Geometric Nets Mega Project Book - 253 geometric nets to copy, cut out, and tape together into 3 dimensional polyhedra for ages 9 and up

All Math Words Dictionary - Written for students of pre-algebra, algebra, geometry and intermediate algebra, this work is written using the four C's: Concise, Complete, Correct, Comprehensible.

For an up to date list, go to www.DEMcAdams.com.

$$e = \lim_{n\to\infty}\left(1+\frac{1}{n}\right)^n$$

e =
2.7182818284590452353602874713526624977572470936999595749669676277
240766303535475945713821785251664274274663919320030599218174135966
290435729003342952605956307381323286279434907632338298807531952510
190115738341879307021540891499348841675092447614606680822648001684
774118537423454424371075390777449920695517027618386062613313845830
007520449338265602976067371132007093287091274437470472306969772093
101416928368190255151086574637721112523897844250569536967707854499
699679468644549059879316368892300987931277361782154249992295763514
822082698951936680331825288693984964651058209392398294887933203625
094431173012381970684161403970198376793206832823764648042953118023
287825098194558153017567173613320698112509961818815930416903515988
885193458072738667385894228792284998920868058257492796104841984443
634632449684875602336248270419786232090021609902353043699418491463
140934317381436405462531520961836908887070167683964243781405927145
635490613031072085103837505101157477041718986106873969655212671546
889570350354021234078498193343210681701210056278802351930332247450
158539047304199577770935036604169973297250886876966403555707162268
447162560798826517871341951246652010305921236677194325278675398558
944896970964097545918569563802363701621120477427228364896134225164
450781824423529486363721417402388934412479635743702637552944483379
980161254922785092577825620926226483262779333865664816277251640191
059004916449982893150566047258027786318641551956532442586982946959
308019152987211725563475463964479101459040905862984967912874068705
048958586717479854667757573205681288459205413340539220001137863009
455606881667400169842055804033637953764520304024322566135278369511
778838638744396625322498506549958862342818997077332761717839280349
465014345588970719425863987727547109629537415211151368350627526023
264847287039207643100595841166120545297030236472549296669381151373
227536450988890313602057248176585118063036442812314965507047510254
465011727211555194866850800368532281831521960037356252794495158284
188294787610852639813955990067376482922443752871846245780361929819
713991475644882626039033814418232625150974827987779964373089970388
867782271383605772978824125611907176639465070633045279546618550966
661856647097113444740160704626215680717481877844371436988218559670
959102596862002353718588748569652200050311734392073211390803293634
479727355955277349071783793421637012050054513263835440001863239914
907054797780566978533580489669062951194324730995876552368128590413
832411607226029983305353708761389396391779574540161372236187893652
605381558415871869255386061647798340254351284396129460352913325942
794904337299085731580290958631382683291477116396337092400316894586
360606458459251269946557248391865642097526850823075442545993769170
419777800853627309417101634349076964237222943523661255725088147792
231519747780605696725380171807763603462459278778465850656050780844
211529697521890874019660906651803516501792504619501366585436632712
549639908549144200014574760819302212066024330096412704894390397177
195180699086998606636583232278709376502260149291011517177635944602
023249300280401867723910288097866605651183260043688508817157238669
842242201024950551881694803221002515426494639812873677658927688163
598312477886520141174110913601164995076629077943646005851941998560
162647907615321038727557126992518275687989302761761146162549356495
903798045838182323368612016243736569846703785853305275833337939907
521660692380533698879565137285593883499894707416181550125397064648

171946708348197214488898790676503795903669672494992545279033729636
162658976039498576741397359441023744329709355477982629614591442936
451428617158587339746791897571211956187385783644758448423555581050
025611492391518893099463428413936080383091662818811503715284967059
741625628236092168075150177725387402564253470879089137291722828611
515915683725241630772254406337875931059826760944203261924285317018
781772960235413060672136046000389661093647095141417185777014180606
443636815464440053316087783143174440811949422975599314011888683314
832802706553833004693290115744147563139997221703804617092894579096
271662260740718749975359212756084414737823303270330168237193648002
173285734935947564334129943024850235732214597843282641421684878721
673367010615094243456984401873312810107945127223737886126058165668
053714396127888732527373890392890506865324138062796025930387727697
783792868409325365880733988457218746021005311483351323850047827169
376218004904795597959290591655470505777514308175112698985188408718
564026035305583737832422924185625644255022672155980274012617971928
047139600689163828665277009752767069777036439260224372841840883251
848770472638440379530166905465937461619323840363893131364327137688
841026811219891275223056256756254701725086349765367288605966752740
868627407912856576996313789753034660616669804218267724560530660773
899624218340859882071864682623215080288286359746839654358856685503
773131296587975810501214916207656769950659715344763470320853215603
674828608378656803073062657633469774295634643716709397193060876963
495328846833613038829431040800296873869117066666146800015121143442
256023874474325250769387077775193299942137277211258843608715834835
626961661980572526612206797540621062080649882918454395301529982092
503005498257043390553570168653120526495614857249257386206917403695
213533732531666345466588597286659451136441370331393672118569553952
108458407244323835586063106806964924851232632699514603596037297253
198368423363904632136710116192821711150282801604488058802382031981
493096369596735832742024988245684941273860566491352526706046234450
549227581151709314921879592718001940968866986837037302200475314338
181092708030017205935530520700706072233999463990571311587099635777
359027196285061146514837526209565346713290025994397663114545902685
898979115837093419370441155121920117164880566945938131183843765620
627846310490346293950029458341164824114969758326011800731699437393
506966295712410273239138741754923071862454543222039552735295240245
903805744502892246886285336542213815722131163288112052146489805180
092024719391710555390113943316681515828843687606961102505171007392
762385553386272553538830960671644662370922646809671254061869502143
176211668140097595281493907222601112681153108387317617323235263605
838173151034595736538223534992935822836851007810884634349983518404
451704270189381994243410090575376257767571118090088164183319201962
623416288166521374717325477727783488774366518828752156685719506371
936565390389449366421764003121527870222366463635755503565576948886
549500270853923617105502131147413744106134445544192101336172996285
694899193369184729478580729156088510396781959429833186480756083679
551496636448965592948187851784038773326247051945050419847742014183
947731202815886845707290544057510601285258056594703046836344592652
552137008068752009593453607316226118728173928074623094685367823106
097921599360019946237993434210687813497346959246469752506246958616
909178573976595199392993995567542714654910456860702099012606818704
984178079173924071945996323060254707901774527513186809982284730860
766536866855516467702911336827563107223346726113705490795365834538
637196235856312618387156774118738527722922594743373785695538456246
801013905727871016512966636764451872465653730402443684140814488732
957847348490003019477888020460324660842875351848364959195082888323
206522128104190448047247949291342284951970022601310430062410717971

50279343326340799596053144605323048852897291765987601667811937932
372453857209607582277178483361613582612896226118129455927462767137
794487586753657544861407611931125958512655759734573015333642630767
985443385761715333462325270572005303988289499034259566232975782488
735029259166825894456894655992658454762694528780516501720674785417
887982276806536650641910973434528878338621726156269582654478205672
987756426325321594294418039943217000090542650763095588465895171709
147607437136893319469090981904501290307099566226620303182649365733
698419555776963787624918852865686607600566025605445711337286840205
574416030837052312242587223438854123179481388550075689381124935386
318635287083799845692619981794523364087429591180747453419551420351
726184200845509170845682368200897739455842679214273477560879644279
202708312150156406341341617166448069815483764491573900121217041547
872591998943825364950514771379399147205219529079396137621107238494
290616357604596231253506068537651423115349665683715116604220796394
466621163255157729070978473156278277598788136491951257483328793771
571459091064841642678309949723674420175862269402159407924480541255
360431317992696739157542419296607312393763542139230617876753958711
436104089409966089471418340698362993675362621545247298464213752891
079884381306095552622720837518629837066787224430195793793786072107
254277289071732854874374355781966511716618330881129120245204048682
200072344035025448202834254187884653602591506445271657700044521097
735585897622655484941621714989532383421600114062950718490427789258
552743035221396835679018076406042138307308774460170842688272261177
180842664333651780002171903449234264266292261456004337383868335555
343453004264818473989215627086095650629340405264943244261445665921
291225648893569655009154306426134252668472594914314239398845432486
327461842846655985332312210466259890141712103446084271616619001257
195870793217569698544013397622096749454185407118446433946990162698
351607848924514058940946395267807354579700307051163682519487701189
764002827648414160587206184185297189154019688253289309149665345753
571427318482016384644832499037886069008072709327673127581966563941
148961716832980455139729506687604740915420428429993541025829113502
241690769431668574242522509026939034814856451303069925199590436384
028429267412573422447765584177886171737265462085498294498946787350
929581652632072258992368768457017823038096567883112289305809140572
610865884845873101658151167533327674887014829167419701512559782572
707406431808601428149024146780472327597684269633935773542930186739
439716388611764209004068663398856841681003872389214483176070116684
503887212364367043314091155733280182977988736590916659612402021778
5588548761761619893707943800566633648884365089144805571039765214696
027662583599051987042300179465536788567430285974600143785483237068
701190078499404930918919181649327259774030074879681484882342932023
012128032327460392219687528340516906974194257614673978110715464186
273369091584973185011183960482533518748438923177292613543024932562
896371361977285456622924461644497284597867711574125670307871885109
336344480149675240618536569532074170533486782754827815415561966911
055101472799040386897220465550833170782394808785990501947563108984
124144672821865459971596639015641941751820935932616316888380132758
752601460507676098392625726411120135288591317848299475682472564885
533357279772205543568126302535748216585414000805314820697137262149
755576051890481622376790414926742600071045922695314835188137463887
104273544767623577933993970632396604969145303273887874557905934937
772320142954803345000695256980935282887783710670585567749481373858
630385762823040694005665340584887527005308832459182183494318049834
199639981458773435863115940570443683515285383609442955964360676090
221741896883548131643997437764158365242234642619597390455450680695
232850751868719449064767791886720306418630751053512149851051207313

846648717547518382979990189317751550639981016466414592102406838294
603208535554058147159273220677567669213664081505900806952540610628
536408293276621931939933861623836069111767785448236129326858199965
239275488427435414402884536455595124735546139403154952097397051896
240157976832639450633230452192645049651735466775699295718989690470
902730288544945416699791992948038254980285946029052763145580316514
066229171223429375806143993484914362107993576737317948964252488813
720435579287511385856973381976083524423240466778020948399639946684
833774706725483618848273000648319163826022110555221246733323184463
005504481849916996622087746140216157021029603318588727333298779352
570182393861244026868339555870607758169954398469568540671174444932
479519572159419645863736126915526457574786985964242176592896862383
506370433939811671397544736228625506803682664135541448048997721373
174119199970017293907303350869020922519124447393278376156321810842
898207706974138707053266117683698647741787180202729412982310888796
831880854367327806879771659111654224453806625861711729498038248879
986504061563975629936962809358189761491017145343556659542757064194
408833816841111166200759787244137082333917886114708228657531078536
674695018462140736493917366254937783014074302668422150335117736471
853872324040421037907750266020114814935482228916663640782450166815
341213505278578539332606110249802273093636740213515386431693015267
460536064351732154701091440650878823636764236831187390937464232609
021646365627553976834019482932795750624399645272578624400375983422
050808935129023122475970644105678361870877172333555465482598906861
201410107222465904008553798235253885171623518256518482203125214950
700378300411216212126052726059944320443056274522916128891766814160
639131235975350390320077529587392412476451850809163911459296071156
344204347133544720981178461451077872399140606290228276664309264900
592249810291068759434533858330391178747575977065953570979640012224
092199031158229259667913153991561438070129260780197022589662923368
154312499412259460023399472228171056603931877226800493833148980338
548909468685130789292064242819174795866199944411196208730498064385
006852620258432842085582338566936649849720817046135376163584015342
840674118587581546514598270228676671855309311923340191286170613364
873183197560812569460089402953094429119590295968563923037689976327
462283900735457144596414108229285922239332836210192822937243590283
003884445701383771632056518351970100115722010956997890484964453434
612129224964732356126321951155701565824427661599326463155806672053
127596948538057364208384918887095176052287817339462747644656858900
936266123311152910816041524100214195937349786431661556732702792109
593543055579732660554677963552005378304619540636971842916168582734
122217145885870814274090248185446421774876925093328785670674677381
226752831653559245204578070541352576903253522738963847495646255940
378924925007624386893776475310102323746733771474581625530698032499
033676455430305274561512961214585944432150749051491453950981001388
737926379964873728396416897555132275962011838248650746985492038097
691932606437608743209385602815642849756549307909733854185583515789
409814007691892389063090542534883896831762904120212949167195811935
791203162514344096503132835216728021372415947344095498316138322505
486708172221475138425166790445416617303200820330902895488808516797
258495813407132180533988828139346049850532340472595097214331492586
604248511405819579711564191458842833000525684776874305916390494306
871343118796189637475503362820939949343690321031976898112055595369
465424704173323895394046035325396758354395350516720261647961347790
912327995264929045151148307923369382166010702872651938143844844532
639517394110131152502750465749343063766541866128915264446926222884
366299462732467958736383501937142786471398054038215513463223702071
533134887083174146591492406359493020921122052610312390682941345696

785958518393491382340884274312419099152870804332809132993078936867
127413922890033069995875921815297612482409116951587789964090352577
345938248232053055567238095022266790439614231852991989181065554412
477204508510210071522352342792531266930108270633942321762570076323
139159349709946933241013908779161651226804414809765618979735043151
396066913258379033748620836695475083280318786707751177525663963479
259219733577949555498655214193398170268639987388347010255262052312
317215254062571636771270010760912281528326508984359568975961038372
157726831170734552250194121701541318793651818502020877326906133592
182000762327269503283827391243828198170871168108951187896746707073
377869592565542713340052326706040004348843432902760360498027862160
749469654989210474443927871934536701798673920803845633723311983855
862638008516345597194441994344624761123844617615736242015935078520
825600604101556889899501732554337298073561699861101908472096600708
320280569917042590103876928658336557728758684250492690370934262028
022399861803400211320742198642917383679176232826444645756330336556
777374808644109969141827774253417010988435853189339175934511574023
847292909015468559163792696196841000676598399744972047287881831200
233383298030567865480871476464512824264478216644266616732096012564
794514827125671326697067367144617795643752391742928503987022583734
069852309190464967260243411270345611114149835783901793499713790913
696706497637127248466613279908254305449295528594932793818341607827
091326680865655921102733746700132583428715240835661522165574998431
236278287106649401564670141943713823863454729606978693335973109537
126499416282656463708490580151538205338326511289504938566468752921
135932220265681856418260827538790002407915892646028490894922299966
167437731347776134150965262448332709343898412056926145108857812249
139616912534202918139898683901335795857624435194008943955180554746
554000051766240202825944828833811886381749594284892013520090951007
864941868256009273977667585642598378587497776669563350170748579027
248701370264203283965756348010818356182372177082236423186591595883
669487322411726504487268392328453010991677518376831599821263237123
854357312681202445175401852132663740538802901249728180895021553100
673598184430429105288459323064725590442355960551978839325930339572
934663055160430923785677229293537208416693134575284011873746854691
620648991164726909428982971065606801805807843600461866223562874591
385185904416250663222249561448724413813849763797102676020845531824
111963927941069619465426480006761727618115630063644321116224837379
105623611358836334550102286170517890440570419577859833348463317921
904494652923021469259756566389965893747728751393377105569802455757
436190501772466214587592374418657530064998056688376964229825501195
065837843125232135309371235243969149662310110328243570065781487677
299160941153954063362752423712935549926713485031578238899567545287
915578420483105749330060197958207739558522807307048950936235550769
837881926357141779338750216344391014187576711938914416277109602859
415809719913429313295145924373636456473035037374538503489286113141
638094752301745088784885645741275003353303416138096560043105860548
355773946625033230034341587814634602169235079216111013148948281895
391028916816328709309713184139815427678818067628650978085718262117
003140003377301581536334149093237034703637513354537634521050370995
452942055232078817449370937677056009306353645510913481627378204985
657055608784211964039972344556458607689515569686899384896439195225
232309703301037277227710870564912966121061494072782442033414057441
446459968236966118878411656290355117839944070961772567164919790168
195234523807446299877664824873753313018142763910519234685081979001
796519907050490865237442841652776611425351538665162781316090964802
801234493372427866930894827913465443931965254154829494577875758599
482099181824522449312077768250830768282335001597040419199560509705

3646964731424484538258881126027539095488526397086523390529418296 91
8023571205453282318092703564917433719320806287313035896405708737 79
9678451747405153174013848780828810060463889367116404777559854812 63
9075047472950126094199903737212462016770305177903529527931687663 05
0998374418598034988212393409198050551038215398276772913731380067 15
3392401269545863764220650978108529076390797278413017645532475270 73
7887640693664200121947457023582954813657818098679440202202808226 37
9570067553935758080863189320758644442066446916493344676981808117 16
5686652133896861735924509208014653125297779661371986959164518694 32
3242464044016723819780207283944182645021831314833660193848919723 17
8171543721921039466384737156302267018013435159304428538489418256 78
8707212385205972638592249347636231221881137063075069182601096890 69
2514171425142181534915321290777237485066354891708928507602343517 68
2183550088296474106558148820492395337022705367056307503174997881 87
0099892510201780156010422778362836443237297799299351609258845157 72
0552328969783331264276712910939931037734259105923032776526676418 74
8424410765644477670977903923249584163485277351719810646738371427 42
9744689923204069325060628344689375430167878153206160090576934049 06
1461766070943801109154432619290007452098959592011594123241022748 45
4826054043618718363302689928586235821456438796952102352666733724 34
4230915771832775658002119282703910423919664269111553335945696857 82
8170203254955525288754644660746202947661160044355516047350442921 27
9163587484735015902155221203882811680214138658651684645699648100 15
6337412550984797301386562754601612792463597836614801638716027944 05
4827101962907745436280926125675071817736417497632544367735036325 80
0040429199069631173977878750815602273688249670776355598692849016 28
7686996280537901818481488108339469000163807910759607455046889126 86
7928123911488800367207297308013544313253477130941867171786075229 81
3735391267728125939582205242899913716906856504215750567299912741 77
1492796088315023586978161908949084877177225038608726183849479397 57
4406649127605188781242336831254672783315131867589156683006792102 15
9473368585912013953603016781104134444110309033887615204882969091 04
6891676715553733466225455759752026247712427962259832784058335858 97
6714742057240474397202328959037261486883880031741464902038435903 58
5279931238710428459816089961019456916469838377182672646852648691 72
9484141530046040042995850351641018990275293668674318349554474581 24
1401907546816077709779205793838953781921288474099295370405469622 26
5472788072486855080465710431238548733516530705707845842433355509 58
2219128627972054554662670991319023703117796908927866231126613376 71
1785129430593232816058265356238481641921447325437310020627384668 12
3516910163592525882568064389463898808727352844064622081495138622 75
2399389387349050826254724177817025820441298537604998278990200834 98
3873629924981257423545684390230122617336658205467856711479730650 77
0354756205674283001874730191973108811575167770050714320127263546 01
9124608004516081086418355396699469369473222716707489728504641953 92
9664347252547243576591929699490616701890614336169070561482809803 63
2434541282299682759802266940456421813286245175496521472216208398 24
5945766133427105649571935644315617745008283769357009954195418390 29
1510331879339076142074670288679685949854397894573007689398900700 73
9246974618128557646622654129132040522790712128206537750582800408 97
1634671637090249067747363091369040026156464321595609108510924451 62
4544201414426416601813859900174174082442453786101584333617772925 80
6111591920084140918881912088582076270114836717607490469809144430 57
2622111045833007893316981916039171506227929862827094462759150096 83
2263450737254513668581724834984700808401638682097263713452054398 02
2778663372932908299140106455897616974559784092114091676840202693 70
2292317433344999869018415108889931651250900011637191149948520248 21
5863962162949817530946230476048323993793910021425329964762351635 69

009445086058091202459904612118623318278614464727795523218635916551
883057930657703331498510068357135624341881884405780028844018129031
378653794869614630467726914552953690154167025838032477842272417994
513653582260971652588356712133519546838335349801503269359798167463
231847628306340588324731228951257944267639877946713121042763380872
695738609314631539148548792514028885025189788076023838995615684850
391995855029256054176767663145354058496296796781349420116003325874
431438746248313850214980401681940795687219268462617287403480967931
949965604299190281810597603263251746405016454606266765529010639868
703668263299050577706266397868453584384057673298268163448646707439
990917504018892319267557518354054956017732907127219134577524905771
512773358423314008356080926962298894163047287780054743798498545562
870729968407382937218623831766524716090967192007237658894226186550
487552614557855898773008703234726418384831040394818743616224455286
163287628541175946460497027724490799275146445792982549802258601001
772437840167723166802004162547244179415547810554178036773553354467
030326469619447560812831933095679685582771932031205941616693902049
665352189672822671972640029493307384717544753761937017882976382487
233361813499414541694736549254840633793674361541081593464960431603
544354737728802361047743115330785159902977771499610274627769759612
488879448609863349422852847651310277926279743981957617505591300993
377368240510902583759345170015340522266144077237050890044496613295
859536020556034009492820943862994618834790932894161098856594954213
114335608810239423706087108026465913203560121875933791639666437282
836752328391688865373751335794859860107569374889645657187292540448
508624449947816273842517229343960137212406286783636675845331904743
954740664015260871940915743955282773904303868772728262065663129387
459875317749973799293043294371763801856280061141619563942414312254
397099163565102848315765427037906837175764870230052388197498746636
856292655058222887713221781440489538099681072143012394693530931524
054081215705402274414521876541901428386744260011889041724570537470
755550581632831687247110220353727166112304857340460879272501694701
067831178927095527253222125224361673343366384756590949728221809418
684074238351567868893421148203905824224324264643630201441787982022
116248471657468291146315407563770222740135841109076078464780070182
766336227978104546331131294044833570134869585165267459515187680033
395522410548181767867772152798270250117195816577603549732923724732
067853690257536233971216884390878879262188202305529937132397194333
083536231248870386416194361506529551267334207198502259771408638122
015980894363561808597010080081622557455039101321981979045520049618
583777721048046635533806616517023595097133203631578945644487800945
620369784973459902004606886572701865867757842758530645706617127194
967371083950603267501532435909029491516973738110897934782297684100
117657987098185725131372267749706609250481876835516003714638685918
913011736805218743265426063700710595364425062760458252336880552521
181566417553430681181548267844169315284408461087588214317641649835
663127518728182948655658524206852221830755306118393326934164459415
342651778653397980580828158806300749952897558204686612590853678738
603318442905510689778698417735603118111677563872589911516803236547
002987989628986181014596471307916144369564690909518788574398821730
583884980809523077569358851616027719521488998358632323127308909861
560777386006984035267826785387215920936255817889813416247486456433
211043194821421299793188104636399541496539441501383868748384870224
681829391860319598667962363489309283087840712400431022706137591368
056518861313458307990705003607588327248867879324093380071864152853
317943535073401891193638546730000660453783784472469288830546979000
131248952100446949032058838294923613919284305249167833012980192255
157050378521810552961623637523647962685751660066539364142273063001

6486526138918422435017974559936167940633035221118290715975388218 39
7775528129815385701687022026202746786479166440307290184454979563 99
8448368078519970882014077691992616749911483298218543827189462821 65
3870648585886462216114103435703428788629790834188716062144300145 33
2750297151046731560210000438695105837737797660034608876248616409 38
6452521779352899475784962552439255986205214090523462508478304870 46
4926883132894705538913572907069675995562985866695597216865060520 72
8013421043557627791840217976266564845802615914071734770090394751 68
0177099001293911378812485342559493128666534650337288463906499684 60
6447419075243133239034049081952330443895590605478549546202632566 76
8132624359250202495162756070809004364604214970256914885552650228 10
3277621158422824332695286291376626754819935461181439133675797001 41
2558701433194347640357253769143888996830882628446164255750340014 28
9825576203863643841379065196129177773541836946762329829049812617 17
6761915542925704384322399184822617443504701991712582146876831726 46
0789596905699813532644359739651734733194847987580641379268854135 52
5232757204573294772157068500169500469597583893735275386226649434 56
4370716105115216171762375980509005532321548960628177943022686405 79
5558457306005983764827033398594200985823514001795071045690191913 59
0623041023367980809072401963126752689163621363510326480772329149 50
8591512658121438233710729491480884723552863941959934556841563445 77
9517270333742381299032601981605719711839506627582203218371360597 18
0259408706155347131044822727168483955241059136059198124449784581 10
8545112316681735348382537248253476367775817128672058651482853172 73
5690698399351107634320913197803140316588973796283011784098064101 75
0165110729329078321774875662893106503838060933728413992267333847 78
2033020207005171889417064651462383667206327426443366121740117669 14
9192355709056448030163422943018376552631084501725103075409426044 09
6870662880662659005690824514076325991581644993614551724520570204 43
0937223055502172222997062097492686097627874096264487720560430786 34
8088857091434647932415362143031999656956107535704172072853342501 71
3255588181132955040952178301394652164365942629607685705856985071 57
1513172629289600725876015648405560886131654118359586287106654962 82
5995351271932446357910465543891651509541873060710150344306095823 02
2574559749442750676309263225299663382193952029279179732470945596 91
0164029836830804263099104815675036235096549243025895752735214124 45
1495424629722585101207078021101881067223479725793306531877134384 66
7138075463834716354288549576109428418986017946587214444951988015 50
8040425064521914849899204000073106723699446552460209087678823000 64
3377256573850109698990581912909570798666994537650804079178524382 22
0410705992788892677457520842875263779867303605612307107239225815 04
7813791727312612348783340344738335736019732359466042737046352013 27
1825924109060400976385858577169584195631095777485295798368447568 03
1218748182028339418870763117316152898117564297113341814972180780 40
4650776572044570828594174751149261793673799992201817893994333377 31
1469119707378610419639864221660455889656832067013375057450388721 11
3324367398402841886391476334916951140325834758415141703256901617 84
9314557069041698580502177984976370147589148105432058549141006622 01
7217197268789300121012674812702359408551626016894251114584996583 15
5896604600915257978816703846259053832569205204257913789488275796 03
2788775354668614418268277976512589535637614859944850497066384062 66
1219571419110632460617741805772123816598724724322529690985336284 40
7990300075945462815492355060864815579289619696170607152015898252 99
7728035200026108888141765066362169059280215164291984840774461436 17
8914151915179765378482826870187500302648676084332046585254705558 82
4102546548060404373727718347690147206642344343742555141291785030 32
4712634180765251878029255347740011048539969605499265080939106913 37
6148418348845963656215266103322394174670643683405047499433398022 85

6103130830384845712947673898562939376419144070365075446220611864991
1272496437998758065378502037531899726180144046677930501403015807099
2662132292736497186539528665675385721151336061144572228008511837577
8992195430634136923022931397511437024048302273576290399117944992488
4809150710024440784828665985794065255391410414973427802035201354199
9259776281781828253720229201081864494483492554217939827232793570955
8287485971267807831342861807504971757473737302962804773769089325588
9145981417248526582995108822300552232422185861913947951842201315533
3196343639226842591641686694381225371359607100317436519590277125711
6045884860448206744109352153279068160320542159679590664111201876188
5312567101502122394012856686084694359374081585364819125280049207244
0421721709139831231180540432770158356295136562746102488277064888655
0377651756788068724988616570948466657706745770002071443325255557366
5570831503200190829920965454987374197566086195334923129402639049300
9820147003711618294859399311999550704553811967112893677352499581822
0117747997886363932864058078108186573376681578938276564506429173966
6855795550531887153145523530703559947401862259881498546607377876988
7815423603970809774123615182459640268699796095645238285842359535644
6151854481657999664606482613966187203048391195602503811115509384200
2098945915557600838979899499645662625405141956107800902986670146355
2385320660325744668202594306188017730911092127411382691487843556799
3525728088755431646930772353637682260360801740406609971511768804344
9274891971330878229511237466326356353285173941894665109437457682700
7822099284680346841574431277398110441867620329544754680775111266633
6854799444609348099929518756664999022616860196720537491499512268233
6378958652454628134392893383651565369924131096381025591146439238055
2139078628935616609988364791756331767258565235910695203268959900544
8847534241605866898200674831631742863291196333991327090860650745955
2603571573230697121064234240815970683287076244371655327502287978022
5986909811112265588881515208374824500344630465059845696902761669588
2789829136135353062913314278818882493421364424178335193197865439400
2014653280834103417852724898790509199323692709965671335077119058999
9459519239906151561654803001453592125506964053452638234521559992100
5781913710301889792064088839747676671447273142544679235005246188499
2374553075757349027073424962988799969420945959610087025013294533255
3580456892857072412079659198092255505600619712835412702020725839944
1711755209208201510965095266851138975771508108494435082854587499122
9438575631156683245668279929918615390092558717168404956639919591544
0342183645372120236786086553647451756548793189256440852744891909188
1934116675835634397588860463494131118752410384254679379992035469100
4119354431132191360681296575685836117745646546748610619885914148055
7993187253675312434703354826375270813531055708180496424985846461477
9734675993159465147870250652710835087823506565323317977386566661811
6523900176649884854560549613002157761152558133961840270678149003500
2528768236078221073971023391468701597358685890152970103477805032922
1540143595952986834046574717562321966405154014779531674617262087277
3048206346524691099533273755610905783784559454691602236876896414255
9601646896471063480741099285464823530835401323329248640373180031955
2023174762065377261637174453605497266906017111767610477749716668900
1521638389743117141806222223457185679415072995262010862050847831277
4747919099968899372752290536747850205000386300365262188006709266744
1048060273419977566600294279410904000646542810744540076164295253622
4602614761804717443228899532858283977621846009676692675812703028066
5195354520531735368089545899021807831457758912802039700536331938211
1000954432412441979491929162052344213463956538407812094162148350011
1558836184211642839924540275907196215375701870670837310122461413622
0489265556681094670763865360830158476145125815885696100303370811977
0583444528746661988915346642448879119407114239401159869707957459466

337170243268484864632018986352827092313047089215684758207753034387
689978702323438584381125011714013265769320554911860153519551654627
941175593967947958810333935413289702528893533748106257875620364294
270257512121137330213811951395756419122685155962476203282038726342
066227347868223036522019655729325905068134849292299647248229359787
842720945578267329975853818536442370617353517653060396801087899490
506654491544577952166038552398013798104340564182403396162494910454
712104839439200945914647542424785991096900046541371091630096785951
563947332190934511838669964622788855817353221326876634958059123761
251203010983867841195725887799206041260049865895027247133146763722
204388398558347770112599424691208308595666787531942465131444389971
195968105937957532155524204659410081418351120174196853432672343271
868099625045432475688702055341969199545300952644398446384346598830
418262932239295612610045884644244285011551557765935780379565026806
130721758672048541797157896401554276881090475899564605488362989140
226580026134158039480357971019004151547655018391755772677897148793
477372747525743898158705040701968215101218826088040084551332795162
841280679678965570163917067779841529149397403158167896865448841319
046368332179115059107813898261026271979696826411179918656038993895
418928488851750122504754778999508544083983800725431468842988412616
042682248823097788556495765424017114510393927980290997604904428832
198976751320535115230545666467143795931915272680278210241540629795
828828466355623580986725638200565215519951793551069127710538552661
926903526081367717666435071213453983711357500975854405939558661737
828297120544693182260401670308530911657973113259516101749193468250
063285777004686987177255226525708428745733039859744230639751837209
975339055095883623642814493247460522424051972825153787541962759327
436278819283740253185668545040893929401040561666867664402868211607
294830305236465560955351079987185041352121321534713770667681396211
443891632403235741573773787908838267618458756361026435182951815392
455211729022985278518025598478407179607904114472041476091765804302
984501746867981277584971731733287305281134969591668387877072315968
334322509070204019030503595891994666652037530271923764252552910347
950343816357721698115464329245608951158732012675424975710520894362
639501382962152214033621065422821876739580121286442788547491928976
959315766891987305176388698461503354594898541849550251690616888419
122873385522699976822609645007504500096116866129171093180282355042
553653997166054753907348915189650027442328981181709248273610863801
576007240601649547082331349361582435128299050405405333992577071321
011503713898695076713447940748097845416328110406350804863393555238
405735580863718763530261867971725608155328716436111474875107033512
913923595452951407437943144900950809932872153235195999616750297532
475931909938012968640379783553559071355708369947311923538531051736
669154087312467233440702525006918026747725078958903448856673081487
299464807786497709361969389290891718228134002845552513917355978456
150353144603409441211512001738697261466786933733154341007587514908
295822756919350542184106448264951943804240543255345965248373785310
657979037977505031436474651422484768831323479762673689855474944277
949916560108528257618964374464656819789319422077536824661110427671
936481836360534108748971066866318805026555929568123959680449295166
615409802610781691689418764353363449482900125929366840591370059526
914934421861891742142561071896846626335874414976973921566392767687
720145153302241853125308442727245771161505550519076276250016522166
274796257424425420546785767478190959486500575711016264847833741198
041625940813327229905891486422127968042984725356237202887830051788
539737909455265135144073130049869453403245984236934627060242579432
563660640597549471239092372458126154582526667304702319359866523378
856244229188278436440434628094888288712101968642736370461639297485

6167800797799596968433677303524830474782406699282771400690316607 09
9514731541919199114531825439062945732986866135248865005747802519 77
6074426607983002915730305231990521857186285436875778609157269252 32
5731716656252742758084606201770464331012124434092813146597602213 60
4162230311677500859601284752892594633483124087667401281705430679 85
2618689498950049182750083049989264720349869653633262109198306214 95
0958772282608155667021556934846340797768795250382044423266974792 64
8298990169385115521246889358732898783362678193617640236817146064 95
1855087805966353546987882050947620163507570900242014984009678678 45
4053541300504824049966469785580026289318265187087146139095214549 87
9923004317795004895695292801126986325336467371795193630943996091 76
3545687990028145151697437175183306322329421991321376145064113912 69
8371289708293953608328830502560727275635483742054978566598954690 89
9385589184410856051115103543674778107785005727181808096615427091 43
0101615150130865228422387216181090431831637960464315231844346697 99
9048653363753192959677260808534576522747140479419731922209602965 82
5009374082497143730400873769880687970380472234888258198190256440 86
8477497675089991641535021602239678163570976378140239628250543328 01
8287981600469103366024159045046373335974881199986639956171710899 11
8098511976164864992335943282742759833829310998064616053602436040 40
8483796190725421658694094866820923961430838173036215206422978399 82
5336980270399318040249288144306496147476000876543055716726972591 14
6319906888238930053800615680077309844160613555843701277573463708 822
0737929214095487179569478544149517315618281763439295702347104600 88
2306375098775213912234195484711969823031695444680455179226692606 31
3274982725209063290032799729329068272046476503669697652276736454 19
0316398874330422263220213253681760441696120535321743527649379018 77
2522636268831078793451941338259963687950209850330214723076033754 42
3468716472237955077941303048654034889554002107651716308847597040 98
3313061095102941408655740710746404019373477188153399020470367490 84
3593090863547772105648619186038587158820244761381603903785326601 85
8425689141091944645661626677537123659928324818657392514294985551 41
5121367582884232859577594126844790369126620153084180417376989637 59
0025469994541316593419856247807144349772019917026653807141072599 10
6487098972593622433007067604760976904563415765733955495884489480 93
6040771556887472884518381060690380265283182755603959053815072416 27
6150472524877595786507848945473890965733127638529626645170044596 26
3279346377211510285454723128800390584059184988338107113660736575 36
9184280846558989823492193152052574783638552662054007035613102604 05
1450793259257982274060121992493917351221453367079135006074865616 57
3018540492174771620516784865079135733363342576859883612527202509 44
0194306747286679834412930181313442990882340066529153857637791109 55
7080006001435799563518115967647250756683677260523529397730163482 35
7535728742366482946047704291664384035588464223707601117748210796 25
9011802655488689951812394706259542545844913402034001964429653706 43
0886609252688115495962911661686120361953192532626622711081421498 56
1326464672119548011424551339463823859085409178786688269476027818 53
2831554455652659339124878856395046441960224751860114052391875437 42
5265816850030523018770961524116539806467854442731244621794913065 02
6310629034027372604799401819299544542972563775071727056592717792 85
5371955474338521823094927032183436782063826553411571627886039901 57
4952080654434094624466346532535815748140224712606189730608605590 65
0821630687096341197519257743186836717221390630930610193031823266 66
4206281551296476853138610186729218893470393420722455567912395782 60
2489783714735568207826754521426873142522526017958897591162387208 07
5805272210313274447540833192151359345269613972205646992477182893 10
5883947691708514206315571927036363450395296043628850885551600083 71
9735263838389967891846003270736820832348471084717061608791952273 88

252347506380811606090840124222431476103563328940609282430125462013
806032608121942876847907192546246309055749298781661271916548229644
317263587524548607563020667656942355342774617635549231817456159185
668061686428714964129290560130053913469569829490891003991259088290
348791943368696942620662946948514931472688923571615032405542263391
6735831027285797230619981758687004922274186290777079508809336215346
303842967525604369606110193842723883107587771653594778681499030978
765900869583480043137176832954871752604714113064847270887246697164
585218774442100900090916189819413456305028950484575822161887397443
918833085509908566008543102796375247476265353031558684515120283396
640547496946343986288291957510384781539068343717740714095628337554
413567955424664601335663617305811711646062717854078898495334329100
315985673932305693426085376230981047171826940937686754301837015557
54082237153803783838342702379535934403549452173960327095407712107
332936507766465603712364707109272580867897181182493799540477008369
348889220963814281561595610931815183701135104790176383595168144627
670903450457460997444500166918675661035889313483800512736411157304
599205955471122443903196476642761038164285918037488354360663299436
899730090925177601162043761411616688128178292382311221745850238080
733727204908880095181889576314103157447684338100457385008523652069
340710078955916549813037292944462306371284357984809871964143085146
878525033128989319500645722582281175483887671061073178169281242483
613796475692482076321356427357261609825142445262515952514875273805
633150964052552659776922077806644338105562443538136258941809788015
677378951310313157361136026047890761945591820289365770116416881703
644242694283057457471567494391573593353763114830246668754727566653
059819746822346578699972291792416156043557665183382167059157867799
311835820189855730344883681934418305987021880502259192818047775223
884407167894780414701414651073580452021499197980812095692195622632
313741870979731320870864552236740416185590793816745658234353037283
309503729022429802768451559528656923189798000383061378732434546500
582722712325031420712488100290697226311129067629080951145758060270
806092801504406139446350643069742785469477459876821004441453438033
759717384777232052065301037861326418823586036569054773343070911759
152582503029410738914441818378779490613137536794654893375260322906
277631983337976816641721083140551864133302224787118511817036598365
960493964571491686005656771360533192423185262166760222073368844844
409234470948568027905894191829969467724456269443308241243846160408
284006424867072583661011433404214473683453638496544701067827313169
538435919120440283949541956874453676459875488726170687163109591315
801609722382049772577307454562979127906177531663252857205858766376
754282917933549923678212008601904369428956102301731743150352204665
675088491593025926618816581008701658499456495586855628208747248318
351516339189292646558880593601275151838235485893426165223086697314
5114120356599169341030769747774451947043836739600076578628245472064
617380804602903639144493859012422380173377038154675297645596518492
676039300171943042511794045679862114630138402371099347243455794730
048929825402680821621522346560274258486595687074510352794291633405
915025075992398611224340312056999780516223878772230396359709132856
830486160362127579561601328561866388146004722200580017580282279272
167842720649966956840905752590774886105493806116954293569077377792
821084159737469613143291808510446953973485067590503662391722108732
333169909603363771705474725026941732982890400239372879549386540463
828596742216318201530139629734398479588628632934746650690284066719
018081265539973675916799759010867483920062877888531102781695087545
740384607594616919584610655963327283485609570305572502494416337066
573150237126843581984154103154401008430380631442183776750349813408
169325201240813452285974626715177152223063741359255747513535160669

1083594439996923158981567320330271292842412196519363037344079812046
6567953229863573745890316540070164722049894456290503958737889126805
5655164642744601747381752963134587393904845604142034264655604221122
2391346310231612908364469889012472851927785891952287736374404326592
2646722399821864527976648266730701688027220523386003728429031558284
4545938543490994494207509111085321387448232161510078089225162851232
2757243551019990381959933500326414460534703572930739125784817579874
4683534296297496525454268642349492703363994275193542400019731250988
8824196000957662572176218604745737695776495822017962583923763917178
8557994689224967501792519152182196246535755705642282203995466826483
3298229961672170801568010807997771265171562742957636669596619835074
4356671322183833585095366658066055971483767738669225516034636443862
2699772957506584689295998091689499818985885295378744895195270977662
2626841770885902843216763521326308388127663353633190041343328443476
6300679820237169336536528805801563903605627227521872724547642588409
9952164825544536620838117891177252256826114780142428969709671219675
5020944212262794370733287034106463121005573767274502716389752341114
4262878287367583588190567421630615234167894760568792771547897143262
2220410695879471864354399407386399489868361689193778366483271373636
6546769011737602466430822853624947126051732937772472767976358658060
0193962877180606791224268139228721340616948820295068316545897076236
6683025561675594774987151834269892089521826447105149114194411922770
0109776166458500689638494261655934731129610642823790482160562100942
2650761738380824790305109987907196118528325567874729429071510414689
9481049167510352958972423818022881512765822571907055376524552855115
5986364212442841762562301395386699703089436459076006849380408752108
8541598512780703332077798656359079684621915349445876771700637785731
1712110365174863716340983856265415555732926646164022797911959752485
5253003767417740561257003036258117048383853912072731918450647136691
1225764152137698962609403518041474320536003692341790354407357030583
3147416234528401889408089831251913077418233389818803163391595659545
5434057777843316811625518980604091830189075121701929836228970995989
9834054849622842893984698479386686142933245439835926370366993551842
2316616152445059805767457653355523387156782114666899968452270429545
5897109221636525739659502896456377660389880379415179178679106751990
0099661392062387323187867584205442793963667591041268218433750157430
0690459679470466856023582839197599752858653843381891200428537875493
3027689721681991133406972822555353000447439588300797997365184591314
4379464940862721496697191003593999747352627641261259953509026095400
0486693989558994874213795908028931969148458268731237101802297753011
1906842804407809381565980816946116793744256632446567996063637515463
3048331127222318123383717798004397310874026475365825756573510599783
3142648318796198437654958778036852617518353918449204881986297863297
7431369485117805792986364521932324813393930907545663680385136306197
7180339579795225395086974325465026591235850492830288329344892845913
3736216248525288774428918511040937463335906602332397119228144507355
5883733240578148626622074862155133750367755854941386783529282731090
0038231168553745209010951011747966630033303525341432300242882480513
3966314466326560815820452168839223120256710653884595032240023204536
6338955215399190110352173627209095655008464866053689754984789958755
5961031676965871612819519196688933266412037847504170817522737352709
9893437171676423299569356971662137827361388995305157118229608963940
0553804319393984539708644186542916558531686975370527607010614880257
7007853871508357794809523131527477357117136433564132429742081372668
8961491095642148035677922705666258342897734077187106498661504474787
7261642499766714813830539479849589380642028866679519434827501681920
0235916332470991859425203928180839530204349799193618533802014070724
4816273043134189859425038584043659932816519414973772867295895828811

9074900403315934360761896096694948000671943714240581053275177219524743449834141919799181799098646315832460215165755317541561989406982893157458518427833905810294116004986993077514285130212862025395087323887793574097812881870008299448314766781836446565100244678274456955918457680687049780448241057997107715775790935258038242273776124369087098751891490499042255680414631313092401010493682414492534279922013463805383423696437674288625951401461782018107341005654667082368543128163390496765587899014874779724792025022272181694051590421708921042875521886583086084527084239286525975361462900377801670016546716816053432929075730314665624858096395500800233476761870680865268787227831774202140689807034105062002352736322672919640340935712256236594964320769280581655144286432049552568385430792542999093531993294329660182207879331223232259282765560487633999884784264517318903658797564982076074782702588614099760507880367067322681924735136463567586112129530746447771494233438678767058244522966057970071344589875941266546094142114475400072117906074583306868662313091557800059665227361835363404399914452949607283790073382499760206304488060645748927405477306939713370079627461355344425147454236546627522526248699160771111315697253929437567322157587049524172324282065553228088686701536814829117385427357971541579436894910637597491515245100969865738256548995852167472605404683423386107608236057829419480093343700468665682585798273238751583025667201526046843614126529565198942911848879868190882773391472820637945122602945157073671056377200234278118026215026917904004880018089018473117511994254605944167733157779517354444909657521310263068360471403314423142980778956170512569300518042874723684355364027643927779086389665663901667766256785753542399474279194425446646433155541382655433884877788599720636796606923276017338588437631441481135616930304684200174340613952200724036588127982491432617316178138949709550383694795946179798292577409921719227832230063873849961384343984685022347804387337844709287038905364205574748362846168093636509737909002041185258355252015752392808264625557856581902269583763453426634209462144266724539871710477214821281576072753051733309634559093236645289780191751329877479529290995980697901485158395404442839883817975112453555484261267842177977282689897350079545058342737269372883869021252848433709174796032074795540809114918662086871848995504452106161554370832995028549036596173627265528680813247931066868558574016680224082279924333943609362233903214993572625074806174091736360623654644584763846478695205477195333842034039902447610560106127775464714641774126255485198301446274055386018557083599815448912868634807207100617870596693652186748059435699858596995540893292195072693375502358215614249945382347811383165916626831030651947302334193841640768236993576687234622196413225160762611619760347088440464730831726826112777236133819384906065344040439049098641269034792635039435318367410517625657047970644780046843230694302417490297311819511329357468545504847110787429054998706003739831137615448081890676207534245269934437557194466654535240882872675377591970745262863228402196295572479329871328524799946389389249432869177701901289142201887477604849398554711685248105599915744415515074312144061203337628695337924395471553942131210219544305567483704259075530049506649948026147945247390128028426466892294556649586213081189135002796549103448061501704072680100679489268553609449903739283835206279928201815764270549629974019008374934449506007543655257589055465524021034128621248090031629419758761959419565925567328742378561126697417713671044248219166714996117289039443936653402942265145756829074904021534010269239649772759047295733200279828160621305231306587315130769138323171936266644655022907350173476562930333185209492984752274625345642567022546957864848199775133263932215794782124933070511073674749180163456678888107821011518263141

878755138027101379868751299375133303843885631415175908928986956197
561123025310875057188962535763225834275763348421016668109884514141
469311719314272028007223449941999003964948245457520704922091620614
222912795322688239046498239081592961111003756999529251250673688233
852648213896986384052437049402152187547825163347082430303521036927
849762517317825860862215614519165573478940019558704784741658847364
803865995119651409542615026615147651220820245816010801218275982577
477652393859159165067449846149161165153821266726927461290533753163
055654440793427876550267301214578324885948736899073512166118397877
342715872870912311383472485146035661382188014840560716074652441118
841800734067898587159273982452147328317214621907330492060817440914
125388918087968538960627860118193099489240811702350413554126823863
744341209267781729790694714759018264824761112414556423937732224538
665992861551475342773370683344173073150805440138894084087253197595
538897613986400165639906934600670780501058567196636796167140097031
535132386972899001749862948883362389858632127176571330142071330179
992326381982094042993377790345261665892577931395405145369730429462
079488033141099249907113241694504241391265397274078984953073730364
134893688060340009640631540701820289244667315059736321311926231179
142794944897281477264038321021720718017561601025111179022163703476
297572233435788863537030535008357679180120653016668316780269873860
755423748298548246360981608957670421903145684942967286646362305101
773132268579232832164818921732941553151386988781837232271364011755
881332524294135348699384658137175857614330952147617551708342432434
174779579226338663454959438736807839569911987059388085500837507984
051126658973018149321061950769007587519836861526164087252594820126
991923916722273718430385263107266000047367872474915828601694439920
041571102706081507270147619679971490141639274282889578424398001497
985658130305740620028554097382687819891158955487586486645709231721
825870342960508203415938806006561845735081804032347750084214100574
577342802985404049555529215986404933246481040773076611691605586804
857302606467764258503301836174306413323887707999698641372275526317
649662882467901094531117120243890323410259937511584651917675138077
575448307953064925086002835629697045016137935696266759775923436166
369375035368699454550392874449940328328128905560530091416446608691
247256021455381248285307613556149618444364923014290938289373215312
818797541139219415606631622784836152140668972661027123715779503062
132916001988806369127647416567067485490795342762338253943990022498
972883660263920518704790601584084302914787302246651371144395418253
441269003331181914268070735159284180415100555199146564934872796969
351992963117195821262627236458009708099166752820365818699111948365
866102758375863322993225541477479210421324166848264953111826527351
00803165995888814809945737293785681411438021523876706455063233067
233939551964260397443829874822322662036352861302543796600943104500
158604854027036789711934695579989189112302233381602302236277726084
846296189550730850698061500281436425336666311433321645213882557346
329366870956708432252564333895997812402164189946978348320376011613
913855499933990786652305860332060641949298931012423081105800169745
975038516887112037747631577311831360002742502722451570906304496369
230938382329175076469684003556425503797106891999812319602533733677
437970687713814747552190142928586781724044248049323750330957002929
126630316970587409214456472022710796484778657310660832173093768033
821742156446602190335203981531618935787083561603302255162155107179
460621892674335641960083663483835896703409115513087820138723494714
321400450513941428998350576038799343355677628023346565854351219361
896876831439866735726040869511136649881229957801618882834124004126
142251475184552502502640896823664946401177803776799157180146386554
733265278569418005501363433953502870836220605121839418516239153709

790768084909674194289061134979961034672077354959593868862427986411
437928435620575955500144308051267664432183688321434583708549082240
014585748228606859593502657405750939203135881722442164955416889785
558265198046245527898343289578416968890756237467281044803018524217
706136533236073856228166664597654076844715963930782091017090763377
917711485205493367936868430832404126789220929930411890501756484917
499452393770674524578019171841679541825554377930299249277892416277
257788147974770446005423669346157135208417428211847353652367573702
352791459837645712257646122605628127852169580892808988394594406165
340521932514843306105322700231133680378433377389724881307874325614
952744243584753011150345103737688223837573804282007358586938044331
529253129961025096113761670187568525921208929131354473196308440066
835155160913925692912175784379179004808848023029304392630921342768
601226558630456913133560978156776098711809238440656353136182676923
761613389237802972720736243967239854144480757286813436768000573823
963610796223140429490728058551444771338682314499547929338131259971
996894072233847404542592316639781608209399269744676323921370773991
899853301483814622364299493902073285072098040905300059160091641710
175605409814301906444379905831277826625762288108104414704097708248
077905168225857235732665234414956169007985520848841886027352780861
218049418060017941147110410688703738674378147161236141950474056521
041002268987858525470689031657094677131822113205505046579701869337
769278257145248837213394613987859786320048011792814546859096532616
616068403160077901584946840224344163938313618742275417712170336151
163782359059685168880561304838542087505126933144171705880517278127
917564053282929427357971823360842784676292324980318169828654166132
873909074116734612367109059236155113860447246378721244612580406931
724769152219217409096880209008801535633471775664392125733993165330
324425899852598966724744126503608416484160724482125980550754851232
313331300621490042708542735985913041306918279258584509440150719217
604794274047740253314305451367710311947544521321732225875550489799
267468541529538871443696399406391099267018219539890685186755868574
434469213792094590683677929528246795437302263472495359466300235998
990248299853826140395410812427393530207575128774273992824866921285
637240069184859771126480352376025469714309316636539718514623865421
671429236191647402172547787238964043145364190541101514371773797752
463632741619269990461595895793940622986041489302535678633503526382
069821487003578061101552210224486633247184367035502326672749787730
470216165019711937442505629639916559369593557640005236360445141148
916155147776301876302136068825296274460238077523189646894043033182
148655637014692476427395401909403584437251915352134557610698046469
739424511797999048754951422010043090235713636892619493763602673645
872492900162675597083797995647487354531686531900176427222751039446
099641439322672532108666047912598938351926694497553568096931962642
014042788365702610390456105151611792018698900673027082384103280213
487456720062839744828713298223957579105420819286308176631987048287
388639069922461848323992902685392499812367091421613488781501234093
387999776097433615750910992585468475923085725368613605356762146929
424264323906626708602846163376051573599050869800314239735368928435
294958099434465414316189806451480849292695749412903363373410480943
579407321266012450796613789442208485840536446021616517885568969302
685188950832476793300404851688934411125834396590422211152736276278
672366665845757559585409486248261694480201791748223085835007862255
216359325125768382924978090431102048708975715033330963651576804501
966025215527080352103848176167004443740572131294252820989545456276
344353575741673638980108310579931697917916718271145837435222026387
771805250290791645414791173616253155840768495583288190293564201219
633684854080865928095131505012602919562576032932512847250469881908

1464753243423638638602479439210151932351013901177899974835271864693460245542470283753000337254039100859976509876428328029084456620216783622672722927377802136524040288172170124909748994544308268617722393852508837607497421959426552173017333558513894074573481441615113808453580397402777950720518934871707229554276836558267067663139119722118115284665022233834909066765541683369079594094045764729409013543564092779693798420657388914819902253990223159133881458514872251265609275767958737592070139150292165137208511371975227343654584116220662816602563336320744499185114691744550622971460865787363135853890236625572854245160180804871678236888855753250662542623677026042158351601748519818854608600365976067432333464104719910275623586453417486317265563913206064077547794396713836538773776108283000199373597603704672457378809679398944937958296029107469016094512884565500714580918878795426418201453696599628426868823634958792770070252989609967989759419557352539142377824433027467082820087226020534152927358475829375224873779378991367646421537278435539862440158564886921016447816616029621135700566383479903340496238759410928867789202700775049515114057825652950150244849682047443797108729431085416845405130163109022671129519591405208275468664181373058379332361505991420452558802135584747515162678153094655412405240916638575512988948347974233228545041405273542350703359849645936995349596985542449782495869291791824150680530025533704127787034764462443292059068329018866924002223919187146031753996668774779601217906886233110029086683054317870093550669443891319133335863680374475306645024184371360308522885821217202312741670097403514315321318039780336802281542234901837374941179732544785941579621043787870721548140917251636154151633813889125885179242377272296034973055338409428899189191611862495805600735705272278749403212506454262063044694708042779459738171468103951928215506880791367012101099442207370246136871960314911623709679393546363964481390257117680577997517512989796670732926748864300973988148737807673637928867677811705205343677057315668958991815308257616065918437605050517042420932313587248166186838210266799709829664362247236448986489768571001736435473369556193476385981877568559123762325808493415705708634507334439766047803866784617115203251155282371614692006347135703833772298773213650288688688594340512057983869370027833123654274505322834626697864469207809440521385286533846279707480178724779884611460150776171162618007815579154723052147599430580066520427101171256741858602741888013779312799381537276926121140668101565214419035673339261166971404538120100408117601232705131637431544875717687615755549162366017628802206010686555241416193143126715355871548667478993986855108735762610069230213595808381452906422177929877487841615163494973097007943683050809556212645927953336906319365944132611179442566024330646193120029531236193480345045030043150967985881118969505373356710863368869446655641126622879218121141214251673481364724490212752525556476232485056383913916307609763649902889305880534066313524709969933625681023603922640435887875507233198884175905212113903766092726584090238735534185164264448652478057638261600238582806931489222314577587837915649022275906993464816247343997332060130587960681363781529646159632606987449611053683842031053641836753735941763739559880885911889201148715454609247356135159799929997222980417071122569963109459450977655664099727228240152936630948910679632967355058304122586080507404109166785395692612344991028197595639557117530118234803041810290897196552782457702830853217337415939385958532036455905642297166799003222840812595690328869282912601392675878582847655990758280166111200631454113151441088757670818548942877376189915376645051642799854510774007719463980462650777766140535248310904978998595108731126206130187571086437357447083662153774709726601886562106815163280009080861985543035979484798697894660

434027029290899143432223920333487108261968698934611177160561910681
226015874410833093070377506876977485840324132474643763087889666151
972556180371472590029550718424245405129246729039791532535999005557
334600111693557020225722442772950263840538309433999383388018839553
821540371447394465152512354603526742382254148328248990134023054550
811390236768038649723899924257800315803725555410178461863478690646
045865826036072306952576113184134225274786464852363324759102670562
466350802553058142201552282050989197818420425028259521880098846231
828512448393059455162005455907776121981297954040150653985341579053
629101777939776957892084510979265382905626736402636703151957650493
344879513766262192237185642999150828898080904189181015450813145034
385734032579549707819385285699926238835221520814478940626889936085
239827537174490903769904145555260249190126341431327373827075950390
882531223536876389814182564965563294518709637484074360669912550026
080424160562533591856230955376566866124027875883101021495284600804
805028045254063691285010599912421270508133194975917146762267305044
225075915290251742774636494555052325186322411388406191257012917881
384181566918237215400893603475101448554254698937834239606460813666
829750019379115061709452680984785152862123171377897417492087541064
556959508967969794980679770961683057941674310519254486327358885118
436597143583348756027405400165571178309126113117314169066606067613
797690123141099672013123730329707678988740099317309687380126740538
923612230370779727025191340850390101739924877352408881040807749924
412635346413181858792480760553268122881584307471326768283097203149
049868884456187976015468233715478415429742230166504759393312132256
510189175368566338139736836336126010908419590215582111816677413843
969205870515074254852744810154541079359513596653630049188769523677
579147319184225806802539818418929888943038224766186405856591859943
091324575886587044653095332668532261321209825839180538360814144791
320319699276037194760191286674308615217243049852806380129834255379
486287824758850820609389214668693729881191560115633701248675404205
911464930888219050248857645752083363921499441937170268576222251074
166230901665867067714568862793343153513505688216165112807318529333
124070912343832502302341169501745502360505475824093175657701604884
577017762183184615567978427541088499501610912720817913532406784267
161792013428902861583277304794830971705537485109380418091491750245
433432217445924133037928381694330975012918544596923388733288616144
238100112755828623259628572648121538348900698511503485369544461542
161283241700533583180520082915722904696365553178152398468725451306
350506984981006205514844020769539324155096762680887603572463913955
278222246439122592651921288446961107463586148252820017348957533954
255019475442643148903233373926763409115527189768429887783617346613
535388507656327107814312435018965109238453660236940276060642119384
227665755210663671879603217527184404651560427289869560206997012906
367847161654793068868305846508082886614111979138822898112498261434
559408961813509226857611474609406147937240008842153535862052780125
014270055274468359151840373309373580494342483940467505708347927948
338133276237937844629209323999417593374917899786484958148818865149
169302451512835579818112344900827168644548306546633975256079615935
830821400021951611342337058359111545217293721664061708131602078213
341260356852013161345136871600980378712556766143923146458085652084
039744217352744813741215277475202259244561520365608268890193913957
991844109971588312780020898275935898106482117936157951837937026741
451400902833064466209280549839169261068975151083963132117128513257
434964510681479694782619701483204392206140109523453209269311762298
139422044308117317394338867965739135764377642819353621467837436136
161591167926578700137748127848510041447845416464568496606699139509
524527949914769441031612575776863713634644477006787131066832417871

5562817791223390778412751841931611881558872296767496057520531925594
847679397486414128879475647133049543555044790277128690095643357913
405127375570391806822344718167939329121448449553897728696601037841
520390662890781218240141299368590465146519209198605347788576842696
538459445700169758422531241268031418456268722581132040056433413524
302102739213788415250475704533878002467378571470021087314693254557
923134757243640544448132093266582986850659125571745568328831440322
798049274104403921761438405750750288608423536966715191668510428001
74897177481121678416085445440019044924229433366338347684438072624
307319019363571067447363413698467328522605570126450123348367412135
721830146848071241856625742852208909104583727386227300781566668914
250733456373259567253354316171586533339843321723688126003809020585
719930855573100508771533737446465211874481748868710652311198691114
058503492239156755462142467550498676710264926176510110766876596258
810039163948397811986615585196216487695936398904500383258041054420
595482859955239065758108017936807080830518996468540836412752905182
813744878769639548306385089756146421874889271294890398025623046812
175145502330254086076115859321603465240763923593699949180470780496
764486889980902123735780457040380820770357387588525976042434608851
075199334470112741787878845674656640471901619633546770714090590826
954225196409446319547658653032104723804625249971910690110456227579
220926904132753699634145768795242244563973018311291451151322757841
320376225862458224784696669785947914981610522628786944136373683125
108310682898766123782697506343047263278453719024447970975017396831
214493357290791648779915089163278018852504558488782722376705263811
803792477835540018117452957747339714012352011459901984753358434861
297092928529424139865507522507808919352104173963493428604871342370
429572757862549365917805401652536330410692033704691093097588782938
291296447890613200063096560747882082122140978472301680600835812336
957051454650181292694364578357815608503303392466039553797630836137
289498678842851139853615593352782103740733076818433040893624460576
706096188294529171362940967592507631348636606011346115980434147450
705511490716640635688739020690279453438236930531133440901381392849
163507484449076828386687476663619303412376248380175840467851210698
290605196112357188811150723607303158506622574566366740720668999061
320627793994112805759798332878792144188725498543014546662945079670
707688135022230580562225942983096887732856788971494623888272184647
618153045844390967248232348259587963698908456664795754200195991919
240707615823002328977439748112690476546256873684352229063217889227
643289360535947903046811114130586348244566489159211382258867880972
564351646404364328416076247766114349880319792230537889671148058968
061594279189647401954989466232962162567264739015818692956765601444
248501821713300527995551312539849919933907083138030214072556753022
600033565715934283182650908979350869698950542635843046765145668997
627989606295925119763672907762567862769469947280606094290314917493
590511523235698715397127866718077578671910380368991445381484562682
604003456798248689847811138328054940490519768008320299631757043011
485087384048591850157264392187414592464617404735275250506783992273
121600117160338604710710015235631159734711153198198710616109850375
758965576728904060387168114313084172893710817412764581206119054145
955378853200366615264923610030157044627231777788649806700723598889
528747481372190175074700005571108178930354895017924552067329003818
814068686247959272205591627902292600592107710510448103392878991286
820705448979977319695574374529708195463942431669050083984398993036
790655541596099324867822475424361758944371791403787168166189093900
243862038610001362193667280872414291108080291896093127526202667881
902085595708111853836166128848729527875143202956393295910508349687
029060692838441522579419764824996318479414814660898281725690484184

3260619462542766936889535407323634283021896949477661260783463284903151280615010095391645306145542349233938062140077792563376193730520256993190997894043908474435969720520659990178285376762656835586254526974552609910245766196140375378595945063632270951224892419318137281416684270130960507345786590479042438520865081544913501364916986390481256666108437022947302667214991648496107468032615833525803528582757990385840916676188771995398886804319916508668877817014396631768155922620169913966131537380212941600069069475334316778026322072262658818427572160554614396773362584629973850773077514738333151014683952964113973296724579335403901361073952456862430080967204609955457089748930487538979555444437913037904223460377687292360013865695939523007680913777688477897462996994899490161418661315522008566736957708227203389366595906663505943300403637625911891956915616261227047886965103560627484231006054720914370694716610802773798485765434812498224442358283298135436451240922208966439872019979456190303973272546178231363633759276226563015658135455783197304193392690082829527182521388551265830376304774906259955149259431053074789010430098765808165081448626079751296333266752592723516117918367771289310531444716688351829205143436092924931911802493660517914853304210438997730192676860853477681495022992809380658400073117678954912860981123113070025356003478986006538050845325724315536544220676613523374082113078343603269400159269584595882978456494622713008555942933445207270077182063988874047421866977093496477581736835801931683221113655473922881842713738436905266386076624512842993684350826128813673585362938737923699288370479004847222403709198859125563411308494570675990320027516325139266942494856923209045968977756767626842247681200332795770593946131852523564562918059052959747912661628823814298246226541410672464872161743513173976971222280101006681787867761198259615376436418285734810880899885715702797222747347502484390226078804480757248077016210646701669651002026543712600466419355461658389459501435021608901857035581736618234374916226690773118001211882997373198910060609668411932660751654527418294595411892772641925461082463519316477838370782952183896453762363048580427744179071691463565462012151254186648853961615420551523750004267942534177645908215136752584797744651147504384605963258204688096677957090446458846738474816380456351881832103865947982043763347383890177597142362230577763955410112945234880983414766455593422094020597334523379563094414466982224570263671194932866539894913442255177464027325967229935813331108317118072340443268137372312096690524118567348973922341527507079541374534603865067866933962365355564791025085292842942277105930566606251522909241480570809711597834583511731682041296459670706333035692718214962922720732501269552161726498218957909088650853824908489044217555309468320556363164318939176262699310342894851843925396709224125659330791023654852941621322002511937952724803401331352470141821956184190557610301901995216474597344012116012392356793078231907702884158146056472914817451053880601097875059255371523561122901812847101379172151246674285000618182712761250252418761774859940845214927279025670059258544310277046369110988005543124572296838369804708640417060109669622318770653952757838744542291299666230164080547697058214171286363296501304165012781563977996319574126276340111301350827217722871291640022372302348090314853436770165449593807506342852930531311279659452666519604263504064548625433837722094284825435368231861829827131824898844982602857056906990457909981446491936545632594965700446890110499239392180881556261918344043622649655064498485216124984423759284436426120042566286021578011404678796623392281908045776241090764870874061570704866583981448458558032779973279291431957891103735300198731104868956562819173620367030391797106463099062854837028361184866722194576217750345117701104580012912559254626805375

427727378863726783016568351092332280649908459179620305691566806180
826586923920561895421631986004793961133953226395999749526798801074
576466538377400437463695133685671362553184054638475191646737948743
270916620098057717103475575333102702706317395612448413745782734376
330101853438497450236265733191742446567787499665000938706441886733
491099877926005340862442833450486907338279348425305698737469497333
364267191968992849534561045719338665222471536681145666596959735075
972188416698767321649331898967182978657974612216573922404856900225
324160367805329990925438960169901664189038843548375648056012628830
409421321300206164540821986138099462721214327234457806819925823202
851398237118926541234460723597174777907172041523181575194793527456
442984630888846385381068621715274531612303165705848974316209831401
326306699896632888532682145204083110738032052784669279984003137878
996525635126885368435559620598057278951754498694219326972133205286
374577983487319388899574634252048213337552584571056619586932031563
299451502519194559691231437579991138301656117185508816658756751184
338145761060365142858427872190232598107834593970738225147111878311
540875777560020664124562293239116606733386480367086953749244898068
000217666674827426925968686433731916548717750106343608307376281613
984107392410037196754833838054369880310983922140260514297591221159
148505938770679068701351029862207502287721123345624421024715163941
251258954337788492834236361124473822814504596821452253550035968325
337489186278678359443979041598043992124889848660795045011701169092
519383155609441705397900600291315024253848282782826223304151370929
502192196508374714697845805550615914539506437316401173317807741497
557116733034632008408954066541694665746735785483133770133628948904
397670025863002540635264006601631712883920305576358989492412827022
489373848906764385339931878608019223108328847459816417701264089078
551777830131616162049792779670521847212730327970738223860581986744
668610994383049960437407323195784473254857416239738852016202384784
256163512597161783106850156299135559874758848151014815490937380933
394074455700842090155903853444962128368313687375166780513082594599
771257467939781491953642874321122421579851584491669362551569370916
855252644720786527971466476760328471332985501945689772758983450586
004316822658631176606237201721007922216410188299330808409384014213
759697185976897042759041500946595252763487628135867117352364964121
058854934496645898651826545634382851159137631569519895230262881794
959971545221250667461174394884433312659432286710965281109501693028
351496524082850120190831078678067061851145740970787563117610746428
835593915985421673115153096948758378955979586132649569817205284291
038172721213138681565524428109871168862743968021885581515367531218
374119972919471325465199144188500672036481975944167950887487934416
759598361960010994838744709079104099785974656112459851972157558134
628546189728615020774374529539536929655449012953097288963767713353
842429715394179547179095580120134210175150931491664699052366350233
024087218654727629639065723341455005903913890253699317155917179823
065162679744711857951506573868504088229934804445549850597823297898
617029498418376255258757455303112991914341109413088238114443068843
062655305601658801408561023324210300218460588586954418502977463085
858496130037238190325162225570729975710727306066072916922978033647
048840958711228045188511908718588299514331534128549297173849768523
136276076868494780364948299904475715771141080958058141208956059471
668626290036145602625334863284986816039463372436667112964460292915
746181117789169695839947080954788863503281129626899231110099889317
815313946681882028368363373822281414974006917942192888817139116283
910295684918233358930813360131488748366464224381776081007739183393
749346933644748150564933649323157235306109385796839902153381449126
925350768211098738352197507736653475499431740580563099143218 21

254733628135948831768148919430653042602977388549297457056944878307
794587886506297089549984376018169403105690958714138680484635985368
403410594834178843896317995646881579193717465670504744152802771254
156940136586209776073563283296656413581702808801354632610489276873
182991795037994444632815859518138014471681728499679306181417713191
209923628292261254323607122627032457263794686353339175873744655200
600881997529401757242129972354206963042785795060891111341653489343
114917531495353006741974497901723518167156875416348494949128900173
937745143192838243118326326507953037117780618585115350880999820048
276180830720964963647694306617254918614370097138756794021869671014
854030747156109135893316560016725212654250289861225930648410589884
712964923094121514456394788999932714587596955573709085515064800232
147644303723246614711155257858307102493689881456256878683474551889
338518179166757905421042103634931625787047654312679066121664414228
501744627847713274059557960064834328882786483704345606696645689974
691037398771289159331327126624750558225863492842771835583164159366
771221853764237622210477933895637872290250954301418225718033130014
811337773694150848886750189315699484983893605266681801278391200580
143159644191054666323681014820779935652305649042071136419220017718
910793524323432276178771256825112648133297435492656868274871598665
494304164846822059392167335948505784962280793242264981270527139840
772099570723622700924506766568006914996655573786641187707976775486
702878643181794152179617831065503028715727228225081201706071338033
964184121125385624892013001078246216513698951106461113356244383818
536627356378343692127935470923011965591491580056170725851850316728
937041193637478062582429825072646480182152343026808148697816482434
935345685584369637838415383805118440604369687166641651403612972999
291263084281214915246987742933230521499998182904611947167672750374
222136718661465404253446314166064987149900100066004154486843735220
848305949595318287228052082867630036109173450863213303364728958417
658875534522793848029772448571181557489356131152492677200636219836
998066415954938868383641189143044376771549802654495906173826559117
854599937851086144601496764555010365397125113858350508511244251777
292381439623304372403603260318144299136575024601278751411794490130
580345219999270114807171284777030125499488684186757297518921429565
251248694398372904741036312189912421733955068877864313075002482336
183273872969737659882005389590293548605497980232040047223687355741
185813273433797893158203941287898972897329881255351450764153536051
946211221700067632161119584102925256853656181313878408647714709972
455301317076171216318660029146450137858785480209624470377137358772
008673805410814004231141852580329326739632459691404483466572204288
067928061602988404340053653400970658169463609666091111096878975180
132522447824695791325189212265305608586654111537358491279025465436
902086941987112558845372906322442322228713912201224876997683714764
559852673922590499788551425004758526029792930615991344489834197358
331607010751645230131079662038257927853312516176078998463010349349
698149426105536783636602256121376708142109137353178068242017573747
028718931020760695335572170435753517746157352483843210157139981379
859660712966443831479129635927542962712943614268592213899305498064
539914458869247276759854427152778844383676014991289735825996186972
975658897874108218942233734454737522769319922263597352072299838736
848434917684119102024662747957956434961501265743384575863883473583
224253532814204782693447312997118934635450299468174712817929816743
964452495665553231164992067716366458031820584962613223465260617541
353244470200766180741891404015814856000103011999410959549232143440
606763476971308951338917105050385633650354516643177448964006173886
176119362267689057695569391870770394230494003844062261444957251663
101708064292334517042242667960707540402855118239836153138375143249

305639838187799559494254519675655918196869088528343488605082852964
243757871292943936617736283013659587272308096946839893867636622645
679113297746981267522659562100931832208175469477887875535618833508
387024829534607859702360986565637672275570449525873987181259344190
378527557133340984245012725859669243431768901896614540445367904713
629423815612765682424786473617667177064700243111971109000747406594
565031537504417798219230632370087203921208549956968106137918902996
117893675214602238690566548138285828044953753016092142219594063878
707478799119492089837409178853441752306471503027839797986451733662
532951177510555901416045987333818688797785881729197660451635335355
604764842052088881172283199004450428448685233833453010553392963730
803973823060471410452547009489940760121524760281996384634355485293
237716141086959195078687327607540008522006503187123927285783580701
076254276965535596478945016601381629517790853113981109283158321693
156386745974744958438528270165824619209221952913432349677934558561
314020776599614254646328867735689178557683516960839286418883009488
332470044795831693153383238237787634442632345630167951367104751046
966900121777712806552245368937187145156739473344044728045095943309
068366711065595333860293800099994901064276985962326040186373357284
667953122968315635814542089054065122641916201550450043056213699185
094103460960103054381669479596458580442519490511073338767994673447
171861564772381173703565491762870758945603551919560396230115786632
375023472505446107397940247518441555817808796282223197269298451668
330691950507999335725916567555729458596218205265047335371235162366
277047933328932213614185878597277168568272530373483689191184719713
375308844677794327485714882782160884476570004140349992137679420962
756088308150943803070566602276467811753336102818780071021979442877
731314638785781720566140902304149992324826898247722210985218975814
087976348614676360636867461196662034730460891727724004595305137693
837538154348698110199065170696177405221824742265765213815274061269
901270688087538640866990146174089054098187767188007612415196706415
211765308432554426101753634828119683749339582574254124463424723358
636077798096019974518775884545964589595677955886909840476825925347
784993045788312854174707905979590943162772232784457891869421492945
154017421462324030084190797529678244596918350947420212361794030904
863496053405493129991949608795795258697717023668003386250576493808
874099400958994810939798323110883876923649022149911112087063920289
249069843533315272799133098633545432497144137805913224081496015648
567984396646478028040905758088919025423660677450041341579431211250
127523225014806723297965223048849375116608497611641277739531130204
156684826553141134899324374789026893517390404329485161065978583225
316820420283499364159598019734388988302099415215228861117512668617
305195624936718005384563785512917184841784159479743558061785668075
849108018580569556799018519839766069335822477913650456270576673517
096155049333839045261240439551744913688511598745434093204010221898
270753921240324104242445157005296837881574946844150801113861256116
410247719090305004024066227894560706151210826614609866204042501058
397809819201972675901074992488496613944118415973461038240117855673
908056648332103907386708329869107809349582888870711065155965122254
292915421292310807115972327579751085991139807684473263942641945206
313821786226099916008675244626545702896906719228228304516911136365
277451797584214710221909990625737338347272649867824440104899850763
163066805026711594463629352512026942481085453060281062726423653825
077334057547570170436703959646771595926102943831307489724550572908
568849609134632316581946866058709214465371675565553196209186595262
844825373135369816251735193011534158117135329203587316416883910799
400067726603161752758291739839585260645411331898550574784712105350
579564909593167216756562481878200276996373415588000086785256742246

151140601576011591025644900226498003949840335809130914019787784365
016796016746537028746606258434632970830372598049465358931891216397
601319307947697205803471055311111721585921906623102809921208406928
309190601737076465465568341320755631531500645346232100713358490763
304832815345869849733259980118747966427314027938128996172052454067
469527194807993039673019427403646659415440009279990863480662233490
669522404465215899286420343509885842269201934057549684090481295552
265475465071353284254349661608495478809072764993025270281506786281
082524322297998539175984518886838700447710186677215943970851466461
287114874953186218094171967684314466643517583768843678608144631964
191256657404771869916091555091087891943125367194565126187848691087
672991056559515515973965903438362812462911811776094941188010594633
667103904977731200424357811579042982304507203832278124641367129795
941508291837821321287689054596358636934487974978484112327492133166
316281245638823828871564844788314241765014798018785821576879306300
115378899801462369013580375330624614857607493256780768265104573805
901883123761727188993379048711339558848523424025500235220061357491
431825914247982936777549049639935075583966896757836431661836930762
560352860294066280325541653543151801371482194177267224400526840199
653333418400434552529659291850294013160065112439529787436422280697
772043736371787345794842023874515124915791313941114860841642934795
879368186860968968464085833413101785814271095541629337591517839234
130311054332870352659999390496682211276815831651124686645116735137
821434533665059832834744353629031239367208459316439494188113860797
467013470964037853490714908984231789173978365065475198288336739571
436000000343986336321209171895489905574869339770024563247595450441
142258241078386683765546740013732432280911369267068280539754911116
617110239743774947933517403613500539758147552083428577280098618940
198437544643508149821836011257763244738945205163693858513648425996
451836185698908872178976469472124680790033092508349664584165655426
129419510884719720910660510554093373195488840644408028057954900807
604003415466213766960644429377498589735362559195961855244818794031
737450825607289512094545656215954040542581488692984278658235767319
579928529312086627592236611513744576791606362167526744045122105105
209083470744398613782908235277289584962565688197279276869479580610
057378708412144481503479742231210329535929782237713407754954547779
181382354260718461710838909782596440617054354696856703074541163424
413448630867632794917768292309318322134145548259136720282328439654
900180565320396079551707449603900669699033419927821269676777183520
908395954534186677794487274038373338198523588420284015098157959468
587453798950325736280983759221622925859859912384399357557328502861
315597036293424981417805646161586341533863507722326999650886087099
996489937304930717096788874014974614754288038742125068921215587669
224238743470112099085908216407357638081738695975517608387760027751
725303713344565485263566172019756300158004979022341958673806144240
150243628895750320653369082575678550702055510557238187857465037108
630815818586281588305456466229769480397061826549138518132673748522
718826791791909135440785268547625412668339824053402246998996665257
315563764586225186282309208542441280599762850548891309833176188498
335297513607377203057134273963812658856740501384107478894339399660
359185393419841632261765485737667194313284005062629514035787726468
064954935574632640818697971863021876002581399571992360134537422975
891828516751135817147262582859694079851857187007582312231706813486
793088489927518166139960975310529577358461852586521189333937577185
991633511216344103791045184501902306689306417897780815810136044949
540966536366037007588100445026573493512770742674257860878489818562
886998085166571332083584261338114262385542031577424661310887310631
811198988028972284979055107514840370229058048305273188495999415660

6537314021296702220821915862905952604040620011815269664910068587592655660567562963361434230232810747488395040380984981860056164646099819257616235478710913832967563761506732550860683433720438748186791668975746563456020002562889601191100980453350423842063824039434163502977688802779835087481178298349417211674919425601608685332435385951152061809031241698182079314615062073826097180458265687043623935757495737332781578904386011378078508110273049446611821957450170106059384336519458628360682108585130499820420578458577175933849015564447305834515291412561679970569657426139901681932056241927977282026714297258700193234337873153939403115411184101414292741703537542003698760608765500109345299007034032401334806388514095769557147190364152027721127070187421548123931953220997506553022646844227700020589045922742423904937051507367764629844971682121994198274794049092601715727439368569721862936007387077810797440975556627807371228030350048829843919546433753355787895064018998685060281902452191177018634505171087023903398550540704454189088472042376499749035038518949505897971286631644699407490959473411581934618336692169573605081585080837952036335619947691937965065016808710250735070825260046821242820434367245824478859256555487861614478717581068572356895150707602217433511627331709472765932413249132702425519391509083601346239612335001086614623850633127072987745618984384288764099836164964775714638573247333226653894523588365972955159905187411779288608760239306160016168434070611663449248395156319152882728822831375458678269830696691220130954815935450754923554167766876455212545681242936427474153815692219503331560151614492247512488957534835926226263545406704767033866410025277276800886383266629488582740369655329362236090572479794734434077704284318507901973469071141230364111729224929307731939309795452877412451183953480382210373644697046967493042810911797232448615413264031578430955396671061468083815548947146733652483679138566431084747848676243012018489329109615281108087617422779131629345494425395422727309645057976122885347393189600810965202090151104579377602529543130188938184010247010134929317443562883578609861545691161669857388024973756940558138630581099823372565164920155443216861690537054630176154809626620800633059320775897175589925862195462096455464624399535391743228225433267174308492508396461328929584567927365409119947616225155964704061297047759818551878441419948614013153859322060745185909608884280218943358691959604936409651570327527570641500776261323783648149005245481413195989296398441371781402764122087644989688629798910870164270169014007825748311598976330612951195680427485317886333041169767175063822135213839779138443325644288490872919067009802496281560626258636942322658490628628035057282983101266919109637258378149363774960594515216932644945188292639525772348420077356021656909077097264985642831778694777804964343991762549216500608626285329471055602670413384500507827390640287529864161287496473708235188892189612641279553536442286955430551308700009878557534223100547153412810957024870812654319123261956462149376527526356402127388765103883255007364899937167183280028398832319373301564123277185395654932422977953016534830128490677845037490891749347389015649588574802194996722621185874361039774946338633057887487405540005440439344888192044102134790034598411927024921557026873700970995205391930979319495883265922171508324621942300185974396706491149559411733728199869021311629886680267446443489233020607003821262841723679627307191405008084085703978151998148822390059948911946474438682533745889962375133378280532928272016815977970066488394482446332210928320504045983008943565954267256879714918703447338237767914829203283196838105907715727191903042365315650957464549643425328069510396558733549803850995143463506175361480050195045201350200180281506933241918267855737764414097080945745624854867704904368368717590918057269790

401046501948485314672664297866768769778929143112850504309819294973
616594425947175476513520524507259753857795837279770297223143519995
849952234404939450211542886724418871740952455477186748491147503180
177330468990931797447295703519238768640554427813416980724938221974
912425751016218743977290214770463801073147065315420130058381045890
500676455733299814994585465510552637491435419586799259598141221873
523840795741612337226406386043198893624986764969359256959212849590
625444647433175999968516366030521642677042815468177758933925211553
859052682331160830275119438482386155285246501032946729719811210531
412589816510012074268814357759082522746686320618837683045092178458
252623959418967300364080862423365762097911164176633132885235206248
792297895945645033373313942238477858271719541234786043437616524156
871794356257021563666668008853100672894703307954080458332419218848
887071227567033317393926250907355616451367706419953911194888124065
982168578713138505685062309415520687798753974065848425013520561510
348982187377024506358331424362480743254246419598464741157562544101
038967157667726319644252493194180647242378933466856108378980883031
357133315772943566495607812530491759401589514695496522311855966904
855946760796819016726663465018618295566989396501961454440176816281
060446506844813956166722072926121016469233901679339963283301316385
083096794279293455126843576035690197052313836464096131177490460077
284086221474754765322150551811648988787908778091800905070604006122
001005127157599122572528252337802680903052846158173955819812239701
009201720225160635292246478161553353227545326454308709332092463185
597658056171744684045004828535339654686267885233004496779558076166
180183366879231251046080977389556548896281508951962209367505884160
975228232825043371297018660819374896869996130148692469448242072363
291236705254214546416296891044298163337326687167594671539261195064
922472562725454327419349599556959024327909717439225809810360148636
440910149173418307964634506483330340476571182704027686827141808457
499849339203931744540261666367464666875438509396712991806747190988
531271072672442858487069430709975656794919841899642574888476462203
032563775111253406008793690456577927203520592134592427296520668333
851067361527626101602664777248508334471989198680265619723642084750
496266160779709290684475779825179556975823508437174610331038791178
923944163011263407753577352055804006698252319122557051913363140721
134972322654915106296173905061785712750940362314670093117613313201
863115873088679823929800980508949151078837119409975037547367430574
518726541401644692457679218575368036328913966415534206670562327293
600117778149888610083087784957170988085866702310404324252678595556
207731054307229803212594110795734914668468022050181619215076664910
686203337871382605898765521042366819867017786167267197237415691788
000169065665904696531615492360406189182098241400610377940716634200
273582891199418264781278265966620703038479588144279024666926403279
940401680013729347730153094180507058742115328464220300655076396675
616831889700515202665664992941738284032730594074014711747846483924
122567652359341855406644098370608363645765708180166428504425822455
165080886442121211391435245393522552216248379173733032981234952898
409861327370995740778678934931197520423792502285137588043679185454
783641677315182145722650464080010420210041076602780772915255550321
818238722170811276620866531765192645845249526968537631443799834033
694712444724779697389051494112001093414007379406185944716551661267
493079937470577293052175042638379836766815918358904965216372649296
083714720406742899627672031541021150433374205718285409013632572143
759205464047189432854869688359978512226213081298958157139159746453
480609960155587722319345076031541166311296384371940033373601330552
635257149045432792519079400711150478537803637089734014675346551747
074709693581491279718818785437679775167592782230031294551859504288

390273549467266764750607264369876139480687908059353179300171100021
441770150449549641245436165621015091999786297249590580919182525548
635870352932014200585705785541921773050534268753379907603874668968
428340264873329088888174545304719474093925840736205824284934902475
688335244621245610156272906513061852073292543417925229941744785518
999509895999987741095146417007698930562016350219269265316659909323
811829541193754544850942862183942418621806745712809938525884263193
067018209800805090001981962175845893251687769859411052284546583567
936296961921908089753681321048451878451623062391187802460405082490
933606999809477625379297359703775906614599463857837821101712244635
584517194167034473216272244326591485859579782375297632344291124231
136860372451443876580127159406087878863851108968088316550504630900
614883254545281990825623880587204284394183468786514254137768605429
107972100427165815778308922988924267053009639903582236074568871920
027170505626343792760919954189602739328630965921328608661135166777
326788639363813167339722595282799303442004804430472679083147817261
327798086094168819661803918012168971597200147504115472495151410503
657900146821981531433691171839692368016273785055734657894145263968
452080177029347968539001573015091924272510987572895961812581543133
848247947842757178990069004828609246975201126633314582612493892732
461888069986734059756927851692537078104459198647711562007662338363
736888125622483570477193819029809235028000916176306465397690374612
077617753104243623733272225398587779209023488439164055958599831559
572131135722015368030122555768337977485868153308815976455596463073
489861704440719656317227351193184963558533831426672788383345039295
029377544040128395844071644977474670705737732816352848926678889327
538418094322217408770962831715537373087389011635269637367647026041
165542712677443001704407745964150351544668469898830814717116735919
774934041408666867108872506263054788739609618080735626233688669938
220441442910632774728081251838554029654335979589204189529521678003
303586359170607449178999016670105071102879699625445301638178534224
338269341985859320628789660567480513280524098141476548428488014472
408372034795515409655297361805805266414041690814056500653066635278
305203101764650196355216313965698957327632836166331583346417866623
544988120750167071691492153310470066739351500230527309730250765758
038679960538175767282572043189179252836985414536956866925032479293
571945080679610407259577172332575336885711962204887470006617679051
160105645490818910761633509914206626336872394189114896117794790081
348326665072495059648513896920699501239594674168366209231197016458
762409068837655879385200069790955384061037720873921360590968836117
819925593927612201371731669809284329335847891389809680489371788141
314788838709602093407982420362956675642251140226638969684345937058
337096363808216579465031952054541669939826109755938709884703475374
487651003319380943884273534165194805215828390970614683150561333111
603743143254278160824280796489148679541258734785802904273964536807
551844289975646162256794013176962969033901844024256250132312382013
003817794511920415286190500480868159149491818859797929987377619045
531002670016685060405976171659658689281537032500658527591101134567
170006155989909054911534884034325610933621296280037280016167349089
778517008187138784334431418745796331879058055951917651689006368327
671990653471964676195791452576700095560543611621847586129002754569
195840107667619334154954687592870771494717478267577448209415891471
525130674672214180491179041510161624749042795451230798555722138437
281250626829493904788375571225167332620417970532944418925001254775
529261313388710902882177633950932555384067477761169219211928850547
8580841712229540486365055521685134403143661873503481373718553479024
645744459976241001476255234071064479861106653830498391433232558552
207127701720859935376487961770049709957513498572821288158670906528

937979165822522708760371040612998262799964335782351571796636640351
826250189670137221388506965596892881034512735275830786490303343966
825979767368260042216759762419429291911542016589739530515186241886
944505035837691098672958448430501593745568537461104506949765304311
567426481280452699906438807666157443850239678114137005556604513456
064940077365051884900433029736829116199453699429625559632692394274
974587582950975555912081911293377142262342740586990038948271893815
439902453331092403964991905517730796821837428485331329565265422589
624658936823278043336298793645544386693591411913250915630260031175
193657529805199004832556154937412021800240744570360013751534735130
432491413140449808631336696545049139559286115857858212633099225761
627982754480522508990279543876839642829291683503900178922260757352
130731679880259954850093142885988777403381856390162972654783314697
040553401085775570227111661164998035086578781582171894113224759760
775640671497517875124249935221088437088119307342632070504695498620
551341862206540059306415424255264917154496453746948498610752722205
069026523281271233221348163634422029644054859999817821797376391706
764699500728772033879750153161155881479373838839700181946836441915
093663688598677480101643890617705778707750683107727092511734588229
958255985758667409183525647879483719249671126279419288870425739187
555399126120249614372728893846852860684686623949665336881653162374
111115329616767402980723315993865474531508028593782497872796067084
756636409867840323823605044066612379417624357749952408182494218752
883544819169153303642151700993008004652332905533609192889743150839
570415753124617445205777431687702242941032410211057522586657336730
557211974056869894973249444057552955139270855733966636930917897291
916166831158816515936483295569923072005606513275158882162079359572
129467988395510158336511294003581039370510495882007152737404719934
827143882681227151640505263719686571056573698265776325235617759207
158271545197726795100158514573621649273053197097649775286353701550
743549194738981107195098056364010842524597752396131754693966936689
180906889064970214432474925659329899933848010281995458431827218792
883568647369241748009480533272021803759209467174546443367926318728
957084003647222625564405353606612992225686819568506556485445344518
590684875690558693031119244456009022712436235108433024375640883473
866772954007443556581064134668604248469439770392961710785184677895
956811625313357012745302574867097849937743052120994856410121631957
731684490389051902747195220719721204793124110664603455451324645869
947976533923234649658681854156091907757214389733231180714607140026
589225336817101777250208252732427253414235369319820474148886408619
841709107821588305662682741043294910027507365737333233458778294189
013330861010283669885996480411239919600435667940588682144260461450
259522170451281200504619428321637775693717155687288144361498590509
855782412079368364062452319453517770181080482086458205533907024979
090521342961202096017253871883618091960830513700393911706640488719
837090203640721567445592206624744844551817289176253087952202533063
109048284123462722034904134385269573103358771468490734797159719821
670837890361358135172357320670094112455647495704140796739949684534
038514137594388677778354630973452557978126100405977739532917610716
269933516228012642489652421825991028660013475184133660501632837693
077850072407311499461520992457441323532498499693281312033485126417
107173353191210961763956556637096181406400383871146453751191092367
778740315442865794444815963900152934613559776111968375213683320294
191798909563644992913021742333863273435368828577280348852262024018
499522416677029509975826871944999139242999307289149963642117014643
901092567660988725436946776876275459081569192365500234174703415705
559619878144557528478160186571342677532079277373684112221939603234
260408288547106407258416617569213108265256951651850543807557628900

462581136470296047299555496465134728547977466204449446074310896177
852313160271383649431663568809684113784143349692078508291277099755
220139398970624496116257221020399500343155868277464984387017226378
449062262159607707183717575187342646613787851925217026942066950825
549317293447768090286422843890851876557022914083538474992705979214
795721125734097261158078521470560350340448520366803955450789634142
382936152761003950298010184857791534362664963899004581284214860220
472311153134103243645464950115851491458496506518112459162201202878
058903213500391790684474289500858114323383427823220751256917546889
669699292672187387026966005058025600388012877742415083532372692804
532533294440415093191101010456074361474152575892619410143621200278
619032793132785625609937061637946209962516259284608760874597320969
713175677149006711835484572285526827551672018742705853675041066439
239197094510901417962403611755882920024393418674373301260136443361
025388253255225512315805869977457653377552611956144166373842991615
551984437497987244243073869161623822842877889062460655058352589562
894339502559555926362666743158170857937047537677918605883143886598
955476297355740000625058713135780511586614813572399842057961925684
326879654482426150909574181524100515939096513383558128173192914660
822119596008419606962785006550682268723476729714384676098434150220
797828862810129524258387203519355786479347834377717029708131403298
740979081479659524215644042393294314661152520497429237519624244389
664521073444071682210709565147935705125861477048523030976545275340
049013591028747646206966024514837325198251155814145127513705343592
285017003526345822339142737488190204833853523098374165889028450111
469930198422955974421725103101478689388964017884357461326926290926
758536087609631665976013976853041549158638026484381866898897674626
213257818484531371393888650803959915241061581142315299024232649522
596474323195525164519454688278824891855759519739533947338204063812
071444614881564609609594864473195096608578784475436554632945600260
600601403526929703910766135049961656180990804404976856353366348066
030489841267081809537208644485378075355414077797530223164355748301
908455865807622677805168032389745289149331838654581294709172678119
099578797262765184016184621882615173703212368754732887401055119362
748299261650025809474814601356724864636692795854761374133913803685
528712249552516128711903266629309380707643341314732018536178261233
593590642484684361214235857524449175508043029539878926942711544048
640783970755985872137111707817884062792273169783235586745855566361
102303665472392163714122847073626961532781019581561268721838961463
2776538136819279140718606319285333696333642908880936417723827702669
327127541142214455937529671436787856608312399832989317693181539651
728050199921668510995528336158195894417776290508985318439064558027
778990951826883411286270070939981586222279870063267125167155315677
434190030756315961221166443737227229102514783996881374683243598600
393354769679055855715192871106258836232933706388548409814501238228
951921534230529711493865551513574181747907100619621153679559177459
803029912521235316747660977581554252395390369493773009687933818021
645330123190087043132819357189397945744953744491922347644277681232
549653365539187898443598690371670535929672293222340626646914832816
896574011423089867887394810259587299266467051777802355467143139989
738347549339506066034162826941683926748255571396787534865695684007
050553893243242373177084336079077036104653104899249493160093567670
812349336803017936416942127558707900961990202692954593600156255049
364973103173417447656650405620915696840456330867194392999455874608
461011619468713333194161111163307149410437862548843852220599167071
405586074550024027614249316147018928781629459258711843854249268000
986231840458367417176295707331051920112080757739982421213725172185
610815719677967851606300438145262737010235027138677084416807993833

244778016600788811418243665796553890334293927047426920428759405911
210098178287483398780351022801718038750649762400426156026029346578
088196190954686741841221722014111970036540094488424852838059903881
006229136398080692858154154527333795823711825368338897715610378163
471058075967538124836122591833400847794684429790702007601682228324
083785196496302394760077383245594495320147062151485547542513259820
379733556632507323422356650157655591639369209781026236375454232518
854153236486837226704723109190538211227780893406758716972509972934
278325476579887013974155336745664562095518303969146956490006697528
133299105013954222310871898789717814104699122268433221242552240992
007522465011851877142471200965050657822389485661437247733542160708
344513277180114340053820790389285972192879506527218936304736136238
148040475526248421836556348919843278613915722419438162445036197309
040438769743925067422349700718773576834430660272719422238411866165
903394765507764263600517832099887790712751340368228799675100458462
190833426873441711534077777965427701941123797532510177511869606069
202056485992344005574831845102575171737154243706049620234186775860
441953154109266915446121648187357529593165867537438553444295829074
530304512391366619291225647722797770931593913443997628879431692420
208347054140692934031976540484975455624523908052638466854735132382
629626143402318241073790914186508030710566091926568985876950229378
481926867101092089226277403172943945908738180381167341172939306590
083606763025228751031528223627638947994062218503574418652490593894
899724810020371921325675633331633195719384200341700408194740760728
699758583282964206305147188054318873479663907367329746612738509411
468695157214707823709646210456963871317145720220162461331117048286
705756508039337001575008568723164298184771905032775890771056631127
297090064429173386338328958973246118919973493766425425239418215013
364610291432969309778630811408694966594048545280063649097418324112
964440429714101511428759403142350763934041064607251028788173327606
585313136657881470416294842256215158460551538289834395704641311826
210003960381368404512923495872095868038661380839511243314662136660
056386872645624474768065453675410184177254149740293735502207547720
751712908148682096280672979195506302821201814435719653407528596419
533632265123103461934619380791878344862294853385494192746024270399
094679346483811703931169246135254869750464351058944458650951410496
626048084809232254967175931798690119767739121240727107490323471767
706423516373243111471572310472618693634781962340804335831286349960
452429381165506356010625000809506017534699512545046055074762946443
418450811644028888969914020938522395105601034673391301522236818050
860129656584364893343767503914489582525145247732973684095001585599
926612557667264246813284550372827502663675739383421714803737916035
075963328878835673797522462316053902615251104370230749544710398199
420675070121214041570860055468654015559868861282278623295721188408
789292462095107119113170969408646035295828282474140513661040640628
800570829397800953884629059533783248471532359549439009531367015977
301921183757225484872227793226086394267278213286459374973508881143
875312233511117103621369065140547702925841948963918915041952343756
657321363482652739604608965359082081112012659897220683838469308377
896374521743049480869753199421740958565067166293197235822293250927
967007795056836598980171839131221709013945572008860188432016957449
763223059886245204269125700902468541003129709106534523431544459896
832041723855357797898907115865941204967878810958247560444034863933
973510520908964184917831111577117071970886446689372528865227350177
745541037561509365954971752614451258226702827229645299690604591698
753103386443161596068967038123061410862801085912816150876257851985
761035993335312153536392130105582834681356696839223196862855692356
818415700171677541788987968218407876351743321091858109432831220629

237973323694555919908455842707394015336630895934667481201083994268
047272308492799781655030789707174249810164288491106384661284573256
441315052587392480109885084285884003495158754752555174386691891419
122543358164641648989807641069868746039955988539485712311166405248
743137957153650656477960911438913798211889824259541171270489402745
831561594516146485074981729326037926670777553299128246990427438185
330566697451288691330474687450193426170720568141251420803597934615
423982948798148122676841277677252521121702266036670114168689985621
366100708067772558386805604326902863853674994488044606434964081070
011533732582422052515646857222628759647760206338972523854189232316
115923343845471516653611844154690016847207225242563160609674795027
809788381849776926859755800824399490189553991315984156238811729908
258468001818253232462034986150607080709296030060540533968688134475
249485830100391697013078174300719988980468660961935547771920617422
316045880393751575698307025494779537271007484627889283128797148681
306259245764916332612815725496752790680159962807776720245114943340
803099982951979391157650457495975778423792970118960867016082114042
886193795896859306928994628950693669854717491394918706731098233567
781493878652307469512219159571134329508544654475497655600595606947
672379144954501871043608459572313245150559491643942275085907957766
551976631130102078259770291551848528319794435918391415267453695684
041916897536215171638203212091669485646883281452627671854953193321
407926075751861735066944126128694831615054069238920025873228515887
410948122466709699209702824355232337321616142939103912939245469818
124703912383247917211100656807207480510672519096116437395427213730
289730340470767856574341463152425876427113766601315514183209287246
380960427655671362885284249423156011528129286305291259871072697832
561122590459533065678948327810941066761665001051229760179782661781
063457033216687090755324621944920173760815165065260559903123241436
655945494039905851221935190938626316165591668746005626011159737325
199312840829109745869823827655111247857491695381146681723725902468
241647240483490293757463217678388247523767501269030091741734011732
402346638912060015095495883440998741107098567080216353913808144103
877033021274639993561200659378536372212644038685612739642972049464
918660967483718348218791146994267508921474134782585803828672283866
427257808383460656649516249622832017089023164904326866328101543983
988468886440710724474280486201509091856987268577499888966519691107
590883917769312161372168424856699043084863077516682420122219298454
856007242105970286856305179035359318432810268649736540682330777513
282371843877274730053105784734689502320429700192247568294719061704
195585234299556708656119106591905391711329189414309557013070318771
446319513488343882556262829009576050341464130073303124734504620507
708917529105604211086156405447510099440733380429643808771299201485
940552018859556808521441109515566841864208716684710505392882829833
859050934360263671212219695328385807980970632965152526915562921826
903873335274300931679105784673282909517487615184374546760862551094
301805319077912630605106092967822218831463577585963018066560827028
678465594416499360110896202332484142329585655772305648038991964212
779327355104893740997114118054554767943260260669329930796948456359
875316740869923648491674667019043469380311685940553914359518816336
693750157301709724832873781646288223697825298732165808466262990896
562939761541964392081075588301272413779256918374287804861942749306
884815892079183304535744763307548322143589354154455232512042497724
475111438782299893140892948043372890441900579201655678299844092050
804844033000194949288599680217381240794029710311095117298563483569
190271563144718104920117064696391495634774008658402484688597368726
342124623092451071903455297053598268485104917588387408958485841186
917070749736737033361420432012091309858835797890782903940761572053

5218000113184154122560782003666473572637533944693584123734045192496929228158942581683961423938551324662343313180366517426827741001015864923501519610892288633311331903836040400712929160187236663957114243201228831130717712800139873422757958638280675129588653002912800580286123711228294409814046203393076416699154928236666102000101106000803107634107253254341649431770729368919197455168355921225675731114168312703906334860342426163970109045133964404656989912925278212244320839373992082825428318033578276358371575280817826120701080297674834777416453597975946709280959408386009450478904940704158196916546347280372194335833631491304477322394863838574549548444177151124077775968886539152558848028745783646934494517887807032211846013721220829550212384128477194612649554464314845984667392320677141997742412428407531029618912401161235908479320239173740023445783437695468026884426769286191015783775987029376559481977580813168671761406236506802647090165633633075125552558326128234242613421014817100124882379404226285294766637365905992317711856806667628922752492649677802643086274944049718762208972095774048387490057001417952689238607741180486077780314603958192243500135908369950644527587205935636056173038752456163841276957790666517964476968981245720692270183532433130291922130934967161464606972204889547234559893485583785874568451744669943079807859780192966685651746649984013573374659608696671673642013650044333130776894733977365445541036574536351607694199765776075850042777223222852241871963763348567790700459375264074450263270959964976771676023979239172492679306699833179767472586204219957576221025538767409200060202448914712337800754541053946067102109854899814036883776479047868795095364725680526594663654998414073760869167888753027633957147445925330997695918737337201001007410943411210653535200309360537933056798329040670437584800800373684788159042603969987532702962185566295640583784277436467813515616463930988229869036662335183730132210586343125870381466225241575740983743773106208028961700754161721152312789143407503970312472367168327906419473211921015733350773769894377442203793393769134692975214404878149877313144525722482189459109541415344466546553070070483157866540189564177757128391878889245976307479490198053103002092808919632614520608584887790960666043967052853343031111784758340786884620673695352443218385454787570264579493788752065218864548331594966574629825911092888190385564234241618885865663764751177022715935066729909048107680982370186000552616818553277828007228842362412051541387641103514042470717679817191270633346107808979846798965224958077736993725740754139959413655523298293097039298292328672542971708970308113951533808010580261595372147177580077818425011594315349995065751704348230856492345992882382754483556163350584700297935774632607510468447118419488482068781334195362201037022432603200266149263680010965236664988507385735079038020656061704358260258173481215072187435564199772095398862993598557357070101756497793271487474641672710287758966413542438788224595371427314786422415634552694482364583641291866154265618232410505467575238451640909145473546120702852160305432581527186260451048822047924211948470728233188672173245016488524179417259899993884417836901476737635231189889854578317999151846279323877759714106718011128107340151472343264979842063335776699903484731484091244393430826449043866202485031384017180116247856746016790312479740849476073617893987310775066424148923780874584851709450241339588810500214987457354527035258374346148728631347950701302232200129747009421522300742457682395791445626128113789538031052096993089949474958689633426027659724523876951042551786306662326343423321489073795849374134482715965098678837407784140051468972315886216163324072330618027462056464266482106421988626611818364857276991620788180145913568695288399343650036603540319236913005352808925160063319301336501783877022055158787

623128120958849537237487559799887304241561335629189189599137890678
354506113381792576576653306252562207364603394724650656655472555512
036272064403643545283318644696682692576047949893015043149269814168
085684393049308974097182392282350519549095629051221460241723057685
181939048688103289326843144075308276047205958991917592033792003973
198330120148033619370347622595725137263688391739953487345821448528
884269598184925280761770549039492238323707100445127355026405147652
990230316699351507157762816759908287407401948913093885017162842059
064019698713180981040450198383809941523787626297462087080935149838
945931683860062251529777143717932363929527630597864298464803148466
816289381467445724271799585556979683292094268526773902037731645713
359486601293994063265734082544618244631782917496964290867157890467
242901195958587589682236628896637793250582755253396568209990612989
483466710269643061107388133844182652838010365870847990523796953140
067463617637986610048581209963693263538158080395277109948620578000
793961404469992681698363302892554199240074738202430947792310974735
689502870942178886665374450854794320440932931255752376853643888225
388374914237834482875825645352689635205487292475758265212753985608
29820932266745923691237659974081158028277904448604761115564521236
125324308233229338048191937557731520439865068564669174122955614523
156530454636784397585539524262273136204957545367452012571642068866
016275944525827093058428039814637927582491225889431757565793911577
719821891020305602018347597819586244252599049851782090070500915610
500672990876040416260247791513408887337152659256727634102297361854
679706118268232007951195550145222957057882411989886292677792340818
291700195646845094566717352852696245747794620725028781108535692418
402617771211446175983326665193839511674296544088474618841929711721
295833840773452787214647193803281348429453051470919520642176490902
361204549734405675264407999209743774113294324653332504623074532779
970640608086059293873205787426524837016257944061647448364748396240
050127314398817619324580663201848791537103132611770373685281130930
755147809817979603078574862986494108499750687478308343341433521850
985533267527817008798814048217341837816427395808060001158553325915
339330023620046997095609571314827092689091344890173125488518477630
091483567022897299540112096398815541739693438746906642807023318922
100178206640142282021338662344298653412303710703656024402129561884
384561542386788948564292409478548999928775507180491412844356758804
719870342947361177084667833522404403286422998011121577962209003137
795001197927949883922049087900629904214105100494615297765083043072
984125387230050958694896020536004689823673796824725241319797551291
469909811931517234468375748535028092811967354890981972400978717720
447514496372002048553880779761790787001808963734263413084963745580
866717124528007759375220782821722504524223606877336978639976804407
726033032852462256160088375318364877357988468230871289550129386412
125255224457210143270470546184771367424549997887333990083863765435
337918613569504343846333818821475137034975414412486618779597929121
075252519423878158439366843678417744752921914789682234249951953266
481083010828255205836439934326347995452917977525990427884959027248
835187533021108850717952199536498626968137578564485991931771043926
307361013414511961141979993918067263933537735429332811763911404203
726555363966537074841313013742047409707389580455780562605858180312
371007880489164323418469630501630350267624184093852484872935870902
194949446637584018575013473359693404646747938726305523839276392234
006701380317254486502368231086434681283303302770266129206490335587
916813960553135004126135833784694179766471911901144846391379195882
067840128423283126021682519487169752143474536199674925410236877831
821464201151417610097958411124635001281123320028851956635175608924
921777427256357998856671080862256402539974524672870041311805294831

021579276878777266650124442630233548226249000629034744388682316849
108014155945396685367504942216523568970611067050883614794910967153
183345900017546634138912493929797408415490047352781191472174917231
110336991518776715051081549619294891940616375580720667154720945215
632641513071446254521227799773051093886653129572229513480606759734
031944449126847485556549895978922501894762961498458985884306853154
591364323186636220836371729455320294773817612653100247104035380757
481000134596730289371749080334233350166782236236366753896877069833
355573783082127899627626162711643831940848513129761649491116617795
379109589898436768506742285313913113269423607069372905586886949303
901337320064104666750045488106915975868657563359133239506635202737
883260863124654010617107139648553708114963262238125476956634302250
196692273653984291113575930241795379402352851554161327934199493485
828945730846362240781769751511416884184046628377222848701406853582
966354254416592531261549378946536895887016605117042786253461349026
105860380739657238982573424315463224522510580833903471918604257239
075622088780475513935054567035884783482802037141703182931549039573
317749954749113909198427771355630994566675057398592767635436528536
844052596295866960736841559351008817514784688125941617349795986904
632615760393377904648406451167922849999898364360765497538122494973
522386320726331915750271316623438667179347786390107199608690908774
055470659850474445428761118846102234307383727860151095841498434756
768563139063060787483322076534646127626858020825056810449542929831
471677586337947436805700168156584823501076109919043484960015876897
219953732342934614935925248287929541540410991494378856799593065884
980764394584847865223998780624614235299592631628533210531675916736
850873667946611651286031125593595338744307394164034372565201021368
537573536757921993269398412738141636358695948039378364381722478961
096374869703508682173936038468040133490417876028586785511001512808
765030264364403762955988481115209769626214839526169905144322955322
114594888895377550722479998225335382191983351473317976814197742978
543691034269626576312359760541021656084346529218735187938161978911
731515828776720642801451740296567718422185225721329966400264759967
390818764649032021582280477341336264957586506521820302625116066664
167759696204878057657652990060307932347642007414136515701737010324
247706502045926259392391267566147688270358871294033647412877283549
020331844500358234080757220845650796982683468899184927645346896474
932564048637999070553777349841218968913672885132563071898602387688
358068818737452182418171495186523861168867550201207210753280539073
855667075376679313390444490370108104132998559891431718954851379148
688463356074361034888043930612378836230455351879414300467735051080
511003173783832833066468023821316169580511583316358979865537100125
236846405218676301834754114064057501249844384001489729273596232459
624694505414675700870255345368772855840283817467089922497011104055
775472430663110900583996609545156530734361215325480192046484770410
963178299555026971248951348231056190791356156186334681406308656439
714473054344530449613126274299334237557592053146482731537902806194
184892976021996322797379302335309052600774089768822051377761664661
352376561208537772472034623728840811444235268346500602656113707909
910189911264070891897145662628281721121339207917929552988113111411
819340331011040490590148059061417573837943755227393651777320288598
233283596286212821324260795657150312751216579858328056803956572744
563540611353092750592061102876034658687884094260220350756274875421
825481827503527290835257538212583774033310525445449478798009780704
719314212018997454533052973905738721378328460757359712682213909405
632307097010678911267840304838535653660500966512943430857440592841
920182364144340515814013553008872547068032632100322831389142604444
837816541980539335185057497427815221659081172416554903534887051185

690537676232959959228004638621747842582572778850338056961890958873
527183468856340444703852249007867701734071201924018999905091165286
299351264275836639828465508951943188434131530922435711089966334095
921864122186790081219559919385909707651138870300220720141887836998
420596897999223578519892717977207552154172518038578628781880786168
236647146257133880975390904587765334072678241973797871675246666987
309536786531606545412143901361301858029256257266277094961974660877
458085244396223711754067664814349466764138622774188443568745115758
033925617416594189508872003556442837209538549878112718355406813158
023032099824732999482667557100465672422522223264478577118652224177
938975603158430327937573017902391707889764255749774398173035527318
634879051827061005586812566303311725645402996617347713480625877455
018725359096043440980656523698728037344940063666479451869037741865 2
786657854589874644099014415475697970273346391738192830340121817794
622663350389775924361527325035862126273420958308026132500101322068
929071146028906507845554430217553399071319813401291610230076548057
384899375676409322644687625166870884846966767533654024643796912011
624475546759691118255291612635451593338602405224182915609860309491
176729196865128628096278734825643460131344769470448537365115918975
915969417940436070359537371893493674224840120105998980782901327913
903119470961514453750866600668816722879380632081694100874581152433
484610085868590010650346196166195301496479874323563030243668741811
775460381766512662270250988335545790148458733358548552756062766179
642212076398416071671024778147394229181782725430843163239635426981
752951128967501074086706363678746632305364434054084316724530965959
650545817586081178960418406624796174200224042287308875038304829066
630394577737935325009314221602726796924943445817385685993677922606
696767973549918348304160270847691373441711503648966136190148378514
424890318297803141290007076887936523474882952488768735800750630737
569302976370743043553716330585628978340220395207755352704246260263
676480041699398490686613356075719430538744745797426834060814841578
923402452097009709613024978615059309021387945104385787653144857520
551996642430051054244843014291912103131993525788971305676932706151
235267185412447232136690196485593114769485119777750250114140115035
371330484792350898530838220617340596701992837402779769003975606702
037491338574437928550832575320544125996008361620941673763538170459
952358818739815217079043505932122322231362924873413231015348058948
988377923600762273580005799722819817359225643304130693134046248253
918219220514046861225254811135353044632439713187417291482585143002
943589994334872902796291664675219432098080867731083301092251037923
354338488817322591871429663764811291259743233435077219972441615455
119886708113377982246263804010816484487260757143794463725478245299
561567303635166649438266119368485464586544803062826407944371436940
927041312176633296007535233104727344079744318571584491825676318852
801112065698062470147767360539302546398337753942014319753666878368
552435415260542173802311199983604835961226631535524655463553950723
231488621448637065807788119112893133547353825839134182066089895784
802363239944181053523674369605691360803425952807475494771799589143
678224834174069971687402631572752481002598229410676430417178135899
631853718508371090849904041625661755705318232819757020529870857272
520525463770157477900914158264650822169099089163107945466423983024
779959068347747027675058787407925784521161165067736374198623676325
701238230830634556753124977636164451017482608432561904060519099475
043785270634803749683919045696671451582500440603310826717849451214
181454207252674357913629857563164912295356525752462550274169343925
676920275382184547411856996684144155972968265711838508986193836822
970097085090725220761304698806850660627526116445297175449090667938
180447444366261107122337648475839515610499684374560352266801254005

9455686117143122540384425844157150119876393685945229344006956643761
1236642943578443660707800870358703383312565341028345614540868088858
8086570144518890560863173566257032901401846905926888495310042331977
1629625546453066825640124800779227154194388344009764006674351459577
5717844312975972603585460698699690019339361533656060528550401706266
0202211749103491063212128734466198995144195725921148386437639143144
7569064963735792774815208541095401297938621895194550125847653257800
8226653951211727894456247919016951407432103455211405061319760252255
9737990132147935373983134897775922979504105942774918289050246731866
8783701885133881466262901195476222648407312992794474026994458536133
4737340949582148402553637169332171042364674647133277958057231671388
7700659283233192565041837100545962133368244398184028154136366174977
9979881837459965711946768634899439130859368269617857851457222824255
5033923251117339670723654677647066987796655952395922427359217531544
5860114119567757579249769242344621487313434332174075870027287662700
4320619958313214350322829929449850216756868656308940862872286771899
0762804566335038436946694478168093037540702537617429626452483685799
1827631861385020598412293511286213696834914156752707998605009753466
1958426624880286980622004737936351741053295192712766662273690713899
0537784220941206075047876038028925769105153846833504467596784504655
2249062711997731654308592151466518632464875499420812532639494906022
3755526407585910158061269987297582258361533698248881875845939157922
5881932212192814964419934760321754339912249417731443331596518526799
9859460251401299712307229441030258399194134096858589893689903317044
1218864817511703586075249032541291583345460989590017899153499041877
1173292021763047350626279300874953600277149408794940723331527355022
3377669505726620383744223556670559286008410420792681362290018325622
1539119599592166508934576933649202681384993334705764387248809611011
0330042627745970567674238310003147036003762830326316154778307230200
9465712845820547430855648909356477653268034121886042662773617598055
4574340027007405622481660796595595880245064543774730332874455086088
9562608743583597115284031418592875621603386356951493649979977282544
7224655394761704642242769966678323526855672214630302728414784251499
1213181140450016191889274271965747202432544751136878149215934423811
5146318072505762897621123609516661612165443972319311073492085903355
0984225759386714910941945828167241566743432874114432107342372075577
6080230168840332794810118327911726084868013215122813162706643970333
1168085571893296331253662802853005631883946480093499071735072546988
2478563505757147505556872931891836090561068057868300207048834894966
7332521851956761438871885227232173915071037167952182592114778482577
0582552671326862555181455722615462854121096474421060310876777458311
2256874859095922172829823545256257986582633567564081795478018689666
4798486153849206004216810891232886660298575705244670458364132101100
8053973600294332560089610863146147111093137883570014938837622476700
7856036779280460437116506308586691048464859785742599139430008741166
0956631473036296850993930597298495258349164245464641902434678759366
4725492336691114170078250684742482069244952648958278668416623859400
7492186404340074702571237062797805249099985416173065819405714887700
2063414396332647873386781490369236089382674950858924940007891094100
1926134577061503355666513762333972706686700987298246102784644106111
3479124200851450567823339436275844387597865718739974689097394163500
0744691494137658132986081810709952020846685287068680842176206025122
4963677179800782998604831877908153732004115349290260802796237684800
4720226755721781753911485597019147066118755943952150459163633665500
6888965201663055712311424588129351506030889890638096562041433633299
6367474808631124994272806546626880747569618936392094824021241494244
2572904286311919124560903594537721799415279501365473288393801538466
1026340741470532486736044683883682033995084606921657897728913760566

062589578551676206202846071364216919181983998631379649392270840424
684139890478407875873538588474249870715248407990311606962412397467
862332945799033942132720620340823470456744311302152420264635762683
897193761390484615772333402989367287950425303979569146502615046233
553586232091767307913618906054797101381291514905753576268005863682
841992691431281447828451935280557274039903352498423540600264371972
523073999648956614853476508441212088728290118605433222971415467431
801458349429889613344225828155197530834790453510947786755172626453
121450983805190442767649058011027127688805770547596926951202413094
492339660904784991022537853070569541571140996468086945968315672312
365841772479087127999545484176278818076624883406097109390258076701
451241137067676844901686447332709543954769317699980490880165517714
282584849554298861309774492644293863235018607462393924996721084533
421137871534522751316821303530122092378187119274871659887684008632
823861972831642144402061905864003188388510446324953601065140562679
548593301208418747987538601274593268779911769287296673489679255383
747644793598152133345635547714470192009318978488763516437767966818
533046691488435197592021032894999078091834638767261054828230196496
105144033192055942181891295143365983977056080270011902593335602239
706156950076891215854527809076974281786365912755466706968405400573
815088590355448776038423580524296884918066465514150751802674308908
353730448278152852980547108797894990661673724454929498927872059320
087543216750378953579121344315856037017266100744297606906991132447
347846023724306961045095891827054223104955013364398689635908818607
915998531010589151409661529860268776935553016373250722708777507583
200972261200677880064466475607796252978718710082269891726831498544
729861908964623072346489578355050968872509864629667356061072662198
594343419604190967137436673765368600928298963564717073473251470496
950673967995971396584134596274473540549944152882171829907950647117
075207546324433440549354352801063185363730816393718897675542044157
564444765527976284446852160111302442860124239677518621830724955437
928550365242849673468271350463715215623205964651672750559148838413
962508248704873994841833546883174761875397103237234294183989907909
429868527847784969458084507368348772254468983490988490193692506515
182450680964982454075622011736825466613186920907115134305037434444
355868245735512823360265064755453848576782635126251158397204361763
204163072954548801267823678069351351924828683666323310142651627897
363286896643970341239273871987904940181956142001897629192005848860
564680496662718108732095791791150395820103941373166355415520216697
980139086362542682252690533440777074642553473607592707680504903301
509751193747021430901030234676988386446840783892022917840195239104
166219066030312376829693022898000724647734207118907129229656013627
675031910589441048961121997013889997270961872992734734009395654578
619597069326164606513207392995058881011618685608798307440974033357
109321663452850988787992821084447170369281668852291080595050559468
902606659894314139731811388794707845423533751320893500194417422581
205809774539494065775870701851671658013788883856501102843819994724
785262912521787258807856939322591211567453447189174981115471452927
616717185687048799784734323301722764154710915168077649177168374298
809027878788632927311503155824120901795600802730786756020827948432
779300633030711661131308119989557622989200833512527779003793788693
812183291382601383346091352610251578050157969630852110923332960960
995762954680473438258625069837811964909566247955023716971008992291
877110122750358991390540556228229149912853345620288309484750174016
248081774762712224740989938576118826926035477824653633299918578505
390655713220047916842895044072429266641999511072683444082463700554
268166592398180201745349848815638610482869940372074975803151635414
799190852227654621803542214131658126166069016189254145119243184756

146412936101819177109697374376697790193030553109140375355965458314
749045455757305894088107386418267975855913901783896202412078877179
350119311206923224374743225482595336329171870502963633863671891214
557539768966952565866730691880841556413424523798890543431192827983
663912911517193578246630075079779357513980084458129879303029766190
240029519456118345976000428652031496100536253681476367615084872621
181518457417095452304116126713080114234508264448998327929708088292
225570232780533469515991293926888433760814392519906749538217952217
450998871135955002414272529194081718590053828762765472205859749628
573107031527944772779623222465472836171123609901676655821286901941
857608871280779907536057976181819637264639517902381471880617407324
273882117828864345339649006248351681786910966942202940889304260252
238658130316034414440540423970736786758155700393471393533875910510
065864650079113223399953083700051332992745834765016729901651674166
183574995032184857882227624296557533019589292572042585983479200516
610846324398124395678401785639114283903487071119144004406173772568
819968153672314092098485256666798369371222210621674931385728799266
564150358779770718557143535416166560957527286383637834290559184645
161481629857285655708802025618093533918895968293774723693082787844
403985885501163275563971870138498152945085318671102768950420787772
574357714977480726936665076843825390463862751789161126301926375964
430825196721556570809011051336573452815988092505260802266207322649
813376647829820984509300351897689440231557242078898687220961256541
062546151736972207563729147635060304981623180050584345780800991306
510034034958442544968851918457312741564109490450292063722316559140
999638372654715981607643857926782140161703393011893382331495795327
603579139688298535704526974527348900922032925491123183136250500241
634241348636893789951738940698364225233985971649404337235291208451
003581171734311624447276201377718208740365176807624519113199691527
914729881752254222342431136236420939693375464751601289158205042890
524666552376139864081757647030686142506295168028508890449054372966
377916666884245949521796847554767820112128219081705731733741439376
096928382025927017558738313895194772462382111386648223577086374566
507210140826405743662634966783836377948569067720701610883434376113
165978051998350220947550613420973945773071993755180541568184151692
898475952592046383586188141563168767375444145851071976543076853837
855449528374779673279584606486653700734458594538294623820893345426
364693079560005562208729285540761596292365997612565046268737408652
984815291598499352666098931684688241397640370337397953124643996195
836769611419040272206753072901818215682973879444119381342229729800
604270479600962432002678558368198072272027828808064970247113581766
542301529345797555311926918831280969684389694297768886723632631809
248736151243474693038158515622640919706365369713925817514540092765
387299434358732784622413209449965278736568600153996540479540486234
630009337101616374588783864682870841572418522448676093375089390191
348786491719425995287327337846643303341589406112261455201060077256
733671637051727370026360368240342954048633034991152510223306552424
049423234949584367440415982708377136862494859996678351868834636637
995137268052337556581400564779081560298558498605406980765745359300
255028833144414989958920353509553109012653328456777542948283542430
123796780952556573590063129206220256264353364407078244879032358259
131633771400207535219495244372550113973972994698523637166628741925
620681559252133301578279400155003538914675223113417434193317347976
825670990347126898807234425493255598573681858538518734500085243368
665189184646900014240721059098045117967993984638528555888127002961
912348874532228665651494017298230347444319515177550476852891547610
863105339120073535149411190205285145442236053974422647538565780413
752689742556486739962503134970050964251625737195805889047181529556

0966423635971445320421590139987471577876601530254624603223701492908012437916070715626410646303071570105082963496295512613458459124729597817735722344198372661919501117065828590016072632943770351864485983658689390931666808753780616545837848695499304416105004643988494099465375399257133528952114075544260144201973817667595322546008723006036524703392695021433869068284510278361367333386860452208892880778553054448713335269836830724971363892469030148081488721420559866855891204745109294868741843102953205826773469842074691615134245483961249107507150010429484651573900017898277482093796906833438092724889514494911128325772737430618193842247339502389029188628162541277609316688451059792678534810991664845639148870254004770751206100774705812695743635790384317300955753880221274222008609901305250262164241593866336931967062589280686207286845933841560073115619515853620650304306247412918746513698722484443403498214988188246055576266177060104468207846130921515643044752711078772360439387867146697797377478166507368156692501506575878545449424951053037816229031528478352406659101621631676171801660035138362108044178513400715700852877005249993541817815819699088892298994617985004040734812610846064471364014374282093944160722199733021063222534995531946696076317584500135336115278600324480755139078528233526504562050159065403840623338307168804404123731810197514661515918374814206772463537469226976234792396741978537337380468930040266740982506982760132074629758656373082943550510654565332915633960092999272318787512850337364708730554674459871726553468907285354496874464270850038205442461797596619033450272302689595567381260781520602215277455507152602144844901934573850597348286000612999018782291241095673788226961486231737361572633294059078521354931212448487309192376695686016086159103464836568134229742845515128112329555843519097849717259431995639853160646258589124412168383879240206004087758278403223797144338889410219890452616858847687478514036226717140788271542597945258641013250602264981653129669348107943044779858488041658902235426970307524211828252842261503111206541578700787372651750699538263817782867652636333884312495278086004211939683979310153842791053923991146533004738482997921994573809372056563338484236771437109870884316526205438562073008627555022456996543705989982328112417231598693911952365193751881004573391789618677245936231573751385618992849439884812668410948158056678121266131542247217016487954801209151210764823326471435807980711390131308348981898809661771572013064268581632281826299222698592376939185636776953850696044329749300124189467717886662891887847854294694020683099086486508143026325704085233600892817882735189370219709850499331613977009974439183117813027372926113845568149791339251960230474512833150339230469524223383253102362423384921865973893347287497205746217286452587539052524125710397650962430235165975838201847536611144915859917936875727891592308781129693183778437459594674219412959461527646218934948821374291022156494513987709106057397018359297280127688023624209347666176064448759031520609297106950262367021645828240884204208733528543877392885420373469905096077677283116844029371290409330217043827713701955481715804441040727632342478288696517473278828988054817678258184164229364867028703847871792866565535026506568963948603614652505817581289349485575036593070865291331869432682720086515808781955842778686180230811199497845707263160593883177729689044231281270544669766156723937014487448264838749880763289924693320032151758114185871817883544261535579708233293672540180108467196899650605468106543980944105731361142342868731975658698571371221045568213561840344716447892712996323728145125800525769734706021522466665102612647492880512796066011067515488968620349307560919930700423586221896362444983758698238394020706681511677100557844960933941119319816824215718370333727246634765863207353598470712555929933427855237

248042745862896268393562102640146678802099254688369096300300987606
016308350422447543775250158297239031616998552687656242660860297556
675558433379135765592925080192045737061017605373513612034574879807
293822115851293318809470965279101318350456558306481458262578849616
757823192327979617483817307498658489482071897908068015913055837736
651926659950044209782933746895278496221481753898567705016523753857
462046819348086652674781436693298650368471683672775112638524121332
330163938908878444424201131342426275507180634998084692501319473157
758583242982403037929541440240637084700554698561155511258594095292
933369952975376898508019940571798548464532474253668746217290645158
228242465867968154452701934842635755406084871836846915308048350708
626857452276025592207691226627609742455271530743119909935406845297
300297922596103369951133423014688037543218265961460714611717431891
120957055038984478629598560755854473638924814923792431832029099816
146025693852457910066153872005456007461249653707508246499276217039
310946377839417850984226965475404564651042665991589130556722480279
686308818315042917298053044887262320414268614645049185491822372466
493637382276136059033023547775416675066553520073166437566741449675
993362420790975940664276586735575607893006349445555221772308517479
587323824196492021627713886215162437238410368257631047277110510290
526645391506518382218726886887058640267328232719693057987192998147
374683050993492218012746535810033653247899880954485764814670859762
084374102819204234045725909137121559986267819463534643658183019077
851407388061107666429453630416467068621173454909581265005941219150
422288914713487621346881636638266682150354594487457320279516792323
376817299663300935428598541514004488234477076012617709771380031793
216858485284900739166552746117679680090622204934607865240250823069
108960573342604953146762979191966751323785362088021435603188193981
881578747832569651255211134415706226520791968690944156919000201532
935275117306505427318756483530719187295361112866614168509444947915
678992680379804522830294870546274109663130127767532907199021138760
811615527811402743362227959409620646943492631247538423415575743610
983334489034867337403576209816234513900061315292562590664278837403
457088787737192770690028832720914819282600502361877765550769440415
910691830889222451071138786250342578801440229777292827142834558531
043619100079915507763497141088593411217006708229292463486246561303
668514862018411539725497036950629641402586650303282230898478871386
597655069974107917611410376435811908245092325966891025957054408459
101086119523027361336404282493819314616448708821953312743730560788
685841091795245865608759540529345606936391040261278649983053312874
808269806153666324053898243341454574937160667815002795024652918506
825572335964601557910031051293453158323988576557964086187846657586
065232924425526492491897591109741735461141692831120490026422995343
015000559735149447917061990157332976329371080886866184611138940471
147750561545095516730908436938940890940361190823762006888662181636
624558954407963626554306990748861376870128460812455523874601170512
697494758144349194921071790589126724369884890914464222696878950964
016173506618787792316379198549309664400015142108433300046887090189
957743237948156000792000196547556155702242715192902424167992616465
214936611044635920260264709246548931645250249102949510810169301528
420732222680628135531980200967934309767304653733550198604779024870
375250023752919023892517303659000104392010004811729432021011652323
921812024428853706036422651248763970747750537716717355769056587232
129697895450534895303888186427224974559193876373803136373359537094
846493785641101777856076398038146531700311231515524573964312186923
222952186132521964368664423899249758800621234260827724092125405923
629784360967557857082568065873800210183687681250560804248372026446
075993459401374084121627255528140464797893316756513780735731668494

222939328661878869904239801298780571082320089500430049233544350060
976272732521849471131063614033188550567034224199050984104587746186
243645288859583649780123895042026943000509230970668262378683926657
036492677835592809719203325364062450009478445848154102311035271636
299535428195584171069048072637514078553847230376692674626700067394
061280908261515997600645010250078475024940622430888781800378978427
054262378475513664684166355283472637758928851869865703172053989651
460027500265087083064028221543841569293877583749944004643474304372
394154493065878954370259459449656972857858109428158207198724323766
129961756914795286023461678877903610655459609990108603213229266077
556542545585988389022317410770158064767831469258279775296905485770
048029878981651135806747684717116950609890340123569759160470256651
560205520552196663360893458446364488132470003181607470305665098380
937777143773480816331594088818729104087438991159326664618036014441
977933239104978300457781233834259244041467841597378695324151239329
386387792466447298335105002107235443533371702577199691361127746405
979959672509492714806929761725487479604146749228115587154049425346
232227037870645480432844362510612829847349663674150749370507213132
452448214848114634421348933015577549375308201547579638237764910598
771514327211899807229510228301225131379045473333615808327276431866
488020019564656737249083213530100874848324294529709209092429894453
356693333052984164453582464437341123271465616710735095786091500667
192268683849770415123313306067787299053207388457524708889554952872
679188613755754639305727116667570419685465462774780290187121627318
169424108224996410931914014106252657611437330116343302894118857982
047908304795091908700335253543606859261767958213941110624343444934
608963427460806564529550104718223580364831743731836886440001936907
328682693136250193984614800393880530176446094756168254965584865372
193850509044690099262296808328584353672022383696065940992191770844
651185925556888392300098368159276690592866050448198841694544753929
040219351678294306923438189934440831679703587968134371051555583161
144983034128365302304006444466517109388630107346188942748362737166
422322083142327552738564073871475569606523495287047138637405654818
833333546917872635580953186344904622750071708222446184549038075734
928750522596720741056053526029115717220162615991872602989832678171
042580039717052051109709771741948261791714864551801831021460172050
966294938971900719973357848476612326244853710924433543608771630926
809460644356714325524436162407074952044644736888420747860314553795
115586337011047849062675783600411100342703182345338440727548763800
116589022735821393379103783449229451371365306858830754364886719029
482282704202359607871301063782403060786481202245232916174288379160
286006725740691682822329534330749002502234187391599762668694368898
632680321548056336798346255546852788352983886226492915982579989036
431889822608421665885997742737420028147217858620672925773702527447
613922644315234030331090824087693103328964119618976615019619099519
516687332261158689052913289413256500083027790701437525131005956914
897612076596956975801992695412003885420417596294526094854069084610
293648997428236754482722837169260323499281158029743027006621758622
844059437175725134336952965306573476534678012089975409837451923400
551882826105841246730391116837320539359774120499551150879370236848
154952957780752929826993261011195121048520922585540811930655459850
881397467388228687896676254748752524897689203886646270317760786273
890565287145825960931794061980296566046805431026478383632863835440
278085310976139837207536262922531528698819501071280318335510799130
638296577913663190284319077225103643218628901148780790600574700532
205955074592772414516657316719686009636936652334282523295534349237
632642055506571097713528977154238348882187971714070914756022385004
518585548167592150614554489885222195632880808900302326988798052497

918202756440293151474751283406401422789390509782325101351618024505
254516838343206089682666225925945882115368465646351236312902683333
374642136736154311154403538967473045190695609056137507835952083283
599829339155411789439365725346834350934522774963157143098172975597
220667024527285803018406426860876013529676414252380186303075593209
849676963887847721549916086123773503111129540896943703319835006489
267917596267431063300074133127916321701250890631862214308334933917
832039087685250706354953477292932905579965528753740404836180479677
827947522830243331858459500451066861110315355253749283700271138085
925440923015766118931466597661467849947196678039889662161678143329
472540433667074561184254623239201456615307120532531064409458533526
251150892855684518841274041542683427990663031497521656191790533359
247609211911354397707211313268093725750193033082226783370896307077
451121095533553869179959507537693923357777688515271662168541809004
232494126733170178371352663923571520006675440563387841563832792451
465425040023683597434993983703512418005046230446378561427969306645
833335904952452152434536507331133020321822395234963177881298043402
917068201283594526626706494154815782761456092033070652717918632653
188212317998576427713716999854877669114108308110170103569250631803
263762159691014773598211300910082740465298883660205774282115864292
442048757831980860754512583615990240644344654291988651576026852648
280829447322465470317907517660810139555752490454466758643019088166
758356891234409963649909997956640780803630991964432065657263137862
596684257466555600073353481803450265113868713504226845558711247402
788928182163981119093070016659069219146154713815185711994821419259
543536843563154691108595502023185345882511415157134897375774250981
023148410456118083167969276838884266940183482046548072441277093027
464870244088465904975586092888672960097614113866583555048357595084
962950422651271179206766732644457531621629804385738551891713283803
858284660045650093340058334164797086202903955850061733427277748599
249093941641896418649136102909301278809831004003627199430270811590
497471888440317699749545204539373022751597391909815204049356991892
849714186963493968729183889577617080032913029338233499233642390957
491643641893562066457337805455897762002622628714684588653451400894
271794588221428379829906245039168637571736733977009153122121203812
978355075631460910626027855181113436240398696011155102703217757573
688311361002807862740803344592481502043957958697376324693969745585
823132808258337261972056366230022246192699638861490812861582660987
579547090304829141609975305147173500397293919589215520270643264395
437605826543613682244924169888803325822716759038940805411256684871
422504783035400315649794993655999092300417722938702351818631353499
777750348719976178375227227051057848293063055573526268513499503510
226044304354152076765529070860225781272788713985572748730796491475
190812092155808306242650957657939432379623337597762042387883528416
651207605841452642595754848398931954549904059547954050487776879690
259601899365637533059918477294072137949761346206077258851193414404
938091663076656273999748985354319920626772428350983259831292503284
034242981447987289682444264975015383523931361170610046718055573279
389447186040643416036125789609272233951756035734380903474901937138
997936217564820783081678154109352952781969265373888283144965584646
251141686075260411065999264872167310186001807709402966279578395989
343538180073141852914939743376158568026158729063764821855375927643
497669433128770322404249214856355548917014278284809491998238691513
330273938966418167617279921885123315579925787376822062511221983435
431122661132495450115905940578739509219608337078713724590020496503
582543942623593811415084519707855230082185914094235154247392195081
687708969256770030694415784535170831827437464274645893754189377724
247096279665020243700486369752135914239220557812367745431984406905

6363070812200612790951058874188415839633183935003140667905334767 66
1088065416544286897054118797075220045020494457015594814902741173 02
2737901371876549546983633759803039186323855217192336553172461908 09
1979792457652773821915848674124400068313954334611334203869861369 74
6051745409743651941372687596169587148476746690870804675031082568 93
7046734304928770556294604791924449826027602568858992584403167238 74
5963761340812011605870431423579200957536461217752087944163019141 65
7669717423113974106653550215733685126878792158602908243530767591 90
0313662747947970654071374548447213034356981029833591069337141038 26
2672426979727985387792083082679976724243456316443086469876277302 48
7235864904883020996285942609293044874637103084928122865206648413 33
7790460598951408608555042729519223037863785462274822498202700741 95
7509355652123638503183041767155442911123170036064739219739125338 64
5255894907199158437727424778847466305931961209866489963317182737 13
7130163459972120141725157254939862618613875182852387569931809473 56
7146223941619614147610365528432509066407185586145608907856838631 10
9411698531853407414963791790262023866736194059869416828895141108 69
8214647158175103946251534088401442752796245167590109862529958716 46
2062745109449973038789240805126348999525395386902822413510771238 21
4969028925715136994181372544547487373284069385828442264082770628 33
7434657561054375775076839458054160172738474863231113700597008635 42
6688139671686422799000513516665416300645504218255069582812681867 07
4057301895706957901179653622551941971331878527335205744809284766 95
3811142387930102589834956968714633000406364214672741074093925724 39
3797295978396986842138422845261874900620438376162795341133995814 93
0084217407549341633382532795034689184767500483778851927566302246 05
9516893623133924624683730966131694337339576005940959720456769813 55
2203381484270532189067280809814963612232992470455393751984895880 52
3325461591079184650442024487751378329545385300440420683805178903 07
9494544844966951330248633209278655763462850935434691457172263693 60
3395104648564158842428056314076717557615160025174919691409231950 00
9095389843368226670996787397568932270950590991424445609159198130 62
0648331042537690712559288186317037324757059428220937244313811845 89
3577533581194835592017516907635786932392864720029405566786423681 32
1758145777756129239745458963876362743584319459854191850097500637 12
9139935240599434330831902816309498577662582905613185862954852372 27
2621605618051434284743978985520725809549535825695854755588402025 47
4269415318334032325704986902430741065497856774062295904618130376 71
9102013842863092021029579093094912928230938828881218257684285325 97
7661121842782809707294521693701023866524800740740771174069643253 89
7196348111724091802724633744295396898449798874521207079412859426 23
5509534513318323104071653665583437602312727925269299611294873389 38
2387974753660836118452436561368254040712768934285308710663061205 22
1086706330720363248176463262983442920121465454040716232290335611 55
0810857808585209364656295790279969682725175739334326308511292453 78
3505031676214797009408522645996116288237749335582543787141918610 44
2439022581365381890446684147443293328212016111071890024248352085 96
1259467068456208797546619685301660669813683186915017283849388296 83
6936488434173623364533976593749268414769160448003918398821501508 10
9091648589828798687126631143980968732481679371117374993613327027 58
4450493998295039225983006145482704518746426806221964786013959875 63
7656975106523633319622533105923759820476761827365661479791245786 82
4437969173943802009410721219055921807810573850453573484565020680 07
6854171549566151122661589257467059976826393908697228483420338850 69
5397833369769759724549562781698755812301778958839613183982980960 78
5265725024521401881961692422448889937856150595988493279000427578 09
8578375764387873819109685403388412966676949734787395205510466115 74
3850297629989817124907206228792388080683955029720934913595455200 60

851887588353573419644681538808748464468238151398994301037573993309
663853461550811730341535470929623694116492219747431326346535706197
975941059938904046251837234230767188114333173664967333354586392226
908919750343503740477123528201097187308311495357409426663382570412
877970005312612020834805163434445005585059892398364516872974493313
707881766025260384961064141412520691303011041079371672779883725542
772001706431136673566127227806386754430915015256407501517550458317
769494536471636226513603132560635131327998932493774956514811029751
801445991032857389375886016339854062495920314423995050140872841002
542536406472747273103544366972587041334661904321453510262091757110
454019831255358056458383292720164030694331237890823749298363971806
677038945303071734904577106043883755873315064215997114563423695630
365104158771135881151528124683155606844338426939469407545493964604
010876218471932521329770592336842580496042698387996249271510603472
751917756090475394272109901398100316094750733368946983393879554454
250931688549416922209580548378146039812538878075285759850533899710
869025866269255308624386748819008264715028024853092677658140266002
284396579256389371418519857866084620263039574135473459515923768510
418759198072852103496199173936111865760330776674718922512893636258
191859214474896517210235033056921726176847467160181254572506550050
889840828587518911471244645632995031051451044525853240879147212854
958063296725257176106576417430582550644958063074623075034373054337
369842149586643512959835314113939051887713500544391908201800837292
042759815420395159550118665274762978480199764054345502402631687822
794029598733276013328190738503890488389647762185605363151889970830
271631566313919025745612537474504980649600544316890983746411229310
340445676218285759415001309756273342245604821174719219704511549133
832856733945429809354608423206230249847043703225091291215211153957
773212908051053467271641944110095599107404691162550841879750075900
989731715790086078262590208098338437721011797834811339800712662536
839793971543961696866655673985315364471994999564627457840211984978
794460420861647382143448453426061593225247314858928382412446577673
764193373757255817901029552491660913851534788519794341279024818065
904539605662313017976055667873812345505889471059265951867182593937
738065227084019220509121024785989039333476309043555224486771497364 36
736913481984382905030623532596957068066611246950340626880804917890
091095760505986900074160464273090007760832331404071362121882534888
499095583688884862777278817434661264697270802251548051188644453047 0
972280803640976784115841923698749868875866939346707943091065479125
335936420056958763023122313200840576555244154724430018605312632413
630399004172885585898976837620674522425749004279485858526120749530
141419822145155304348077194609943060352942629768605832413963403973
628612226753983590429485840248245408606450740142129196471024232973
901115227801443163667686383566652241545606710256936840509263383352
289911749749483475841732191121913187076336762499391820128133215914
808374957111899829045513250029487907606090478616555471728405627525
638599066769428570749467405912014028092944389052482826598841527091
428549707257493306716654389891069981169290271132537467655667794045
088788423663940402636446753939064454113414378805137579764139307792
432767057668305186956196633990926551788998224124970393957432427021
672130040344775207746747804136433148788279768578672827492020274624
022087056257465091852578854440973231962461249284106740917158068825
285799365760371773405049786344387444998604681415878621265060050236
775618161601623135417099570611061511421799270013231833965282269888
521047286588772134745481532873091508799365344417558594705767312742
256303468104901144823137035497261337173482426883977736745852301357
148174534631074214054654247159653284168532117217506700759117107341
174669097229010769217787763980223110781100525716865040985636783246

5450243657278073267085168923934501570200157517298244779345637527265703168427472765060646667186001370704927405001121239592265485172912147784052315380158356525473067609608615040744547919378561640700638139389360114673054706727596822068552741623929378518038323760585472832516564922068169034179879543706191959564584781683172988914610526671997481102891149853087572565158268287022313035220392854198676595825273063378022954946606449562265989585451085868403343946939070246045022465831308288100701535744737554355425195571818429832169366719652147769206781986168217714329533206665781349493730152061703618351531260703533252651301515843054826550808057194108959465267590372030968464646577032873702326179166957257030515219105694791211639420459681170989290950688508112646954949038914253078663515064691668433200712166664641797236781981308123257761814768611817364421928240348075542595293264239094018679675723064641964000836256223692542658489943425845113329793607449880500899974146856007284488061958892802028873269585926512216791696867025830686943772933076311771691381216492222098750522251852886203319216920272051159852358805800508250171510886171429411335855244063806017405159374351446630551770394754042156404251905820439361127996993854529601123428223241438948010554715798053289328841405878762887885247363850843157829205210661294404387118365794061445741204136095859606204569020548937353254343061110428657466356040513479730245559721326332464555955452254603268642425474608012577247316654503003415488222287940888983361652486537481514614850962016097589805654406880744637238857648880353090650391913003514381114232630255040687214651854896185753394078651685691915034592191221632739996398182684039355627108204643085155650039507928013364789431169007844680043971985556143119701892601692069581646894108588091840324081573676571516868137267752890801312753701957685915946073724802150434841939645871744380330991838402024076156001533186504909319309316541547816863099183909853201432465670831191824598913538402391479338184282414383911195617624507811089163091187650552579709845099067491442076440607567378187200007040085082764435788958638609279106864974584431583383448452920808071142433053227919773213460579118174289766543974721522573428548864493339595026607021538117770227258654627122162326538556064529956212155024601384145403276082523900623413211057179987264876502835190187496822293469915898331739984049856334260471057842078790369967367738347697000548603573742052513580548491036688707564497530152556490140056368338521667485395080017875970345083205493620953988083057262781236604624110241262973879420654911705967025018568171843846045174853951261951412827078238390225974513865460997527007559379641583934645480842627408845466217993883821797949213530488473340321394554856230319970314197349116706250465791552302813760239729495113657239225843767997030203043309387674998860559781378208795316281307277906213857588917538055478813378590982557273826061968894440465602471381517244672366464190388159302313280654698314552684826856993206754622202838186660809003679814045508809320087636713071310178456755421577301145601003742137608340945019804895836448453948730986247796062474312891777773680676385486043012541859392429900736323141307467428792575505768887355579805842420480718153844636992178910384369257082999723045639375353156846920145502219765738196459952902204278531138917422326453088668884187151379013141043631215857966445262684281201360963435008752691185987304308961425494244142251308082149601744828761835719088404478593821153058937118914674572423985698462818003121547389076210811364428571560861136371315452430657604757271344532452652997720761797593110455336764082942509991697886206416004370659782343393448872370626303443552708812742979643251983642321142461748637651790156856887274136546571307422082386195305551033797105812272340569229725063694243402397575655901155412205204468944

285804879649630543436109198988385783615895912051056972430438536365468345738376408662295203711703672154748179127647222423021544496986589987453388762237989483078648611615018940479531402648298125053117060050774563369953328436365428001344778849369404777989139430523616712141900529010002310491316576821241749204346925160129579265335066005055904833931710618760016529320170357090939812415926529836159247288366026354435035334003491712389247323251922171138242595212560012014693311409821155982775771211056733669087933122766042426887395588607859927143557944344693329103955469658972541701199792094623381743312052497511648149694969486244315721788521485304603258681402175005250424261248209778322737125422645082600791651087229055464062260127642937132647087099747583439237688731597262351682865770594857536940249211748734601952579182539316995770555914027183199940998319357198855013502552684045438603166068081439616796906056783772186073353232502073242561259931100146121290413037505239090517064170984154874120399028808798050118308092415132089240192535807459163527134175095899549397672781725719306197798800513690110780733013063021903251997982485094818004953001145502171576852904002508772466748925891455522693850787273057002014342652836653791793532593844083709981217849941360896234441413209664534367199928679788316326917749745323221083220116192340457404438747125770243602908945491842328528463432164502581592066343408615418278772921137743892633003570691817087855464600340509826873379242492259363740101506311415285375325661198927128781777726935002203409365189525868929833139508414972893288772059853655564553201215368746739924540821697411984452421267510722121469499440092258239859722841076679757148443710736544119650639993649866646261259595238598726119068005825255828028904480832065424257766646019881542874195647422293706009779059519409375282390447827496475109310360334516413780998187755865585404721500069306208732289783539431764065566480274965245257207400256641411858027527181621060028730256548099547405682296449669321114637118861483470230520081728704667374789952116887545963375299478369445609563291751462236609824388596172566922641646831918193795741941199173531042336209383058981996437983308036614823184970765272649324920563086238257165185193073364500931296646436143765173020202340383450018857896677549459505787316650335379941282535210638285239085054013246609769792299532093942066118692646643027224186050333425866849751970157778617381771664709907400964088684136090260021456090218423595176951884220456002729143880678842166983638307470279638621436464672761201137582765779480943899611346666270234890915298068384096540319913983391993204956837059774074521984371990914879765912800675917121505242632988470353773259506404221994007614153191681586149800711833151217978778837157418161643346224914021555201979764369775120309728109205936768825795435549159630682876625711018280902815073827375582132739976113675981830534793809566905469459150005494467553411584283392377903172232732668530430137656038216756436950455611311580150019605687142702948576782132540359822243698377627381226110742427166940299026997476667669691607702581338661407699456251778849136112018131140248614864619965053982425086070699763691343965315362702558098865704961215336220067649387662507914191993084038112186935391763704112069980430354491044376218278300688444027616467424732453727257094777764962413327598575012817628932963364885237191162984062115533930572335401253283349550640126110973614434221711777672427173936602367523413425265304450331123420084265132156022596934837122060852631426434836419420808958433457042419014864412563981825291871408577238107699484830706326946467494220101412235816699465749510723034130621957097900216920860560940958059086120850543329054627973664552507409871245490996873092691180241244729379830548329434590402806221053124818808165712370729381537963795024817877838089344002

5215939176678727196230141943911814096488726198686730538308618541954184289405503844524065567801026147979403961809686459284094526190040488065991381884355224386794030392769227234891823030005979451840388370259255058117713749216675596804332643931214034579861108979432519525109056413221153745969970039731461849890236988909653473898302030668604544250725220417276173839480006010859765545769865168372067595075080110493071463860279851909224081294926227683852639012378227004313853713464499968227210516870936360262525795193952942734786592591660217307140927730014934547501417626020679202147811418199942292773369464771889000731975458403404860072565118163479665865211752904497578040112874622679486946135271674369118603662466987189549727628064916992599275417047932567661188723163649345689224226546695485682886850351521872530586027239966118757844192889456084680174379539358455731959170426048703274201533338048582114844763532277380337646730276538179292335213733905029547233366952985891699068510134337937424149106829372330129870393666410313325051297184165027560570180083410861638094875981102985092889526216348263250840359766991339943550379104347248984333834948074145333189960039170342761294959129122862864585449636946387088608621598746401459204600579732244670558659631778331365065716409921300684620365950365216818130788727270463369855071173419703874090475146074353626782089886131364451656742050394678490053689268355618175073042220164842874017836082997832606873384104350419514851725979165703584635070898355028613988047704115019358550987581180897486946930330181428767993114567386069748213054226085234532830896701768186768341734691639141865980914228769793075971857563090999736338783911168299343094807160932342849985089648270870208780262912748472476137473832120399436031922660604699535673983371896839116833755844926011183345065277062368482126628984479137900166480259832332182715804414877082675842464513383278563003588509437645662070730355485870862662463724489932552907081888506462646316417470126671783036340441441610091430285189617544702569631134508522382382370446644684802076544524992675661797108294290658982131650802148584169565078659950196991412387497213709526371046343492003377211703694666244533135639128509504526615774634932974817338363339002824111191607381605779062570280820488995366826134963041437390429240751546509996147724519145934477889264065853724727337237829928165884775363959620562792904132564186255359916632147749948424512855693897828126062247604581321339612290773885215823521159176013193965673868447880580794065770772697948260504581238028767273325691225245802454759878889214385163383442668596679882762878207716491650815084432582665031484431172947989502417681121526178371564695586328370422383306339098956082646267340556664476729064880604938815039831401435232054009843377724210985238868524607512887279907953947159533445026604191013158443396828945023018360105914905833629505410752227165993289365439699929828734422094496635012675521505255461645734405016388321815154873893354503067487075714959875140882962961105625745980568495093257596062474234837546704193810192813993228697790675232747872797953217268410873304912458918208047507620683980499926407043293861219449150791770531029970281243671872249904260668064700912236061109589198428407099611354473932192884506580566230656337217091732153534004262923740700719932386741439881980075274648927922165380726258655887087861507243783177366080702521142601139768404477928353084364349602381953411446981820252888881779862791695817621146866521133107701858529528115213572775483583948368817900716565167702713736967788896987024407123919740816599009789165540305618535671536071211231150878302947982702117887718199517923410889454590880775227429576258780588926930452871108463301917209754678353920887875222843096656186359842745608295675687912555609645947449537194785923312931831045277396825165083532323757403340129

584615552791691710176341229307455949430968999414184174309085319311
163458314607171399604403678173499801237720771937981763526567345602
010684261933583213387838247525633466014049193708559419444182923617
425890615444422848764708161523207929423132370416421813327144553631
007907828848459081371310458570360843959568209818554554637634213906
210087201736336340899221420352379520703323873152774462079715670722
583063161699597136271724961679510988184752635597379408313086782085
738823586509377953896379562183335213890974491823206403391668383876
251779186332789145683116399361682778730860763159586240116351826925
685226816033642639900299764524572750317713897507549283889639875556
978474886268357718038341006391858713168003178736978228506158835585
483153057500022218821518103366711627614120373055277939937543224012
129294210825402809735776435602842977046784215702721927513991600649
765749486857143564721115029070320831035229282766571701073567505339
672596934637378555423537442396263273632011090397722613870923384394
301403922553794521755651542558109334811120524445605589864660675423
952861155563021936730181749431286156141689992722446818154394303815
384761632409584096291745461272352478730082498994846179443857064825
335174222479647696080415919246829691940295804495534194150531022994
549379048111608418481375735663849945726442992751644339740905612877
446749302005076929533015421205140441989239145877898780970204072080
648421307401490207436938162503289064345641402716436412296804908389
180497644140330410698620937136874871068248786157231393990019820889
867807110952047838497687894221002722545742986719971830286518666525
652494194072446581528761262977808094811186238359263746439122447685
983756124453771849537458941037613142048778294500748300125152736126
679581074070464312628925635132225330959457075108877177904769983378
958508833431259028461491579438424233884605020617703958342514680936
92550613367615588806245429992139535335092898390468269065812619081
010842049611866543968570799936411956189906304973792308259294533522
326758465519146224178101423164491781711516502302862173505678885168
491822445243869336054735616678320171994155264104459049350664362523
387401146100628091237227406330209254014050016343972396517862221473
523000296543497682569244138914255461969029542173311192361982610077
702090850378375287004397416593299323663696054242275106119875386433
978798674613975663792925426431767524821811579186489246422454792843
975895715104776456230268306190852074751413723768961774181328436242
003935391733882532891003585492141295677060403738478904041603683235
532843277391893156378822010292089380294200533781961072915506553602
732794013518771020244375177391769916741264077335986771471673739354
532762642597320431926609145599819099321104729879455287987531180974
949431446506407777604456535033540333223364365841000833401765591353
462869601900554187785233224440276468537700696546223592257780844702
945709985054661243663806406743865229110308206619252579100539236487
649485734488224772949386900670531593237366347484446774320563631024
909699472387123642832944681773054416785761847704811811002629590046
381367189158333956713373863002740197320533973525068778521196187400
113009616704830474876570219866759119157677551472801529243719171840
695919245064800973625174855993196890305653950211275599754630423428
763067372262360074610694601068838690067328460592166138076291965482
819892272482246590725676953826117829907289585146614972132405384457
373956648849310492243866677463084957732053691761976886609686040284
147380084974375361923026082769597145964123988143845852989823543549
806449802221066286322370629344859008875162374737275704298816119684
120186870608293668228116157218578398994099015396192489034109799863
690615697391154221506642936097105218631005566685868935312271945050
216412514808382843955824482405548760515336984746006598755902254769
313042786021931039441330347856886410937502483692080051692618982678

4040223187814475707780427898804242938332152505561915368804106116 89

639086121460647275410876152504329600985569409662475735173022566779260453329611627423677396416192124328455986127811938168318266232329188731624414964351272953250812613589631602954170138966672411321444592021190555625991289871105535540436242033276756113389634762171872160179972558083624222545635578301421413670021866698209020111106263394989927407754639547627864856819300034153659186388051611243669432869873333732448876582857861817950232560687017449848827671317543679173511497429729370248925704925477457533523935401365713897956854892388702195212890698177615574851822117210755275173613572736615212552654186157340375070049063941207402676674579527571470760273803803164619349815568960443953343779561316467727117258055789398423916881732721402986734562151819913130465450347164170318837088585338900975786875848334967193065017217135410043552251557182440461582583365576981251080868655763439892127250370856167182126123513625971190679282098891518408237563496020264597019945159242540132868215556027983080818162034255185701070051339814490470172346056957788361606963015343889088392013112656526253438203528073121280067697895150955312375939762225824780893482739955492576173029910053858332488594773675172917209166825668903977429359897585441427672138354075344287631573688869443469508377953698965609784062126375882252007863239823327500002647157568868234829929656837301443826703583238021408514970270983256709539612724504510344815277832931368250661508839581261510246103141014256426977849987249591101705993306307380757589048256577963596616743118321087559766184505609453872311379414955867013262245729323008913903045483256673799301843579556254685500887419873145046631201422483972487540837343152639762898600093515947599207746872120747302909001626162066801099273454580763603782984907858872690268240211665118772022999121340228707989438667309574240952354875694949831806283328604628199677327766922631332374148191929673827088619979936127591106786370346681597343121619507580394830529009627398327632102325510109951843577200457501465620281939366759131322256483771206763560263758010858785185121508104748819474003455543044876268644608814554801978982947583254046004286138067001457031023435552419353850581042379376929172713892985586860170444645007557095367636651905219000884896339345724397605641580479157236531353276604841201571858591115600430055104154030397742426175668988317950994902644667108185079350672434253713542013706052777861227298987944051068655311437374443446947490553937901057226228682547569240568384696798523064025486841838214601218213318845493888702373852081745139369640993441289267456262887845614182112460113116898009625028728714759642622812346299172385885574929442829944407291212843426231856469186020931780827281141716318230975707494299822916577948208599406868705961084757797571910523889042391207009887999581363203636110882145759358430710852969002700003608097625795884482905702870087077524565129942433908135948645912462847512360679784487584892011358751804966877406389877189223095329732653936427626161829537731677890274601497899655144895493789445754268362755240754488551742249073174886631088920252983999935882399862719578653565593657220527949444945460911230060528994077578988582645315191754695849328254825082079041505861523934654850350790693174866200436035487336604027590694974526667533741521554788518359949815766794139741265835535839785669014165475340805818439509737754675929260155003610286971222818921288719009512233056114925419685264058483340225088575998011578597227500709148060914622372952973770032742153696081977147984400751210019304432828030776689613527913656505086662776676532128655513967537935563485383970767796445169548798628465455743031301388211347364549152613217445837205458388577114149442355651429930094492613399263934802440942768085877108772581890774029513635903980396415199483188299058704446177382304791626687913042553074994160253741922949841

898951698557573496063279810930032751750620181701816794026808174885
969229931956718861065422954743329920980854881325777660226851335593
076069026025474263462675301666044584166938273748064084121662905851
330570734638954517837676354021459006018191948351039953221707969768
206871830690082942637304869391043441043736807499109727316542219335
447772586076958100062279598721521847212603517706644119514459531480
668158534761763429611117597489696690757069615824066709498751683387
422810298757904953826791344901409224886357037480362962677961485629
395337721971265079769436512302038301512739896751011836038673904190
537829349345338962546435821310758778058791126834266027436007558663
525988116489676636925058681730817546598940209515637174322324604907
314685023643452377035373838832538671571929555420010458398598283978
295772822588568452776046732838996979257306563938108276241638784355
040568209158141134346618008544912856740793690238577541108003269313
225479010817352813277970938581889352381432369914468861245966312507
603995548035200256985064872225915181590727824764667325774942663808
574878712390591649129826553611762879601511788201462142779757182389
922305061060307664954469158677139374679549050926620696632329728693
059576942104427296414119321342653545097992183101568862252082862337
647390668174271154566364547758690481642163664088171604980927118684
135149651389972819078835220982973649517660200130944924723550770084
809928454343697228073114668475742494743001888688465214112066932811
750408033106415319085547013815107866535959350257074264978560997738
862753062145511228388807083024648877877590115703967046549249873156
109401829887238656680593251871572865745340381795790984318263428821
063803693130149991766859300757025395603804190079907585410115478657
596555974414477280963611929773313179421247650065638374747186907720
863888586032162233537523013809497184906478048739549339195324998779
517170591749924114241898036348368115556696937686533349926202134183
929117533028410654359781211350644595029923267966014679430524255769
330975785623295207354358122460998346592373359253972805577515616515
807512320092576923185710594084904190467583547675903925004601342082
010998660709649577274075013210254988539831843773037755121819843054
901035857159926920621719112421166385839969646359549085170992824362
570585002200770364491199478807744969750606861562573057746990917121
638347595862874460540474490005357337969877033855469796897006621916
125106196880280878736886903744539123632727560891179261914882342116
504061957128762838341297492044651037326612543269043329246680092932
757899047851267944715252517208184203603955226915385322381111736608
784319768951662487077294962343226320450843580481521200162019792957
591666663598149072284583265665977478605889359144474287904654337399
812361278541494779435063349207315670305752787149640253155039936584
442944373914117317711025060517624528870336027053103491146063570290
473768582658918293068916063529537381166868779077610038255938166261
741306472087373369714802917455346982522265193497222178456517493449
814334601902478402132208379503165005770919398329567271514891052534
584981754554825012002562019983695017396403349449327826697564040475
450849357364549231201588137232817079215021479340391740176107667677
968682246656024753160956249536280669783909536141744393567260200342
263749449107918301466211600692791487732654160268348123553362146614
251031235586976836563426414343772998510472765943626402782311305639
078242238826157318385142860985227244513672614446619719708575844393
063125345377848271263917816711616474838434275963217928233898477620
179982807044680800761580851444891070084686213484637522063729255806
833525957858742086780999854896796882604840757229437421430157391569
536382727138027881283358491401173419509584953993515936582690393960
113785615111488441340391731851992170698418851492061574104611061129
274838218666556513391124614418959896468950556754853859915822791290

531271422629190358087800865963282229566427275582040888356149085183
983139265824989722664196715320908277066981915316005018262129535825
040398116319710893520203203913354784189908431847700837146168238602
872383700960753352499858042798796156880047843563295821053370248026
320654920414002925441952486950901889470320336426754781298862686858
505491691337185510968482951689149521611583491575377641868225053752
871456906962087019832511273634691104574092507395255600855978644592
687672517787668428728549550957556455284315349951864101559733932233
667277825136185266780964762559634742121814782193289685450723507921
833805482631274436817066508349992092271886318068639875964481795356
110485736387425550154179670329078642013404060054613600064488721241
011980849592932448210209864147977368210492627813147290438378020816
015891799586560087069893705903673673018612703131325609156094651338
013441180738276707585573404495278727675313984941034092087264453379
836741103618034641298593998897855355656192752327330629148562964100
050837369117069717394614895962512251464592612486612160090173389505
938343915939657602808570594201978005740545626030498578913743433298
839194739506195388022081753241913964807786805201568776280703146861
958676328093145395497218142114779758644779346990912108405979053225
187790465398672615499862744251007047600614827662496679218356808299
966608526392813052583876173748638388375322240116899584225569978856
428639583037211979454903770300720367972812597142986634633368406304
326570840690779110167627516496318955372785089089446413290252106295
585217617747064429268770988750969982953467192917042170250219977825
950992901416494136030648876491745627454824307049126030504970125629
500060941151811449424722906877296194224094236410892627160686983038
946270640122550358520200781106641175329648838720988479321045569162
634469461194761656330241763661620621682990086672273092141026790001
696332332725971341901990300905166690051053192938148820181356381980
090025181245282353400872953881831281357164146950922141774336299251
425875592287935983958861614012785669488349202501926570500802090244
742457760492077113192723646246944001537765193872729285941872354061
732669407648027204833469515815524506272030452855624589769874905588
630313804880153933861489556737110262056955212919135997452371456992
659231216914235051218847010032612159323248197651128098511346063288
982165910681851090644652994136471787387071875275812621288624064010
506976572520604330602976524817866867207854326609142861979048931193
537987862986814882893959847752500743941772556829601986942566983497
210240425654956656181110653152726620788062858090893605020698189271
203266622397852131790276948470735634194501627263021006329243173729
726731971809779119889152899649764459040542004572433051994679930430
344139741131132637235908231803389348196608270698626679270217821320
815786863415886832280779331932589842620457351942477455645990919158
698301180659659583810463347258796801767902964983568362279734793086
352465807325885113055358523841637928015816827639514608600895917997
227210834587944736663516559130078399342627296182106206888622795468
243468131781014280576610118292814960781809790030532050421969961550
579002209946576075248745876076618364921381959352748033197278639420
971713438582217671874264001564413835277837255592237128404508707251
161867004262916888115245068643101592414908071557237914068639171340
462815964987829344746657268827883641716276006549106471293031493110
470687262828515520281495706236670619682172413411107339941026002358
267101871613631077733842141511259281671697158987375620135668942229
763746237938058408461049475828343926491616607352035554781017175197
455173293236597557124478834493428326207877549686687143131772918190
527655507921341569366270284400856476590705854751749108027985377022
017853610554338846200920447940197748437800277928759408700335077053
533126637897565064331036492111702584750133267319384014839509883810

9965898184544129661623058974417694927411782852011162331212265970940
0262343936982793010583657412288844638581721549681214880666228582390
9475320559293597537951324717724680441146743361370994096703053144230
7037798834283278668874101955536024588729566057569656301412245609510
4674018818338559328396345923746379327661769715164762917233168274490
5198480362941951529213065034888118094192867723413190785519207056760
3810248441411115999270854702281325889441789034063685828483210106650
2580916850163965011986282261590371444013945039217647255991065758530
7574003008584603917246371426772215844651975093835037660836597866030
9916735568031937378765128506270873146798131638653149653094911656760
0973051449505043501781075883705585126517265817549613756912149490630
9140785713112465741426283179825194006882964526705735067654127579700
9381974811277831390005196009023091397974241625902967018216994566970
2264811098186295058750868943931797030921679022247967950304843862510
1518568459496147550813775045873716477264883626095757708526203976080
2294745351964678202846239829265394888567598307609893310675818976080
0247893226693808940766566435041647205291542927761713498997636971180
0022051726764943134608212494262330705912869944951418153053546603490
0191291338500315258457826543498059213101540038135850049942573880790
5623171876196970031434910390508548698730103391242252456266873049150
3816645571980389769254954807964018102757299595736630766392184577760
5500280473800688035029378804551268577202494753230739314769038243140
0887596867108383688603659648130327158005693938246272115358373399160
0722177382083482736873728680601982950324575716191329392851226291550
0921774394484417815786492892517165468492751843501338216442895938510
7227143325510288512574797135837345467323702638203130427750394752720
4796313180817621448422905747742919279965948072950501796518803816210
7691708652602759630385084774904357719861985160291656690277225815910
0961668104900848638338973309292707627279888816600471017224472924980
3915203509796711138632303531056595044577199832909494688623890259350
6988267303478109859646391778455421479090839519881509864542168304440
6011533264016255051958558135152033003456946167338762886322027248480
0164230587091946861825517635853559386564859788466508415264084512460
7834214915733040730621934661800588217947205436414892791066060875780
7484577292195479382447253437329724425982051173784450122053116060930
1292251397897254192410197951789640738869243387380999125343046435470
8763720189264658355275776820695454887060300981045294340146681418980
0159751876033820802752231072737218761461170126133921429255155526500
2934875746917804187568596924127569793381259041813756410775728664900
9220420694436516871570082776223584723075967733263763791067672745110
3118293394614032539625633894904465525504293146357637936718198421200
7600982063214112523429453792150402213528981930652166856334380853070
1868298947921682749307243982034307075276864274394030635546808939220
9401494200627767807348862489036526712752680447694195459167984076110
4892101283991141377220690310631888048631447755770621089285930669930
6256629435235833540409940032387044803220536773038752315421027644090
0126099689543053837897562320129187392511814374267486682929424503400
0245562510509103201017145298994446229999332075464373885496229768410
0666680300715771176506006595466483973190110443858281491270059782910
8570514422577883613456650265111048792096127253210586062838021848510
9965022588514771157674419473893486073010789806788321134138743001110
7061648769067527175866397324562883157247371745979394050364155872160
4518750218267542375915606809161470718885421304537681879592606007840
3600575291401990403169812351483544833276136657194978895324006051310
4419374403265189708344356057586539001920878786115476982903062848970
8186908895015259069632074860135757546499748002461945625052245229830
8727924736076039343895610525039824868571128827750329809194985751490
9703709092853353996005457595940593906200675190832824032202060019430

273514045536664701727742496103726712298036644456277027283200204321
766943818024558445466293464237193624416701912334266188128154341057
138129707419009362500489259140041390819850140820013882211796375109
632171665979739254477416211167054174351578375465108016563634978472
981337173506507421076250026310707317790954887223262894524106602309
051706108570907426125427420222547737892343851588508157832923175320
729656434516489983284913035328028157996424242933693051137339019717
902928621396108757133076422811433995529602185730386342562997297928
280947530243166805792016459019620398309744118893268743561246117951
626981740391455182414010977468956056337458332007986602574882235497
305659958680043201200878975041698739811560875318708333012968427493
406795756999933480934661516394575405458136222930428044251546972002
691295700650830192468272148859908002484509585855651060259423120818
671812406462856892890508698769593323281720246817389323528224199643
737470636087678136242103512683706041756413134503206416775168929051
051764459999363121420894557757336026555007630021031458474394543294
575429370315503550939597403023137961686376768291518796325661491465
482975124526565922190639653978053049347504455791738791672641329869
701630142257896467635977090748219864165190128628607967178245308567
332276780363104634305504365102139128167297669462955515723840120130
015378458842948217245987135998858639788868460594730223109746372438
441126328996110065050731829338776350657033495144086523392618566306
819087823441610168048400654074470463962045646370566813710021995154
830250745383401157926274531712718937612432309482251320982160226756
375626350614434008166914307587110124408847557802262236238172655874
613511029854759555187166652500940143837402418377503276671739602184
144774009839363904413150836022171056063364936357264412283699485474
631129744857027310844594897611885847722703708635387348202818028994
857450941684724058316701321765470533701025369340135717685982697275
910638734898700215879023017523603433939443102863403716277280879790
072673833850584209628660410327725804942608350292591835608904367916
470914158940126110379916775035248394835778854801462192889658149270
463333063353010800133593233757595365411810928881975377513536497988
423752508307106363913355014166709092692420335607468355398482780623
910966337949398640939154119356073397588176954747729235969835734314
854012148377854325875578448990430964733730730565756867703489106435
881585154018243106511081649250544146167342726563751901933183179457
031113303442639946669768784752985099771116993975217934672271512748
921457178359611285138645036553556656398233833151140793445304751093
080823871808570058294601190080655023397494708357417970870460026175
078906252619358149841581788655099821911546039687798008337800307470
415579072735210748935476631513531113841746814889951971043990783294
120285559753346268383993358153502392643383015423677539559972838366
467792666272231626132705616907197367040919797033373789136543158854
283319943958038878541149625726646824180287514995466087922898828088
096785535254761608765624103996156324948043626444012527880690793552
621166681572535658180564986514799001044091857353929995284766433497
917725058189567854357384958003410394879561445314985359164114817109
473535411640748651083987963366993648418212419394732101785638682441
070424556095259750099704287340512785617985243557917171219266544164
925630574386125976716501062508778759417597801454616515270178843921
829241470993556057167186125307351080322275735471957706244440327418
466592794287726021438121658079391455216190140548080302091731898876
986771842909979353744294068292832887313336478733307688870343803052
526442447993398315951836702563327642850539368044674344918417048453
586550509017813924043684637545318753325098195689777177949671457850
012147669656448229625199074064076778549298190759608488701815573173
860334970140854138542504037565084734353542384766360419918415857010

142716170658816937994605891998284467789633056040116309449750495934
804469984547210211372886770802549425041641984289636656665003926892
105774025779516368858324251586985453939067057600209462130611342338
577263586598319785901166429191820868830272143321075456081111450510
881687667548765230572394811148133521440508884979211585984446630719
279887547431721641660744442621193679423010661494790051133400201583
353756567260645981162882794053463032359531932769486452733404763574
585526833231336426264523430228123457434271069228959814214877521839
411902942202257025923047280503530657648851792991723367452588347949
979198895717398359389726174644512174045817844629784790234596056471
759988522973340517919126572216945558679388488720506401849083852658
845906108956060092666160664334913090933805030049482379392232042490
110857428736475952251725834024250495065252541171612663835054801670
874681611793319020671147349137322394481799337028419059388727601913
077206132063798037043858574916109688502201070207147543859164404021
908072214166737940478906425289456005483490488236335455325084369675
896842593634886314226280263201922604823571773367212195368766934169
283539333387238013948393941564802071019193675525840065383685819436
570892273365686063155547683026077450411946140682049251955462374922
312725403618431013884173201904357908883908493840808824324635111714
130282402085674991554477568319593254428490599650060064694816960854
657882488055180259228945451166842095814262918142570675660002808116
324649230074336124834100633370412442982917680290445953200377189313
230364828291950892018213639905894568559839969224780530477875003673
629704486094275980241151464353430292041934273524598051622028101359
922901558593450766633542521300750502146304320234970281510843454900
225923213070755987270829281694723968662938791486267051785833092550
376858181771033645230448905089361979990874451180059329339420176179
579063610158535048272678826744092267030781802519199400602772142887
365430508045512683420378739657719332987952857239694069325860134180
776748412633411713291749207327720097506903142299154940513243133336
020214549147968461170375062223760662840324620840299798666728727325
464093583804048678217467080305196729789638930693392167428426143215
568028567078964701571954573765792262949756193928022843577735497199
580069579155113267506318037988071324222009397618375184861556693861
204773261322851732700508750300811727721321618777156966628712390778
890963222665531041872419530242457851530730730138796123156890477433
593209410462209710293098885378236596680600825966694331214794686710
159151031138624344270140597046174730207424121277092754346501080661
094753020470829181440397957999189464334261286549536346820128892686
561041464400054318025769819649025628117395703496298355871853892640
062519866576064744625123577881458490211289036214589252292420844103
513332713382972367859237252189223111805030465342321362712024935930
995123020740719681585587863368767796859854957917171756841497019978
632524287096568329330659758618859521161715877436046389643629872804
976990059007653817608957286731875895896907293294352715017042065013
601542203630146323493745096556731271626526476717306563156332041817
354546836202406192938735075153579729180948592426337710812145699513
950062365644191977182265034437898433426733766411569868286236231645
752828908682396098581431598802630755121826812589245113484564727059
978393669176563177927815067699835135691275035068572670170586930180
873245199551817845985168781366804910629839801683321034018502696375
529988501395622440554760660283408165273050855215569023830753226679
918291975383564228861280952538015243607669942894468988775926938173
071587945022150982474665963488404937557534475904247568061351075926
069123872911426112364353827725147208127986907006930221980511335536
691796224747041649771375100233695053712405377862011968254542617641
507909434924508850555991800083058517443102681007429105859845836592

8497432180644842134799534345161164018561094849651202925234153644443
8873980425744452211957475175666712708428411832484137523380953424431
5207228291397871592419776446572231852733256979892770972177625559723
6533832891852918213555978355853525528168115819172182228982693129913
1287232741238636375386671725660658448890475286416564847159423966641
6434389233966555555577505623941919386322247792525405039371606304490
6993076168706508352910175835793502829967125346073403187708553748831
1141833088915087819597467696781523926182417983405144250609493357762
1178885714017028104504195467414437360882949188541087995789078320990
4444403919352135632561442306688626371187652846600423542918735117778
9411361957225376746297336097877026833323640272245510637223928833318
0494777403716667233314341415592504003443864851730958168363281184444
6312675714559731700030550889826990775388947909042746857279399214447
6292572155107787976322230317054527722203918954369070799156122936610
7154413193133429493781284346735062346125673695409177640011845026655
0899269647194608984026570804072312783432408860802224172139644006603
3859955655688644213098831700528579098647977434087547626287616158553
7268187549754532891400418937316397456821025427865392198275474184555
6871753930342315542048866244344295228563422335609124478797116569344
8778720123757175151434224096306075856343011165525133545498704693993
7743770124362748514149112587076200193174071743682020386127013213997
5899688228407512227059994213429913207267333097712360897894644938998
1439659735961665658993852816670862600305173333482083015627966996996
1156196817843264927328573416100073953155547530667562009960759053557
1258963642358621386526808056494782651293590560810954346438467371336
0449994040135718864031978546303925795186502552188165735815622576335
9864310277602829677523482352602470270649121653042164389760800295552
9831100624337813559649817383604797920909082575666433266680671222755
1187684352812512206634374531078010963786553144854622218985259961777
0486536947958684510965302601401388203570512509791840617689609178557
7595647343804196158319476697811395247867423947746073409243167798229
7755059729700767184529038661793874812581676128701839917437357115669
0974065082387573190996884975932907443641601023900906284030548539227
7004313603845524244842300053161907844886747913981348989663958291889
1950571875763453201967071694199497137672478174877139557046673027771
2747983053013424027891648068047620392860696091924830264868072958336
3267116662677967606836340750767263763490452258968158147401802558000
1971760024139869399349215900153041133962949419173171645888714287337
8878732888181304812619948719916342766996959439710594198522351935550
9361408501616263175484624791971026824615645806024564475639509012333
1590914096651798470733029035611775523525988643601194889388936714113
1118598807032378677445581428892217103406789744586486447456112767557
7519527408000886864438021286663656722405731738725003582194256988756
3308467789831264393605749102121366933901818953546225488974154060005
6777788383312620690588447287730405728650857319119157499988336873774
9468893593455510369378310443025241392692681714876547170747590849553
6287048244116996098433553202578653400324262446890254474473833912771
6553478447439842526122069863563784638897289136412807708553537208443
1948966527513426096742709229740278802339778964577921244483551078444
2570651693811144211921575480837312712674174288549055177845320131774
6047600130810219497073449144052508127837541730266179692906422776666
7103715245685443986106628128440271779165712220782541058139155388000
1667828725304184557347984143255663858212788155688674415170239884990
8113560974671420339883653705612096370993533313231085778377427795444
8898584648812197073626525160155633750105804463787632815000741844883
8413804874849039857102538428867525102731097694380500816423251631770
9067985432903735140801396567650640807862787150435600026715537883990
1426562505426920613598935784885304973060317873364705008428369490112

6054495148424226076718758014880747913906686456710090324223689602 36
6806057460252127359630371166917642300812953513752714238917363991 09
3113731467220893640801959423281796280290825550198035965655984042 54
0830577626668242793356855012699672160335421324097012598372337679 96
5611348687539825654211070254004728189643445301960225404729358416 4
6734240497421062012397232045374482242313699582412415713511658318 55
7616592458002636703982733138725241433940781080358713930373844943 79
8790360163347891928042672754074214267075228151545099130500103516 84
6245424971711666951221306654650556497756411038510626654364520028 70
4496753624107970958815232971070630316056693807477558031953756286 47
8272334104950892759114200669071737909731890203224561501394540243 82
9809972676992042476527231992473737015573143472065919502071967858 42
2776561409842940009437686575237635985146839006165492802990900296 23
6951173825598269601362021000335386817943435593785837900470885849 29
1142614494324234416569531932228399237085826701305002848616939537 89
3245799985360592022907962134953170046221778820998832159413498033 96
1191373295658183913078632728532606318270652744149333900386487318 21
8286220312292449967494108830082205851842561666318271872299216409 14
7810320035265242650414087460275808200691391427363737121163847496 15
7070877733695884928906291404703514698842061476620215232634526157 77
4812447708015997061466560089682098086825834673967332259232212072 42
9630964673126610909663686128341202627491338734384816145801914002 77
7629242962460749519428045497568564541861750584954699963377579627 35
4479778051745983291397467420847368630193847718772992379664352237 18
0480441153626686261974773164431749354950684165697408128502415701 26
1315747207906943941463638133820644809454292242641829939746616936 48
2854004109758246735481216392146243535333022864440748409914572644 76
8742885776016992776405591486738372626102491961056220477563574400 82
7032002175353398482532817033817370543896996979993812676326426110 49
2735981210232698950626017761474094103074131381984453111034562965 95
5873676449889668106452124264977918170215943073546930352413662127 74
9287233389565597041010683436203827503833652785915301955813744166 78
8968513275362431290687814562964366271902732753325603411330275385 09
3670019126914798117033942678749141979212917070859455782788110604 02
5576382028810425683826856268320121533151068860174203538404362741 07
3252834033298132350209340432820416893105376869526526405091350628 33
5658961983039642908952044620024923493311552898104493811412235209 12
8631902496807875611238411025079315693182040949998114457200868175 38
6211301052455516281761601293522920555666024774787087641728456505 71
5746261163779106400440793487469342813193027993459628742486395689 44
1899805333279556268175098824093145769438883475623673609995966576 07
1669905919603349093981181715230488195921064116285226690926166718 61
7618961247190577133129700425814328178797195019006824291559550950 26
4282861238974327655283091002591245433740437846693100112062476436 31
9305454256285060344186991942902729841927091097992536971874245846 34
4514150267396583493271793863710638702843037429057569199761366319 87
4335660961262337652063615722794329160446424406515227311644549852 20
5825212965831477727047571430398913435734897113681846369271787936 05
2044430791134012195214759401216982135460644107788334298945412469 89
6532708057318388033767087580903683930229065129353069042076498505 46
6648412589052943453748270355224609614546672753764937667933334728 43
5822916228203195936697035966628554651134666099949617802577223559 02
9768284689431011915086934843045177593195255556601356920318550758 57
2925935801466411673997847541377091769698880160426133707383831474 81
8291625628242830573000660387233027092232585933838159676424379923 84
6404604494709686654220473244696901209180978313520498045715571169 83
6053033146408625291449598553727468702746085851792237586443439591 19
2340491809144046789558683532854955644960020843536673750419865211 38

3968423567586572568044803200470047074846633772561749120371573696 91
4099800171663329350784054924994690548910580351592358799960206349 26
3645304337445233479050254988766792209660975203419724151944402327 09
9459378786284513869046440898249305953165527625377926533095331877 48
9800322140418396089676653865793187886197178340387375601420904872 32
5389715572342580697839785993703731942953750727243630049427871067 15
7878101167654743165362640480058256709042309432531823037137973484 07
9228328385164658381594028185866391977008558490473586993372086569 82
5328676442615025084735044213734591251702111656292751758137455993 56
8204177395456735958539434669387956090574876942091900586485376030 52
3008072864854720611571245539992415280714726159427306192355530451 82
6672189635795845372684828287929402840227398662851876464606978604 41
2749687943260230538049456737826373734111486032430403728215646101 13
0605994292283108037660705390393493963363354181071283102132228197 69
3430313510658509929011414433436144905679700233439645813668586804 92
8470601217352398639692466022540571949411305460253415743042620223 08
7066969880917234719381193066964587716620129609067944803439739480 98
0302095524419570239581382508584674429874026951903159603892132499 35
5985601650955647636333940744821989456881270519283254954069169130 35
7089478286921261494370210235702615165007214441762529335765767306 30
6695822684868387342020447612152800025823603795362148783640508985 67
7848762409487591568179686805686824865838578824042021498899028910 96
7345313216450064814414227828298778846707074297294195617753754477 45
1379149561139742949518135050926127875644605863300767748734535922 89
2457276475879263457768228419966768883668091273699642242951860320 89
4505475243471362204298839768164908522944916865569594899825680614 05
2980030681436083858113114797500791122284877105130065091376257137 36
0694313499515352423132652102192142970052901646834873379281382170 61
5428714348783855817567329762702321654980375430985970897113283288 27
4433287644671408371054401077372750652848317788523863175541306956 13
2733154016591814960234115589341644228817511240174430099280995436 86
9829183130473733540334426683325893922213976161636010048437841861 85
3904479483020983327807261176708771544586450616112004141613220351 97
7393246633900546897941552140985089496507848716449506891821008814 87
8136066421564600243012943543456114383628658522074799062868527717 51
4596568434319847282556725374684639462791762628094205633874349949 85
3240894363822427338329994509731176352634563491688257050013106907 51
1733287744909852321137461701176930590906350548665829360330917780 09
3962459583565404384393371362313986086305427287358784868071557623 83
3490010743106932869384601494661324906309952274140757137275103737 61
5216324318959205495341939773275269049441162985967659098323064887 45
1212442687806583768247814926231358608878087909214024977698594810 15
2762049633185804530258640574345026833037770135930994252919052519 42
2683466078739080800580641192151577983937350654401715993235790169 27
1144800050809095458762355982502464958005401566378766136092150142 01
0046928240960627437786121912692149038779764771864188190242733089 45
3306112236811746415059140408948284153855835405808740468655497641 84
0558782572369953221011451291344326447440342179600421483197761208 11
7523640507689415236041101370463033975464717017246408832295590234 05
7636279412310893742424522089730565587802769683234103326542137520 86
8128533351397100778109895013173034657857914184337770177603504069 38
8960726681809021869235516486849124677186104016589023550647717755 04
4827791066302367894384306670657163892011399008626204678383417488 69
5867312948413954719153939434461741576055886400591593440488190495 52
4201694351436000844406865469049503918062033839873826526333443274 61
6661198185065972021278792899630649503705925482589517315586350567 09
9848029137075329918689245462104728609284427663847595618890225238 92
3577566321212933516908406474653440872686554484243280256823726635 19

875182846618306483431535132570385464960085366561796524661751191201
929124033887454116065433273257434656514379712149632101581366775404
424521932165039535826020158448104111005716913729479998796479787700
652390469414993761171113029287205470302943218904030461883964262774
446797146922753840536826566747596527557013820053608474081108963734
205697905246562941194461712382965659764038686478714986193197773569
757032449549109935266662264090911531499130567321969554594146878527
784870769539454624345657787548155452827715247547776690930418717945
737052807754791634480829638928285100982236006630100516547011149516
807473381884980676910500058321208416562922918296003681407078555855
437148564273536933655234186957339220429838216575458299734147876207
968894798812235594960283726964745222890841619738611131686491506990
509021077325583047121858713786585594163667119141476523505225175704
196686904592099418089439208806186060073139931525924240670742072340
498716985297157714253886846694927031512349265882165244506079070345
525519669643255522579606587075270743217765526040953221833562009988
762352497349140282344689290795065857374506944139691056606269280155
001083189006452382052503249156257157451144467173798389420257817644
993840700875413834044307166725861708385307776031662131453890071616
120269726473568148163098806698032385065010943771440925632621414275
970562236028822425803008747457313127909011309775658435381645338464
809098593653834438568276794258704672432620173781696064390418914623
376857778289651661245988743607599128419892768360870669024763125485
834212019496551195019231792832330663045139300219629840710845506964
658949588435867355686301808652887735797667279636459538191657508199
472574135152882381887468184377429319269968513010931606988896790889
980059120443317175178771138444599179829105550760852670961749193998
914333727901565594656628525860827904385744603979296490556308602838
468563112213362240405453045086577823562375843764223847960109541808
280751385170866144248184291206232120717672021972211036983802230500
069349575108503000546247697802357081636435877795733116636134456513
960617982860764604351247694695503837380293697302150520261776291308
263738519634156051190206035259403699365084953990643403721216920529
120978823342362169997854826013683776829168126498141957360516745117
416432032837654991411910228086918959848684706565112635099851106262
410471364983974457700405838584144307806417066625514447140595952956
540870408802405041241582626709619754649642412613978602124910542875
023551484665888120905799113013282210366979535478506040625793425091
638024508933280280042103315303917889591004047007349363344320302410
834997216637880073733819526523815630339250387371084262620757904871
750210801243028490006626457906583224857010448606933460398701067282
247218346122124780329725709770717370924727466899914309797149783844
787370375392261403363742258378021960328427027968851195832697994067
883109107181642976669997036117587451155401072207819653611307058614
173856897231598280355989083484422508081108321154949249239813064602
790958580161017656418329964553658015617902048150902063837955181476
638188357725659930660318711819734102742589563783416397715695472307
322046425121436174973944540378319499852319362453303023839564273448
251013931457570020474238364677913716931303226758216746308983919456
809080912674813940384844887877273621854323717768803861078713091072
165650753136816299599403916954495049557260519924886187921527199933
267214586528436384757441141783924669220814891476100974151051576891
431241373335469707426692447649175841599467892436728105694753765099
356471287297876027802907819763497245404914593410231810256508584025
226212482620079591882477413794244214735784363191338957148899819958
360236169383674772187649332618707749169767220042564956613659352657
277357450264560930082731119684254977155634799258894817892046216522
058385554181327881954905812679925751062586889833043120279849699287

817902471983881033187359181419746423997403997558485803667641079566
968489976596577377869692586782002322915373059276553772739657648863
381198342431681529758566011336526935880166895776289855664097581063
360695349525398985745136979092517422235641847800831845993493226180
789057628898672526092757237051613785233860686785873272397931595689
062446556548907290119612333958777879953603765531232904075740002798
860068705447310091340158639082943000985595797966343241860611665092
835265972620157199526018813017856615963590512042052777936625056509
208062471384136459498312504324710691456755007062986151759470882334
695737327646889092758364499237838400544070496302018692255355479370
430215751307885830913882157351246660179985021537189858884807613379
978447661682907842310202609975458787294909702965115052233556684313
745274756486836359113415195281149404883978227934512086836310396233
338260799884559004187342449671982489226439808592152737190897427332
955170842359877470987309168040469381789874546890949067596377862795
263982924874570408201022211659288999375551683115913625507085124010
167542304811558467825285466542826445915609131817144474026013597084
852731633545863977466861099503813558882732169544820365252824835477
005282044073714515807351281409455418328510533942656546287205362792
860838431218850562577208971097786985324206197523326741372148225232
359882795907304366142076512209151072012897612548462910819649779307
897896507212473333450744418556424481403973737550896823724233516505
874491168920237472181306126406260969485887190763791661428045487786
753274528580893001732983932741774362554336796595813969742782340345
054553502952450966145359073271408318668535771535559761002808144730
376189821118892207795909705220725088345361329638274919624872409794
644630972983876372536966095002236385389684387761958617402018590191
806879451568975822266518129220830324048358610358322445667951786891
979864435464643389491418509497677933692796050072911705736716464668
172429971252860668898861914120723473973541848432331161002567398621
853883106812733237043978838876744786389878129499417536004054874812
847562916016265577093575824060146278321208593354417606616612642965
330880102769040796357424071328908383658933686405197982827083768061
411299172910064724600590370334204164614764592215341824429026250651
227055498366662480727439314968351328474461161050325595378425407932
963586106348990150004874830683510487125290703920368817934482065819
383492665832188998942870994422214959947649137938911306755160234452
371497919807832499888108236315356294212814529112458554866012118848
325061754395732306810085488020945704573490733965467059829673151444
648599692576125784202164363498689998339642887958397588297023266271
524380207240050564664904570384709046035021062869516394979328155476
334914605517469799155250366186565565809011749845960052165854937421
172910834660394023627637699814116080846157539997489223288535165961
153667235881171129401353920078415322116199906834777293753602619614
822965910672781117038329243111711328934035564012042259632014725473
960378334621099454993177910723103443918880295561144679577173718206
273165594909728027394505193648102117881922903565200178571172958936
511928003643922952504351449498340432952446411094472193022125874579
861959406473464187145356790907546416922797413312363561512360300119
657854197757709749874934853776719503287163440198910416952266030191
893240350240172040670486364679499391398227979308141659544204347924
269452875575844236325017349091981174345888193727066026848801203833
556437370308107226001862372783942914920693529402508054279285185604
757804933099098918964703114683868934838347739527803876851484621396
185943294581305613163779695601516774581868051751845303237712879608
834667713686609791282228642711464811683796232967859101512186986700
575456085262295641621520793241720200599423352562328492545328954734
117606423806255649811483349494918053696024829571289179092601250948

6553213494724099116596226547040062446710694114764260405616138705560
9564065569069354436432550540824731663754788404565481780534447452560
0853846374035527902884720933573288741668784370013492568395538099670
2150039374616952772191498805828705564427155917355686824630303452030
3210095252460382980722978692504664000172854066326375496302949556050
1549028417196378504028580134522527478118071482397904147959346497020
6547586689907203842362268159756668849201634297330018770765509915380
1095384982996303970257306625678720222687461474967093099396859507020
8001281971577031842503493061086715415200417595413974547587551986280
3029762911532284101150539791886643193960349833687919318651950275230
4032747563954586867688273750361330444218650061230719968393995951890
8354087127657325476452525216030557147529697467000949885201629822810
8225009321138597335949834881599765744138081151848377233825971824500
7793646105396323866181564809621220385776737215607185655698793567290
6871676293026573228475251656946333316050520452729402470581052007560
3019572547217419423363007973768169894298832150432015050907726513310
7243551423839527312752915610134927446696971905640328216004644736350
1122568892166982394172944737386075088781643163375883579592772385920
9395618114489905015085598839442870349039545338826785722639716455940
4894751511377337485169932565259400455834925706134637046995791837920
6428690756137494769199935049733253080405743394773051364222294169560
3270410907746035885618562869286584846307973364899496080260274888860
1101940223321004874826015090988446008955491985175019312174135886290
4785534428200149400741782817424117688358279567586797842186052981130
8405958769627432508596222464189103835339354481549709974268965410320
4644893698854617837477751582133366957324827966528103921327656845700
0793830468907409654035812907526019212943241643662532949891480563690
4601327056532408036894483858992080114262081055373622508139952658750
6332798263022168759950863292642137011295229577548604080632536733530
9552443475313717153975378927571536553557012610474416319459645582190
8465153305532990234678554062997306884899796267790005002775670789480
7092301832174351019023776305600055363189642530853579546428842491330
5401461609770507371546766739510110639836720481484051225284417371060
2653991043392938048904295691215815980377751448645040382480260877570
6675721245761200768681908517621360464946355482903668734691460718240
2196141228909892218209512265223417322446564366837635708883817514470
5384652065617413257363254193166769298056651307397629726296272786160
9314275797238814063298365438158178021789791494381382928131985200230
6825506912101495634011775128222708393029192778258062444901736777990
8931389700756917761194263090685759800040728931792049662014565560240
8833876422081631684067952449429371714519679325068245113041578934460
6132337063004295480366680215411339157522267600530391504896167814970
8329197267927530102673711622847783797036997733025362643104922943520
7416160277458532268249624921850147970733286969369016010169688380410
4697735346146654901408245135423360855273934690160932696430681248550
1408239472417843213479843432739106046123447978207888420669793726610
3684035411783738126941445601984730950358350283376311144873763483390
8875498423824422379081023058088778728577814063976053424708380437590
1758189941419035894519226747804723180563597593832212245315088898390
7551891771956510931003525537331986539670274297720995152180366966360
1810210075174693654397160017094132643674741241183245903355084862970
0188267331577935690840771311487176319412691554793532938320256821870
1428036440722501060156252897298731411296286358277603383147963375650
8037446916647347214289608200124857840491094367336066569968553659530
2745514586708823382251470733434957768124680976090459169159389483440
6652576190333010343017360348411987512947976920925963536396977395980
1776221799919072257129757507685512602905480718610508818608892024400
5138186502414500628436471926881283704133253500643921744818802399780

579839320284439272279305728958615605898136250615229132621098082381
450147486947343651218675072142585510894070614317185849316275950084
806479536750567142142430651350558337501471956748360797400276184819
282753631638943199738396910473414842379018134975256168732653611618
705716550455483858025844266951170068050164988188314270712725033504
711426392733033508248466298401745075588285863398243413692523705812
985396782399579976677897890081460285448674210622525508362310865922
199349225722742207545635740405182534992533041523113499333690948529
111794177456427627029777340753512673938093048616168161995053095502
474292333815769151174591630508435135725930749178744848352643320971
617766113492511186027126051760240751401888644431069667495695410229
496616277252256689025320967840464834020006868059948747384682056878
494847132881709191172931491485180301952515061379119471076200628141
637564898300552014815028073275145170249251899039503377954386548114
963950233351527053550735159743351737979969909110941198265485494997
302657357882304496136398209740762336841329128839558317619706790963
427254868015322027912498671590635851252072045345887471203394918078
261339179562158608474029706373040976151638702721693946849095473018
099728651673283560292170825363198465411320912733455467451239297069
582392790174369626336453441977127943934083878047507385005316496375
929675921028556808030810624337113611714909840635396995499201392048
492072141689718221510627029584143296464701494338817294896073308219
703270763482563877712985256489613971224648143599325289543804276531
162276155712747432418276263938127189534203143700197035042819707308
632601466356808659364695141645910157384525123432037135512951483148
455381449158538888394833256572573516167324385024037367265875740742
728779294314729971073135972558605684131731744794473132849614193106
371077983010787053296935504827103395224626166167211672895953448502
022836057358910617615922619484509974245228844054471569927855716063
484100069334035446233755673593400425028713735767326371087539019750
193938029568318185880561189665525818884183046133590151199342323320
074686043039003297680600445841193717035523778834237188946970052104
819649409875481794456503779659046357148235640370216556468254409742
163218987080804173237654078567169589421543039745520718332776416824
505823381830614066059186474639969898729642394823345026826087514938
844443226719771838220263914114425158324246892803512040990072517187
257380737895427083809109818094488541262939323173760716217917522973
584241943272268806729321306368106042007788310797073964398267459079
114656769601545314699146741007192308718618387059352585696258814357
312564057654050566082812611633883200089359451627404124306175130844
761622371749860591999712179864065664842830769559845639850972668653
411681515025118617649373738522613995471383277227078510073823986529
865126516548533457160356410104295439693703963948664654674359890251
414282106249312011340531015031881788396712851262105870534637316730
606881686331567463250119388107253109589317184373723187069998334049
013884940432713323172086978578689796008249177776008072336139869506
924108231823258606082123817102205993813908355438683283886913013140
274100652159325339494253492717455136062041591833656947966700833687
122578137880584672306925238010617265738535560583182697000119912004
799508402289534501765313118418203291546985934837361972735032541360
415908520041221486383826939493780339261132086056773977774101264730
984068892761724050974503557076453656664336754415107658468635121285
462870234150547372827827544521371580725691337635297318749663915482
821078023268850654318386287531258750124223019408559548685274776058
880008186730842062089063778994931810820876833925652002073553694433
537442083276885176428897944899066461391661236534568926588887179628
541013324866882343519731908411578167087609495683642400522177087718
253520870915374408668787614778720551925677698222997644431589275064

559428243724025159170888261730439606757985233754381282990230372800
806653042162445519215637188458266701776867114980002221575412397160
531916355943984264950251071998679488534563477887976187198274701759
867244155398218217773129742178036383035553781530536423822891644689
1161115826141268809487838520135156320427913089524801784471606359168
630943320638638717985785350401487669426741231506126813843288041255
234976182751409978045976973394687730053460889553590237685953434833
356307773400654469609210789218397513967071477947491245868722003106
465840479181559284325601200824923949790548131720819386218831775120
119898355694405466435301210395103289736548547576678235276931273607
186613680853118125980589978451516536398521122668998420935700414417
357661440435157736146214921191553005183818954286581658317666853128
111861950974691962866523543831211402043209779587115005663645442860
713549575013192750240212223803944689002829927336604364453843663215
012502231125994798023456601937678531813461678356442098535794736387
108821479975959982884108673164944992637173660668027215802787577228
598018646774921480800142116577571550111536967098713641900598622968
444824869975048517698478863221914378006574398929782547927486428228
026597514352966955455898130282220509845272551761909808118297980032
219963149581029262954418841439742370298180005854236689365183708463
082918110744811264759319546978092637008545717122499535912447144263
051945376716124747084249309683950562102041525984236570591502464114
814014143969487561659207252493211858867858362138481285005175196995
244018357843962656358847242030295417433837636154422994630652509755
770951358270266648452639900013223226172572079338247814424098673871
293888224439159266471874623698509027439488736190720137790431687978
527479087173192655621134068121830412989064572982251110378330710440
537069257598999283754710758969621578275928383792776171367641172770
631067157463510876589941350059579998909094230675297371921894537593
132885047454379311667365770518629062146194132376321493560621777279
832648568106849158420439890640706506465382702282203905641260395366
917143650023176977816359771276795815350612676336999065797393156572
042566191715156407447709348733570596615159712802107938582140846996
648098274398220855289423182024387541471900087275466558285591654350
357133191120555605557040573856341502062852073158740065017440641639
279834749933748671292965872902297754274079196401914886867738827051
757925772464208876344131507119539997854981282575389685902092495167
926306319641006514283657029581328439201790749946669965629245503081
640014790328562087796117040819799899404279107984209296323546608361
464725914774127928144493915817132447697162754714241255923865729344
557586910002349369662657641743150598350077486775309696317804200899
618813620370261253698930293560131947976227592257060707397249690839
422658214670937149538703724866170385397236868946819571589367741341
538876294191865146725886821126533781344780572540881673719351352785
541454907078219716584915660910666747298013050170285498669019168367
752104332342714805181053940982410381397158431323985538339555773488
762422943611186368835213079483487988790516942454183422909721594288
093681737603377999118394921057817224547896845659215502080206284015
306563658187895556431249697071670889175378861546625961634576624952
356118193480448859120235040999449754175146418157499808858513835784
193906504104084283462706199486499660458662974702975582387611560090
119896995498581107913020391353974902470212506284556607439864330862
167536711369172280280564715494695396115634297384126739025813827768
426089435747073469964159614045751036457764534217053869977870339849
254146068539859274588321278937428224814870525432221588073272290367
363346544897131413219949198916009024152973800952407675385679815924
415289525132789045584619086572551380990843970620679055975263334219
832817843025151455158873101429808364516625465536469217899262979082

247412435007304498767008310108627336418325204838290207533620283518
778797894422425924139836425319548238871864106187319410465384085905
646610362047617220434738484681256006509390274436690172601246330784
147354721797800522401999549969610905344775048355178644970688319762
719272577495127842170980045325066193057466537892357866937824891787
727364543789552773271207055731367549071101738663378348856127347072
502935076913130922226572677452182246743693066962511041672427331806
384513009103839029294374619547571099306995680501359928522146325529
266668826632070297610800584863401895227503551884273128225184486875
770152572234238029671957345228700177841832820287096397318324944685
215144132108096226113960256522377488745259456003338192531632713799
651001996229521296611701192308131630769783988472924064628122745594
132256917519836072701293727315861995507296876372700471007173585559
122955621903152511535704861942564574847620465223635355471566282959
458269071535336134954878600798637498145692544410493950485734021342
822844625590948434577311579822118699082473204734110760249907128700
921790951809606867530765764130547126208275709792454077745344342138
330609061868307462327809904235309718972776009987547160156892192180
944880663476218641276865362243290942954130218970472195388410128878
999742863327649308130256174980702502307668398944321661825160809264
775166963296169135986926755478321271151604693447188861404535267790
749727026103020646573058282108876444092640388848429126617283279310
071505767526313326477964981958641952238689953848991214911181621359
533965878470048821954476852234049950176628530659610439782926743114
408175684297860246101782140905380990135253438388066650500440919775
815293576038452605574675828111405415309439408774245051645349661651
236011973616490733024742251480447186930701033241887485255844650888
215287286897766497312502589064745090246731326153059520352060018340
308495623307530623333067904621408350764201548188825073227054084521
481982932433519536328766711916258539067769768105554092678756915164
097581583764837913121639729312026061839340821325639001054197955152
797817062786827808804311398341400473201459824049042037928548024129
477275671337784824278860811098543714777294958031121240648785430047
521695149461791822349514031106364748240908103826455308998654300970
361181141852792821944708566308798668197278066564084643055331636111
411378289754043915381316059454600507583547279990666772385739560929
920530183612604849598474552030663217339466716922440815087073981692
996390254934804133044679462968679062921970242687968140725853268556
006453230793230756810258693611018480113484990296894331730451456429
257942941061405961343631553424451928077904700082980179686052967877
732934692431591413263383709881700026805441954519333956961390473676
393073907504353826949537146440396630797546980325097418128812898386
371317719241747537060149844242477899643152768722502027445607666521
396254651614042733289487820549915877398560114443905621153126057986
406457518880739872404933218766655789137610493908814763726243042337
584339774455688936253687943083641649487910252336933769594751596992
039425556473679868377624450767419967894763678738864192983195468452
060560624376175081216687615537368911588194859025573390591979264439
441809845755472561848693289392506948697804286018390514585400477569
568978534332999427604768511820755634022549415259963931314540482872
548438540970960359593246606423304797052043005980107308739494473450
044485284454004305607765864434290413252374401506397090993565868068
977541074248928113761241603284865681310903624388296131791270649682
535884326744683390313274119959756872685812801607179426010117230486
295667971264427168174773983057507481287530705344987181725988661798
592683635676413385394049767874758135312270505034985870482853327197
866523589788446102451912897306362332355598058696916602727807815577
102985946641186559856308501167121878689643227632931666640176869966

9095101339582438142191679127645906245727842045241054280476267715793395989421166151969684435325444768441793349071576598028865807323513454048863805624871981828408040161132314554239018056809341032134203323557409209413771194786397313686064046970055954254264129659052586988494445899388404087960123746352320154791089931663825087114638284137858802245743073965793196966232675878562994445666497496682766137958013964624721848070912519090093633746702543810642783038513325097754489146293605658747747482983497801296267888819960776219139355904688189001672935706081307827330639624802123295973801100616967049652110554505926312030502375356072787485115961029560369232557329306799779191360946236231572756658234109813667149923143655838476506549467438756386632391304873686169986400371457252982428306782582070093748067299425305123680437067183731944093855989836526409878404411458935140219407051582489242396817483059743859336118351503996860744977614431371709069027748690212968399094290718348530516988578367435663970858501156659953437259908557879129367194251417569676357118350331727897382775668774652499085470080121233462596168870855417886065295376865663969907889929842314143113480960550891203692661226683060070629577653123805272670114231464096614748137909934039033472131901720592134910283698840561619386035014627214017833934761636871215131635539277456929722079087519972940504187415059762536050479796907507110175753355675116653580301036872779442830155129869603117876725965305194247092233909627477074752756284316250466232281592484526405234271539440275748866650391074373907289454572335798799337092448814908618903626371068176068573139958571023186359549689095986604825088052672764459149547695839427263361468611523185652598690908353903604081127852533287975128355804394217230991522016509537950936475771399491580492148255175522353935357780034744451615031470437531136200446283968711986425045041890089824541280883339816897923077111730824597164567303633760028668954680758581620067815627776181236541950766808018388115994748268172997269908405965650653959621572046158591995268880716626015779388476312351449583026829643155004227802879940629548632169840079468221580633317209028016880755299846405129603418925396172319205966991928994425681335488907456715632979131469258314018208944288943828444033593112936762348446222180918875954850764219347435186976764933273417886717283755418933426605683515198279627686328810477015644211488613142119912915403583749043699136411646150489569638981945755787417882970264867229171494915729164740421426162381174785079385327276432303955055744038643139559229670264144992885302396219686804740437863625623852745123619143435267010122281601635200579441048889054457206706634870114053296929164306040538811862196658684314296822279287899087980928534562548707533664643936768366300439385923863785454180620587363312857645236785243758372052405133008753962760194528982569248870319687495781022066952731526879121594064090362749583678456318149239843506375402815803993769278273118248698814931261669051733642356656469566083585277598586732414085771852606806721886478896987611199440649285279055045963008689417461633760212432682758528652618577453079206738343955552122452261940848704554508971455287312331325043342305811373558560467452342833195587698362760223098655814997315265866554642907735231851117990555703505081204269427352005748601842847698078126415527702131440729631629033511017334161882610629927540302126847485863679862636060631991586518459086118304876967862526567472472425706539043346947891360370770870640091242484024329198728060241949935865326549891120479880707223089409380164681053431040518492886907149311822860928367978041803338815370712335190405976173458541151232781452817885628551211142047328249497741552919813974559467725057889443464367745256984848441405222625085134316964424020595279434434340340139160784398646946220049584492631261866766089761333818400

560325890996685295977097108013133772742659848609420094119158280806
930114451957577149166439102977793397047647517868219770852526551250
664459517765857419367299650311977486791652574538368917496663816446
853839468764214625659313842141082813068829711514486377052455814066
634387964622481682473369739279734181080256196711504304340742302768
706278813140274118543887839273880443829264567174964872478905833316
209093323735527920828686424526077859030818247273846542607997903645
715482593459145281811411203415155828636970664195480486525499338530
784870244492683345435709116595681768465599179508742321506206798787
914866873161690090208201717553384736964132148914346784307372626280
122708899125659751220076496917073533816309563037875575439787064985
268199031642029027477877051207604518934410427415193521665640651886
119616993882089115105783323509613793714609821904307774902884152295
986186130630759149185698660930673175731193437378956791837847797247
481914681550346213592708956558706075155367789628443659330242985221
185026874595932945003268748714515317991028981662418068044596270785
282241797764800685393011188518329258990633882505259752403719047461
905293084242088695256488908183761663697918597752034930709530299310
435999125258677559022325428128955817308533763701891626401594527827
257245862531356901700037080736758725072502469862784239739331482663
480824328947071851795508777406487211871746767036127700858746116533
469021792354495467051940746968459401393539876960405105342678776451
646234715922603637786414615806419829904497884264429950106067071173
768546178344851562026587951482508371108187783411598287506586313235
272460723226660705993573703449156078678627475834982514800735428371
052119803656643325675119329152607293697509772956138312995916815894
549965741992256416132815661573621585015384837293429574236791739392
729780357852708062180649707905525479625934161341799312934899603706
302423324760795675652465940961367593871814709038383970403492587244
759196465129488149703709503902042563239600049530455209654422212044
526093012748726851865624491347666312694357366579533216314960504719
034879011918268914657046882329506854371952132711821433675856194226
087572282480846222428588699339368052924961527409815194694930400609
425144463601419393931786929119217242846030635453007693355837194232
966856249229280731505263282783084373323575826354420794234165445034
237625760840083855412553713056517777769354895962411427604930133712
051198646846928469746231284725734026378336455707580197613801767779
602740755490362680029690270923872334987015867021647391187177001871
084263269857951274091168247335396601331943975769925893942805383859
182371002068338842487521266759831572296778040503329701314251858339
768521379092789817114880313042132855533160239972947546543207753977
341753384499844047858281694940726523388983585521867925370965932539
296426363636645999837565493401468202566865013502204425486598048654
531967128264909038282304788724022869942512273150308726677774775142
473793117917969944527176326914707235432050220675790651636569049698
840958236859760921840032093451190570731272278539589068926887062012
464555273588545611493073782191139830001499118185186634432241215341
117500464723557526053579060930137458272871012412939252175141637185
671701278726173220997414255067739046025410718212634162049155669234
632120651455850118040642515877337611692801656155369658353831095341
966936686843939392268570713628410075083811019590226717331633400321
488229433556626866154034172735027297300450271902028062092241311978
809104262029731831064557153227857836486364571509148727689791716288
247593580191725301812103601417362978214292484159120284354186335438
606031385657068315077609349656194400336235380103023312973602765720
276637042514201261393092703448381578099518993668847485329436602532
173049199087942512330782287948980891494543725603323715474233640653
550497691390021631645122822008751029842471488334781506800390437214

879242354927237924979353985881344267791960922226033253499047959176
308398297206367828304256127021290927213426509421587064146000506172
353121701290813738147909496018078068688197578856531302311674753326
724816464561812969316697672272718285061159069789249915929219214227
496883115522926432151036621662930663548329911190455825480970783324
619394114653313938926038650751105282474965863557254283195463653353
488577915004868177205103847563015202270201071597231121860895371924
880997559461786977409500827765480350076566466734703876652608817417
935969788755301966223402924558244563000703190962626790553434748742
067413664359187380954913719719032660222298068113246899572098835828
223372095561207168758362947448669107789348644011969472539466114076
939250873904920310155854250461902791811184477560382454875263992141
843787396265193560334443991365230322932184475595436125254653222174
987468187807461781702587499061072422571436051879689945233680528332
554723818664431886998286398812532808778374592439299500177062673003
675695027657298262716671510571989298098603983204303003703696749302
790371292477600514002068864391087047079023667215430546476102500587
328574631499694006434632412746894705081666258238520046875166185206
871309662879740472615810774410441179691323139430147637486316612605
226715766205367714067141891345131878595860356686928280387487660560
512343743838937361444677712335037130177039550477046231015752074344
760769941711726557839629458532879340439195939429061193795110236925
731848397251741551771109570222200551868650052821425686401028605556
261021503738879423351797317763498599317608122955473721231942610843
973551423140228913616727028424565072685174213695658704321427646097
193880116810620308799778212344402406627146737161653461572529723677
997868917407832623128866637708154943369094066633102797780022730141
662690988348602481865955215781090225382079354708381111197981393128
524095028242730321615618580850070927760444447506497262270205075772
975930618925446877223862885236505190351591119069192144646342804535
549691136735241115278236895653200865036317548574573184676706140210
572422396506605586766970785865734598131894287897717737494123545905
300671891266599565443381120513748259049599882402151409780396406790
128079621215866398497262266085424900278703229929038763876432091695
754907247390382472234751258927024540235862167321636737747572359478
990105320474824306538707018609112117646433186302297408783255482520
097693228489409084233141844875531067520346992598424565416359811918
356397310950618325167766158901276229815806301644237615630920040724
195301989440581699800454985316854468461948748995669859127537784036
877096939849699952557177626842797978874538709654526730359959801465
406744938809679851498069802461013294088682811521670653781300673471
689253836933887783801325603256949284608426277929196215738456850541
941390042243994636590603997898808100157445045840068578357504864364
373054281436893014884862399949054924646649882096810805869924747586
552422729845095831145092613198192590520256633347051507229160083731
362816414524961410291809933646218926691388695244319022259280727797
407454679008931672432304651900591121377775822679604962765146347952
114060547826504702722214090281965199180817139762088097782825717852
434543433650898606026033130310298667701407940593672620991987950136
298082954000162775288128015917193040401340690435053425806334313391
195025828721646602487803903049123946985391527643353102738993189175
384140473586112685931224569565815342174612615186915333276744766778
516698071719343932220310951004535113777124937567073205916171572479
519791297512493684233560582512010937893411172211763113773149722342
658847192943540721817311420464769090240465533078140231292733065022
076448749919261421028600779773493709602602297079658977645611879912
090702203494744968185215368405073318536744279530236406970554226882
374293973689928592022943219589730949944235441489577188378456960320

758651351875508235496650471844300768061899556748730894667195997063
950896915333977629421488570994136841619961840341540408241784574437
735952461157875944839607941212623759749390824745865486081459911784
341640014728225122888230271690470513749817832475315159676726606923
168355210490870965605403833040387593806461443099402244057943120798
708597776229138236877230697996443524460301437575235346805885316415
942120482517235783840336177188118414295377423836925810263806425238
119007236499839991444600543321221613470817941890084605758348419486
550818647867762476320799360050558941566960973764211619759122899333
144240227413801318080923796784227058435276250410514039887266900169
378353174118369900310482654953928884502366545851167323211333222730
868552159735883885867866312331945027602715408958509288591130671744
344445805677458734608549116527498663625917275017152094594259650771
258073737617767193267247063390949983096781675927009329037663190759
973345922805446766670314207904322745169115708037632053737929753551
709757322266099319495317657241765467632277264077051652576683573310
346436914818344002451743210516742502004806983290230015741902452533
984324440065490580630530375462079448625839027196263825168865550758
270455781355043900558343459015201825487279569425460834035738436156
163047924467271452221748204068807335755340576359681493844533011375
409837986790896522984229538161913609358704735451745567764400358467
746190084232041430353665110485357975423717088870055546101501436028
351539384632177226488513923695412835637524301474341706757149441186
298496668204931618851559000441208255716742027651397707571269267159
355274015306554448655412831574089927957110563355271238193624857497
926726883125671452788493154196565352230873583655777945098808980785
429766806524689674890957019569278764943279542598915958300667829716
724209864572156060772367752961944238903279166564489917993794843595
372301574445954763651228223637396608181194989426224229601075646294
562163250103586756438362851162329972869445931227322431791079538061
930315781071016801740202201956789615531645344793666240008290183731
890583419953796392779965237198460995208987678848854349193644999520
440331915317384189631740357042754732919086848782038031886388409071
683880153290325770855487647009852323487017548908104612740569530373
890892664486467404886207279483957559679311335184173348345389539785
233479653662898998468199339342092443291856620849907490504210438439
231790924745025172423879326789257870360488599417941982279432748633
690819947867159801374732240682197371660700481440786737006266654773
600685807965370929623664794879000754909963730174618156113821779312
270981080680806518567259755981594897088994569634584217415275789014
895403888937681870518856967930109728550264826423449105019922947093
310457298957673497485852219691626692997501119126489499770659312657
125732610679920325558716398419455703707948499510885917805717100782
217061633458154832433979330963026969091150830679725265880545861737
187806058149586588531691295518005285131875220330633473956967211206
667386334395986894107714027667144485816492158637400303868092375225
593440941366482059999818931195613455266159591879470486558061286160
704053938800107206204216442475385692456022738101918030429369333818
445538267314466779283294801526902635271295040951760354007799527771
554888123468756481790008805538822457520017123882637896624016114952
169376867820146852191359797218916236090614567483023646626893511086
514416373668489140634691620984315955316190504772599383901406507974
168153964393339016865898775752457441307038745515546538808421906091
928716493901905848144655502121125822907269689284480358178971997589
662167341822636549609000136226009964755488043686879939464748752444
012866202980329336230425278947081919263725719199634865456102904490
572331847201426867170771950534644523273477932766101802692483590532
779520350952144244825658944744803951702445778879391149181087105512

540072856350960934549034292209879549087985336604688424684423941406
157267715561360074464300906883238170417591418820122178183071557703
622370509565265183400360949817026786901935115687040421716971018505
891985036750504183931342003599867354818185477504060722540902360306
884226700400603909746784086245653450207110576739380424185292586494
212555527768362312600341886728901038380807585921996073440773773701
502528824319791671134734352757109099530923783948402600517484030717
430989045967798587757851799533117528559496749568755499070556553727
283351480619701208647766593101476414864277031742484283889709369206
306759951609640136329266492892889233704878130161951600635336860425
414441293097006711858301168047813118259247883517346883955820738365 4
929226465724697230355012617403172244727633648429644016958285717784
827691091147792253854828544822229025065760510537680487389487131275
494906279337180759362545631476999106700254119380346281014484323999
387568894951438769234950108346187926462994375454254873260949466031
582033978154671033051775658517387290535951050875443644514260152299
935711332764596577955021898460534557595430436450610999345016429141
430751166597261883563464476205773520971044152312807325903693832877
107491040178395680238951302704563807849179161110523047652152689992
240908074159110510716699691416809932546486354444418270400396924529
511358305220470145301444097872151948103489108988506647831481517080
958033918186450143986904651888073631822722470803322303501838719206
396907035514192115319927614138703073429703897973190289583822580103
039035044057521374763783447015061389075155397713074823602568584344
539239958112454901584321361123641635150547271984731976218814070435
062084048530990323776092717334734957247729910427357027217088147749
793626188988733251119956834335718724267410318646070663301906269779
545973239604839430116346704428127619852256711929538102829868867713
440839211626209504599656293533935569102589511915188980946327105785
165331444734509140108971471884900858149309291297377043247817229012
129465913871565382390028120842287675447506107458097754325937761412
275014548837194484976571258491147790923974664927994298683503485852
594265492396874019950616842789576111602184391275100370839201048174
079621382258595014982563479628789688631798924140719481450261896258
002668198746537443085073307585226939569974241393228085914249034622
441433312798411982067950354661398515897767358521947016577977971212
236672314080228891028020970165015069622559182490154605243627342192
572383315793081796907120574666998450152803022909637827536131916788
778733840244964723736563409770629909528911267168919226187130947268
079244808444292518051835993378560533346700312502660115552313366995
096088148952917946931583218761914300502537699313635381113468359787
056617473023518476152321767520253168092420262739870704556607142201
338451160853432316527948434708340444843084700389280718933742743567
088595619817117405564309078023181327383805937067233041103023246765
673006384703787926308034311478881827415432236365190630579208004303
278700337764771022288804178873140757141077336580063155675787243690
697475152053903208753704196854317140437843205191436474025823653462
536753895943842696240916042632070304790465202958719112633761009097
985549799374988442594384062449584808906947927395970356418421633913
240016755409686649825754758748703651549804401961016275110565395914
841807309882662606568798556080888281700789901098992690930297987436
126261593465622032606457141905260530716194674950313993453942881411
649133584026978624061100233557192092622418698971590695889256379088
411356131810489739722434882403917897068692173916372754323378198045
035733039716240681137537065704597977979217180662274977534923696265
921017706095529278615949453962198709930168085390519753334996715086
476134829886174475295327611597836350869628341174756190130904167407
041255161231030196815483257826172790279836004221886201959873855456

110276008074259004739184137985970101770824294778532544853951811705
930967528532235445842996375630515093798896881157620706723548663013
306084854218801979331536768602565029561232359788624519769787928732
611183448101777124754841717319417883893611298787070004059579784721
954004362452659500041437940991650645912874699399339414296670037852
836827460536439398989053455130770132145096247216236414609074580141
120731950265967366646715505789395069435622046621683442650949676682
374887592462592887397679363378441961800216135884778199203902772329
940629285190810953850030297020669979125664703001774420018602720877
637095498204042384271874905025962211529058725360162823521607230148
691288825570042923988921737300170085915992636762815150721851051119
461621028058948356241682619367988821624413122600871485030664220317
520403163515269376449558517863644694492498703835712124533651293774
220971443847592393473981635092903863482104455167118689769834248924
597784284373739813230523947282326659657816147287346027786093283215
749046026941405834296246762244415773950753299245219510356463404241
249989455537676582067821066125222207794088149180677189862545985911
650389123766112136031882909504178468098773745820711564047833995467
312288717819576694237467195327338688330200910571709621826010935608
556230383326010878271461358087617683141813196847376886282321977145
432860228112551455737683817740065598527024976651177770555080219830
654554615862956479053098807841024634711133180647839327321202126615
361159214686647290743098539365500451316783784123880028013504371078
700412619074712281656484726113713761562068490083504451467117781175
769068867240921110699896711525918586286007655564046490945183913210
694770848078766811354604727824872629160246258948101361849336071405
532464223191259487647881175166135905881072830742280982680389566863
613251617524108622986819103356102235432542981294756228525275168996
354893542912692770620171423147132686191105788456319591599626212516
901824365334199418963601823453869912850553965664070964538569520341
846512132264960877279687147849954946819418079065987582346218392296
738519369473901615849621252182700138536045099318468104859271407011
743728630449702413081249816877173191129398931595644448775410080686
519063786629733784333652776953935464342615658062241230936542319248
342960977349122685480863227630186033610827616239879873015344562760
049486497323440940325183580839675280217812559028215422586895205968
563451123572708874924324901956198700150977963673519542779224039095
150747727603314335649437578517500116193537349722929311028600636523
250756293037511197855733820729970599677271925798209399065622815501
905926745636723097919499675415000268672596185388604459771491873321
889816076167777877442308687374777451352253798602968765675401726908
872318746069207539013461405822056969496523146195214040560947876640
470293888322522006507061348414314914473885936438492140431688445017
393178534252627551835490927053429156740008106257006394261554544011
324372485605345023492119434886151239126275989258035512396705846423
195327406724113383268722688024886439904839058510086288028732735379
777577471278775756386468177955351133488775213141181880017936104137
293907262048959370467863021186237320507478432957800874029193193840
581843324990381387470639744618642518293042002854491619418529131541
689168040704350695401739352027939587445500862631814994133086235539
053591189446631059832911360602271763521811820886986705389913892934
626409165962183778811711503493208711081093474795553787246946347297
223538720634055699613686496382802692101717358480148111413010428814
103806842120599577464406461992335235623317588478185890533008025067
704956229665032854112445843588547139499169584352472855523997208893
078054865350264319721664774772507013002671189997329694607461925442
003410919172481319602035637482570991636007374510773978633440809706
571518629175478685316106065623471482323179591967886710483670385990

748459508401414270110656060385502341837619362016698977410989147808
322838260328846419044297021391407674252412353439355398656839314241
107226870068419114940618506663169599324502952757126248090959773588
549235706154467480959887482187886717214065219780366857129968699256
903090780590282778015524515880299907830036919935231563975891059142
555335098551891768185477914126448834936026511448464652107277564705
075988805260464552600203363195505526235021989508826503870557625742
942682191682560539806861694337906167456747957497488609174944761517
005832078000101400223937087276454839787227422069991646560147136599
112905588408095036241980371337684467079410093389738482684450431293
543796627937011725011955141617907293395718763301361755053730401241
258360443437883843965324815398739601650469610099032906842043282795
960819458934797963288516530411008825840662511719181361853636622295
34393465937555381923380328206097746908804787814836732738483017227
691506250400261604515549985132814261731248620717861546657577218857
446337854536214452644624129193867433793375703753834808768741414323
567787327984571467790197316615983526110702737631107351761285203157
032541248706617586586757269187661114919773594233496882298083763840
078100427788049017047309295619259699290460233313445320223696917196
845096037323180454302510250935138808176328298331886597789100478225
497451615474293943509748485613645501110669498195490550216093296042
898120283916511456182020087256861044380441196432760197026726533340
960135451778618550516446073530201115976766915106841391964589655233
880593102845243646174991089447833035935206475698578599335449070011
963264695713308827493254196277708272540168635139908451869344295207
464725061481628908360534033580481780097163703936936429708037898214
316856395404960302447616921275541591980635953536590082537877093919
510121199290747286795748996097788370401161560284844655317213041961
769180213712040926495651168375209707689980033000876321791242415722
907491812247109954171992875770065203618508144762523686906153180657
458784447177935242300041086032956442270849206404952020870120548574
003789172361525613357855152259217227820898326063882964144804261353
535252533117919699984230133787621293729448088427108046414365167852
168193710108427502166846033159359741335583846500093281116125339529
550063906075855846979780402187994480813811592828221851150998121743
853917910107546673557201508306116758489336864793443245167058513837
062722384683144113986972232019476682863984322487656156030202475531
776371171486145680858316524980632969114243418380417117138080439601
580433035650090131814485643035125022765659037259530557998360497207
675570279956058379272697751741970150888151906504017019280061980275
964027635999236686986531977869095710781462230583721440867445931736
941891567684233941680770861895041693308517787223306409558568571556
965859081256140806288384342184130434609867065648517120860769050351
282863295611470633816801328393789860183699070669921661290678315565
323105883402160816188239335287905624035254099503552274104173582610
271927223015632691884240026833301856650711276548446196699869317359
848382632517611323309612857167186094213561512123388691479074393576
284007742732097812823591061261955497761446553173793428858108406022
937821782941896072677828175617981654885113074990206960827800495918
058518082740721073582229139799029941218992730042536953787679536726
282792754627115723014400264811499244220795509320318655577498787074
193337908039866118069727757500585350005902622262773285596583340375
39181340787629115035909742268963511825983636970382886878607349961
078957150075482182163591128383175072431217895628823235706684147170
210958822092278103686657106360882116457897978803091463884929964993
963283965703964847053072839267596647122399256709448883017798185382
222799785387391210885297081460265181521476225048525766707937084044
783047231522552268305529415695591447216746511900418932568067066114

336529418847588821669673248343083412209903295387489366581469033467
1708563878265585704366922972126193387049092956968278179486903054O2
3749866287993568816889151862947819378801114693600329930050432O1486
3314424776010497657145322664287197034275814143348633612431883942O1
4008738404261063412308598090179487765788485019234947548686733125 97
6347097457675231340158435538187689724741137742383436569585753353O9
9157095614782327705524851274887440889379503616481797273121297575 17
26107224955024078797892515126189026122292231721444717380774161231O
6304483394825230853635806555898134099633341815250311327732528333 98
4835868955263497419580454468924210162714471902625080771647725630 20
0430537180797557923922994528217511259448265074978169285104366329 57
6934370218936791985532281596920664650182802588663718428195276872 49
9480045695050222542227292806830147774715168854213290430169558348 11
6583364215785818586374864809499023153324317905404706365619749193 18
0787950232065607986353441537355003886018950274219171279037586336 99
3207826377501092087926422433378136866030080843363093965816926347 18
6353353671658475727766403399216612839300413583763455448607530047 01
8509905078139005652459265071165389942432032510225750199132172002 84
8321913257585014361779819566697686723381963844831610985602734843 38
4143449966463424432795618165025511851871857016481902523370611742 17
8595026946012232315305819820247165432001615800567127961909100924 10
0144189047008386508782566270806681901151089748692683431660510223 12
4954987595352978389263050970258174379042347303155766600867067007 80
9190363435259970918300412091306948541760369756010776553539597355 28
5486397171497544587878317289145033684760552780158870500340335878 23
6279737003641902306893033063830754016890048458169417741063253762 88
6554325114323058005072050440416476271532278714505820024597077334 44
6290648653577465106857874837357496621436439335466201479577665372 74
9096168869954837012207009772320423330228129491042179019846042105 11
2733390124519991391683820939321059926449208855098131066103553876 97
1925856836966996630590353756370270949042188967544473702797943898 65
5185150426194522336946528274070903250965938616557617653984036014 44
0838825032383796942774705629443311630873171970117539374492893992 34
5271434761318536064969006314643345946193183640300704661739351059 99
3691601288178929229948719594377260023902973442036232677946512936 56
5687230095322031770785058937121226134490333368862687301751955304 61
5668757538174632505810756021420018857763663569605162557573293670 71
4982872285837823732921682360497378730018372793472546809516644099 12
2120169789396585290542909243135205028914878043843589369312410039 94
0629701385940644761615998782786147577656609148651053278016253473 27
3029789172264034880450220325534847856651451471152326009306218032 30
7485059365049310359177589119363650509386804137522059582834481755 26
8836428964614141023635884491735606430927424936469225730662580346 53
9319108183340471539635861481270385639132773138809348890726139523 37
0533751942486161960722690769283914202093360971328986760337137589 16
1618193513761305162648297488257580961988041014740725604460138591 36
9010956622381671613267777369340353494080809004949444408824968127 50
1514673569667702072467224691686075425703581614208588209043620106 98
1018731913376768328823506228259637411261734453952618239101344829 91
2371227051521472146409205856316833382974619685331994943210114756 50
1138340413175918485007690464270656852236875306411285272872228858 99
6863617057743547165346412125609706773046279851463154179489273173 71
6639663694406647696784020295907369818703749514980694670438845278 94
4310020797259370930957156920723053919421247796928558265300335686 87
1715356952210234177724794566862909681293883374941295792707364689 26
6790924779147528703780583952166162153189543485632927514978178461 66
2616191872661068763589325626218403479814591740438741150139534505 46
8082013522194018885120655176272213687073608391089402375874084250 07

9436313425788214929508353608515328901992341196331976979468194522743090166038119190285483059003061208261550483442960424511505330718424037729095682876855022446081530696936887475184153048776531540355922689470446982252412847643095313838434476716724176939343472341983072020122915571575343596593201214598888521854835209956090404776065798806423170468347378568015832182297502824448767182652946015615906310912351326038042048025122122914477918097820902688616373321249853880843390018919518101709857051846011446097849454010431659203406841572590511465037757651256093659441125412262736070611982620155187242211162286533287647057729985502959735658641116592732133953050022999318882631586528195305112172075743964852492206307108321183088353543457000056894445517301621125310370150324452263282053070534678595711284582706761223582857069400888789151098792271775752600008121543210240683350256722538175949692858337024188811739338937303762881663289582619140365152926866367128523712088529196024021656363519444521983427103380979432404075978650125495290537559463729905583989000464899358228857185497405896185513230705126568729447894801400673237003953242690178082105783798941171901207486420213917585094055725962916617278013224654632193265773292056597372380486350258835944605683506720573382059781753778720472930299325858325185482870074010929376837453842619603769295482749819629636765193378801147707929077633684481292060384018034108998673366057099243427222050916020412080505685726819765029727380785577685002395098979621940324592496655788369814440446560367681296064329327487073637600989338308304786210774485237900343811826748107926181572613893064775942301684287389565520125082335816008173480018501420989491725939976492500065428077107879001883730195037802278886623791762636695497520448303372205458235729670891848869964258916887584066722556227778540389816704457490366533132943293535852355133418389858197733729950749015930074622291617208067473495596387661941884380324970489458527049357191970187458382620100962959999629286111328791296673452684634164805731355407246756085480183243626304230364986990370163033143813158011926200509990066747889108906953479766798490697237505738492209825192555075599072182490561759835768259837491948521042243615059955140701132777887661768518032437010845728298924214340200489173403555270918640464494379556079685258754897256956693504246657281552152918891336328078906113693474552948924869656892781956450424722901986218442355670330696620736474856518935820249390833582112085946237638116681829507209432559077179706847621643368496540362165368888363479951324389089392358758862787041122742695133761095196631834249329588553558856550409678769390405977167740770939790767733852244746497365944327669263630239187017907422777836709633043750379804524602558969758161977184239578409900002987461039958875570861689836439418737537807892608865924070365305951702239353004782023576894312627500498868330060934685817188869644469512900363559286008831814680715599511769552300745358430659473714536745289667139605589993068789829393243844353709806165643262782392276519697970954455224396503095905686103445702613327114353709104466224376120059925959590311707715606067234172332977730039030407088459294144660078436964267555662597392550380391679099481769754744983383891254051527672656840929994133902692303785782158278424699557867552914590280586090149716349434683614003614605320781578009367313023491244558579245900411690401494279264256912207810636321048554427030475462294047731138828197444264421618282561710274124488737822341212935897072159664130761640582702308771713898155270009760484699916463987847686728533369793988052337267784110613607098521657348457851134347567892002507971063644496908603294757318472505877334724725572849825296410157123878809199323877672381786072595000595943474410430104417676098907124489355289228614132820392042919391743096523431718820586658891465290366780

986236626864362329893744935134295773787102034199040783892130558993
1699390930900468826171757070637525246996126668259085624126358623338
557145413312971402726460688821849067692151341003663780314884833390
507879642586580992811898695352548067433739307036533134164566562498
904174267096564201706997789164599657736807502769296664747939867082
197172839674393006337611576569966251096917780784948362126618529206
727381429699827015980880337996373273583746451611583966425258284977
771419493314928556045670326570867184217210695966759677440627396428
023373183708971615388562704975356922868909141149451696340747542598
981224039201197856909933071910394536781856960615675381155689927656
307340724268769563813695212073881002759562947391547474367845326320
329214151376091588299065788268525492689242224501617835994067109086
702852870211322157363985802192445104279315495112100800246841163389
708132116695435978161561871510143296363391794891642589443018046526
694302746600162250975326736609397948091429659260739139763147079047
720922859485843870393692660810251241735148543489207041422388975832
890698290887114683492351005822328479043863927319561048027274123148
475964822360665704012066733585201797500038334155834126972988147123
578936552564589544826636249131626604532510834846885097638996565799
863084655309537632156664522303311575418881505285839669942711482824
192485942061873458398589661508508983935612332949583943151488231824
563526639685112103877295889631933489063246352556849137825618244964
570203143201216145598209793093627973298776026325338554421599088634
600893130113036767568391041065590693488690405288844370771482823703
883250502879350198112497048031514562685800486888900364318624728464
855823078542469510940444848748776345177828218986123259954792970621
588052945069058066923452861610970815277620071957160923388516022562
410611375454292911299482457763708183967386652548898325390826978722
894466888869661330208461739389489780711442889682665215848512673666
053783811876779374396832024717884986981651530408092773770130065419
638650721084384248705295491793793021891699353105640269821135010695
747781883867946800237822775862894541106054660507978262642623580018
662256139632027777910587546672995876607568335639696970857102290723
280730558923066268528353203809886601294978409635800636853516956388
987313699468469175867751364375830420381350321376325603348097352921
678393838998062977467340505101382635066363066703030746889930409706
799458987437988485254853220892878132242310023052681877788877941377
433402959021299310350177042618824986142772833500802713234764853963
278119955151103016678858458262370758025266436708548812895615358653
140929734964137154614220553176828940619959384585315845983628630772
432571307015766640736409727587533817412596835251177455309063911707
239332423808522767806916389936199436490077487383529478966909506678
897650125510930847679141197716110029769758816140822521145754058723
757772669119422479485185566832886637846039745707340770779559990105
065273853072697198760284002411018213934170900573967388366272349053
252222244453627879295585748258769455446700805724645085624250429305
055898250687557050403459747289292980081676409884846121345212406322
081433376966501453533519478530267026482147018092869573685327734191
175183608446306723208298528793058592899486023654422284995214994893
206258817263467718945313399411110550365757814956663058207877674018
329754299117006271867172956017708783462637703897024626524516309757
134601024746546696891163572508317688042202699705692894466840691603
058090779315630388560190748540288328081370625060923936488506962987
483984830886148509750831055277701328515397386788048566421007944238
797802149046688560631193884878338238372710838272409277772388138513
433302905557086080332544947145263858160512786245699049371286583009
255254608760789725426484914838855802915487266781867446327304223598
394872878637078393733947403172402405903163297486822292800341697071

514278354500266721570870365963567046306794134852829095752301901871
328010908157102310109857112055598980256039765001359451302352104675
345273093983200944450363476804014242347811856739958385207722529057
879169916607763724169938372512659757119301582874108438663525494343
160612230419288228090665848280990556738602988238406671753637363090
972919700751860868615443794676334960444646963279348936678269396351
639601810927710562305215954276000156695925049797538268331425310067
981478349750707460316447016111511010906216421168245791375107536685
807565657561742144459901878185616386613536342022985705956239269872
861568290673320705329946455227128798750682347461916972660373275215
827898642389935739871326798410673629520270090250856433935921957656
908229083695077893030253814799071644840887451801083299600899039514
866534763460859062324272880076758941444054251387698997223503139562
850500279398643029417416020252884915124094357816592913220060533377
053476339695374700490091036906666378230954200892470792997325595719
636946547065986736985818627641608479572862241114393087642083488501
588137949689732441556408046554897794851235123242023892172367391129
441779610475064257600761832867546604624707571029769970546669348193
563663446913107293403027276339424829101401703540655117733011730009
449917385819855546802683893497449174384667392625839906290780714783
850267022297297116381428358473696813758491061125291104765142909794
940209774894500567205640143118979716030412511706450124437980033216
730323703485648008309498987726245977962091849946905207402918030646
840162330249623449956677767051730008636714773043854313787856121802
169624976593802142656828876539970330233703982843489666887467072984
356501193929497972157895303493950133755278809708608051123806705713
719937146657276659394814572807039412060524231532590507901155723798
216065235360385988782755271061154465669054165228649334710863076851
915861217745277988582867804111230067367524489555237649000585699811
986943091537228563727965305381511557431217570951974685439783369288
751788300585175022563600259822280768266965978838337172573694847986
156250367781477491399287172684522228727126562332393480059186747604
534516463247579686248720816420838844876567194642958950702752236086
760641790246727836716701969521286666998129929277653899615416331358
530311777024449937941389137743363451280340071627132051497909644156
053138865828901479427389707999310803373746689580490227344190980082
264639655956385046680222028332042887234513426819615112440387197275
750731721463312045593043480602218351441013946878613001755059705677
653293866825794750104904001327657905388330638006123050748863851275
024542364218973117296701475303562052189298464009154660655176546400
160923176671549392669407657625437255706980925920350024024058096940
722278693063960661769840320472580335600322770064579489840008062131
432931506238207556369630268848395128861877152984265121518556825540
004740593622559064454118426348299150034106019660617947500843211435
633522345095236023658726202976483459913974911680439216713524576522
507357262497904768943231386869008066017768764683297901166206625311
706316605791189887254372654394890278832279681184516896540656890039
600439452936800575660643112432258849627986206412832532661342672389
297768906777154351332597385058911560956768040697725110578736847303
151117793298582588587364283829430541442899343695006641208833470778
996418076695886015772554748245921054405957576005015734485395781628
548528812773078927464796597525720724134141672644295432254606180162
768062549068206018445290395775003376516296916377136418475780153579
408102740752465331825078162354250573765796601749796647336915707402
319200684326493677296046937012309523785596963175415968417784870650
288807053989667052379181416643619580549860493407061922279131817790
165511769620052124976121451381351477847021593824902193259140134832
476834752472756055764014167956613253141957844960776949845218883408

9303300502509511917522204777654647631269783777725933999870830053930
0982570058745912149107095555869831017549737111029309208984423333440
8559228082527247580827765659484938054187537779201229478832672873230
0825604368461255008456317038440796826013485805744131119048510076060
9817911135736212192938054698988256978781611766324081267208379656130
1444478002435859061117916861673023409409496657132067139730501070720
8709256288564439947781328899847433725609360129542162806576473187070
4018582890551497837410061356265368836683609799969058468757047713900
6395493563887979875180831871886349223010484355820416025032766343020
8862617860167038531111451122886492787794013034231980397276312452730
4687644228883168729498209990718104551385217123636486607357764726760
8779214938995006803861019148957324013758492810306930880781688159690
5944594275800936777029690406212939424684641408118238472236757430840
3785479194003626953787313598799203352238856200603164243829551306970
8540646814832792924935639817692692414547079317236958939027700164910
5405715663960753885629787608401258269551420665894959627220271458470
1843832903889771042231478935749590250760579811240776765908017960170
2843529861339707298486346114793959620203733797753446186461053580210
7271367441813271935555643805400240396270394444938485637574032881330
7908297872117863785432236894316435372075752481763196754350423254560
6033678857732307722953573502429072303337824517953322921764424890680
4648795826058520729166519432550867903493155007454582911471714413640
2505631444844637084541801736511342246122512492106763859434817314230
9301905135987144455621446679527349947958263461511620905684977849110
7482217752360653281618679705126115849812771312663330174986758029000
1758783464643638168980712680961978121911819569398865498305720207580
2529744285624936073193420162045381268472457739784926571590414167170
7657647424576593224958897701933453535151882062229297867651305979200
7008080236985322725410358455737435367682727768756388184053522770880
3814082755057473894302483734930155815449043997031342675328507628920
4626134834272241002227199700836743404876134113503520624637866061390
1313109693193108935303340192580030899282233245659173706062690169940
3420265367489907973505192193103386082704436312453456435125985412220
0495727594910694297045346966624131774278394716531224707014551851560
6656909178432221618868336921221671521848848643192643729820807168410
3525821864143279541790363505489576662029516535083464567055703980930
6105807733357844767573112283440793023809462808105123919012402692470
9540953185491663334071802523171344052532045002423928214134013943510
1817965458877484443979902695910838022344008600472672435656848364040
7484919956134578693950375729643711566083503387692014204993565028430
1762596343313916488048741845693594676743903887069090134127975155830
5580739057581048406633315705032628034400446086586171469655443412570
7485021237231079541591514081033261622051458584917368930231023443880
7450913081789290343296441731271882272310952825634292911222362740130
2258825829310841227351664205916715870515344002720863421891117941170
5556027672848579140415618934045982874096531924879272415276303303630
3056794682796362097471114651867628576926193833799327168793913996120
1817685105095759579934899170662487280525233263922907642200470500010
1157015225581223135334486732215212821565364533098208173845536331860
3761149632430224786325415951041369899378853846952507412097873446770
0859517106797079530335777926989335652401245403295061968231242525290
0574374400109223252297855056329583840578651836579798569140752980290
9675264167570735503262400083591495798837602963495008944226583634550
5464583057169832244722326629095298296242806781783339046055206319810
0610501099154519129643117379620334669587474174557334158844300615750
8944601952180767982045607496019310113615079796700301761647457843280
2631521835573775413771935684020404100335565569105395141689365097100
1943594300999996858566613807160245755466092088322021329346375363710

870448424204275893237561104637534310564169813954148149710948722760
874941526090880301036177012294366836390695794860807866036777483280
095035048039551069175618739774967088544671079928245619006002569761
161775600968180395191762957936384662042826379987737847079575026831
544652737853370205383865867933730882502793476649318561036826789068
382510184181736684061573360414160616384858005895371330880088740471
570356660428235573011568688066788330091275951471410760579280195917
791414427221132463201168591129364955347251722380440110662880052361
400615204699168326137771121690245781636784916317621169828952808046
771632852155640206975613136486478019709497645673447771956907919039
058597923342822849107757749751663101265401497683739460689165275289
173448323229837807207014384759532270339196300225646365254580832212
257803293344241389279476069126749777974025570807618772196404981268
379505328430291538363002843590487037134806622461025445036508693893
686520674199030576830626795370773971570748381447152821573680148493
630658739643339934045757780527068497936270495186863004031286526484
907111138592234192239478589838864012724323488211325522231037219914
816536567136287751530277795206458158320121755222252264904383043748
179540508027142104490091989309281357436299276423375558069669682700
742455526430821323186039244006697292321148900194095490101565735867
230057080009985907788072350239653096552341956327434398972137465716
316049092009758363728380789497719082754194937128481934883310240052
383409265391617324874962961743579510904694807633047420505494494005
750258240068195016670042456460173114239511620226364266931131911980
895942836990492962722653508709141517540723964866406503844176101477
411720309480953840787091628246380137301424648729753821240489152827
975987016652828059687217942035191305398535601216422944002657637148
593617592401372778373946532520308819312772341218503335850402590523
368869118785523418798461411418163698558677894029355646942096141414
943899276789139250777268924377125957741220344746206822203067107631
599911209203965219259379673507258560614741535193498892518215160397
418918702796754289224818810839354136220214561506518433944098430855
393547274574976712516467955517992778017507462807644198710056405910
195378872854771329790913606392490493516106381829625277980088984728
675133787576936367133481661131166892552324394871430847893781039276
495808959577075269319896885035194061974766081403137742069894879991
685761404187784794241388462320261068974499571033499520301027466729
992849131638413959340957191124729065805875795214913103842994127610
334028936218076154881928802895951228746091775126298167325788878590
069562770842998570859292164826911172119726183633233773087143880601
142277740152592414060236850976487005220948792376317365609009240907
165214342188537576821307472650838514657430308300509728055154214231
257376980038284225769223261039915089109212774046970771963354286482
564001101690789874736226597191659586345045880465437448584172498155
174906859794315750179768878323520144111601596962439601617175905424
171422091932392176894865129623643032043132777097322934068384829673
982875972872551074741494756778269408779148325700479674368763154499
748918232265291063262809714583409347629595847042585610945919068677
848422291468854010548668169633954823603420397580268446808750668024
459122542915733067803515910228645220430349309377253551445522722822
043562916976989806647144397172455834353363436632611232748004373562
629419123515279251988778618246362142440322379034331100275759447013
583416298789277436376192923669311543782683659630103840802404096604
147614908050105597250890629746130213427090877318160708290259438175
776426412763092136783726419107972909089948971806645875401131812160
352149116844551947046470395426447268570690966462986337113905284395
50948750694936729207437946098253322267115065851657267407507509726
111400544549545735538604836374271386814643458366424902179167704113

873453085733957486216215162006360237916967985004512720764231698570
031508708050600694556671027989108265644806202000879176072399838366
073825516172764095747028092153479132862137101668307988005032619330
733116897563672252680643385640006356990524963447219960479658501916
313581231049266787760197529045754147511972738412185879086717401522
143765196695652702883515570197532476313974620340061684713489654066
785186689067161188763791885306702408350882388305903463178333786106
670992636750972906068321977799706070578502648401153779283231350824
783681703855368407657764093485555770607877208082925817130474853730
331601193943946613498859248633437662769692600535774173640613831132
448265114997052606466283095918517036060681556407574760846183168583
923241522168643221400844877735638911508664206120226601797320936290
727690524121275154828854662365065805424477877373061245052416862373
214565542493902484825243886179074252520323262850954443846764788410
960824592295500572332637479481238105863101711037010511682549845836
927150741797069805382261503759104562359744348095184881637479486542
616523490400362076781796533837886951517493963820060942721911893901
016960264369187173426582660340908746320275007469612446064637575977
910626911728467883607942280910459573212275166339899880926403270794
110087922813933794478904334157086544158496852424465006101125326240
900928703018199398640360862449403703830359988869363839411303238886
132846714993319169486149323042681873219396209638269348822551786880
065804067838091561992619107828131003611221394026404643836434965761
959579227332156114596690193826695130483318572878803935314095179696
170454896709059098205074022056789404071186006006869096803274678257
545422542931466368998817204453177428933756774531383414078668494713
911384197866435595983885960278557212736047745597759111231822821035
298276256743651352454232524773858121838744130657908063452327044678
257385310084963325375145800629070431867964243243748159788584317322
883574135678837123027357811024359843355390039038638353957857287931
823747281849971669896983394161595986434154196155049708760875067392
238430017049972058765537190667029857908479674978926910385121482419
190608978639108874031209975865554240487170429153648355737110991911
562155666663494440959214992953708565038461633395680983318223712233
784938947590232497256374075711757387186834434045582502259376543197
481873285278416302914156326966759524231343520509265652449600723989
504454639027190278127206553619205784025546757301205992446739906269
452333397646806872784564873923997307640938046738974604079186423452
819187335399898038627494554092148525690504058169961103510443420047
499749495674817675171187053454162554241561021338983558892239121973
355800710515256883793633239908717895354689817388725460804701743568
119991547552213153649225795936805900818947406592265007724875353471
212838862710074215535340203798544977498282446648722952732790390134
469050918754838869165724865954827889043633390680353110974713795981
276707193967037863370721327394767937536701779133094688032064067372
700681178123830362489332147264296171790257461522998083465560439718
389733012884861131303628142434262916635207390052156797211351159290
405856835074452174147219306775492047077603960260689450235094052989
452412999395325491010410648359131619598545552988555696976588586589
515897524939664844949470526176786534840670180311681724215751863286
251994086727921647497716195583007785758031076313022632792363084134
723202667964896600344107367993177275876830506372892504341955500630
030772471059050422337547213213940063644871185057221286441955222709
451526554055574618220005878373234381575046524102900909151227927620
938837617611193615597229717010520452606501353375655293497422900619
742649488419716495166359116041726896735683609946245137848199038271
158367645616379188105492933808467143205254754540170656277707019450
933560675471919412945719302267278279264780591304842914427330469511

784028774158010441220442905225684121970764759321935836610897446772
176973425056921004661841993433787279280155585242525804379559219073
000878954216110230647086931624624724306335614798853189383858757545
958847558676744460400063529727785550587033802864358209698736542552
725937239152988018527599759376270066893984174760254562127487997030
403450272895480688475050044333861160323667111873104974616251994694
181593603231987448446175418236839818750017841048571234869178308667
714327490059548554682896416448053696767526549209502206469456322319
171389257286681181684317152170132365636982858294751118475577333822
242894918270043353705494229541586278322297273938699152516668580418
948687844920224272564651045993690566639781003723861210820173467794
182151128889950748483362730989638038463019495964758343865926390449
405549612034778612487277988881116207645568432706576959769201976801
919932858916994534572996922188951426609542467276230467660925509307
358660154836317627499882826056776801353718510365604652879885477506
024336871727915220298600626835176699555242843929896585334380802616
103313478944750459158206553546013100343440878230976222486642401564
511929121712181474205478927594195893234563417438241124708079543081
378735995813732421873271656404534133884534473700946743996427022869
526461305479508869597965208964821162436588124561698031868749456769
059333626123112305105823575244311004634602607323545581881640185766
825930951185025044431815420296604033818398787827983644393229496234
435835930306797306845465505736914961690871370204156514002616352885
244600866197281045079671697491844232680604371398140545689715697867
796701466491771015183247639750286784284484329970541944015310879294
878437659562653528296928961611628523677637802530542345579877971998
377176132407061806984949748690786968092531087629030677720952968393
321655909586874550532751044460811788690351938561155051068004188454
970842293131863404940914964835803767918839636072530123154368292461
514323402641610820462366959652856322673584033030932591981873494754
658727978030043056064121753605435848441599266376047554209819933231
711626792804368472228506465895728409256625232602699262446401845596
404230071243617468162136744930295340532021280278252675375431554266
611306734390051575419519394828563827665414061163072201051824353507
099694838817651931289160317014424172544952059263238157195183517925
936460285086277052256138642477016311037318339038028647252355041255
741399506320347845073782000765028352187032482043511736282370580664
995595166673102311271246873455682351668363661546952387885142350298
116832272743811353986980228895176879989174272727779048997512317692
610736938388512440113827044703066481389071664792804795904262424827
451300392332455444189744436049964180033921924786684768978577803077
960808960402898657928814861855717835932822945206423700576661055448
019516874453630658491570268855943742211070535109061287542725054432
330154123051884850472985736666750372365249332906351133302909326140
124614903061437101232175880615533617987629607031848951133940431960
942677850151651036913321990642681163875369998951672396793002187192
383489128717635040403037558975412126378541676631847869949886005595
254131647638367667233372938220073237464424229208065388482463222413
315844445864612333748257194820783466217027959965576293700935352522
842312549841602689456397335243741452317438997913395823377803391323
969967126830504555922191372103878022607266865179932995227142433702
376994609586179372971509895173166456895109373668328561277148144952
142615050330460108104675625358289777790978781201736391806763077875
381138409692386651460080697512697480915141001632407049228106684879
497706310702176637961419254275952354485670982306721633484749462578
981370832891835924045042195985385489308085302909887605385001240761
573584399522639784461957184979695894004780665828211990339615554313
145629737477436574135019555566398344965772046881459166273783150456

923871464591719701313866711943402564118331968300378235582867374520
533268775556886705123353325838211634233682845104743831117785534246
769135303820803360282303216694947968879881567952165116584809678851
161203914137607380894579820119911240621811418355623598927611251059
707452838140799340334422524393185083479440218528205703981052647294
849434982541029776061219548182786228932753382057604407335014680201
766539235991811130258942150705743163156797284703181255693151988470
589070455189956902324805345652816887014254054088827821499944134334
600297732433597722768835144011921697929897651597857173777169082158
529955451276735894427025891905446457135985727553271533210656656179
582702080869277588587452612937996874481977931209161184392919098494
991348754319950854510342701840400181435752682186279068574564095861
344573916944382506009322952378286650025602009218581030452857649341
475448839777579988357153997589538275147477632754206514703674398488
745748273933938932386249608946230420184766035991291731435444218012
542656939515430325327733444684497345468256849548934177811432656352
525866528754880117335532259904358634171318636693011704906555550415
993284016736915268643813471311949057615948630871786409822760850861
993420485840728600377669225185660442060443797016717429955240836843
991101640290266206176531966610702189005512354256175102965841079172
547271397950895052697929879781939431639912258100337264099125583044
461334225977660886233952856470316852773267073155746053694910056109
312554928318133626913934551155660313948780310974295437998885521021
286046802989604566573457661738427860597970781820223315656371992331
022169159193867575601173713020674527220597703950313544654904802566
533491232971241022354409639416694849092612369806601967617649025758
187751748990392788988012399926144718530847321459642382946930520983
634459923527051519858969369546074298721251967582589892955578099240
842015418069420625524792508637403714836218352587347886801882564455
518475507327314660562447279566294650359700887787721283619931257767
842255381449019375497440706400483514892944101331867055782361827730
126380652833122356955745724067882433182686806077022137680626371042
904469298116929320445917862345463566460284581846025330049894534377
813218245757036367085882614058452209924930401309461390350167498708
289301807757080143486147540760162736932515751813403081178246856806
975052877666406908356968101973343548047815441261303922215708652934
293759117434569277679790186418061242902944094834472350849463760706
824294327453275308421019006398252590140969007871494391245760935107
261474992419145694508493906205032179898068830252412075969183205560
850366402879969497909199283519892317827552868771200846393535856290
847716171915681672044394048811837660603358366111052833105568132062
089154092869949710886091060902082323729774428494622474332983171712
871454889428394276130218196541309115707864755270389277884805827034
698422608516884021029706821556516774027786890551139352361571451142
304228678329184837191349688094977646525726435225378997762657864968
466684608512273238889354113968480589116524789117159926781518967482
532704045462834777811078071302333917520185663665066180062638524082
636033998371020784783766153120626277682665454784085386720472475269
848766190311722486802349454767613792033634316262190902790651780472
369015442602130852439039196826412104155810304578563588507002578132
309242415746402492277410217555673365852800943274561975902398179813
242919397187914360250326189684827788873153455810560181988214776604
862398576981057894748808765405358919538222616352743150590085062721
395426486390937385615433974118741774438732336782952893776413193583
686221622231741451692961650471057249849634345392626532422252418934
174783990036245731458533692017614418876153225933955717025938773733
715530847326071934762863416827853104884236561854353551898875260333
059967846096475003004540553629608997417787302990570984040530851171

991940424941557716654607964711094724984261290054315509717082178705
668935569205654026231626368441970500339415679560241656655373777388
099250190086153886824582267061705901241890715377889699359631573036
610461259501691284306407286486534630723443934752103777312929668292
700683835326222840092247883280277809449562239510608867619241036320
388195708323813114772707461577458801390580799087711956436498316241
837385662073304386504839540891904288035727636422336109706831187571
395833560970042867895618200345796571984192090513227967387032567658
284895660370374066028107091912091429345339029181981767671541845026
833379881466198631780644812221178149224867578351470137328561238806
690065611930988720725163026172000390610852218962547111279244056523
005425427360148675993949347996787407663869164113700205001184503966
192206081661613998976646717366949210763965230380154015538343136221
410722530418302888377201921656463343902385088339439039670678983366
381470219735533687900269539567747312879205166922077005778439447924
033315651892122656006163755739731455053180013681925623891830331566
513857778309194818475230874409702243492440930083569691271225609844
694639505007565137790706519726316240178385054574007906567632139011
589033481349423197402849560105792647598693029895858660622103530793
261185986347354651913262356687407937283751265165996097387707609083
783329073797350921257652935949933628040676292944763804079398667808
157215317747013465131710269869747685491579582179323033533486904852
635284902536117107914173381142259086069078980226373329725398290992
169514195914869698742025152734125287626130524448241007430963341658
568364444710089958559826668666043985770996844792243105264100362541
332266978453406940757621318110421855926728563398405309203328343144
886354694165372511807280481083248493386489311547556569155150810530
612889497102263168972546682870524590913009847484989708301582294263
676568078331805567036181314533106789037474839091613633960505981434
002153742692910235157112377192250046302647141308031596816659042032
815708617980515903445673473006695793455783850974180174686368769224
028070542619695588257537257897832517843768957611708693718757171647
493859745186504528329783763148478045996816795532353652132593260290
633241701384177397531562078660209026338677092740277188665626989308
327805560920158318655296606924671148703789108341974840162672569134
204146069428334283882419263409288028352710546370976875671128816435
558395559689846030731762036150802084902265657053056342159198842318
321314690942710160241773100215422718316549627491131515733829242476
158217157341254636275062022119360196650860240310318739322710247657
612461534806141290245568262839189376676673500187956657454832771645
204746516032847020903203502606373857787968379128336011148474620242
912636716803994185565942203523332816323891013384623079501817673858
044612960795987724265302669146433384395478001257311620634990505884
795851379182683686639140653747711252696576081209842348738453499465
874137429079643796642682114265949545900223899450331613797080005998
047679437613890075579167972998761328166134978580721505733316225901
673805241266546556695121707138094879622718569430170168464105766076
667782543818566610980688174193910100137636564237670476799781587773
813472552586250016454171316031023847548883798563507763985710904864
334675485625013210018983767602190733293067426888889490303930806160
547959642493322857538006586354627871217156409128967497621701473669
513994648777398083865692864022140277411104296438955579549107350893
741585896418040380417550491243855504785663922842893732901240023256
676253854841714472366034773998714309587006124408518226289681725841
244699268578949491242029754502869712993581840751834013461690385198
845914072914108888011891801686302331749318031691082677698292531588
408526186123834563086540456532855332762219654066922451823797093136
349004524656539345410601968134922356522987962152558948482938626072

0759775366723331384394077011210804286015867342782670258253230221092518853048158137588913082646488032612112098540824979012071346749374407198815866835736905386646527380710837035205921173286211195444202734174041841866065696243271406339056764821957236144333858001143559632789729218191534988190364517736856886734164444176405980416506461654079068122584685268715370415244844203587763686431313664232399616069278378170058494825062326324795019995590525837866147804808677096989175291631729770829728679914601675742063161905683890789827759443443667132778634957127512758280851074137099493733479226321405400965343697592216838178153182902455944505830494476187716204464901829925003079185924634731222109429108498373358271924216253655054057110875880694552562865350069775984679345938400643410484467343595155369409487963996289616662287919092496584200330153112548064254319945502886071378448222668269320809795916632955769775995517753620408021243937312824185150104310352736783431312136418455364025533173772138448355636531501549908986724787465081903573135364580473310506358888368585986867926370194813431276368815813663156636871438023405241738036428514243197521537511682993669185479470217882148614749529338341012958036710066567594290313450181118489945228838461891993472872537159226691587019709425129309006525013006236855978171501934710123302918570425446177335132773871328122358333623184695152586553656387743949163118807340919455797110371249514008375208616310339284507292496253355165740712291072640952566489177222087690714356402820451607191754829066655124481246839612848721573699035958824642111404831457154510813121853545122115347600275437157182021362277513880844112118886945438962151105348496180820494096644807580967234256193048228706762389212611530915136888625784401173198861051503131111394093426918567456023976727904221909333299773507057900853841631271827656994566561190489274627222717603907596748510498704555867832397675101692409480379960331893173163354718706808728300246577759051965267275433969228235585492834029658364089790956691022330622661887043191846160711264030313839925286142770971243489637694510323480094335874550274119408438187134625978592026943254454415690003712520507948067869199357184289042385336064308135695346358684940131419582701058177070323791291644247895826883805104446962292184056437107016959399355406338421061631108069703203628553986439634716433049131057559258549935951044697281978533352572458559728427858014214754270114715445857342981834181820668230747331819072030135935833495338237441298812498077233872666395332086777489776170749102171702329213560808178811883037428529323303167400789563495817325796837492859053789154599177990517097620175221241286237061678151881734851138527464012592486919293052163203698923572539964307077466328584409697604682287301601289189480199098104083908103750789082650400730228539818351611950802237013071121027218725129680375588526903228182313491852880620208982684999519603688416384540381483658704183326688726146014577977588805900081381899853519319654222464869960595458175760604906725852692950774364425900558427264871722094740575748135593557986435014247813165145624356558065570354924486639126838400043130007880574754975607115865298147241143220225406988067304651297845014152387587789626118325212132231843609525280654040895221250618256499400727734084345937941309730710585961073050755680219947746513746007695559448106479980084751136418688585715963415207400016228349952894082373257674731727153308841952623610346402579661349125280720154041906694489872935396867719096188826339277739624966505711027454720696955864079717007824656613055484614649191326240039661020991530075034880942228048257469739274133694953837386100339980627606398982038124969637301918431775230499939159368476150028142736881341286692747509342515675973146457371590026824757423936519626018857887410639906926997999537001088682760453395204123481278693746

987184418674752204568399317702254428711708495131083209934826634966
035095189781359482835345645891848046769121509942617613780596591965
249283571204002838843255181929801750005053340547420860277913750023
724551282202249455408113283405531306852352474917423493143836527157
939553933964172261106146800436476659884596969067144050215505173736
233040621581660209152459064220500221285132175713078471576469075240
503188273804635448483808606658639267180051681413301703737573592343
738489419887809456307722349140208925334248125284596953119343854552
989588345030142882675515764385694770632274401533612351048044758366
310189197176252755048272873621007204117012302666474631780081748913
979669062263406074881550960839592848867921828038785963557980480627
137163566053179469471686746215828403771872271720367829427066735674
606585711270601146820241334110387858235470709069152552324061747510
958012228573786104231215209224433762502173200228847713892694176463
912256773696351947040160297073330236157679207972542035870195798477
241945589374962984079776539916657251616335696140022496774807028047
448258948161121803411714012565119653282157417512787339974917035459
277181104879008432211167670291730489308805865783566775980786496796
699257579419634198317482164338657178447255764465955552276126188603
433701241771522829879824429784143034542432570777441441543679205713
056770447163556722388131611063364955243354048668642478078079470667
027344505320377948774655984878337651937846563916151678194745676359
866043326731130720622177096108754995857327607638164907870784581636
245471400520371462653541696062484211876949032358816467415098838784
595294371558407502267306596967533507724331458379178057547023503427
370043062842647078187798442242638771504109010108038581563963286234
900989138593075538071414160405523708036197140224265864432858444954
096554039768894977920339706311251779727152405084524800772949825079
190401279127345730608337033899601814457228980373763155915177565985
436728384792343685147728367445428825495093733051252098960749894296
435054551956555577202447422285447372475344914144896001701147076712
520950011761317093364303589582748357551678807662144976665579986566
238704884441039742444018425645719565932058457633371277126932717249
937700558088275597075682235503530856996869164619917118515803256452
613064557523672327067235932340186369919691560214813353516149863396
375226918267714484585162342104858591773525134491657449884475287141
393734508170063384923901124342978096117266868764177095556212898827
616997863245311950390123851929816925627309780274298940765335909850
530081418465885653755408642319004367932772666118738771880706778653
466622559364110468966413691803104401161488326247130739458698901997
705379679007142443181264368910160039799770042697793497737051770631
642868143444038367888235148300021616490811034449806541001374722266
117241263765230236622186045359873300731163357459331605509880701271
969294645161947205022149509845845317138792355747635616231926162948
278066220096201827161691107939478805754393789140398625516183958200
514047533920449613965659350527527328484540824739877171664758276313
278937406435364518018078123810765224518599584993799645845476595549
446201019088982334490453026216562957833498372211579672909924049767
794474472943465261312882441385943375131745219717653342916587325841
163006891791550125798827945432289298750849882688116617900064764019
761762071492372229704848677674421116704191146105716658795309536344
461925279136942887756738554064021541628391810467505461039810012128
053470593348050026247756775794298814181253541764796442390337164227
222680862236202754817343029077793210374800857852723420617939279724
577159461078879152005120138755010964717658290045566643126954918114
431414857921428477594899643866980978319719837617798973638614244331
445420489510941209474410450834426399187061816835772976854925141506
040384084425135845155724852136703204092568554856647212874008608249

993466251335279010574133367419682327471177005998201025789364849966
994713904641931661068509061774088107933210276814629220652301516384
330728229802491557499731345279142981801116347609501520174776332304
225190611129964835814171773688561030007605796734027000740188034198
154331807160601629879743439440700705914971845561152055453603538167
644803384058084401039573463886683885034717603217739248311300322438
960714988496909004504133121845307882289559273070268344349566829240
437708674989065874677864795463302527940087594797487080781036093559
836735115914722039927253419680516954921735769857844159393940689092
979993626223386894840841056393537822713391966847674648615042550743
693568768609143875828189802052416394825760602448188246782756435368
059364035699361308193946805523797691583906469348312542997978032460
442335732405636884454517511178947159631985164384289537355656027651
102739085129152439304242239075302651752601294661181602357883534707
836380753502296424032042713765594711250945845173948188296157587889
678611137381349262739546093025997649389906290894607326525665360244
834835422049094492281059332251805512447820003638582887569344465905
642649151288077584830637670729720387512106144372257882350422843997
604952341425344582724402632638805286336790147004489314394591176316
451348793627868838564008617412671479125391533064961802452018854761
550736484940719676059768918993769339088028040624639677331390071783
583924970366111023437909646168189971637066622216127232730261036159
976944191516238224085032405999782886343822537679624211279000971746
307253256711745801692876268347100158082923938960679984285455992494
489494470318474608448764598695031890016907667792278415163867374080
004990490268232909527402623997040252291868234616920573132443143627
345709564354235832067337627000057664109904743662303068417582088947
056720082288857810074110138688207778424717901067739776982952328055
015184976839802638894530504328382262203862357915272933939259264333
492844619697307946348603883199133262881132693831259682277238940259
649934955766711637016858663937799541741045819070529903759313812252
627974493118729470557552306776794068587851797057063034312867692053
268043766011576393580259743670422891150751739410251680879382004881
517672134683758154192627285867943384657666733243261956424287148238
852165530097115378304374733128079815927837069323300578893795121815
371332760387212810847060963288061647143489045536463866367474982376
289823232535696670652296409852748310545766396648385786911114345170
884809961119510317485583269345518175309349267952670335436660032542
277733925812635340434896512220207078794688959685370392081405116384
224767519529224067256224872756033869602816485917662027793469392468
235771908462865609278235223174734960810718963703076126379483769780
516446225840783229506431546390822752076904538276467380503676494083
090768844465072309869596137363003192321326530098644454974725120354
942746372350602328943373645948516699738148790143086551662346697021
262376564612353374918449741040919844091891793807536638051924159169
681835946804048630038069040927348399167531008936097230384057440634
462297735122960788402310157149056930846455672792076622828084830913
974506202001679887605273133066941767382575280375717278225785767559
204197639754926874092620670390974396428480367842648284356872615263
028581776859786785772475547276880779214871731438069602562390271742
414921487986510026533804400205365695145351952104491042837408986589
991914681304544943349808407528593403227332445449024681133925120911
792532286638846197163992105538070246546948969761518332678181135638
337374299805667629417207832143587029436148957319460064453230397481
724076117053553741198494782615446010502244017573820746531947406850
563889848788644465491285792286189168186033891220049354978862736433
764388837918814561439154102292254752987076681453062247822663222341
363831549736484421914094810175846227707481228621593282654227658014

935544931483214749326466304093655278474542607493418784012747938941
808791200633570757932346626426082391615903349654067851047873589466
722306101578190579490927278209860808755316055130499731756530822152
454272054816812669292843405719559562182209211863163524536562125473
228139022705971521342221701403584049692162688579940644394087120389
952511285907001386500607674215481084001682800579514377668589789673
870025057387054881492895163855791244325347819810097403568668360510
562431125769894912131870988738998483623577915455567591618572508670
858270709240449766140103025430337584290755466309587137073906728277
764551173183220494337178126104973705903649968670223110348767615744
139127809466080843030839950466745510039158128762562401663983575617
049541677867152564824659375396849076779206792215325328353223265048
201245038054633624682852842009341538112071125732320418076728786645
096278313032592949611311360013227346656135218124324615431658544967
606636993657707198015977226560736031374041560961055958442506911147
150918598552911412430722204063224741409924607340058331134663933559
771088205642958808830406513495633285752134489945848922192812251908
200224160594233444461710170504837025259955621006210673762224612921
590948510816483761145392815607291170060803844056425324955642092807
959891108744754597261414208651237696339094251405902568227101926780
981798105041128934699836122351416468353332236292749327604187078582
059418332951715714088177576887030870070280550567555002842210389657
594434621572371469214226495628188132514018047029203648878243115493
912062555556231125481870054952337280523878521410197614180592962338
750921754655171807757660252650997132234964908347646151782811986490
740341383960449543771669789944739839754044420789082121035733465562
210425215740805956135627586985882979697656598450148336555126528288
608946577148399702466504014915779349093589783372359053219152901689
225977122440451903224456301181967901203950099333472261819805465467
866436947950018540296119348485395305146729440229641552702218361814
025485560131709826487100032983899305720065309761496148124012024948
486040324715392591939874711943842896100097579868548070257523028744
854991822833320803628432588599464380318926346060322812909038442534
663018445127380757461185979169867332402120188746993394644994681596
392001365294391377842877017110171318175039272475459152661425854381
051560505846841763023887611633198344278072605791341128744200525188
342123427925169991940056931723062141243251206899113223287962318981
167189923961106281418207122260189515518100923347835865140866209443
225515885221675694146737374198352364666826834538343059729086346804
153442561815940804198168920258888993091036487151651737774994734962
926792576534951033446985151208140758204504810179268273848352487257
848308496253095035835444122114936428707581040894738727570612603431
038588220174997750708270050642782808123246113745028443226056539790
713715484227446725893461341964010425980145540361643404918984525432
216385293440902887405215100402245625926487829672384582050926371701
602850984995079559898958710163385227882879894035440152303952423385
276900785361963514947683092376210317859773014328109266204680086359
768378204996231963286044745212689046131929229737637990943618298823
758249965403784794586671702530438340287558889367758605350798348251
487941891799748961095819029239303104496067448664324090060909434974
785675337121632823227742983210442771167827766703063046732702441630
701981582079618721245763872146517686882284482605419459188599583899
942032006272395297163416669337160963369942759260209847680602175708
797332421741038974254258121236518265226860289876509702086714912561
446348898207042004742029962172056733255427994471936349095433715110
179578134563856046771307024751958575455717435300315539115871937994
883270459487705574538920691614830476040578936267685025892476837990
868226070886562491208616867508091146462157027249023367330563010868

9534368655717510076262841820842095039954327638660017331560969484830562018510582863630187318913916849576161504282564545001856348120800210460263049612377895566186276742999812457859330252531733007469077258074660676629412081653406977115407460555557817448462733188977717012918652167251365235439152537540080064750970788122453647804878492631564675963960560522663218350350661331926715854020725707319012536248690289507378666716691831661992092587506358545398006323306204698237204930914674647218751673081702618503415143105072385565331703702125089690189367198203964584711702439773795763765114263719375313179851733641707093126883366844712031750079255233587854854996127024280888472223188941701569471502979521899546674932431402851427863431716589481842270979895085617043613385602518369690757522150524550446225612198641200150095682425406009512496167224838354216664177765843059114142192158141612888550479385179828856627255955742820725335147379837358791338506933097580156548356019121870645983890008942900453759326790911857211323061934377190946334115962220229682422394127566911861998238210182908384890475707919332484068491798073775149195359239536820348642842590841418823042564020799305445952556061928582705769889725883074892905533103810448634197490254954798443775355143739503999552509348713838059001101635874041774498687958303942269681078881405849382587176349473737537907784110430224321407300344825794894230403748906294967764540973589925898509424150623124346523772837892794288371067314061707173453626036803229029006511203839445138481233117788224700348472222786411790741250807131483123146649330743996497564573427043760538508257326321008502830087601891560172636126299672299221055008340208245630459168737194288517527987219036683351624301375403458399191106099044997134916304426782256486749763328762982502493450160259005105045221366238941867938066375078571824052162047816552377506662101627415480987566673614772646055895970372693449863138772072943922918827931784748623753239674177957119975369492152550997124173620008945500582619006321512463755324966216782758123839113987573579361783691314965453160191147606863763944932456181473939884056912640308754889342359575286865286731224309805844967517775356225963101436389222404907065440075980370254834182993704024157536890803790139626026164418504124614334088509356731970781099749596628485980336486824857178998915640141063479233351655382342128452938380314600615957133626433698392917533559465080287239422136485115121057506726958365964716410689275985270226096407194009465236083283852357443011324237072572067589611248572068392190361789108368528241980979424986351915948429643887675591371787297126707338160302607269341384280795149000231758468021298109341966010691934723530815856321526865695363213955523682186400843106046875580917010367590623711605666212087695904061864647626957825487418996766340379841354927545396116623030962131910237203154428576197887315787165510097974805214074371598204831635957524650730723785238228639823362663855753318971177950931873401217692214076487749540853279653726068436006924182144843887147279156454947873265652657338487361855217871858591604665458746675576195500949079958149790382608481332645212941082924754025832144287949312294398244643076351031476612755527450899460147262351549520025792009096322105102246480772534836609189126544181654870585724977177390605429985119137719576437701627696341658758759317588065221024108350126797765389335200339709297569962639059378212788109772821173007239843235755946289707907918550699370375783459343983918073277214992914961550582752843954484083680034757920048503382665192655250954931956841221758917940128457658775701521221898116059796583844023533221631016207500194056101452805935999220516160297204372507779957971506647504185354846932424799578948107530353590492947789472161296687911983273544688774046223662009382231929352051627307297355501285727600907554347452650

867800013897071544292278132478146607967097282937782321377443894760
525250145597392190774535349914837530842908684814817647883959390298
061342420146644056925505323949818582292646738722577189554005227723
335383197242840995389207785405408418158297556040983232668221571657
475044837158911492529392138631154775992219248323698351567648447950
577290455587383298373831377449666359606403608344394569623253029626
998738200968751841601465799607334238366556349007825600811581330923
768411337509803899784726533656919664412429496115165594327108442864
200417322985124742296664126485534334259857931607006382646905399015
888201044678521978136152854739449377923784792992140952111015532078
832755625349185393194095109804800426387037772001632307741298409574
554494137343899313936339902920087656985358652560218444083583045771
097796633699111766989297707580478852780056363767501017240536124942
889382205209461316362151992381804659689696838437309854697017960063
988605417672485784100992225219696569873323898667570916267203829908
812831929952602215574367672721279599535951514277465902249932870647
597012409909484675255232630877230341975782049145972619982998166967
985469315476876784529267834839930009240403126852369674453632059428
888068876001306238842711488468822480651792569379262718720147255426
912388055461427962550853211867416637717217874247623447289484941777
209161458816675765390939790611679606533846374854691078390703291745
041214241673929122737690743374473610412417592688790904098179057164
448522593287142833367487845413808919661162525736334288259663480578
714394273541567208121272524819176677803032644895939884031046818192
785682044820527174702777348738786839978770365779311094293891178492
257359242594243887399208177803932925687704335911030038672814855597
921505347066326347296446670126095574054535406192900430790837251604
770515288372315151427710361218195781806302868272592851821287455918
615653106536630606528156903945793244309393542870318982374916679587
910853533146384783045700173184232286391647479544749012947828790199
425025613069260859612119574992291315508022266937707796849877242643
881565058983414690683354835981713845400380805855682689808526405128
952526783403703981597292431170968574437813924916986348610607184506
128691650859594913493966144590504566338266069424106147038287958758
093142237609702344289850463113861581033670439084711131578743598028
913622281521709272292355045404581863139588478184479912333091823411
718091083272793197860011164396828394270216845908724173922394827693
794535389568592712004356561744759584227477026540813333678092770942
804478691408318882995803291409646209080761032279569060846919628420
896409362447347761952839222282826028314859393523733358375837365106
692359415261186478593784341782258625003276261281465063826672705584
944428218170563364635395786933953266470304582632282579815016103322
985272184979992240099537414637177277913114349174772599292552533578
161531968996458823753739636562015934439513123785941420333091833857
364629514235906876127641563504667315065425894117859675578505137312
789415563793164724510107734584843934277021441328659151987849848237
078796586536055758151079753572176892798617089343299053754956831739
483520609526858384333902705583766695333574043580560843312741754731
872654418239485225931481545990290639172354269804741871542143835487
206373859573578058422385120550300889476814898126404876525157404853
819805868448087615275168833056392691684364500810243681028512709804
812881216355201833051287052716108134942790592624947412030162149982
770468235854155748171502962714339793311553179200632507204816319922
532206693176472220917264530717159550885464814126019724704224375414
479057878907764311275525963897218657361478347485060624713511393347
240237121125427852688955994529018584759736114165364804129578089256
155018695986084019343031451193333217371240936244603915116224957537
202988071399758912734924761670129042628018580417607076374706702252

2343851984787239260049726531225408524436636892513589407987310731O7
455135628871305235144686329716183111720763862817425373214317862740
978589446339524567859863132395259423818126329750033457937578667951
481932174298413226448477839490567891339580836362800655954204676798
644450914032867497297051482891204605146675265937603908497989889269
0756037167416206881347492232127660021040923306727911237753996094l2
4925128592695624815083615159264332527325197712904590201296636965 41
2071033604787479470142473469946291046819414235064589789113539526 93
8487880864384253971315747036876336886546459819231884410108855295 65
8169100493925598858504198200521398475090214014735484878527517077 73
5887641171978120775109168145920880815906829762521213822622012146 52
5303713498173979470048923093514730002351215887195410845956065904 55
6013921522705596792414253680982444147556957863546137027976165873 17
4564337305450931816537806207247887853794759566140675261081102738 16
2296673658344873695599160770377141864472131926503532416485720158 53
2170994491932296613629507858007974737475579328724793356723074917 34
5343796065249202641018892249103223035533294922583751945060174393 84
3108199372100222920380601240520953519745308971923601747332489562 45
8584218358048738859263528768534684279298861863389795657950766995 75
5021415903462656752391130779259046925063533222456426769649318758 74
1145560210252379004666117825528145303912886606905096792468081112 99
0648484394834728873289353223247132522865175561476622155753973292 27
4173076390103684512538444563701990029572363339632567922006199657 90
3898876039022313932509369639635758155927873539879532736696516176 05
8936615008641928938332958721797674492816221670996229055447332114 47
8961078745205991579561671213868397071348668759061492667041703562 62
5360700549211319317748449188032684760612506653075571883973819857 02
3481069759795519115379553633016635394190360680246747487061218402 21
3934361575160088563290322654615903358214078174302820876714691841 97
1116038463015723082888659578378751686446646904818293655590033835 41
8645116833116233912027015409879142409398829413835062084446119133 38
8713187155313108803876512870945099113076740336774569693851978386 44
2576783775218739687813718939977896811085069555078862301852777455 49
1753168376497223601391403271884637528215262086229911448877115812 98
6910169163195452236097054509128118061354790411908174067813366226 75
9806778051723409267321815692612924894340120620975761193080334453 26
0319973484441380719506979005555145866927873810133263490021251629 65
4251141217087408576871720963635667906053062897885152432812589294 43
9234680244239468818099920702490187246397880070204652223045094432 68
2921297482443548657386440842198214851621014966962072118336998382 55
9335873813911879714681062812858293460106137280344166035938416164 75
9226685564028738064506555345344453169989082509149348163337452459 03
8672111022494004313860978430269642951982051667927320528468901994 24
8142566210312742553832036188231658549208927419987348021148100683 73
3830172655415737849595356635931240031027961195089603770763090919 22
1201517744587565739041264526224871456875117445252909104866361872 83
7462022212928840940422370808593895949891940597369087445447948904 53
1285402385015776580774181687255952408118814378123133810595732580 77
6514928001681274754933748207892338997591577170224704113674034274 85
5190152281694275755141058878076234733901802913981790532992798286 57
0638439481010782837203593409660937220128893909106383866620232900 19
4332550548511169938715085034277568424649023929145590818503877259 23
9332817467384522552645948225885729939040644581751920220364328356 30
1895828148841083609043121682963776211181003225025817018877434632 48
9674273735766522472687048935479201679570166080595970963602790118 82
7515340412978362650418049994631221225728052387856681216243824763 49
0487830174592568238088797026289065577896912710980215545425309835 00
5957300229104170685747568925497429492111172160450732331404803722 14

6320477336612582355270871202364945998335126133056645593006699685 42
4395416469108459902336136801152992951977989722311852131258680476 68
5961908250888344806478189148930225361404274700483626418888022818 83
6483353674546952258678740445527466291356164629156570159558347873 49
8928543395459362522324007246129351240859771691871097524997334125 90
8497785655940427829615451540103448956593017579992267969243553730 85
2381433020647360472812179450611395357978432859547545941507824910 81
7688611292171108047152354357056840516699872956461477890874109679 33
7311207711860657570715357098377172034606849732264026152007455245 43
6083123462337523832279945197205417380851661529280679594633364648 12
9902809924176874065832151699338750717081134149398500201021406591 29
7085301624241457691169505399997771969761765085867820918890612671 50
1571266660467996438417926324768307104022523136854921476875737622 85
1144476309805217120924442296831821115533313580996674574820065172 74
2997987672987901091134935743880480304439505493150602484172865313 84
5256031415192540475325054193211211689777327984237528926097891863 59
8745307765021171902409539034878159628641883688930350006173380296 24
2305248846161528299095677884423503611762707156862177289850366279 07
0006524132921124191401031472472069222909759621163510922084196023 19
9298997015777202110283947831917430046047238951620869859252891801 42
1896405997162848538037709657833037189700412303514175672947532514 16
4921547745012350248594001469359052486403324278795206741133756174 58
3071888595841733641089621165286979226016065219748404829312120834 53
0044523057002072622370640639782779325194378433104270569430135294 68
7069611522548111770234824582063661817186581612092797075550082069 89
1031562275722210430006385736895895752594782112288886585159031552 95
0572674933004114673833370735045645087777221933116803381840602964 22
1456343335492301690995670193488630367194407187938471952686692237 45
0434341249622422165390746630429442297774388417436800661722407077 06
6960699616047333114524083317012537582750783149112482809187411450 13
8447050361135536723979468948774370845507832213512006652733674931 98
3705850873900682768674722927336488607458157877914028022042701026 14
1373495500179098332377596273523462148104035350851288270337206282 13
5770543399983090339263436392046146162852453454038865489211901887 04
6118286334104960470273808457206846086688995821336876726832249915 37
8082920129047879427474000033655331526022224108996744562191442469 47
4244422895185592167714720436454240953676607085494551826014227661 651
1555142583388501992324809015983822586125119559862857577953676769 79
0454944159051616644314917899259043417224111592556125379803850940 00
6849823038522537983783498611590852792863098991626156405569381872 96
2517016361778863863127299352373687485605893543703607186093106806 74
2259682908352235806656512029769554532670387071627629403757731627 04
4216093893374911391016015504817162299577706553464583771711453735 12
1686588371915297095387380765701929484850072245397466127463250616 78
7547637047350674068521926199244158170004735236407344125918492634 36
5317525714698944987558368950276607463331157319129239343970422819 20
7237151536144453633556906888689327161608727353715014495563051569 29
8812104880151853279160961261784726425388349502783009183621392650 45
1141705056381938589091584855381770003280462189835643033041514851 19
7033560415429493833101315150541900123643215801073441372098440105 26
7862064631332800766519466669855776254720988285607375263525112189 90
9082204183150858253623492969194406602520690498611922262598329080 20
2612318696321549818518021530997668638069314398872396629332073033 45
5676304300106611056724287556446941327404655134177167166035278471 92
0534808756665752218576684108693258873413807323669757500811390206 40
1094572287886009820042295088620665740406379194147411299740859991 39
8079454740817541914359927593449148373555151234115831915281679422 71
4916623398629635109414727036424674490639734205399298766250014665 25

812888283122096512270273575877536906187889009087727615003198565803
135477295115162293304590815299616481588890243275697891776935887562
799385542303340215993871561921948385932322625260058153571770515697
380310086774483321347287064982260760593319924334930299623118453508
967970681090925245557366356938666493608385769117279076353406167558
628553103664949889080542291694268719367377290810309984617810118553
432834645188476392009568755120507253659075702349881441858083535664
350199734421961653592306232851160298476454916020529559898791677661
186335099354895420147713401017616198575907731185130473365672885990
202892037412293716138898492046658775880434064366201818567688544098
829328680268718643705231523658626668459834846382484949376566569708
254501812012478235098076133252454366461382206750695492883956666395
580871081649625649409064620664019125110323826740311367908856559914
331827758612936984476912991297233662093060568888893091172285959191
972879460613792651186383903271875032938104578980724906640433618886
006180230463728840028189554879995767341854847136555173918054838538
300027306020982559739756485175664553457694278365580956513842656705
524693820444638785499935256128671241414137962699835454914124046718
466553859669837263453551468425181796759678612314820845348085335357
757378761504383580782401120946110507073659922805855254844545632544
609020189803959617443377943031075102350463798482880824012462046386
345023414570404227189171012792020142906401250983859832007315591282
614512441430907231556305687243517185929161186927393030200432870949
289695541060160959977349151741048083458433686986033454217239941397
179266080442075639696030024139041108548499116203983337955662622830
346891533304139717514803731175127156543191781708216691399313201932
857099639928594104438213275163126649964929709301991711780659043248
912459968082395519607894296231868223077530776476515857284768148514
815227425139770392570485557235079479572185654757026586695918634338
878579219403805442919619909402227284054665183863764900337058080817
500932096115940790085450099181710637462633301761596795289853475774
150998795268449348784272636976499331127926930418996011792570397443
661946690816190280592862031910490962457640664795140779114167051759
160315604548624529356705589568145175764078769300845466348048812393
165923948803416584545294099488144194059976570764116390579807598867
858206934201177259264680805412586846825548769678027006856866675393
899202454938719548388812741794282175231650794097782374497672693238
461432108199476295235923896430674788286384019197185289302911732535
202088870920959362240086699929146894760373350196143144739907856450
441693167798491424549313528224405805454372056414713434376696633260
021361071654623708172151169530132749527677872570677298173740021803
137331285089006515191631727315515582737580763474951589737584657172
182030771383919916125864965658914989136858756075727394649909353473
248993017649787546548172958405826382943058729059985431771694308660
879787549995310877965493701274286522264239294913647767429049894136
351559717626076902286491559341460265705527241654625897813673808660
699312450110674598560944410659964050633441635550059507981048676677
503620728209718244456816591976120191221746985367376358465676904012
152002011033850122975875572833150085789759001078217937100116197785
277393711691195288218115581226465819035376752251846176986554261658
452318658310656314228068562166589288547406573925724968538467088315
717608997676697625011551917671283314479775404029180075928959872559
767221019445047832926300890153443564509371001950505117567783530738
558313145010764647656646809737645421623565032876037682012163667513
868311189374529645752188585147160062301249176963273576391173058955
772565848289657610217233162365915446342328230660890143973687163608
918605543232568282084253943853131226676652276717818824525968498306
179796231280629620778321745380774193174661607327492791254611906077

958227120288860064535488207775953364409379329843519034088495345081
448228020852786335710685826495014583682114017966397135349963519480
626279897872369899359696449629277282707694613792343354804824862498
036163173839458695006766939077370418457630508572602260644938651970
310529282784462241513091554551850322458784736139547231282047729479
719947313367117689912127667829325457492941412490318835053583046340
713621943182544890867008172021968458780027123583640755764629100876
673433145883036631680913395527077133005654972013314787027422300394
449820580853475776839271992179049317242274411307383190958831320097
839359869789204100464517180671308667038982627554904761666064052513
391930450117518054172543929986161162918430909839303899517959572795
113820353474204860022585562428460801972105972063011460999222644339
317072246269819248079619551248136165111481068329637836525637666289
180854331903763898135399376946333952138693591448803626800619063348
251240564271936276026134137681872190117231324727601940080219430582
289169523049245441546793111620191921469248063411095125267749964950
531242079507791262703116488164850463615688797095136990541855562721
068736171003258472102789383457598282650964357519411161785375996279
858168064430595924973603421631981792188280493284793296867916433664
993400672987378123146813185272574104464778684191647426714156103381
154641472167542491783867063933966463135690102836910545024572114141
832694498282762404935205947962734305872107328831267819736048925133
723270122822332358352749868777711884526541123396879485780958693869
268530505771273288167362260941704447739645969599848604759796613332
735745993522502361770086602956168707867719003328537064431670299171
081171483558016345968252786981183590510836204700415295011298713588
897093364127380160016406715300770012476132888101779719865616039517
039622813649095726239541546714895000229570733675987748952325298744
919188915470264953046572604678740343501542814709222672410608552207
936061974232936334802566460623134425067332046567563056365904823314
112369781316502757047332730720476370966908184138103847057359694798
701042766860804265747013498340359731733226245198159475025702357184
276458013051132223627251705426152845002274994645294931123179995372
823028825688599261731188180652448800816848200565774099013093199633
511486478762865074056746832494955006884236178614888074446338452711
448896518077522326993087105870533440374947980518130905051422729788
311996113212340442287346254249708829266993818186000936680452483295
166096943569239258037056594337703057967366669483881841601262612425
233275672197537594809759445814802904537429926175181802552433259258
955030067100787864273333125807285600191958513395775579384416918357
106234142257159625691990018577263104838787920830791173333172416218
793018285104753368584449149027834932052665052198486452908649785094
017764097234469859357885800538771011902125995229686157662523080226
750053884451497188347954707076187398143681761282302212418342914027
371222146738524091958429999595411159863528766178185797116611102297
697119345157674344568046608533803415704494051597204202236342279037
603148393247646393836204886802829268553131677798428063981953844616
372173695611536693980797034474572067903664469549293156534700642433
820379673380737015688363749160325633430565156328855208902892218231
006624437845404855946656490040914652563975590608652813122291604067
381440541950249254950060249541210696826051034757070724645527746067
935787533328732763258860069403473497312617348998495697878737117750
371147272400742105806158589637346085332914535803311517348583732555
388089694540511854955176552178714930376383681086547252616034425006
262513206510936308466487407604046089932416261215711053359536957227
853665369726131552678663465195410067109692623909007176154807252028
848758476479076084214625933267510949923977994216033099643068088213
527911785826310261097183628216077478173282583940302067962097709737

8407658936877659439376333971593973014006162582571367419353268024873322395662315781446051667242153301097672978323660104331925841993131993297622171691684981087021384127663444928697151624137310404051575760657401776609454901598083195599093647185412113056210162808457696631928341671038412162411337706945680181162688529634855167976098555753204258875070940628209268333349724585927985127142830430980530602563487181263843907399190592949794684026307184806765942609689720775744115571770452318282352694959363815254682257881033180136234596231132396332076679099938628268437635956216325687175742602571120275529817120833785406532174987912523723556505331803158337425971537253295549018114017665720065005397364055293754447269649701532502635427948850510942921684048901129902449957177216800935939516297771830653752045959738205494337406160569099829623066890707403532756485784767260213193890340371689054957483646322791535163733567570307340081389933401498098989535266410444707039829426871369584300109743853336713726758233218273730939271593622165439164906326544403977658047172324439875257763882157920854873440748928249224159788803862072062889426436445543271942830292944550647610264350140005703974322869721583812292911727538830328499018276420463682098708973027339312821886712676921819803179170854067591243208871934154129014184696028194360452067085215169798988518069320393068494771310592325979070629735253652712017106954033333919172859001774143477480749049392531824385805857715920622553974622903430416708514539809239636298761241158521912221564909529823271546065248842134806607995701290270981822354488724395628928489864167210066196892380364692476242646641362604755597449396312303222765044053044579284567172355157325577496346476060110369858757682804116194748001585810099623430994109144401565853098181462370889091696695737722177473822450089682020802546525556807776590103539599400459020483478566279961333304520270464661128416610673764464822373541859234281973959745972874781937451516799086200973054952742588050461441207386106554249046016049081841944120995878750012562075995600847798541428999592742036133337568663658841092650133998739967581004473470121787129699126602312624670315697360146995908325727260175090636915448631267437011628866315805811481323514679252419795463146451614788751912488238305505616688018514511079555096382605980369627327606275114110859133978447978314909599972038669730961879093123697740110922187845473962551886391258465612605102219252835779537340657826126094459263599905178117418901686654579036872912642373053884823541712501289940162981466800139776158004516166665923659305128454245572578574746123310907734453093299858290731886192045129697291451145241375719254130296618428190141734656188599648639751598016171040519098111815321466271798305740019142866491499426147735136645924255993347178671937541736666144042217589964572890077633574537358677971646625112892385738934303206661672111484950943028044928758983933543899934774630319951589314950805401818783890082376984820136896254505743110931606051685512138496699991986808435095458753789241687992511791295364105586503308962580942562834108845142053657609611496205517274071498942996123896704607723505664943737043905290410601377339840288545544846306566251322506388314028388286747821958843560375187088634843093931140839969368593103433412712025108663618772124187391934917006054528952974808459519020295075231040217200213906418032675969793562261741524707100329793874352722354197742632172910992026858663603148413737880302385282629824335615725892834151601748801895767039908052180863687730067757155614399456441665050380986716110962473286924391059655072241528701341640564244590582233266044424977229170387927411383147165985281553435026554283769260159972458656795963280060104668737903733218704969434812978564398569094840193196438645447267906595663385396636814118342382885161163575575090969119458544161531156118646

902776554504624836212257036463781911477393985524044013534585213749
824988932958527659989622537791450451231216210245428025439393728913
754698811120108093152290313365495779839381369171186283482358821933
972375191429694219797698338736972139483790636484025143228283012056
001151538457918290323205097563390586336177263263542758477056746520
872073106188532836608803438482760212039498065509134366401838336903
878749048340639464281930395961029105969274695678115251200481799770
405871989828290018810628483297176353567672461208045690984096366172
805346284563995376467583963527069445894623064370932414099695496209
122253269449694254711393690673487157385513349161578190211300283121
229103022350184721980071358175915588795006832872696747989253237862
345425705287288018980396210691865636210552187993053995226539182113
713936351229587947281869196101879852274939876200300326803267439170
485606945848931722317938943573944097852597250216677261540250992408
956859495625276035907255838319482163823546246272795041848611779901
374982424807922711377249819126343976601430098377478463689334467129
013649280613698214827923617167076097940158135524472912226149542352
545403329264456691452150127912053695912081107672499817601932823787
043930374527741247356882527636354254636113675585543029848162424633
039148862020351299954942889821169647594838596299946570411943103213
035589024273186003626308522934105279457162008706419089380224537087
134517082562225757288785330789052270808717162065992019665621984330
892893540123884065569859674703191340763732592690787244343561226418
696652315556587876168892366359005345558119244908048653916587637032
828023296008706499747690592106237072395120013181560967579579645771
971294300072051048199447141749289712982692663065914683591145450075
012343866020431776455313069364637214572753256120307222211068119740
937399202598013357263506102369363626400605609985689553036473450852
576520999724530684194432121543995959603792252291791140871274790941
371872866923544965494724198497408611613523962307568117586707433948
819257712683894410427771184782833852835066829080095474748369361171
354849097434041907737723204194765588714486150195280893508710940826
501742148035250449227765985515425461535340385758123139551116007011
273538443054681167178617160680847750762157753445148638614977528958
993733759201081778810492493918977159207813912989644279996878520259
724344753878812980909513611476531220315858825190931239817877987554
071889771219733580430621424484354541601847062825554424801253158217
222985052507366583541223431492056466871631091182073839479736572477
560182444612294002435183984728113730360214679272050445302518110034
988925447792213065824068915947075876370583828126305273944492765221
723188264933061974240851627152717416964612413541474615737902985794
406911403092627773679496567913749063957053313186775406009744660588
650100224202974780147388732507565367197624947435137434824120287270
019701165025388314021648722154299752597469775841079826092956853773
118648547811701849094239278006650388449669059608337055484081286285
793245015471101428729557750460662029596677884159510842939922701496
768608374325877146200788005226066908762025350364411421849996701359
385633754086375524558756725135776679172797872501252739545946641555
849312096028022367604622243046786796696445914788150839606191020067
519297164368764220984036999062725700307983618955992131086680645142
921720513847412608951614228774149792162774206834430839554563072251
452087387076566754836607013734104476311905857378780752244023966038
328571911006339631238041103711117852160688409140994808933481122193
256155396079676356789894510531903800288958123857316669912185233580
682731204950414564960716616023100461398636052235225154040542886062
032300150582795492399413222629596799398849523744270474533373288508
714364010676193518822647183101405709959052325462074720694730048237
705235029258868515134123748574256487571259012771227244548722458423

175387591926996645269569358237553424761461880767190119703047924690
696610937749059874125914549054802088365923001441652124125509661542
765121170676839736027230463120350784627550499088522292050798414684
842229216396267852708026236022606905308006673720226082137013756024
722514147958468725042567773772066183746787406429741667483855809871
523569904525751133233660547713454835673019382633779290816517463654
483472175917556011880295568095229965838572868214004513742391077382
825892693316664883858760319991380196566874743855207715068827808817
241003680793634956797707374200754724549307714515398308822347015664
970634532465455926244201684064189117860527928116492557307111430138
855181887261053551699551279551508329878244583997298835594960687903
777502037028367550124580292792755826333724446794415167813618644 55
800695861498504177847538984861258324380311645451538054827559873630
720715843576235947138038799905930415344028624924400022108948703718
984932317296834424367748487668436062165288479704039112061053777270
674426643185806412222888498534676215137665628377604623913520208880
230633037454008286207268784348893955565355175099886333745751077646
961032022185511150227362508700352984691460873584841911771297339507
732777515502148649701165591342714380453102040743663568551242687154
868767043111335324744020647944033633821461830230178279904633785373
947130350546900398777482010903524338498039242509171440591163935519
512243837189952318521201046428606672913703299316698706155901123626
141303335576033403240967117314462009536926569109601109190796665199
995101213951581184218392701085172568590995452972160747281070076065
126468732556932844629966142027829764541105842681932621874669685240
036005022105144680273278184002492617822731889890245024315162615262
819474768535306693053613069106139112167775675780549588878363268714
594521294771826296897004296255306814723885875779106913454595282457
864305776720047543978882582284825817425112041782359090663015754885
203976823980296457354238810493919181023492503617988477068616878527
060064225469840252198748207507022266372008074297372631040799969802
569258711798104410779380744008208073534017369822181072525625752541
531772113618649423817683597450794067390583728931993535767245476492
846907583637883345294445492245832405102240001295063237096715253102
165772407630393707273697573061295461073166315650466685480131959506
953316684447583609484971766940959735944855979198349439168544745474
268607631532553328841993499709866059661764400849894298550414447465
095545024344287342249904311309219256036902198673308762776433836099
854129311143181497743632866374957853593238369356374966177733870800
008852465416090116508139566954684404865180481563180099339164031068
852226888624732582850442354779160190558096626671828438110720129934
215511491563614471867303988206663886074690275030920563104068773325
651694589805455027266025769238711212823884909757219677693285470727
322690493885201381721940727915843669703062040203827168402817847575
019940129132914139592702821672190106496682733494692747241816229969
982706804113881880384535592580893328361161226717146693430361621272
093235291473472038125838459510287294240224262123248382034822778059
477816083329704224689069324544252215394091902472075730921552175125
821945391866631554856950338784648859476742099546960252663019664631
234679140746512107858922952136090047411558554861843429255430751647
507614150573728885785792867655351638115222947994994353529492242628
182111523765463286593885257889559233824384868188068886673835837745
178709244900151046267092402987547359172742424362935459106394992302
008135295414414259398439451364491350128121394682508373922192830075
678495684037103566094897189698982406917190811427299395695387726359
867495107213064194209828843771056917337036826951523004885790372193
667008853743260953365635277121793112333767980611645466416317949382
358313815407866028174612165849947852771677455761223350373250701718

087082753013327544253759799326521554444399173677330209350651548345
032862315137027158754513576281166431852797383741234813416049880066
792001760752841967746901091459735075592659478583931581611964603005
682848289509707906963981073487654378769427035707183612645407036895
901092360973043956262672391507752852852505912605533321863981247273
803611081340210519184508595083421396918086920595391612869846825660
279762177863934177345046264052860740588573563391928208755363395143
132168818768106132314679532368907154706829743933658800091780477889
901089344792148339166956357525603409807476680237202011780319319930
908676792121615876735248156222415288006298513842362076557596324790
791130016926510205536273493467005705306778647747929362544152317201
616119330994858978801648072488225617759399010854263166399825885082
487892360042334446059512507848979521843594644944027260555952023962
736401399131442706793861383398219491010914145217476170303471385285
733978838885549047650647564742104729274669413676704814676127142341
288902144735014446720030176706368313243722795362694560216722046063
902819933154569530924825712932615949151228379419585355904979780013
226012542684258392472228176845125417797101315811828593717491741303
202338716013032743436233147832007917087366677085613812220206837809
954958575038982160881868600735195401260557915481484362105490554406
481412673959082283676981092342343940114050609073704387641157699517
259476405711210465850462417632699880400654402160380971288785748464
578744415035663979450194563175308110631331689415487273942106179156
720998312990498985260803026038778219046524732572744609091082551968
476997701603764382416968883459694055488908493764013050300276172248
701146456292313702334490758151372318105244013484504389818237142087
234960250636829047591560870501210911862894489090449571425436267909
068769372971662551744550616738541298491637830726469472732323092562
998922632901844212132257240125352550357978793385841512318532211877
368743292106895025658414191464083841320444853737101718534670311786
894482402414836528021576247341165604971366541861820433144085519412
517338587020461024813919991035247326934355014729728096868909487462
247110803069701477188296394130830252131779700880496601681226549566
306962370123033781768156781285504836409994708953411447409113256917
883135117837153711627531220591333411714428746948798800653724455108
385207871745186981774301842124874649021344911396826687738313325195
611205582093252289012565629302267614699272035665178150253542876088
372895869529276763532994927720597687984645727697161272467546284788
442368491292844225886439750708649902387782291407087665297343616442
679201854513070162277240382878684185702529956474395258787637172598
227961105528487000890911804646272128454491329180294645101422682876
020703693382842501088880324868596894064009713266492941337229479590
707548399047181517640875870478166289288894972275606242800239385114
007181354083908176482111787101928080028864597013582428422311700851
466432232636195232692068305579215688336064999058241822684856708228
101682078875666688481341373953867391422239801454945564885819308780
038353226715179573731967433250478216208125514721105440775374593891
753958156430244510563700102752829555269395912565759587768557085992
941155214431857751842639425440925664863600127097627779831952339601
591163947132039989518728585273009292122821728116596887090443808432
767592558078062077193688650363481478464171006198940636062264309507
956641305031390268794552011045467827227321658151478436755531809091
392496504767820029628653638230568176578232897880718665454473999956
111247460166976758749707127223905608195635224473260645852623886087
000684544195499560448273354245960741326850019312508471480004030101
827419771623489429432449130048368411625818791783139853825176305456
312041293069140275421752463514709432637543955590029717154687816725
069076625486088258819501970911175184797399960369276427717326982845

1342610845209864552373648370607619401090998189776327311120768380079227924925826390015101723852074999157456555673748547841726512424832142780801503203885121997967421263376300995115368663380981636738811932133969852120606131874430577014198145850397236853472186995772571846207033882956822463824928057453144020593435870415915362356306589282044927914022024927486531143665588873374635209616345577323283225381391510654679765291830988593652176282965018191637704923197934196057154103918773309369134085572409983316807897683231773732321242613204253368289697612292113122782197106053767913408557023543299056702209945140065287016236477211903270118931726634951114312158444365938774526277548871285693283824031843799213772568707292286607266895734943083733666675086866635325475166195761088276661601867015343852215068783521118709838853354877296911690935259344563066530660334624737148135976442660085883091991603116179403861086397748336072136165091328124202375942259820965806138854691835789472486837666155195683426975863315591085424141446200710793264678023399105197840634167485812140355590032608303386642443041617628744070256253408417926742430832164076516547014754838298158439349265674950760938203406722731576658713873916007604647559647135402952170538222383054086707515505358577806576286916254160152372934219216884986742698057308388280454989764721138122720577833661950176585235615651553226833918605229087491031532760167430591197713481728662950193660891866889529888078601965014507605452041729644532098633786568954100707685368978550438347083909568221994424405352539940260966562156188163992799841073682163088158456092427104438381223921346057869903497600428113945215170332521323903538722506469988061276772556924849545869642561231240126331217051058366708737482059736411054774873934132002555333749230809453089806117968485901984086948868785404458459384670408564548472955835718017293466249159368356481992636514936597382560762345045167954286388010347998608935396159148326442744992320520309233183720920008609194111213789667053005898434685790134284427644730176165464553124273427497564737311329397816544434986449815514790646174576335376536234253508180887872290051578274167942213738858691329919969754297933330324670558352357455356048470314023365760240483823885060499130278286518536710221257969110578869864072567091367114752786011863815583303216946661076448629884430602387587636282251831060760534393259736897202464494481573337705614002320271356302171764278681913828696508664005809260897621402128425874925880987653304645233292008566003188294183293496443697996684028688939194093313947815003734093174366104642664682381790521118974127124719927065385790215237081780603191989742643278452366725460563693408504733578490544398926771911480369561371001165851969671008323052811328002933070192920381984730564334241723414920497272220006793433625804660456221623138577028913224350661301435335069292453543163767929394353394632403577878857301120219334745051239275132172545597805174809165432406797913022055510343639145591128967505584261277610634472041174842702583981910981933123992996622528514901579265547421744162857509165987293497429104687731751236339289995016542596921422338760115803730572766728264005191378546577304349026848429198236652740640055343858983038870501128024423115752944353666596437594010712576335891284580487944089849295600904998598167545410759971093577697740575434829642188109351827109371918360488918671640999357819431986544503924148045682153380986845905293110317727424083029058852552724496690019566630695621010774651259247361244470963028959200573012393901090833575275922252314553341235270425385976684615511084604524925129077380329442656637975476495416166935639402564103535104335364799707914364720224594563419156122958944550757750598738265848525888895250313843179094247093626396217739981769764987489165074541683918105842112081286280502316770991657209981438444624080820

326474174319420974035031748575683734544129669106695891972285345094
395151583801033274450336522748691472597536267694082057464110025134
210746414002725353075623162886813217742576043268073189793580845292
051484646353329198317423257224331201828035893911087184775181054461
955350335524977944571419097162392801406415843894489548215146971300
075508665450620205187099300397499658325892690500514642636967280329
844718319422834601790610064181571135459474739761892251597431948048
546848919099263891862697633127782371631222899854595638528735192155
517327667287768009693439750200004138899792877576312285464400940695
984117600991403510216983336319347844691824987981408705095459519812
144905998909177941911707806597475071337514390330651269737189893534
076843647546280354978748318211753268787211926183414891307982061786
747502520252652912299741759835174971009146220760946381603879880188
922255291742716732016578587620520841994627863721609705076994346998
327161720646754495089428869591815282079574316604314565030982517931
648443185250380298503872407944929970944974222082293086971443132574
926622043620106023702749789814529076385362812459469486832275822014
227291683854109981676660207360421151411456735018667581342125613518
327410092412185690134863667135537566120374537765822901448864166837
609430195672764247996004566116535823549400923091548723647925381278
512656315753769148489296062182651380371061601631087253321796931150
772374898015224427748872846759935058963953949220790739480933135696
459219510131747713138778796780293756437041343884868458440050570143
749156684623976609723946328400588293495778113858594161369857175278
920530486552649117234352827063931407677672865025497486370856789796
669025057442714730185038384072903762738419385010821705631736851103
570894972465821492139344433012329826800293487435502668612051837239
749606612249540937947547665422866957811413483792305522415256342813
134560475288534317321862323480781621532748344507666051732254993222
676946460452249849705679904597660718951942804049486015530283264025
515340555917044729041535691179927811082792839455045493839849200384
694701442074920352504638865654993191171275950798993329810085912320
703309411837406602759372241893178611891420433901596709167443285448
128325597427141462391260307710955554557103568297084593607866042874
665903843729655299319412337443770424511902301203156851526212650792
811019803080023167181498786920178629151001998855202531450429742133
071113755446239302666676286844429166329863895167067554577114434928
194237889935480627567168496278691676836358579336055512448270359003
700163645861534335067255817176374516975352489222835419498146655334
088534353577936858294005264701515771435731549018954538756978029236
886573517898704840946325917288347596840556135126046643417358978293
281811102100534094230907767201735140105363131799280849688911934300
813788887366894683628658477634467038717260202880564084037343928748
159528883711811997400263916674668739664685758638323685866440625890
482424048399956671142817344021430732859422735557302389885174167830
892099434188954859182348271304806935850148945086643205362315873762
064387896003178389067061899931084072641597136060859430686395845514
371311275078548918520023762270331592695364842449642632687876454910
111661468995140819853023074054432305255069823238701354637788723423
328427206314889864577742244200227229093876123454446003041008710802
038254120234451651582682594422794720153305332533693100875215001026
320314282951912079014837429142158704112139222764325018899583530291
258749765816005425393766062276493065194951905314115232831900695826
143256912816391247285107779340800728642036696662969343567604790597
189802052889694607011108542791985297225836150204866924358869403902
105654135818279971628821631152953160631048114053401664629044758588
509264844437649177690155282394585568476312443790964813631912743824
415781403940964516139633236915267513070326998610571324888477544715

359783322593997957785554984901948303510707828451472556252218363576
726301290522332717964050643789420716216897324476587535890052084062

246762117119658508223857594011314464587361855516569643396919808289
423833094641656824317679681982291658252451390430642390449275990215
805696575303016019167187397970302979672816362846831914351581508722
115275645531972256676791842178300767221107627460386084999893897297
554803185310650530758013796980267253203540172551910061268822069887
088762965425525512257555610331804140016386643643559957238006637478
583166586989706084473629524121589736362105671239214374628066482767
838690284470157656659233102413482286571108873439506525498084530274
752967499284055860790661669504345772950038908233572052340681975848
220254086840385345099637654000763154209839718496880963333119533927
451773486540669958539198371288441675353829365498708604750370420475
749864886668386034024995934760906841869974999479503466306484964134
840681076750339097693143771610746400932469974329965850312485372356
466545533243154947468366645320579080980844139633618470829257157203
257816875970511213949303410812404206607704624839093832370150160361
522950758620635683585464795735222863285744208481199783647225731210
635899506493689824815099438562401263919347868428267706819120906525
672468575075566671496569105905699344783004016207814043327333267413
928719434576365390519445367159960673127405470435622212959706958581
211073567677996970656083857535958050900120803443300011086587417006
407636260117260155703191663541901346835518018034562550620757440799
405057463618410104984426808790849002752830373946451342720434008139
676534240801832084945080899100219962784005293386215321277251766584
913776344774565535825850577871453902345716814376439085397518650702
259207376464031041401047550353103115125366239496284787379457073858
018673953754464443940676378280510879212471642349673746215162849493
049748706974547457915008288206102489084254595168699193691614022727
807104603280097487639273412791468924918168835833355986058186013920
943329072815283805193562445880656586114131121198499799362269459186
372386058786012459281112287076474167779742948386561865060741520522
957542511454670105443542233587348232383511535990870054671903892616
454380577077395363775405905063264911819535419750330996356160614826
754542783715237762035230496731948172405192847152320815418850490929
106718550439888391685736670672942267668112794881123500660079458754
244244077353255384891170989395403129279257388719961874954612302628
977182270477700674447148218240516661234893373704601548690998747544
167473080825112604167850176184042418074799157428689534578650921184
591215379249386672099120405370951348895071358570153313792934020292
439772242327113667744644702073029533182099943283219731364334625372
662089456993111358504277054949047460142944534634119950496135694990
175635436056509799796482258771215425405548656045950041176919360042
817183869868120226105497201351274944758920182002425759818360454114
652275806149899910338002872601345338017987891791164712745800001328
120158785607493513952960032839742473853679376425163918888482753787
073092694393160202269467211781486158716750360488009502503087441397
027220821030706194855990570589445205413540143485737699745073345895
245322767639471467800801623100126266574628913525838491199264498973
471290298271509199927350844460361659470657486312769175177010067692
314421050835005959291684416766266679711405566684543403629851417272
286155765551289151258313842801319318021188045130599755084642026746
403893354855134763092797839494769856576491297236434607068503496945
500829874095337278823955892808180565676297758155003266967793620078
838917339736311982579086957462549447629907955119412080721398741117
605331711975273060930420095396899943501277415322978761489302204019
020467909728673959433005658846497573834276984933940273108377215159
824854446056243855634780018530578319646017846601161844520145106417
421563501653615931378053324165193246382823063954633304939839242156
562756826255044919946758069498142044145710302134563517029554795227

7931163964795105581608927219645818710032683416592665688793409106462088884463496976904755689768353322885838847947673243005728908462808991200341697074392367655163388376608006056057939144440068230981445150012054702934005599392364733265519676297943102409926877542785308974367956696697925360664204985609456366267266044998353041362828289553758177699073856420715005947463745138787392553131579663374674587231037636248694699191742779153647513085005977435155686331605828316295632904062749866677148145408025513782759787120600126583481940909322854484293926834410551975660359196057277046162895399873802463085706803522843254343792273682738580226793045223005170633732829686280089675750115262065090156278060904423082303455225609497152965804379144800994008394020172092810978230918984923054581501960404409932278575148372336424391304329867378856575585730434769152550643860946127098310092020890042742032182106231469950347905746452345235478806531276169381607205927083499303608182846872584505856415807281360834660505720326487875258020411920850875190171697056853522548956528218398639952784724192290703330287453087658953224241451009489766124035977045424446389086657179084814418458535221566501165582677796701298128508131399385297447260323846331152873167739075035632832955914256452600883015274984547437956266071100865068767887570135405512694759662669491386879466300866664871713792885535762991143957524318136435509487078928607592444703108729733296851710249704609572123628333951154262777670260491870185105922404186971996732375075426733921840751324711870867883278967390830642086698401080740667058093576317863085398843995618034102700720239755688387195092282174966697098895013546211826689852441298704706303013514413239209964071178962053130131534764949395027009229401591089706582512687605684885517523963221093761294475028678023005111355013732055919865443788472994311225955851378879127034768334455541037625415618434486487762329422013266648984238070680346194283643992929900556159064060504253398010035780297515908722309901663046545670472070456814388072345930469997125368974181953691531393170290177322269231954386597135133215210086345732500383045874455820996085107957405561003975704073225781887731512604111074744241030994965405174651163236742338962719304043578627024651256309432527480272774120741056857672163768326945021277453391334223126065035861583431761316582266649153925286693746375686663330171397516764629335193648349158696701805260096746498929360409459362291275078736690591993195105290617332196000144939426391723702455347618028855374360390923886630413031829768512226117363822686749435922545727184148570331040830674119693359778767885562566067256195381995412524684798391492354091118398989823830162700763779324001021019975212408468201245043657540257864072417424791569539900974252547884681886214334207746405807081705931459003234328610436535634265453866902018093994638394832827387349550561609749749885128208658924172218477673607513907447956633970369756115129039260007707921155188269108017169896639447279375319198784094714704704738903857387862177212615440209850629428144564922585480730677313570961917989428817317079794304912613394391176135414007937138028135638578691908531416076899558663449167084903364370383957563675742452700722837488326139214306437875707850842217318152058199588729383725559558156560020173947341418014176871463758057260223050395133961621336745833594809234195101326516068063372883636025576004606687858950334054173431976249340693844319468350269136395051257161720465613580229496369280562057515308977915858756500373426739377451411933255834044268641103563379803845206074763761778186181873395480938216966669357060425612054391618599955929149385792630626126425301620956634319936867663290289319572216935971118371807192672218903033605310235090575771960298021864352087569729724327984235303207508608302038241558673816650993688512203426297133787867968625726

886863488955163492428351951599945415190335169427084006174659153735
368009581807232372217414493090993490659068612680418915646950800018
900831355890489271608661190747012499454667494537900407699966358711
893706418302451671562613188552287539604196702860192920505923208010
280540372555371954263520659432378295317267722186548136644871737046
503167390954661827981215170900400489902127179403824436156653909922
954108133654077422548393053802178229566364174643135957023482933629
038646342965157814235366300773995299696607887824406160590435685642
381603615222926855926025304333125979392485502164096179945953447936
137396111928150884853594895420817125559720254154404768555993988415
096007220369209268374495471341626554486904305618273278821928932673
997477503567289318888088893513412315633991293858304358234986157400
754226091414044973533680165591154009859093613878955409214154053616
095477598563996636696545553598347514770968333137082567255631341601
468114257993803613794328051419254653637364774164850280260600752153
601694465911095950203257541866390090834616811162895879998206412195
023117970494584998129467830547570473846493764787712394087669258583
190845653981637868379653205301463201309869588992776817426577529149
745158080087372320192105173734973714764208850338689406381459946001
664213890503770750547809932610337235990200099418891699562203355937
193984281838676978149222602240781210738894662910243288966475593118
813326071425365726601582444804561517120168222674090869240933683631
645045496524411360519004533859599188150846170904544973455643947017
673803170884977980545084209986305307030107775521915349553750006646
935660410016506536362699555494992028521228143185352961569249587846
457393431315920876986506707244578257687650649345987841615305864391
218324987486982506614396933058941275587312753429143152306382306448
756316143636652327979533035519984539090999450274663621077085726985
553359146312477633296545167372115070968376890197345084686186784821
228832889000575826890895828999999995174858633982763310898037851858
850585183830060740763476750577414590751018769922428727986437039909
541314534447058503922468614001090116397577839939531113261422751918
858992498372093899737117164832971397162366955607262298662780798501
736769368127930855222349000509327092421707577308225643071978148483
666415836578204766609448067572359948467782559180668718551022930095
849638364311356361074286359375572403080442546140056337036002505814
520865731767848619308628388013382626973906528865468117118801490916
116610358611266811639728137082394734745844382464051406007435657065
181006620785204212806777850429076371436464601433376560969992938340
716712288070619499962428794240364155638582456088769142094542662815
147264305387916046324651341342443416918148739637420060224476451190
468373701657419805468625393381485975806777120153838469000480241726
174683255196092761795754608153606344991767090799596252110081716865
349529560582409656265238929629129954917183346382207989405252170439
374328893773875551448860353326385740886317207601884388779326624173
891302606560186441197636205045560371018988315425449510726273144821
261819463419157522275103421104587852753708215481902867063624210218
121477961495494747108586348392206755169780507766422144783023155420
664883223533287349314628862164423321293120477639791866156410876620
806745209939867368268551060697921465082630144980558616118472369337
109079488226733209316074111921352907127948532974293067223374825055
252954550298630551037555804382877075912594946610302187705394224759
155383249605727847405996562774398750281116699957555131781707726802
086896344229719583090999662732232971522740866281818173097714584048
272429514577899349455469253595659249179785406289643441611102313682
492436341156620821192276041574196059699672197750140695446016512187
707289721803126672884886959444075161789187264693006251455387255793
443459838855070842999686457635151009476459245156245312419039837329

459926563270363184785905094339306344796919134414582205369599929784
043970989515199731802312704364497588244685649772743523184988635949
041375437976432493712897673655258546161949865036445652431847084842
951397196503287341605329389990531773036715708918714823267738345433
707636756486395498678807764372174439367520883092351183000313566175
133574399227128416525269581177122433753142699794624320761060725029
883427369998104077158422309805046447516932191835244770342572426141
072154817553485575238499459734392706976700346320936303521243401264
522387032791422805761145098811889670490081213204030050515274539076
156706156009822417008799497378157151842767251921738292627371221825
238600416191280436637578234363869412083147305133881821332416671043
597992445094438254040439274898498515302998585300903381340987230545
167744525517459485937278238974324749465653514578472947033797867788
239218376314213370442265403740237671837500905352240012602977851109
827512767563960849869659786969394661710267233504375361333272039092
249174568878683738431681485043849765853517775201512483356362325242
391535416903418553437438268996119704693572248989102659730287835089
754650496836047547944010669730769573467702886912919494816702771510
514527751489747614947929233697348474106071554138968622714915031362
436467498987680056698717717713097492795066112863909486805449024524
331365342803424356144313739278751174284699947762463615177718120134
563354062463689677509326921712812288705389090526703680845133912407
957706629925033560340210243166823791411575245258271240110466297658
269918197890427791011288551967419207218985963356123506997243518372
541478326917568934320812167332128080729274863434922125266885845622
112808021189405359121860765775520300127604206588377771981369103242
823961075813509554875022370074785390059531410552402897055381839721
243358625730029328476083984186675407016872878571458592846977545165
413891544130017624499570359750981537754959989210100599416924010237
345769540447322996969320729601753749297080191090211453186617353998
879368996270384172752927134993867499700410632753139502475356259383
816132805430389234037959010828486307932286215709816566225666001303
846015958366560814463022059680554312226510447251229546753284354790
084703721991131692004368690739110539400335292168907277203793732358
788200881526917936142912480898954963106498979168963231025351373757
884855365194098619483416763876659511143360629124777969408108741218
601701610862795097020819017740012035832155246539084759130022209335
810508471918109341474962144799343922172502207450560569166711840463
147188300177828696521272727474325285711742704531191577753153471523
025958536024358080904650173065491200195782882690875475469249566480
673819083621659948825428971657414888842763349642169869530698691831
424892153301164593880284394518132744988963231482548904555174327192
508508458534151613193125581248270706027094215016418213636148461143
569978562682210174070735591406613766398167322734372643943527797570
088554057601441315067522725228185574951259689921111519167873810093
454927807807127588260293669913851743183947392761738545856692088824
410603558158587443405309062522764582109454903356510452290731430919
802305412790417762922830578834164064667581472515395832442220843111
423446197499698747010352440131255325425003486947260602717681227741
880666363414776726009195662179162796992013064578099306070566092106
164026507269329654032036695538838228546907184087241718576780819522
547493845771706570183389640955709999433210740767652517456175262914
168628832546278498481458443335535099822812762592117771162536774760
099373801006430041212522781699283405689916180319487893932660990015
119541287892260542546003312772336065267797735679853711194636384944
264564028067112983615104118147571217979725564940421176387249459414
108369496499199995315527448173641696454052894093519116469006905661
414173960128274534795450415322756666418476687322225547897831544385

804258441263302887703119578837263246207478042454263677265298538216
500846773683124854826733281857657563637649037402253445941182815149
490280567105451886024594092058991807366554349965835593770925433476
953130419623679613769972019254170838750676482351031524903347627558
632013396047012595730373975956194734503299857870668727058736641169
549240841651965452974876055373090772043235197818409878732832878582
271051271565022394078908500123910526652450549309157272812345551461
235018149279614606438966094713827552045710811881980024090552500868
848705021300669865220669608314991278489887814548704282198995693455
170530520051144992200893706000484550050258693977180223067400443882
071118873290358025131874872107897165343639184713096560048628323981
411227158730580449452773213971304845773172262647921736332882782372
394035432411232771358319614702111306932218855102881144680084123838
437953545508339490042572793414450815498240786660652591179764188544
189015087286151949004815073485055456192882418699011532984783852866
424786171424727002686951824726437769624534300393384680942490143970
961721658881247105656602767906121078056967498928139926625827950209
899842862364427659189590850576099871826999747969818520757375102464
312222143411099581943410742564802130924548895572773774116633673448
602957494536204797167192955330899493957705196229171147853624348845
809987532431610307418389787621317133064588960351821983916156990220
489456611648653239691022168583415184900989133404074076365105975138
579341351253829843546286038632511138351174306659133340404559768189
873496004779664127693725216564863361971102234986759919976524742669
993857331938098615990173511967735409882845040863599297193550421597
145811962303678515253448787174036774566852544015160956130375719586
906675169235089084901944011521957398329035909504153591751496919688
721471467430687928112747703933379891382769426336810987585735141224
293695495255215024602214259093534832410211109644021135501452380736
940839492304301753049255858182592371569827517905243892864472747946
273905297187897957116701075652840023822788669609800071472744963915
257770580276719067284657885324795068146221550577553409603062635277
877304883086413870279338160703709590031720690436347647424231721337
302775987737540812282101659169842933357595523857612987716077074362
269964063063814340059741002474332619436375177198963761727324636917
832175939911805777815239904713931176375038139597739197447533931342
330054796192958402510124466502067661534294890267139693424295721829
779928791882138337299213049043244279814481689809087240741680115347
000379342282522532908452370866100708724413097479915297044152490632
857318138363872184136367063673064339700182259856704606592177484506
214886638565389826425450721064948777285297840739366446910030018619
002594359026311865205056142924634999888121798160790278492566602490
917683011346624546759003128227906777869694460386554420597953695346
351399760334728094856438206781207693656658583664429372314267507058
349045827250103848341467947401798932163771063137918535750860462285
952582919152500311846451948203612831037749028738060008152557903471
522896841164072323562888859442445256390428386689481770565424953376
000929812054523938226050230533227444529307907928107171937666557114
737513890019382958815070201815208912093514671885109950779554101462
266384310120676428900907123635178279955210079721296309508415645581
098122306755502128748550702854101141850533117620438328222973216460
270372101597049138758159251108104535637932005385507584325767082475
963982786827842816813382643369167335042145120186469075803302937156
732700837533535792747926921094247384378919623373318549182692074022
225738742174936576568119649834409190148762897465985453877974853824
936585381363648289868145329392415317592676455312767500757400944699
834484712838773025625203173542036314308025357365632929014795715926
020625377233661751938497246163586944315564908021277357424571290678

81999834253832406057325464055380148703287382632750678754942964990
226068936282478052653127456668043316671527460716269669755000676088
341304276710347041843286628778837274452440430356989468039498597155
399116552320403282503284057972222609598426593923582145772079672217
561022452479335745733204540118956538859327200305934707612218152860
145967367921830737321371448444254410796953515440548788409535033032
155752648267618106192323624718832860835029099016820718780297868985
091709817933028746005855822827550754626458989538058933481559071551
596089262511784403181994988666997307734108825788109991042699019080
975450317741623533651292787845735910875621178974281484717232327940
791534881012394385447383004596889112053267765268431145640355526787
878607202385350815332813507670328356312804697865796075866326623695
972891981295547771988185366143349154034222715939176180152679755519
857306863739999387671294690849373345245811810434493829210734793628
720986942402981196383641714523214258952367308081752942732689184525
922248726797547309503042433921525768693607194739393734758115582820
639918427793960463822127573694959339973576334823227813915394109133
061040644533746408916070511686266247873868339478251234200656744399
554751425040326291587589031752020858794136175012166244531927172446
927759983334684292663876268748754794713330803091590162357266260712
258617462371690500969462180819089064344275732721341910202419378939
382782630780556869720602097509735753997592469790236373326350219240
478611016995283985100469489637379419193472171456244701250950176935
872064354215907062354828626296757630678746209155478652391566914116
893913622052002362008317460086306561767585215139647456678094984100
948911632290342029057273075314414182021161649910615973875427519121
504725621415103205492793190152269422063999112640131159216458968002
205169299957612089486334528778956615384058031239198285700245023963
043957794350131491394506239801955026010779279372184609792258305094
703701281703630296856977090436445397948410320569240005359057677039
132952847611172424372972477658382618918823026017966557642528527073
525987159459505813305476207063590766462614560970002693606746766544
909823497273675935873004764057389310066721761392852656633837477735
043928453129185753053913950515939216632543843230954177359939958899
964466940554898498214160539806583892842243751980892484443735797077
704325198824591125413671876623858014778916713334952092634308704495
029651333314496453065379566947600731583773497827792411578461866671
05102294906533655478091858483321627153383271793011343084047909809
768155191203573533089397917356898238546579729140881747111481576715
395081259463586071558641503648402717902654472305808639969655887782
774810804966784950545506892469909332444530644461110697702719698712
856075590284286803957448689726987368550825615779384132294579260764
330592870473322005850093716368989595749345957578435674816358424270
648072915065118022573040515811661947869105175639012466742836733737
582001250871976901253741745130980405219294451480365974906215456011
037809806562241286502400054688664284237957184313553827700273073982
197790514659724594489674859781899446828931999671256428307571322628
151627036498092088293339480585410166818459817702983195672695665874
629909685782021896525153711760189808147811969205148190543869096018
765688244041908004912419533984807098725698738640936263956707428758
383232001932234446732619453707830464668040179658508066026059714452
557972294362728421953815601909983381262392288387256291534860791092
934350083283100593590864247380006362539121515546391951444768912424
348062767810198354512850962769514194842051475707656326537799509068
123186918613743743887601419394436387923472071625319074224078997264
604280705462113420163858178004125486798487430829845359469861129835
920151437308061702359132132319583522509710578568181090006813490908
808596686393230981902074501543844117036695129331283873892472964521

626986931054608284913876720690464722552181950827945962227137856381
329097384413888591626178715509497094997203244766070687416233598786
222542482675392450197227892424428466383831619498751938349810681024
300837909613637537549024840845474047303651630182633573463028761972
341042562090288618226256151410165988189558234255541221649785119752
296035885088091086012862895534476821756135523621255761024684521678
893481454002616090092330348467862796557063531509427704686143916208
066202528598566931836422666994679494626948794642020519745563418294
691652449941681349548047111881956249346397566811148058259508607935
781449660116689505140993601759717912307399180455192234877487589434
854006147477134859852413815306733269126088285588209348480730834711
010029249111379584971890596740151386445062262265353907509725372696
698249272114277133436494923971118025244917588607084118648813811040
520353994981310208525282074657065214043248658781956319841566395652
621167870610854540852681901369193433301734944880283693456764107565
960528423317617587999729977064198723172585995842356841323139616444
561421987253247216459913558501401673226377612709773156788146338129
289039745894165226018057868372416941851643697598395693063970660521
240654903708158606755739797085380028962965681548107328119998240064
926647534042856739208923816217451207284072635079370886387764390780
448476284230212015729098771751351380782937496942846028005935467328
279980918112300852974721186247130396396150125127403236501914014607
902026431089353280131476907626687032867540723878726804738276293805
208833009460175663163112888558376316455779381048682936517150567165
879172050210597147691386410583472221838894084970448278826503248474
383934471043988901617020629984395947649640073489268528267626823515
163446917919191542864605269538350926925664357872190907538891402060
578108065691915301424978058744870065441553462642137184049495395955
790665079748611036220580673251905941848276435065279485902209344888
479022026731187573163750586472949112150625116653179090784116940718
540778666576809717484786642779543452196670566974753681422874075371
572459697624982132098573075538479522690925342460401258605777952427
763642036469042314957337124246947172084024963953011697242412995737
865627207401601892590081087623952560906734726647025941554852148890
451386291826172366469755085335060488511012246306781148084754206839
754766732219857376248192191761411984048332447212492632828878645415
816987090965117198020066373035320021627645132965451641432792909000
953423216656528497115383633436000121388485378904284366687944222442
408485068984053130439035921972774315255998142040967371026558125964
791273229963929360506626938897076030804546728703093272984050259476
682406010755780168507747414084912490775946042903670474663497049103
918658014165402283603506065748838450943263378243251768602745928338
777450849963023199088152688459965326619707867277044718099744239349
793264819788800354688925523184778966287472584971945853921211612747
690089796728820587848648141707679526517769607427392952806706125604
578176319771088715402593902029574905103254900252021593091905745053
494557279315609065057064022826075053784249903798230889069899013806
514462429591511363427660657116277423664641883810918411733625037612
656867183566725282910143825753707882489506082546677062956750590996
600764220466599442185496798353119800673607600481104658570982661319
673005400989220164494324077491323078232355400289729723344545960189
272750121402988364153562527293940390103627515815052805071115873392
472670786644279343794172612025025062876090695854076532800415520860
977875975183772569339863936357613957287571810573495190471087302211
836191005424475148489306699531268537193155520111562602061673702688
992481452660716553181366705734000978391246967140101619723736443025
206447952002424548831912419229057395243808797751223347629160417486
719187325451980896340306898934750601132201431098918737280208532235

802188933959705615990518038695031046546483446931300328288665292116
403008733869518685562804000487754590035805939772094733914800188325
064843532923159496198202437951792816117756779442337756553068616646
661983875376951167898012823169267624511316995211137135936667333663
607862380971798676495037504374432428843212380747012306337585621879
998362205305082334222292001456052190724265188782660590750600362180
816371100216903169323038587575788982684137814614861418522687830547
718108688808972203507425157925688721743740993084468871658861623838
246544767054557404693161457969723955093402019745239101039579875268
626384698512057314490601085152043879409047848552967749509578017496
658949285056845981041417238259054481817899548251271037682593598959
763109485505921457090270048311201826036810156795929433871284621986
505266493500108941409951882588417912752897502267805111195577694906
076459975130876478090033215404118984447189233516414380517075993710
423794440622711852517629382411382836813575417813844964599305241511
551174972124854977402248081487117320373870913725293024664452881280
423269605116396562397644332589679195449128144820778918598832805587
851256344589234385348955201506127677853332340322440674296406697938
309061331352958646169080738714002560143854380081637577157983084935
679256808541534390028625811354407694830449379256549481468157631887
967241542274195391563390750942493536351175636325175107242104968854
360420860123671637839182158818183475974223678832571643086322030044
668644695303146139715053179236593988921626167903737592822884515552
573583065029838625240313463900885544465711086483444078016041581770
920517854485859176394580188433306191995721955547119382457853326968
038064020145710413965233052902408680652704002625953664214600404855
424007210383174803249238924639844443898757034751451410705071151466
306224203811581004762409355636221190924216483977526754746888222900
776054347436958856771664882883934882095358283466072838981713351960
577766343313807829632293210954636319843043689098101911090646183527
935011589335616916172184366765905869265291628591160277989078037560
702414317272067795491852019305025775424599208151377050033852531110
044157862494288183448776807233211146538511950953410666719666420329
834288827352187804215292765394111600294394431278560069549408257445
901634610925480337327387500039044580219439357166662167318125410772
914705406918591570179312250623522847835018668133768471806272955372
786605470757646444186885285089887284361440638079160383879687662560
111472816997081606682521011550770491468874739266212186616611937944
751469103624376663737051626457720536537874995997605538148484982409
576192562078989176075372185564987375162309641231888992286647660772
889027297146840049944729408849501836143118858197615217818487944566
901784885192801773847129400076334733936803851981243441941125526733
403251715464946974762140071800813603203076327187311360988297168061
535926653661522756447347043639986512578039132578903362243512728086
543080105909689300209422676072893625637210185872978903546566377430
577576702369243829182316665322236753456261110239494388860005540688
025958945963160466090743997236851133164273009737331369490373486961
917576197819857509173498424913215379950540174815071504973254470855
770042656295364927989238375119872264129900051792422177306465385546
514517447319101583145296146455819443366883514676480284796829216928
610937225432302117845546492528075613350713887434396983490656143238
965509047890319867368804622165776865597169841348826598629906762529
360789071083029610045707471426438099420330197868904435215948480920
222370014470860974183075104581561547125958932891880325460169719990
056810914075466408147248616783266634838605136120663263033561622963
677837498205646422819695564026887045617462306619844294244423972604
328919022092333700276464591552821745773546874065456212740242231018
274056854536067370317327966966001467579210330904275469771339686354

678745240000678041648314677661703496372534153801204684824417205179
001388994917390002389845895269486436876251471027246192473670954146
969647741057519182617569047660191314450056736020398750841987974922
093799910927899283755509772422254413941892966869023875812316619749
936527056765975042443772687764019366205378133429241285609476102438
572988259098052879216192835206144934448868181646448768018070903616
151954619466325076428431103556995485260433417249588778815825758869
189310249754733085732610067828921307183933002413517159870730107376
104664990648062314785801955415690518412524499005465972876721058133
975502047411906726558448365317788365624660388547786962701043016334
434185575153833165726133627381453574696847386520744651408915333902
681609879439965700448239222930515532937467264837321477027359546768
342984100772371926276140848168200235615905731760106536155381490289
469628499766379935485623180922210033715473667123508945754362857150
214003887248696551319429306257675172529871924366551617846416068018
540291859287534098159038304669446792065993246593876198236172996289
627225748836684624769434659783729631471146992219604762109449989471
773566959433931184810687587843341120813205329601501058538693502843
044416113877326777468136298265066077366788487903696586371889041856
170638996044830788219840955290035783955374612576975132044485571426
286482846428053112441228753509489494400025772824872270215460964921
241665151859629982193062978809248544764639906180341474690686010485
174590378755728706741683351481991845026875310262188355403474705110
824391584378072172851761164442091160131804527776393964090245014189
759652279756209173882526905996898080695668607153771391551122717419
644834208911057378623745445910660038530338903218570286990179143020
205792609771750415394108052740018646565561349948359463774534840578
264838393265677745489458910269253361261158474335839784916098611537
381503485341909047189982523457703049632598432730744030943277272364
672568207893010010700725098595368751398330982726464607427558978163
560596611400603813065050327416943550376963960934796789144787167498
796165634060656812924254965421790853856373903980862586441611509333
312834754391143331358191402558570178917483742312184728525939115916
821418711075019597150208989794565082780016733826135864622322231934
167876818159685792966395819144976889125813755363478500010515999973
308438446508397986527711893578924740922852936227954268923638174001
806260359440817379793486177842936848774283693910791222902208023405
201648445354023300576767003988550838991047353718597944957385886223
852278197113352060203930429859321791167918734166564829301791149130
562358348571879149353012773942146038351762469941642881580375661752
564666743030980931903338547574033653441982131905970866467644167981
678249152366307788968490641696794250177575780810120407713736130618
555140797737263366008692768524440012368958288575767988270029935750
886265998442679148268320421439376382697496453118913735271628590065
747417983683561988955200983133143863620084073257876418798281872645
328922838438353566540178944313762810515789075179276387887978505559
602278257752070852307184840267664900358216680206393555248167971366
638278883133350157676084139555270872219774113396530811138769285607
032029342173307822389041659228546125031119861826938275399623712439
850214165524815923813340985636386688440407502529578652553059543506
003180150316545583098959120430925144432168285318277911469104939800
747149700810320807095123179937834807541479876081074592052023653039
749943656798347196652742048187969308093581562128950342354612951321
602451521382861317853663071815018525604495409862632752584780575373
947014578866396123986086812085624416577643452796398337906135322198
951527637341308162283874717305881295052853133636471951365475714162
585573704068658844170042423779757020853578915225329627763865588806
814157762891066950559755698324565788224205351846883485445064505994

3880284796130557816898501548022627444084618012957998072701124272956
6812541803438826361101618425656079231857920864727395665198357918766
3584276494850684311942745961381631214328865514877445603550062702888
9146356782150074547882750930527835948383740622284757033575314342266
1408022713504031712499604643820009221037711586665713702724447287266
5692321116216111505350214782704275559018909139520873593670625154588
3348467042939150017820776939277657884020201858245542123790871724522
2569844756251034104886809671068411068319135492418397539837653050233
0883819086471307541938044870331407088079391011423648208362209878477
5400776072532005085813377339264214599695651795868340518511179500833
5175464161160440995474398291022013461441587735683000662850590131299
4357541372112186112901814589036881538296289996397238616197431024533
6046515640694957281024410805159528904214800849257994351167660518766
9409174822551918890361370766766741188952621786054543357989383939977
2631576160003855906594777141275310848356263679013858684855602973955
3169009356135246004766804838718266256204534008316739295057086205799
1919047392489331344184983031726171351513555631614385523850353148377
4191162820086480697165673484488006124233509742491218172161966905922
3894805037520385937453188860514643934246730638937982386671913094122
0145979170603231620984907055335585643167593363650365776142198062555
1330615772482018693269957564023714140573610767876586695009254171122
8472441949922413310072185874428780637703643069122146307977015421466
9765649142264048876329266504043797625468329298598825091317361767255
9583753515056519175118211589319307734534110137498602790704704980655
8177942660262478542119852354626305062591591538016752331026865008788
2168857335238354686933582311515286499405992864379121174855669149611
7589758173213786462421253847130277422559478238732255031695228375088
6352376083892366731144388809658395664817909451709591255505367861366
1392128777328508824304341628277746943067857690329905391192341698144
0851871805270685165142150751868739264962196403367631892198702217388
0037550388092442095120898517482559780820634037607693974130202200255
6856524193173425646456058886967870564669964821955712266386491883288
9448558080118217634090013746844286156358170305559810380030483166599
5848304282649572957686246281853791865619330550664372152537532586833
8925910680008816845172648772617702451130571008245287629904025452611
7667415172165909804647217584018821793973551820245462671596733937933
6380165093064248495087173452912022942331133154572489006207159775133
3313965927243681689351231747889657023861411756025662267804012573899
4106207271182817245823035980793466684816160079743738748969163370355
7657790468727782202336115698511853608173437005440267659977322294822
5596571057552282469986493497549451348580345585436396671428878302833
6279492168825616675223711324616932907500920655818532037629681505577
1667586638133041916240788329980452490010021073296693455520439693999
4577252245434866511642483213967862758834438144983446461635746719888
9294616064402969437051054454258162056170949190302375523148508830400
9391680142041678765403071478224677923689489046683643026673562087111
8547004918790213351973767672726858914057230220078462877507692161533
0780524424549909529657639606805055410818573668294427643865827739633
7907531025704943405554154705167998872810581423204443859873144128311
3493139493530047143767944833880427071246912301210582312535508836988
8153121052681818117585751952550106566298941153096485505832883184700
5046326095719882545420276349764360251617503182440172145920356352455
9864801087556094161622617743853641400625313263125026119548184691900
1448288985732496268919833423872800829076188599221683729925349995488
7245411693924158865204649522303053788315202675029520933439247767300
8616273979268688619439900694807518970263826011067321303468735843544
1825686264458733423172574418353393000813890743654923263191588625300
3747404048016426696047940393662078008868862663411991731421361017399

6521946075080711819610097536352651463396555798097224373819784879377
7269206210836256026689718209903281372908004349773095631125476571544
3446199138670251962781423095263615458733539174997734684219098531711
2822658323145337272496121854796040751919325045261209521664602108200
3125086552462162543232855370392213521575645056213966531920760645866
8902461553833598930785187536158380271669920881375280798501678405999
3224765611603266973174363620886029338291234415755143531668453585177
0849807693531940458266239609776545288020310051673259739067573555511
6118263223056785969935087116045791051428156554453332585844687907833
2483568524502726900481931006228552216994292546131802397468543540999
3580752606200950333872642028645089591256105265386938946042824130344
8623334780102010286615959326939252902872714903228820865430466826655
4832237439517384596000649468466117362541317588080509952053934453877
9852743674697441014710267521046624265823079723807749687198067143800
9600799147512498449879309506780938034112835312129260529694517477400
2745957247259415110653889023287342864003351480050727424023994975655
5281836717188778871817014209735393836306908711039191583148208052044
4403038971564864717279054665580034787873738421743311381894867429477
3617477670079874615359063343161138568979295097282677619788177130844
2952333272861296664809622234823247880220966168287988684851301365644
7595102731652587770586012000823305706982183152921300870450988001066
0533101040183293526802100786357984412639664547063455285613153563499
0476998554609559213914836765667279019944154028575115707606229416166
0142165195646225737848213456415983514400711969182891347757349701377
6671130529038817638530849563443476887839411430773877452408721093588
0891638627822757963535116457765336135278728803788342025968235995344
3898686828944565114426251627680616252511719184842653107224330718722
0353110637429006405156569100311901839735570074840952729390009579266
8997229606016693499629931467470444428317843417135134924420955031866
9310869219043016023598641608322159134323707215361796410629180210922
3871901390398242927975444414865264099215291824265594872726985869155
3939168814314355128124718690353072031314476811587383792040650182966
3184758462746132875430516439613022979001028457714116349305296058944
5522063284079160257236611260324530489204826036690531135449113144488
4361520248730968284733606060655790140019080376921588710314361536988
3618213351745091745586598321611862755166046400166233251535650312511
0047681565733132660442677209435736821080439931738257593296921586255
0026862303139135940237852890047702436936762772753679914421865543099
0655287255081672697484296197572570841095372967529699334245565898388
5021613604745522285390016073546105373212457089932157351828216836722
7886204534750060782265807553374860483259063174015000921852998321322
7024485974722191037727582646076890029657969287949506561799127797222
8792296436681129534503409164286104331703645140805530100259437268799
4845700269300480419734228334741488303535893272309213603762184590033
6769832738811903597304542279585889639118806007665121716008431468333
7121238604987898623067326043254701642682132372640793402420649286455
5591289198241707316431758282274482385352357238311704985509952174611
7054968776004390669992352946874720938859014339342191932245836856400
6813363400776173551473212860326885303323636068230014059328894367433
0727430053678408702008066602685211616138176663078009452986614729955
0428576646707600980475784764257163004296243350863155616895669483555
0710263480777547111608915305225288291259277363056402735197491660155
3294464415168273674701288156092989915916514735618622953949620948566
7089611090490487149632566990618440586045072934878175611409514609866
2409416529217524841785459233032566350867020331787449710029614894677
4990811974430606025163159460654925827770093982089855438275661631922
1541194089368934525686253093412523907525823543329143303366202439444
7171752656061636053571718634886000000893798651859296543398722880244

737386993027788569245875864560515520593620938155464111072298002311
313695443949929333452944332245681127406561712648384717921885053882
904318505609696211313359487007021619723418898684523122914461080462
601953408048267393041081581168423556963494752847605854377512156557
143805867699691277350663050006229642071237760611164993714905629572
291878703226430616742364526751547299912548015007053678056764322181
298570824223362163657869304795584985318171056131053300424546530875
049975892949822188900532010699326221348565192004930027727806552864
259916934853981595047519775484308259240249900102254629049232922597
590304782339339259135333248864301706301028523971892141372037146389
947269375164944540615992303975316918130393762151945670697620812237
388637737991734341168775896603022127210279879206547596925497673631
675143766906923193924132398166841493886304161180079625867594226260
446998433955181747360075794372122858663526902713830378009597568855
802423926087568158571869006842247808357923434599133552179428472116
820209852058873062692455281325951946859345107471936083604085847291
682750426745354795100198105297311363077384443379989453680202082879
214352234651736223256859694811115985211216041722943110552109493371
317837947367305496756705211490450917929614869010152519322851932645
791729042093288143994957678386270031408785152075121112011796922973
263931281989288322477944009018522991522992778217681919013797441301
943329544171388027346953200353060859505173571379753310222423384511
855548142691795801699889501945485402360009662684410977400209522830
311761797586932000675656629574249837622168512721544124396132016259
804530627713420200059193006911649304338603709271741458326327566256
544066530744553654733700540554768244815990093956155240962611869722
423069072752865639465162153782433468833908724721351830856162427022
806572955254125971928746407963200492944652842252249943932980048837
716760828805101025899128067474110672162039295222466937796205043624
191108392950589990575963916184450171637617722199231054493117966332
197623533599701816424435565290651200099348059545475436870182750121
692474573376552764441847161235693742662639123724587084265534305725
736733666092699923112754245099809414990201583855485557640692709743
948826073447744945078604853180075506222590736001691317974764636421
285791633099242245621459996261888902529763498908694746306633647222
043575900273496809163064170653326986675081777502751709957753970401
338816263011436239965221739996917464979338520141892435094861170520
998041171391771495007336138309879149150245490015186972240602478760
097236459015443938938528625795952316444959863745073407374873347916
101853854635066462110854710521330812978996441163229849019131930818
261660777838923788588566104253590002022077963902542323560641634310
096376764843945794835721042010502171732304190223373901849735290439
825927316472575974629305515325278939372422773214755076901886764642
829114751422524560815060156104963470055586136061192657119377184485
544969257539998127619075565870976851699734389997131663509256257191
972372393660923682632969516734603552338256922380744328388505402837
854650167467468022403907232076248127628665202091394390143799708130
893886329571918075879119087648694901817783525800609780938472424611
796477281521002667301741497602196976921291317483520951536989502610
816187652877539915677903277392670573952589969936667697114166985999
876503327101719522464675282199775145933268347323026939776131979045
065324398139852637654109785862838964937708740789353605555352002425
748312330387134202971173885990224982916347927915962131375987135118
469914792983724188401556300560473804430441683482293108117649823872
343395099131692012885018571199899384766790040510393571991637999412
190886239258494339855637285312733677864529532709268506050747493612
823718632960525449184551719094315822865971240489629057154456491147
797133951734114309812332989946317044582337693030080592926888763505

704173032033653614545516813711913679857795359132732465866976514838
856711812345625592491282097189136351846567442160007646175823229546
769856604685574614409030575145287934161117750368943826471826587825
297234127788745898493758547039896165242396454890519894953184083040
161995402422871994494424928985114754308367369427876138757836399698
331768599091068226356819156893416769040297879227533876248707816570
632558653196379522628415789953868952418029507392074346254832604069
478897649731470514539414964889303738008477476026747522780336549699
124480603277776375162160133543255875928962852566507640235751421565
195507693648348637617879091636194792903114471942435567978707931833
099771829929344487375892753364956477676140320566283443833221610630
526189845887743140503060504358798610501931400385215359449213297828
772454966140649684826804817194282895702850535318177740108290758303
571640144711194248859249292070801816138465791345063698504430511467
139492502183569991750634464707479230955697830480751172915352074707
930655622183884561194899652029539993858941646714935247028354986134
125523355490862608211222153856000985729517849772482729275123175657
044214740297756639565492419966308442540313291329940611243750765771
023983196381055900890909131619577026159607617041430960661141762945
187538222834798634031061099222763991932638725182760729593406928144
807428108032660510121583410916198838049091602517393086424945844886
142293608518074532448674139055601286509060256083905102863805103686
652289905951006441511285836793120796269597433479381350558939795324
097248932047904177519834784417529182779073286785872083355070258523
380094937900710203058446526599919058095772027872325558161980763244
260508119329640265219267908208867721759844535287386783646158448967
801132473543852322698334482651697760417580277619547530366210792073
957271989037475312302850082529687164259842298912836336777688620316
887110502289248182957434796723140991632458466651811926531216455924
603750877843746072378068254275553539080990144098571718095832083269
626058250836000033705619694939406736635998029677122213286196456755
296536089452418275654071258454543895856969379300985272465154517925
937138623748585661823735662464487626196311569927771495583548377968
415830996684788951922831283753686938528663482144456982894847017099
841023938423489983292109562920981840342697910922952468142258533338
633712411402654180201622919336413833589874813538153978657082454203
350171366896288624792615884586835089062165552230905854944538001385
600329877319748094727624817642147743635676838210281115137468828516
487102099240277638581932683641755594664787541623330495718077039328
054655593377874605270414614201712243863377380043535155725020162809
367945863473006155149772307786428811710884526828152509138996954579
082939488157148446008732194483528235595177012377025115164384264532
783486488673375531808774820510926602343483484394779881087198691460
761128625467724663490624809917365392914107128792213717443245025110
983820088557722915755825027379433654667556217867731114761242179749
970454960562705366661589723582306348080336932177096475523904903182
598505766697439534851199272848802755831106391555802978293482111162
670650002511948417828598773702462591207654240517166560243401644836
491807630176213007300839233621168769993908994145346194686434383138
467678800381345833376568376966662400191051653973797403868106408749
686287781799877244409068334234166827438352475918759491005646565688
080938773332994898438099667047891665533243994293782303144467009350
669805348458121413717934008035847962709013616551226608523989713696
694759098905860559805658096453044823483299216065172041766395388893
797206025420271546345759163906147440775019712790612625166669118867
736346799849314560512988805719101937398039941112950971630406154269
309755386732255162536693823586466002140842122049668751178812615896
067932997678747925095578182025241915012404580869914107495193189994

2830809581569441880179915204617389325723799354811994351209759858496130612313550097499574428151265956521858048035811518005032128099038111450428029524745650647516134898649907795978457033923469274763534996434394740243560593554584350816524778599325748393553560270062130789564365006096298652085947580996433721269521498958960274673783721610898891852909176859134442223268889065633094650780851392149421242423987648459688249205984348028953601686165018824619501009295828039660954788305876181406804280398062795616827598498584443328670640489411554743193034855263445758489661236660365929222805239194894310337351315745714262658002666231801142258252187791935811503262170008735644425390029766835020984823537291068377830424792297897721750451604788867581898179563017046814204985750282084935276703037017932723187695438262173363642062637698446711007281993666900842969256636558974416625619102189983539156718435095887093904479744685699412672163965361420014679656348971946846851486669771564415662580426287722949049180724088366500482862987639082134535168075150786619319387420698588199793361801980993856518558803812928752247800979218591174446177870288335736656324240766011179793226576282452218539813678896211618138138923868244320393416037587815009860347609637299696263575768904458323859413803669034788495187421224727971983382670824511281997746094368541128811981981165300212873461146132393798269382165544995117359140774651242922263469618143409908192629537717374845380240412451032092061703514499627162177606601975817150878044270238236453811493406214442775359974481391755047146906200002034760948989105206669391117397620100691736322032851792211435202563898839209811992542415779754497782218486105980476823489126153781523858963206089333541969487225471458431326020613063047943887062008329158173689474569844462271664653360198769141816848336551826308954284084340605091279048969957169284066376004315164540669549612977668263444239737116528099233567445685903876967731602704141946046348022442174977824209642641226426473271829740612159231574786672369739552930275762839275593562211940895758789208346268086436818138209521905102131682642985221874480585891299873885780708640049038154938592097266767666751533443699179440607880184627592798131344405166265591033961595872353514593662056077577323961533694515374954394178802484251707379285510815234563816140319048046463853968415998009219106352706347303552922177100345889868708231096349088073755787144222327695930672102494055713142042668274165155339390137942993117414449945449709227111973924730491413925185591265360385213551546803470360701964096162186903135541619131522035828796020096097502174005568820248879516352736078755573032834668721445453890011257878589619812539622425552829642369406152450311589996064102465052082350428218479583112744101614972195537263303884691402925583855996059765852094310995016809009184471801510785693719286106218217866929050828098432467672291379706845378156979529845406950582907165062300735767126274601812900033017015017972897315933191936516545127697220817274907965663348087608577666235528750592092337591124242540746586481810054840744786687663149054430075534984229267011430228460330246759723832695160091798684231266858794050213204178837371127984637088989877048323938393952906919980398781080196643268133683196202972020840052533788468691593176675716910752862714768247839987486118632330919762895026922378821276016261234666498620646324041061509430613306894381702988768372820689033061228428755750348103944590711929520520412039431286613993619716950829851140571178909629551724383956767618613662768356515199344926745406438166572938671736080532002678507315031919446412295222225396134100041579488251108852599477644528839344733666147976364343054445780722162753447781060367503479347464675410711650565367975629249338490854892594558506132696531193949713731185366512201899156462822691180609258446743509249811741527
3

955630258023712529742255744272529801396096151074413488732559015982
236316977243249567367976416766072475753084542142717874444038555188
200351393994012794218015743276133474214014791136720139066926853735
830008820868986018442823177357368168454837168908303769671629986607
792055170772318341621039121287350455238271651816596891871108205769
149544030963216491383361660642222653263992749896881742031466413564
616127538938464128942514734141240889140688916281403235876310564330
478571171235548667464691416580083949276706981300932997899231629355
764224162763851771652042942723788211551132732059480366814708274962
035323750693366542625718817930790032157002663331601894714977020910
014321305995374772245039427944546521969207416446954225159722526659
690568460664207772653225488782591036277142434547514534164560297712
874566066823350295143807607952954957890116868025999221917795534475
897843375516804006197926986808480927618056408638435410755721613567
001496764522565736896912784332905737704827118353144693601236469970
633911806043887930051974402327572654479075280783204070238625520225
797436999591962677254898926164966005028266161314921920757634250951
870143883798557388616129464419065849612046179344287284701255741986
581029232640775348252649105413554796345949381097743707439906275477
776514871205803597566223390650081850635586359371834350313618376272
486737596282580750332308784882484906758730617355246875601640130061
653865617091282382359103820934179208808460806133648619406307365451
717372896746790982341537502647089914236819684285510425443767178637
758421760770241726521855687966662014144123384050665648875624871754
007187594322745933959650230635509651849325099547779727145249203400
534462143792532925081331890813672627827642190142628474377070415924
458733717505184840034064551058907225030675106867656953856150628986
913008334860675164715043984668039782208249648968774133139466901687
225891704653475853471788933659431491429965491972465593568483286328
740064830766204335333044235321225457305243937504915022063974791861
694250411832156550800486548980965765380600417658830446451738776360
073590699227206240961297637973955871583785038680176710731435049306
883595692444431750668779555149169650138257404101360266864666947581
925409221464741002348499595110640487364468972863658715099603201300
022636652408415443437457495907902823738720665609745858027727353423
182916651265824267609451559673864396985616664024857796047569845014
573762101272174832575065574705083784190554188973016579587252229980
749933259129539077674664958654576429222167459342119668062856824578
376965587053736159261743321347863937701176208123631813456095872665
267872714013347780821144507796477933316195869108330786980461196065
236644241269218044164780365473339717953666823475865800903189331022
719658913743751056289035937305140859515552015309836160653557704718
496288884017513190192025117296609186370580941683937295028393153613
454556851931647945199535658791820320924123101374102699619804027398
711435692028893907550204298112520556460585594696216872308510541958
992314325711901581932407817592815000300702712043674909880093980471
230939985034059560508775053886725563969279248318454515469862302977
104265145968289291195745633578913992812394144993146197840455387981
284125597477878450090340083801435292178132614651873986503235754010
361603040415431027621550261422592282280950641609838285718743327842
349473715635496255213311827497255041525192084667486896486867796259
830443132420448927422079975836497726458317139700244337078662594571
752873370294237069053328438306601913739260408565056149135380641648
448982087459459570304108258824271182820887485619835527607115096102
764101989990471237437601503651864297253241015950615582509003984940
499767509226738279606983194298954562013854270379613456590539127231
216501583751466149461282137418699119176887673779845402745333345961
325399941154953431951478828080704647487507248749622963199204148160

755675762449012363564183235539139876150987091727329182439537831607
845893541757949957690605419932423276694448477083944420176522481393
207360982160340702842548379511960619232601498594455966211694632855
577139780982990005462488648169178769992539695084988964233138364984
257069205624774152566895561507649860770302047946221198973019496625
410226241498721728809769931087111761748927141790507378277884046039
079797367222623807444898833142377783408208009395312936113682430363 9
566687061260230272157200370060755340297815032286433817946709497022
893840443692671265280582185079428052553209681274690734308609782282
643494473601487524777721761531382806357878903243320650909927158363
966714997903406143311831661448926831195889155690477495815962667355
494354893908251032332312489979711555910569325438516644030547480456
232845802168124152080949690783774916958645947180007923727775092763
913565508007093387408568717307044578913082511764552330660972963393
838788985754656658854196023679403030472282828858627114894600922605
089216060552795022791085973156689401321542440634999918597891189487
584478071531111327195414371675122494985639632019361611801843260390
090776743361582834637860709608002758622960862428074952154968978276
787411558036053711209846224718529678812507205362074858362577019742
390798749532969528533838197084458768170121893700989817068938877271
340668036542878119601014173975484245411703064514180935867248877451
635389140808311586551399226834828405692314296849953511655928940339
960396645809278068096922640369033463578333267729828314564991589582
509900015633648303253460459086754160215121388398527243220535792621
895657344734327961808206493702392376756130738456859884547677870251
322264991582616708760874644907966324903506083996719390701180250253
661210235684125326132029930451057910187715409617572650459383840037
363170090610575759849517859083288889914034805928914759115003968614
799658397688012854178142467847975890524540868800632974593111394120
750227011984468338130067780674830880529956895232120002885175268642
650955406666580648828908613431787711711954113590844646894777456506
094539215250476196936372831372810724860377678117303058265933039040
141779278720800658518173332007021144912519692260783228317024976195
025000105021749702206733048420275748793703218900834125601053810510
804409192383166491054130934552834653879604548923536953596147410223
896941819716746852747291600206619053857621516700527001511043165761
056629875844139836618273872310267502177544257390186574939641724443
242042074722325385808664499619631415700870952235771561780081258099
218163202241213888047074090774050797223733739709280108291199321059
090463180245447346093271249437685558670581754435261796894915259922
188824080905295164479595760385677242703342545265579566046098023141
320089560465072129154886392296731341427705418445289975050150442411
289434085039648548509369454639174446636068266570116713835759236937
653674423657667387407652631707599243092037283564881212115201931772
115991523610032365450886329194988850882716269663534954456978626015
072391226791709539406541744599607968585733095326947895898389612605
413096342953812308941967067640671333820353584120234246397528685631
088335866352423166389887420383501893598180621655838058196088665150
422465846713768289560832041091085384006067131602030595375858535504
159536909691081116218127491819844585595353719895318639152805152375
437297566555290710469219711059832961071201706350868600059664577507
204847509077645731881571620135104028155655685012016961723920608081
696573096836954413963349284500180292271042413392292841016513965600
975701816847568631438108175484788010687051842999511388146286756080
464536082821303408459326579159436243129872597197828715400289280202
419656086207992629055721469998254425504639242322282566715200033723
108765390698209753408428326121470828708655561676592519955789442970
913202948890851255734958092010787719522612298942325639613111903912

119182818041262479434655919075232871305958784399405524633673070995
182573874439461531572165693107899816467441265077396818574913243356
849348828491037746426106834853603030458502149336239996154098538233
318121118784345284452525853029175472282941093484888771146288403079
859838913592654191437556601457593492706332133149270220859117016168
134077233062800204870149520066958057507083016332730295144714056963
147766939984039737311336533898948448968109071823269661696966201301
770694969375398785359949475874088775133222135139244016988016177314
832284188756176343045147364213377673427204746660211995114330119768
879721953743294828239993599332061372301480606053736331065528421533
643144810382143962383025909440141932682997585195823920735130632042
311761622735909021832431856452584192275800811610453609215277391694
163208056016528782750449057759165726049388347612122975853733102992
258993654197632399732538929592787768659644903656103131431304251091
513120312794591035182647078395797869414503528590324317916798363073
036380918702662710892826865677750895328993835065951713584725256471
307027750218874700851135187047298739489015655805775207809026587523
515671759596566171442249033267506477390778788854498721939661371535
302717205473626638263960557322693622662631811062206098305349836162
861481968061147195960686804486326514994699564313783832613681716815
920953348283336484094900920125943046588680906067123354905525039347
727774337164263636747612680504798417099317602951650838627083243368
460283086536581488676865302051933321495083769499124714769158761971
001508963038857358168220358486467629078668398237156725345084077406
640648433517109293078820159606186993315458321157186572979476020518
867129488804934921467038650817739531663077194601344233879910953011
866524967901980487695854786801836418991720542438378613053542321745
648011117450639054496912841476440296805552010193254139194128976137
136030287758855998084596445513127065830681044690049908242697639730
401296058669181087272160716427119774054838712834966766224686104309
701890266190392219402678044061379144093539201625373545113213117272
587432834481651712191857483798610455082908843438904501999972586245
757657079045839474158285405467325909990343212387026062634813409945
060393873425046543427425386496367402689231030865972634615642986909
921078289245897306452655524818541467068589693807075426245758111749
955583424064005006009391784581966900897407044355260689251725487998
974062363500592981883750118362444268665907101560222201734207182851
632312627433318940735001509742961879839375804442918524893459732937
992162921204549644271237836239736595218576871844735059128681189256
988066459799113388602336344888565395227250323710751418926516652573
513751783553014960549139273901385876166793133386787897006409367061
375780816083696442717807602214619047243967782474041988131515208098
097094360972403984514937318937698514987444629006004525426081207594
726544268820043524298952190851224433556835799875446626343854089208
970657472503080383136696087057905645272784144548274369409255818416
438959705871178396117370759834349310977326624351756282657369994824
877650657437539314548532408435029968068211970301211466810703768921
759679542397627175406170270139409408289971630910580026327137677431
941079804363530703776214134364626334539625904750958805168852080958
878317765436401880398413016387219133910657284689207209605622382996
783903528233811223004547112402526032635940633656878787609671812365
666025982109609417280238990927334267237933178952151589159128395117
031541059121203761869085561471648067269964267331854753868419854935
825392072518691735648812615614311496975099635031655520360239328682
411080624592970385322336077707697765365575897135669958829004576416
132450173325031823306276787897802986813895375971953112999409585940
644434779197459010855608887602314471140262808573472983510244724346
566203147481310431897832495932908441647122381377594863264065107152

756910190208011411594463129990074589746090309792029244871866323367
425600738479068705397133691893948575663521677648119761849122988087
628847773850574195735359598547894498249547105777471978658026546064
671022026253008406045110589120897847681638664321458879812870713399
017446854771270070189301114444955389284406799846276191864330052426
336978659350758722430187381618453231628235910823291574126137064069
015047964292767829536281913077095331974514615490569008079388891474
614386066333781052210587969121110694967756560587657380177215452034
616743815723971545313369218660145455428846260694972670283590892393
080300352338715290417327717161523435933107473587372195781431001087
153266436992570467685185310065000645767779607708698604976599832674
702737703763305006425350607065661308930239081426051378335396815964
826440349922597243656112068630256441784679795857492646545074172126
666415548107289188524383867482431328368527010545264526086015196801
586428999472284734932728335729793847103244380062511231903835990034
634645139770726840881588546039876460839260140156477956885774643115
551026599827655702335975976115985061196385010733401107338098587139
950023258185579167602503855137568070859024048786231788531083864495
924336712214588731088068728909616115096050268753320807649178864045
177586973106835395202324268863948744493327457453263886015115576228
015927089069473683509346265864628083673947739847193021768837910285
584506782747111235018669772446048414319345967275654314661220503259
316083913199749147370133189466424135319168900429347710834297617956
973038679896638530602674703764767233946390114290870535734681246878
133262098913618121148791962589837552935413983764917155656828589146
68322184366416091458503926887749385047652434398693646913532126551
741520876052290786760936851548219555418678227466676821801252795109
029663355580759812191269351520329872703963188302999577254422007320
590393650631494657225970940837058554262813427553308080623968157415
372794984484677395965270636780771422815802581404433576017090618097
972308642541624764648046574120046401046084352079113318475505320997
056967979217382120147483610764936698226365889922515241639263935502
543612311667372084724875925532656318965999499950730137836014231576
344335434359674782991789207268305640493527776660028356314722656483
500284324897840945171099158429218325165782559085582699544346510999
852794269774351929858347070045707218205136929370756590208884110405
621705223608698657647208281873252927384795426709057648730266039762
519973447457619586071932780792996829351386072499662012382920506130
447167261651564867385424972861437458702970394935631450225498487905
763641673820168544860897682948700854893740491053174883705510443708
829278634102305094093856006763010413519344723941239300861491292879
700689037287479239818148474220989691226492596889635498123282151474
910954665233444880745506550210303926225402353036468968026622976290
616929997639564236587859161801298819786429570643821649007276953068
723348757111165794920103406501622394967581328926346782187068081085
133558209525444711728245907028114574322847523578354520798526865023
709540756048594709144131522763602300756987419317759046220458984698
177560510243095320467325452227775692535093885189796386451636849651
531533407160949482359537170624872613378707106500377396268505334128
733708073751936774198930462331736828730913882490722513039406847995
434363579618599037936497991265621658506110092341325106953524561394
397475814945893985506877788568145969229541817439615591556069479510
250465557509778677073137290079399191563067585022226911246441986452
802964759677989618757356465261806860579837533156491943822723090832
188748259702776297327765548379864982734341473087563032802120665014
108644314043315844293795912984195771504593685189407707998351484276
294624658309864030156717372224276381428022024841775751520011561532
618680872963810497278119321214622696401302767897552561607959508058

4272795673035416421444271511782036622951226464007642395719845955OO
3458370928595739750582404344022159047949289757555862001483680351 82
9652104243111965115756953708819373461727422473531638341320973719 87
3882374969651688443831204534114604031697938632458712700121721010 41
0249454709659349944157719128303528551394428579485051943069439592 55
9101093081341719085496120361549738803632870373545325187963230628 45
4644192942419939095417264393064598769815782529967460925257583366 93
2130576210945267462724144463118886690185998943300266305432387167 55
2978212353704350400559396617482205126987216600156051436559622881 41
1239764353523826823254678715421264199091044816606301551762851962 35
3206820030158647129288304103077990824038460244168238423504825927 41
2695985907977973029553622974859631834940745602479856867962250011 55
4708961728190484964558786320058168105533950538850115702399257301 22
4238557190242719930954478076861984460565778809165202562839122528 36
6560713021945565963640530793257855773581934540740811493120909876 54
5125621047387146515475143087787510774071988009316778556518072818 79
4895264575236922054981690947747259605574588693565721221970084622 36
6580814135266085901575927462089917861363674510396128381503622530 43
0727711813062348935029246087314800439113777160289885457739049963 62
3079886348689783229660205520816733557753086479314084009851120117 77
5487931076630479087916575753750445489273473449283236794544850054 11
0991780575289989929471592507534033531214102459537021494319129517 07
0289400738766470096743776954798864815676257469775043639136357351 32
3388598007691490614525473232404480396184199187708630164340730789 81
8024977062050988583469035384805966885962523006257802996882751133 53
7320513893672000240588946373320988643562944351790861544750253470 24
5685273171038005532197740837338930195684754600041756085913618652 32
9051058738896773145177736728317459137942949430405643011324187407 77
0127993064565519276493495868156488730873458353114300284092261249 34
1676920380775970977097950973366180787745753470966572641969580852 76
9906834176806572518958718214120609442637680805273266274359693552 06
7415663581691457156116792192450563109255230823665216240347724416 82
0798346029282482992939824960830658672276117887040235344812525543 37
1412476086282943068629562883743785985947955542419734429009719409 57
9707606100363497460443288395865471635344403250513086158607258626 02
8522411937531799628988311047526503132149231253866525895193159559 00
1721576113746045442297653604060484228010324639097418994837489447 74
9249640503306364800426734581920989761200376757301113111808114534 63
3137473016697144144977413258565170631056141702488038005303335926 82
1962735711050538526103599860278158830878583146280417974622188520 35
4215998217611543615023749869874003454758270658330622238138193343 79
0685484441092661091789359537269908549426446287445917824236626739 40
7349701405448922434410580576293142371232278998750048423109184705 55
8247923339364123826988257249338996801387533865457370736150014453 89
9191336404843790624526214500283125102161120688165097129340660167 36
1526777565212062165233851016142839244975124718072149459948203753 12
0897199241417325066275850295004120305049585589729429810615822567 07
3768100195481304204699337784646574337734515450935274842396743044 77
9879672838922717575059510512270682935785286349530795125975289037 62
6648560752776433597293524808798925954563306291665263117267993409 56
0300527969385387271681525327580075885770336857623812888386206549 42
4939383931822123244960254623251567298205114374055847926094224703 83
7355605900442691137307746165542528263893743760327821315454833520 81
2274455135823408291143473689446907477631607437609740973742078755 90
5355317610731253342158099794363708049276958221659786403286558661 12
8113329653464687216085556797498768516032267527526794791363417898 14
0287149452524500330655466846883049438942168298129479332342804735 83
2079877817385419761603310421258725550216437487134655826381201533 52

797804986448906026219975797851863253233860557971599087250379508447
020639811464437614046130594927627910601677858493582534383250814527
200693875915344580288940300263642559140394824305776875780673125124
938453718987746995700411609770788125872576886129532236314436560046
160942910066753571759592751452303013680164782058705706683997057798
494035153685207210545530365489851607090756640674888661537978847342
164725790502684285871307781730118465596980433624276149676227273103
306875101278182011391789928774732465180508003008710997058263930560
874274591897789433391924844096936188294765402723566666793092925774
300382523689664986718662999295820458036021202288668634577777591884
334512004828250736457842301153643711014973739005377390401507834361
231482271643910224286449174731973105377614400470230494411757363363
192940428841714490386134293620622609333567912764098469453379405847
165412306638116304696275901013444852212649534613899512810634861252
546520163931322950812232584357886878680905390684379123772009494136
787128745180042479585456085230683352411287573873494507748238475832
040753730706533095471032689196806608782824909786636945794980601335
048851445311455865161756514166132487601431723294431938868022045703
898006154547896194137342463114587613789176591288081023843062867527
211276642424921304304611928111620314794567024559633721359481927068
387158520573561662529473600275556963388540431727209625211868795479
707151708929610835449316712347892175073527186593907538967211493734
710419420159524954525843597780235315365592712888015883717045854439
328779106935093048832480412955825307433674093881485861271197487445
816413847603373793534122311750613173153753660172332864443258697136
853581656510061653163706554272378391359358268488561520585317442117
941614023348977372563662492345257431007395564377619275423254742786
677504515433411989599817609070027851113901363965106749442717171693
076956574784614015050133095203039982125939581253009042725722514354
234443366038614294406626201352009999520344963050596656810715254468
764262145167024165333743143746303645531883205626130827920365152294
971147455761704937722337159876341771273867247440132705025263509634
304102945050127358110528245550002996337060196230098150247838090771
588028696096188476651401197958978873096404132266680290033648759406
215835819932890284588875129644277132707845619495847659565813630036
117950388642222665030071795392038441692023542856967657931192719271
486335496800384434362567939964940310343142139610016848512844653104
633151394273041427725808533261083739195103674148129293057140481623
106710218691270591658217334917395596230002236077837481610968386127
871156222818256513820638361151489484402382137782908597341678795224
790613503394789670808854999419087817941687586702339060476653397140
192840144637500688036707560992104739643055373863599941133222830030
564687751655471678587500364246996901719593047137569892963853733801
797486393819503416751278740533454639959404713548719300787336919133
689513181394572951082711939812025844014589815596066259030055301797
171317663003027899015196095920036903258327552193132889148096354285
405661963894124687907371409973540506002351663862706532670768434623
542313502707182522925125393132005307517919995574950822668126055637
879073206497768355857708843449796433072036514166272522294308266529
223932749032796299675743602362522326547468374511534900160310082503
215309370430093081163920864637298392488445980546506051657011707341
297411382534214930846526198838751245519733341236539865611494143289
228562166933606782580325360070454335708289566988666550823737753065
812730462842102454845145715999492395710074028824437567768962150644
460260178811687282555441593747180415425053938043760761382269724270
394817167033464639843652641494738778661180489657225864647002493404
430522145426773318142813486479402611561238574073769877206803610508
244860260243948197118782684787392494628000881610080581161294914152

612338164023494249125393728951736945380262294136289151120309078601
671173698585234283065733780352931335024600960081430184138162653056
826437763771808862545543154497407804106034422883962570054204553622
314114275500304962303354665410165032275024740045914584856449568550
323149870851311596073406650489534923678847370933668301923307667720
648261443921896226657827805802233598286615503663298784565541737208
445096211285458598955479333162302061535871509391896056208584284762
785866781446276674176153772701825957820646587852251928660665901699
975925118411298464673218420587780871502357559494328978839859487193
743071460540588402439674773912291085394537471162109385816874000000
150787397011522307252544841868648249306665888078267015896226973032
017337619547429432149449055146098466948225765002078774007527332588
373987136060291488346148007272968154112039865575410628811461271473
822394964302386361874587312103972823432646183389610307008043745100
941264772976708801743137036823369546618626536145048031132442799341
759239228918693031742534580124587488625762830651932482538127713546
746460853816540826058271209064492759102866093253076406825049716307
549840642177331357713280548042864959141301251873912026964593261700
765201440310318627009761244255472107454581768131969645337449421241
135533303870973421644337820138953076985258354753856414573732281653
171315017612306925476493751673753283389905468766892015389165167495
603575208660487398876778172210440108323136019800188883408039542039
617817233990280255889538961042120667548435800979580063292023402013
947928972503050282472097657971297153645067711478864322532248632230
280459490343472338905288231331224873869077208125269814078138857463
434780478417920003019912934624199512382844525495669330542078678589
151223952470680935511687776495690897438221958910449524269450233411
335375761745077778916982430298301667682964873696659660193941303637
564183819360731273600426047001298790723952025502807551216923020743
660457670056640013601568073141712110343807029157315910849476645399
078985625479607644694462740529866252746072412552082263445422234918
455370349723189022731499404199904680646716546036092555179860508486
481387249508194709039188571290459907739360403425922832098631669170
772104243663597328745909530916332447952469794033321350343940323686
371626481065453857294781184080199178675033948674585520704250512705
228466104766685607060802145516348397990194368113630428170962660152
694128256227596758421435824099891292662552451782077552342090390744
241056319539298089322178083612427926796305796521378965051709327200
805202891007123284477860263664254830638028864885008718617062110916
863463140603282838857983007439346222388874821743827133600774196907
752431291853608682077877607309750732171257412242433063794408393741
316498185059076010963802852165624100013882997780911377095416632107
688502631660684527689708336283845679279234717722014754493103566545
337216864508050033074393103541307975571466686701661995133476884428
747243970195122684392825698120914135724043509492533396276400021708
356943317702488869881843669131712056065396711209413444925045078287
376060694416812391709242437248669871736360481346450524215952379832
409373292668054123471937792169788544299990742809745308980849581080
138237319882373532791490709499256065265010685553933093128994654857
827292761534615254795221993489847646886466359787796541036042533024
618755941949177113822035444568949387231190266582145029100563723346
798227307704055076477447554111082071153429882003369752991849625875
527747883509009010851631332415920563722111890755428969157439497309
258610299336746254931739973433194465344510682249740389318403239771
321534191597355774949507201422458589557470010480330434058635315453
370428028867691689196021751571139959326798488458176797432234337231
069351992445157195953084448941101793962396418739821082199506906584
352953681700488731660449928527039187285598266220921513263801735587

180055748196486340322758282941571605218725532528827534494740068715
520363164096725817396377955706886592903431875356088020218316205954
654223963853949132822134278330066501580034558275594140028871691553
121402373091347323072827465482426947009900227241056122282620936040
465329056963840082494172289765853837842005181703058587862133846681
185350947761298782142018498102136848182423854597120527474120863126
964866430274039120285174260618571836964984520230833011818518488158
581377005220412030749040448067890860105096757770948819629037933717
670695610175159770648081009359922947659854272513759010444904747784
331307183702078992617575295693672338083952507036440070467695310443
242769728187846515596724582131022497485858926914334370951950097228
294777588933642418156659124954491523646423487005565891444720546651
041590708120924475370986066870403449248954866271564989945771723302
257274197433043874187062025762265946443394034696590307610699359747
813095498023463156928485689846284085868192521130038238231839115504
966766539979651814607453896946398015147012050347367889567231270813
269353921397259357979339628676341469879935562459023076753842538491
331976544155538776477759485026147800394721226918022577091608244482
736055580809287185154257863406472151793343663265789697017809567905
465882542519460940804180281247447543268342313544783341856865365048
147260874911814787534404809972648939743464524311971252533722338255
249967259959877072151491052058018684049333742671353268248260761113
261231974038550417216404923517229791458585236831947978619550299723
873272063541430240358539723284084888795575922674760749802986116187
489066060047441411227938319445299956182556950574856030398351662088
836409775988826993399103928667676735396480303577675267967991610411
037279668146572455428656211925389133248383107032719127984561299533
060034992265086281969693801401138416212352013504311467379713425310
757917697730596198785325955906575602852448276119562537811721921047
070467816768321459493967373791564573448853680282635834233702161538
257419118756475937402795333133775058778781426446680265265771641404
394894071662448299958911528289184877144687796493960746262300180640
649309350346902847404503498254673402775041139866556116039457159422
834987826228668553916369873004683892822161628641865544216742942159
3089550106631766994640332268550955575568423217207239551920972242133
201459714642314423215525677695654980273447401831119324842656976626
149953174752476563109257492018648605074194285838453483360225454679
667949451630132694066940920407733907311913858157149891762760782979
992710173548995861466599809795593110422784996748632887714721585704
803652968636091738389243437065631890243503435416923131601434994523
078317025344216304756625938578404573498203740881170190198076817650
077574712583347488918684606503363642453201827673067180009642668555
972323870565992833462775274013914345446338683376757207100090197312
899124440029106332310285320511242073429737155432971070445922251590
580593709236389383230437137572585262296640665757202331124223489064
028097781183549374394686509258840182721079938571773869771630396369
625873914837874496896687050224192615916697097751729713105986058618
806445754352909440339569852771760806785398736272078571108262534971
459199494261567285147839740138889895253167912018035157684354816769
743300855833581837522625851126531657507939428364178430447236721972
740800441042519649723864123825868640765128919107000006975863100848
853616360273238000993282985925410910846327449330408705607270160749
946847721122746968521445391060819446737466892046018454102290338391
536775061171758428748365304549744011646508472230419307586904024656
963286946781198711940722264015414213202629943092038623313451639075
546026350516119119231653731188034895326637727425575917963131862509
674823045689175238429707136578990849044985290928656507436379862146
906361260358537067239672718958297668335618835509932004246918234623

514358846940787483197936811981190756960807892597231491601943223952
519623161218925957733790548146530192635677465295479851516272669576
427339856857673448535169303695063803042542502733397341404574918871
632368379451101019568370007916363157097391893974265187819177981470
958740361455042778199671620218195366069334519280625416323212045564
049835209312440423099124047023576634472631090522352546809878463656
915921966619414355231963720423242436367090880775073475196893358310
177186502018261399780010570234866096804830143782211918966211441636
866100700962909371792115353645154832098061525271295080085449278062
298416793716259376096948208030637277802995471362917694043118935977
470465424819301901784630454518708528975342924862513525433605163361
986193785529029933113011797405247062587605968030170614673435483522
911374164252932861097102825422905885588288403845620122217230115407
667723875097522314510732364764569783429572303020039484789474408819
170713183920592241036669741242127862036985350437376315667962344975
878653643193488367598864641741632341522436527140987402819767617529
071511152667909955940947109458007034783219770305418318128561282126
942182428799233181050458258932000138383974930031777283217359941454
968117640545061124426755692454644697582150826318887727859165840108
402530577236978915672351526478356060352091198011065715610111971943
412266405365850042388274106667512827547790803422691645950301631115
770949233700054179459130294452721103578225092083433473285057270357
783438616797521399687232820465307312973434793048423421419538540620
253862838613838021765735980078550929381967621496069588813312683463
161324750562443831766367271789442671139231854629502245525506379652
728016817257510207282429149921585876806831130988024188400802077199
880009834170650524302254206783703172438164501524702730683123177271
395213962692769270382141264659988404996933659808024365428119286757
408291835308594918363215691138240957376053212855223255885284115542
919190227737855988622919282134894682731368657171955565848464721497
137643624888318436332260524085789537252815437095445566689142929036
701088070125524534879578177495700960592932639633685534540098897288
142127740691640050686781251178426853962750523467728568027409008747
019895224317251229003882886590037058642017101210545559574281787069
352278626478061286155144060312967383746929606716412659588195217146
645700756113714409000328317582836729506703638353183919984572906988
869087030341020628429299877080247767856385430171059388084240618568
811113290139317370092153751443443700375851429587889191588977071103
420027474640512043142127884215610162847454870276329584302171373144
089774701675384219943154426419203936039465164313133912712118900430
653330009194860228975395687265840073526389205474629831446851303551
465443610852138437431398166831633435943629688391369614497969626615
369449601922510163789294533681372423411646480599043069595446503500
911977557885874245633261462009713237093137215313482485189221664198
104005264635166403779799256128683481725762216873833467910789435658
256252225538609764781645052565339229499068545317805709068966772993
382979266079649055329012568305208538422293399346274908866957588690
902647088790788224748134270268301992189921690412103758883612495814
907181527926341875991057272685415461525517701032786152782433977704
771708391330805082658884184843663605060806790256602333394170296584
016423023088926331760607508089103917726703966724393554224109159209
418760075067847936958345898567687213250126215918086933865244617245
134186093050845784901262917552960460958563609705437392487980478431
267494306966052869303680397894300905391210037743510970654316384919
690676032064661605875477916978798610852591586552512895305339513041
157077224489345329930256496696624592279084408189563975437696103599
811652902652870644878728582987363736246835199871257073129888793
2723336202047391100990470066016523808215547726301302205101613735085

454288974459501271579531721274302491820578587448680118967495235952
491707354567934215202650462779361996916733335433640217705127128228
259636103741384287509192796551692060185780909378288344162148127775
791573732200481569137337791992950090122168741901742385161208884041
311150900305597509687855014104616842023171325236264324106203659556
629195485508133311817481472142915709110878699990310964256948827453
039037244207119603383309494484905484010341899379451447582593513585
795874814331003134391441820802402160364687063890429602835344485159
3538392970992922295175399146773397076690637978119213507510100621975
658274368298526233860577373296835046483335912700477570596384075660
169285062008598626926286804508999735711110717917052124707760819788
336322865454248703865024593046577252248480494354075661143284334127
458453443774168265496267798660341653175810343012943989460265613792
970910913822309857625907549213345424522783119411594411567936379361
116897131974650681034862514594946502302217311338969796029709159540
530674193444450765792894450421868280291349369809507688366725192816
738119655892083073592793605943470785112457343236447277506732225991
175034147264286303270813776710770091531456127919210579526936028314
748422474727471443872928249072993437643256314753443455993619279544
035154728385959134270639771457740669772050459029435379588988935391
525127483916667743512248161731819798507312622956061716382995066279
696012534304086936062630912621305571771954302384629962586034934199
239805954779143949523819915715245650800583229049083109336984586113
509847565191654293386103402646428724424817081135851807036929056928
708106514971726104844337181678417642704072858730499312192918272840
073193708686743795761842581445739371788933518671063642523422889702
625660623540928028067326100535248037032028655112071649284492683557
754386323145106563836251164206432399141678324003740917138155639845
365883675555897755206866253910514736731020155465526706138299977756
862678544835929636518337974376111571328924292998178359945481297901
234366260446871350408076257683946253465041892725588620897436268036
679065773741265940490563322139406564033560583800652232957233773684
689741164341029181653786564681548480891403603698282193868345719532
742936302843071767182191345035112969865394925417504513411578327311
064497679268623910616510608175723683732180419117380267966287389510
162862574555906114670955042094384050292613508862281830084130103266
259091709826941593993007561142768668964105204473539410260146648422
534100675379480606525660793726300751908897766850320162358444630460
284771048918777732083857629984622217448109140595597195328778253530
372894932276011151772124627659722410461048244709424318721101583839
493540438604701453084645415735230273185294925898547824098684982517
383691295884207432306563083429909206646311888465676368823044171781
768615921768017542116057756438250149231248046457859136118870236637
226223000077528823432720565086155952899025785056331295141239869519
763248195210381343580822122889897339300600704421699368779707834140
482725640292268310739962803825478426220866031352236989659983753373
562705833943077170110970832091333519473657859608103953390832618369
050504940252479954974273902648570348254751374620055581118448394290
117797848226351624208969372670921308221748362735472437895900286828
619435823673299281243238260747461617913000386665714295987095471523
212029348895148727398458514808382383805453738553044629580967146400
729950694193645465669355009065733986400700896904865746567079174331
381833084518985196158883289223853169503257907854854877537583888483
338643049257585795496393133803355096047390418762476962813705366511
940765788975911362394460076432765418570047685505383960343645802825
276674556026672105774365100558061517136160491553804174583339490517
039017663610348923935995373646472759253925386278377775671861257265
696947016977843669635241903649890644780605823048635302300266561316

963403846275568887650308499174893924026241438413307660756111430614
218762557802511188295315112641157608681670826115492324015756640881
539204380779105677012743881727719709325305253915215233410539110244
024835141829172557074002159885974888792926877382241591662483787108
351625847246899277447995152825598603661312143089427442761984279330
774265959987113319785261949956394100952051370338690382858248205471
205950281710990499786223899944466199640800070938830159288984631769
016984180665008250208926728531686399402461303663299067948541060891
344894728261160010660679775458187985336785546663956381676408212851
993945702520382437200855851911374394963563988077919071570486708217
760824169055282207371748057665591771342836941685931976539798939161
999091887370917291973030213242887078743050663875566598897512028216
395846286268790195408798015312688037239305390312202089992558249201
268846691309483054191662252388763896601237562728713298983629698750
595642463245873864460155338425044210502521636523192090901787943845
916858037310517546752947647753885899526776296084122003583277895080
573695081136355582991796028493732458356656435605134707663459980450
604468701284708837451545181485755179952937566822311356875886693438
227384569947574854626370556451951368636468578229011511087013849226
338952797134089294218451214989553582408807104587172424682475219810
645503290028173089622161245572026644074333468042548704500772426999
508269206927168723686179999519464355492429177637553498668162376361
713218422777941490722754578357239662872988901719230596030800993269
328156629559648304999341397315200160760817258012556192384504986802
867824710900096874447061842456274687911563366822373073451688266007
166856289862723535034852945981107840687171783113223446031888433518
076817189710719586652457116335616533895155528203953003618353481305
376102390749446316381694332661354500551096964928220730449138659025
772833767492840390612491028148357322370889551643010726183311826471
271526646788305519537911765798062089568841344607762908373606925964
483439058266121676635551380483786340580858020926217085090194752284
398192292177160962679975211632411759164663959577114877157514365070
589470878728438137194593407928360870020440779132352075194171723762
143086023009446798759095043516576414049912225298244332442069704377
950090181729006989119353297149078385466299597454778626141508706114
794100284857779225459299303027607878788796489673518510816261206413
660455447139925353906452416841125877752408986634511099047294181283
912199596969150535845929560265723749713118617476684295943956356048
320590969471607032672639426960366980033249225683949340628770117475
141428431025925600208306461402073574339920583563631364388825602406
790259889668719138173994111022030875079475597128811763255359584527
558835969871447896512509284417343396168493980434139350527665701701
684916757593160838195636662983609732602243153747776101672878448348
998417835659258272216599191479868919374453403786092817616644125902
187609646255834471798187637821617552796432922181039387373162580628
281072521058968259356291378722363248523917895216079260019848720019
982203109809961791616886647354772913368891872013031289153092310055
045919453574240731219248562740112129542669116868293589298532150022
839046015097233163210849800866924917814385296867658271953583093115
611791271731164659774739947848175688894720968914476532910158500147
325374548516088444197453658468301410108282819828477290785762129404
464084631491215866437827009529988786732776419343929345531070149026
564846463398083683441692441658662266033828222449405662285307593615
514341977216973181648349689990916321924840583658495955563516041772
181235391968463508745146660333222775265713388708745194089696639015
878810194031627345239494707001206870411167244611185569580608914748
693046404798575345353574736412451555501780615494918827429265090694
856934626999288701031317950053639428310271408406046856119283627715

002024014706128286778380253079500849137279166534204535652403807173
851042865727647892774755038129068542792512989116648307297602171871
250706885084602998717303201125691501967057229511162308004100516826
075398894032318362679452142992307349707592501855378193500525424574
960953282367042409231637907404619852856479523996180064473118143881
289943340024161955534413045293418974040562819883828400610587993522
067326809726840481308712917495244811332333701688366446296898898109
142002576613014863155095234612299736650261110908164245617815457278
080352520336024526706302952524661006537975668224886871649273371664
731228248485036013869267155909556088406686716787561798480073399068
544518148609020478943672456068655365649493529826468809206082899700
537426540983712200626648234382428979956765706395201006456970572519
179970594999157836214921556046824772039145428205628829915813850590
760479631785655770477963697621526481367079098408674065504364657193
337827746174581681538721168196140004309793163658565974623172516818
947959270093723856125659147380137079039203383553634178255175633692
496167046941116067647196777585197795706459570686309621450700017327
196300084202259699128045826871315830554347299528453741744938852758
139813327711920800807477452615802466478755937722269508741287352914
902737942556755268369953473382462260064779013514208230722238637276
629462009618340472925394844505728677713136654798597673444584116958
898726549210774023259073075577233734085968830833571316741722042813
092633798988496359598152531777142859855984305835686751378505708034
099465942916048730267470496541291575767120337001530587927284516585
582967918670358461685310250969016991548323610065381949437947756041
695034529354769546608217720516280738608634173747327971728117304053
751544813701362207265276532451944878230651487011336697076693840370
760415585504467482181147382185201141272164935300658638474292551025
248776061273846860363041034300518454597769011172763616941058985961
826648781580865961225516119508173358000854204003981771628997462779
414026371273819740567152235818780049140210593264571522354276752028
213460563014908259292764119903161417699955447557170871201184245842
956334016046198610970548477994690941004564720012592115297494172066
164641726428146064802639262359657700098409623945994468632263284896
526976529827767325284037475564649703977047535116072569614596344258
199072968812352165139614475667199804194879896465563533121285119080
855539203315407001778437600860107601231169243702619704796682975905
936083624979923010652878273583073154133469757264325968084743290588
185516994723446898452284520960021300221344978834308693832531181914
519718219483844401272151044472828195449740258065493095187837281433
497947817584136761035418689682421085677880854489583257487960207321
733320633402114541922470022184902418287424583598664821417553384694
166392222433092491676313120282447989923757119237908954733698743586
562508831054420580350344290854928460795729953469353579711322456345
804179414233580244235410729135190449624985076608567568898768618251
282935168933467233698519981285098372964227306947841697650848739185
971467521193527544311614869870452060553902505487524522983856540293
187751991291765277146453546566478987879614672752244726872820755819
227380355980967735755637012196867377854873848881232934103376786539
017971394634887733628539698368060604301193765118359763094950980973
262945869226213956882782223169005051887315372549687276107589511276
803694097348678639493737515792376104022370464585889734471487502408
142356149877744088386862696178033358302442685102631021189233661591
669249406011351406482698011802048068333508971138652338898441447167
852701349643481108598393496831399265205086928483568888058570774280
442267925994174858642969849944664744193371164562292302847765550180
560631207466197731049949452801124252159751069032137803900865286955
307828942973359634583763096360908420947972940755628285922446764509

762965474735963967436190830784320265440680389857729447574706400199
505046516242258612233367837053882326767901220412648826438388626578
485147785712960993044243518641712298899818067171762880027774312898
058664391043141747060287756595278000869843186874871717829355165626
789171846601034170405898116406916239298195355545165710153168662579
282141036987841406545423551414462978785380028136863268119072389064
982125893071917370768974696001412651070962435131128248918173718391
350841466752994955582600565336406670524459246566134526418689156089
220070708548424510026672300733664314097447149747672674658023758531
701187319097467397607192788290353276575096822765453021708937663326
530167733495253827379149579756478794679627091101368274486945697468
417820887771096748330787515364445029847983262021154240625915086290
326392575730033417856249447502258741716169032578463902619298942719
590978874227644933016162065054962435623300684937419868214169066200
634261768090976078529391652009330490895048509487712526673661033538
603419547094818548212045845204811102547923160720064609744672484028
381393179663337558633077197758114632568406820691827482772476670364
319089170948701144394197620242666587386125946990092417248894641682
824854673020699045764190049247498581732332336930831329776484025764
044646263065377483940564558892693327592984603133939280195529115020
695376707636473270139231682247597050623549947070822774213326030574
679241266704711138262634834283454275272539851502905746619694902256
077793047214263431171319190674629275606064821572275607331875725999
385171296599501562518121072833835025564568037382821458196323175721
534366605495795291339987194814256458089914775228962659536964308335
401652147754200869712202019473660684504796328836497566092577778284
176031273397816761264793549169638158626578133096426704010496074421
636711460124784447504571060077302886701170100022393410440772757568
308368743577660959511673131361847761557802488021513580599468449509
757123188685167664418197672478848839008570374065474664761975933500
470161769636394307590278559661968016676997667184195556219247023431
675108230835938219904002406222593358367937355749825744967263234447
644125555886020609007433693681907849719192264681968104360990136030
848591933495032691884169004383510304312974322583425438385896694157
891844412904855873559207215656142497536609628222323146523480632552
864887927588523674669805305314045249387505552440228895918709938698
426015219299656419863566040101602725842905297255256230969117234767
647771913895210544371838163522210714855447046543239833001337709184
444095218623614997825650337572507526113103583752390386719570031789
288599724808928529779956720542337999844133861160722776684822741027
804654335037538912310289110132674394894727313514378146358970511466
062278956253948083318858598025064572604739360139756086001170050665
573686324439894463870484469508049450362372183979479129809255259998
638557547576879709746975640112490185786698834711259184059866490035
704615906139788810860298923052201086274029891109136446643307596383
302886400222207103532648985460402133045324302761444711850901101335
987821851836125963468802313426536969467877934658885070498027142984
395055734355873826322217184870053007064665054265320843299844205455
979912083976405634633133607953840810056631279085339971661315607610
041426432847742332034419847035396363500811886336839281008817579276
416571385365616485968369185774782292900673573842049657013457189289
490685656171415723765137600147001024433652968951602391735467223025
770217647859897339051162863494539910196531909295790666631918718764
668963491395590564108278441133797994518891772963154486006914389246
210484147079786616764233227468613693690434828857808657225986472736
797125891809597573594651686772868543822841289419077844321190168207
331696433739877300460543701127505580608851651624758759751730363913
416060640079763526381093467407926857443499010885368252078955054121

4223480957047138025134018718267082767727895418878617435714766503670
2093857843509437524573104343346760851813821232920255517661399032170
0676396611056776725730974476832114436397363823071911746923105455910
4554165201918590831682206367695420846195281143631793779658587862870
7694008404763042887012746732421972647149750803804396301193320208560
0286092134471281206627769352161255711947759503064047547381394078570
3754814428437768277593992849786257602777092830457192324164589354970
3528538835104185362994220370893256784093612137684068425395116696690
8851186208288993856073570845812257614578323319578582638954174402560
4814754111579475413659361759970201269414200372488679751892689139540
1597364510271051993902177345015306516021937371946346897814087012810
1118173159458796634205890602387701992271790425205322938132167703410
4867738824107424886013744466906974831101529454806322919049829243470
1971907256139309371872287354644681134754750422105669729868465377600
7343376453565838519768819124403621176948744773656864426840067802130
0118569202161057650923891768872666205639187937153857184352767404810
5868517007165740136870087418130420249242782836242996478176583649100
0978496465194095712280230002221558356196943909039109308291020926320
0023396940482741304118242782119011073621206386432679470050894895000
7174746367978405305770424333295430607027627394961881122523865605210
4835603243527410060512153942377104913792996120745136235280143764330
3887693222938332427396653823315097058763829222068083032052486494770
1707538293303688497927729554162634135985299087074401913169052642190
5045393059755470159767771643340985022735789653178790413086154858030
9978488988605195164117857931684392321781430306592120301373881643840
1878488099387427193270074136905827594604097664861803527675994565080
4412079644387171836144492229358903842077502409190385769330738034250
2364052610758197011213321824840557602098416052626127398082237289410
2984376590822467254673983836744119945707102969117499683616541011460
5363495756311704901825491018044356047656522689594010720856323727740
9305175657910536840809569114966736563960082095911946996564926659140
6823014112246814898252110343701080365799039252013833593056983254900
5032182812677151358380452219816107429650294847982120243602769327340
5018842967701108419935417439780343427786694070610136802453780849310
1440263320535915339691520339279851082115696328227278367289213882520
6625668989919926747094338789847281520767450485194895100340852492440
3177570421865248493433061270457447910153031727983471890442712504660
2353492013952426193541276636635527102462004092383646257707837004880
6153499680537259801526733956281669531543816324919528135067276293400
6187502117132434055495487107709377891018295279482100993293665133360
9388570867065259954305385401548126648311298599865222949888969792550
1443501081317301739210504964385450557582239666128525689791512702680
2367531448343180470060489672651011237365085101453957692120732134220
3276744267073421353594823574583029166290456866706731306838558844290
6859062695429900252232867265073294079616968709456081390502819914980
8989329068894391035874948169355643934748303722329411201290008361460
9716023242064738668241252001604658984556741723126139014599364240450
0593275600287030491669350788324878690291546905107854565627033237260
0621054597437253527664259137808819791428516177828010445114831204260
7525509073670729610753626720982153001724666171303122808093902035630
9051568349399987115484042193188198645260333760244761384431883321870
0916807260529011457942385727418200086677978918260563716986962084410
2420865666008770627720846473724907207646022658377736489701232999280
9650370458026599075981156121250374764354245605759169957903743966630
2458351276311673696927412219966879123740733899503270115331567691020
3323264819043038527471160002338834817400188823067904692947110560010
0758942212171201375969284373179302491442388504956433403864230237420
0545727557754975245190324862491564709684242032765848306099017311930

378843506461233706623269269929016667627679580498423305835315596105
671229500981542614306159291232306266657240729174587291098139566665
607056493359748238191770791063995755826820659371494869166467585010
258145753925048151951001819810838921351261284710922225457595775400
915391365626013210849804009539592914934793995390113031815204894230
150129865225048152146975377842275425485939879491567594316381897561
832583577370954045683214097153109939368700283535160890527695708339
515979134258929748375720596059439617478840573212131295680289504311
141856705438671612453623166958463559089001312226322013136524398025
145353428887092414011089976499383768292529894473977653237762067664
611625092778298305896800318338215981909481509914484864918812171622
852980206150116083146978107874953139888511207631196064342752008650
241002319295088600250406067252864986093669892889872987181409609144
268690752310993730018077100995673103227713233652132684672704925218
800740137105785793506936514221788499652215152350933585229077911636
558480187526829677803225900190070047632875228772311844740451900912
735606020151109807581531269886277245312133419112918834902078811748
299463097839719374109467028148636464031043133747071898782828642627
875850148284786694966858879529437269734335268308134330635522971308
035467095847919868752154757741793595307206340387899058187799729739
830128930210835520484419385096650252519594254521944175777268150197
010153238609857776691135643727361104081911355264136678324532917318
353898806949954127892205394004291316144061772975319043333311647708
462771957736993866206284004592511492497591016592963138593142837531
143402487269563950837709350573490891408279920130659201842247808504
546484494469915474736089633082641219119682032388442801222384155218
961324117613056512794304837689929463740063011814251349371898575883
512162947808314878329396084208884646323288687108554070513081621317
220707303854405469628617120272435355664278104100023703784763305155
984759481466659544845990605951867065185598742939502374999045867468
235681472138030430054114032819456519406827764809008193520884526652
971037497140508212308672527119706262077760412063262420533607325446
921799169151665692389317135943252860886058884527837533828320156321
594419869698397167596413813075427099458533987029959055209475050456
070605110862206793327767831321054401437692357237766144951645431350
273660831010143215142920484925970985387213622272500017319877883357
665145960947513560952405411202273121979228780819088384350370471183
028740302042617607011456346560854956948501333515379794400298720815
602338426922608423025709309890696558680042416184826388402477495909
145928317807447130595276713562085833647823122793772168625375196462
112115242976406119375422659085906998789922095319244951893911631939
015192661006281192917067158056376263718998727393327830481496725774
808106841234524217849279142129489365178905186755438981759750788635
823691194877793242972010100175995538396842312903594834837620905301
295328116777816411569522860406349085613920696905999414070590640379
544893226598593684530231095981974244223599395191081969024175534565
177362473276876396075182084872126781659705932226398603783547430712
275741383579524021318553921627778694867252236644702021752826798837
877511610267995438493815321378904100602482414300034066657262015331
839812637490049937111765873065729619747922179515330506948726754562
432783434458913612830182193647375499154426964308059607841129736179
390073055387041106870151046166197698049502271855294690147320637375
404827924321119469527423113621287953452385462404666658359495213197
490026724190896449517822827676817375823002682179422977149141754747
481982740138497868117840283081221412867558271448209652499866039816
528765459542905661874144653897817443123404080456532248581054811445
557864478180770102722964001370350524634853512132007692101904303098
104435898414910948388733463159460462455880952306255814053537585289

4842690122910778168623711379617956835415309104442772433800627961322
282188026386567793045974656991927313714906794805430275027268005044
394016362026583428504530301433393854607249724940192792372883544447
871829644046005535668629572189203187251160705524909236195573079195
831583224222448776854728794509452471509463103060175273748861018197
052447328621885147633429636476589678891633629272951273437792221708
764952916709734221263994682231827718190026172793516317868519657346
499838186929053156887814434891485059524143663338754727644956535558
736807954512962038238662619442372292340337139185244799446814814549
546587779945038144299311690559408640854541333554884687082306436227
878600053891433213782056093492525368853182762893774491822324666243
115769120535325364973089827662531139537609147333703720799995436688
818965787104914367801601935143183258074022507409773058155806392618
635292446651427165695764996820140267342399175899199781421535953325
412955327542803159727362534741631590291120642225518015662105125847
656525403238001581080525888993988530178362060221098044671598719353
962991500572823360300084532032883491522518929866629935546960155271
698219132908374088842431925837440257597232473087333106112834928609
707738328401330024867643930715731543952218028897675635908326528198
420845721729547554036302228864154414481293810036886919165851360821
803296592763590255937384187843871627895066775437405167228092347222
581755142035864461772135950133165684475767507906444760725908875039
362812328646799313980219225311411290736756039516138932288504304098
162727257831143439915423955379058256519790936539205101606993773692
351611276343873045075416206195326989864317904046872023612640590087
583203415990257129719296539201286382064518919203963289795176264855
612986605961914548459364919272774208277586864355512060528395388047
435279395770056182649957630982168800500506690603239138135196536092
327040402715800490458276240187360091407542594562549631197072549433
400003543841387116122943402864906652853833374318419545924004180016
265243575490346329284171171242392230568669616012930971019158215486
666734165308853029076999260296895574044100886002765371414891224406
101120379943210582663314231711481975845115469222753391511259852046
814697995021787493093456680775088930057601980887891483145549340927
689939294479519687783998851273860680053880477830256498902089158699
046448690641930052061406959848795411870817764888766699061363615681
923311596770976003971631861978530492053338024647693694954541687417
116099574202385898988113579427871228338559378891276078076497206073
026301990874232954228448564390974525711304634219784895547201737058
725274463181734533023985466053089183165671519479918044367685292406
588021274867537143889979940815596173824618989216402306808559100662
888960624124725961816323707254586154829772515452261520259694434524
881724420564106317444215486181079574063904033289847591848629192804
538107254997882665026325554747561042467435581697471012702033116420
914211758140749117333203848944319768861018372778798380996229443353
211697640262626176147563470270277468115578553486111584474063528166
751596203104591962520412646740224043570521220172737117443700266771
193513461117765395441146483772791450506813923433018190012616443455
307342177394867743998942389912811360111423714784475528090558028440
529612544394855010595042118453295510212580706800665268324119842791
828628975841019671111025577192665784006440840196239009718935425528
928049168284924574736800304421294665732009715368042775958485426792
031035486900655586775523298584649504406879362870181408156853729626
281764215296947959952353280006293790457472221654784219413405422022
942531895565411761285205148395004763750544380504580504796893948914
192468561352304450659434639114534576542560030776210019063625099894
992218013705863444190615420741773344146845873877476451521503839083
989321692946024839285850277203055548607197343097830172465214589305

818529521758636229757390503948681627551907537607167397346391924698
797785068649208944593137812987722145765764332070599122466688292737
314460019963555360080392382256323931546846451638317586581986980223
803183824427119966271213417313490000877608211542642861018109444703
004503621420102579279108619088897689355493029949340231638850450398
407696411866040658688059581329898734483774595592950452961411304900
192107233529137793823712330422304300938176848523692902202178827133
212788132664016965116320037279142177290810895181537129778731965225
703998253601563112081350368093505485050808554574974328559080973095
453716761249216166012409642993030541680342447112015066115210198244
466763364598629252573765536012490832394511118057697707655421753869
340222255531432458509356139993464388299082549340278303780353843084
874611491202432734582311616983170627753178382603620385850289618937
532813596222519335492992695724358404951586263553594955357859046756
427909086312305595413967098007261432005943735199530890027687995109
848024868432413228266291175284392170826843641839241752770008201851
345656680212480110995733952378552905582624454552242829740485670081
378569874239000413484468062476091068285080034040139952423941468958
072643294795746085793219220522213912003679970968124632124042846619
258831423303528582563452929706538893774071681044370473732477747619
768419775276655797739596536965787894503740689244264490598679632194
776904025260332661590802053289999163910513684391125765681026733555
218187567516254634346058023371212974365940035154596648646253056677
530379015350402997234591797409010425461368404114102751874394987544
840961991941865011923315888280198973686769359164607830910562711788
021614467271506728975943349915906925162993631285721606284898071930
547884953645008852226268338938725632029563934401558925978067632505
850510351162101587153002596366724840306704962967890839119509524556
699428151141807306347999752630427269000304230197630218981365645998
779918589333444185143140850090175265804054615408477491842409848441
679497304172341179979831483544922203647744101264056225996908819226
929161591674727120492556982564992496637267444473140741551568708210
452494207357426998822169180732142945837700461495100269095416545335
680446087632865752765261321876089709258712844546907091578514883913
614101881896006900239871387695064157517624368639693484658679535627
192443682650692825257745794171744783964540423999121926924201553148
074452489006681106580130635690630843416504719763789046442472701578
387430651597676799526948220540379074748891860404141813648940043049
103859991556125564090436767612820706484378662559921480421443900252
324110687795411710051552446624959108034083805160594529730152682598
566996340398069318204849080398543163150669476838309034835565421521
247319053551808269452873399946520881163446948120884289110681315890
015663250783061721759881625132578723177166024309841160504019088093
543812111955070845694173186440644208992846384410244286756527231065
652551094926025844274964016030779462644523672023505653651595954967
956269262600317113431298568239790814574409549563199017178302040741
908731392606495918632492794808720734780248466595178727863026407086
632654034545970797481033934767643190315729566850346762932605517229
662718842045290728906183862054968879444399680062172925779397729259
590805280677477074750999073002139757237157378130163864497057101536
569293845038869724435293932849966560481535476036655275924222308036
115701312939896427934348293916573822180732572747389727132513530878
817831247364464170500350434752232333724209215545976815681703079264
107834098068299821119906298658029529226458822215060721435870465622
888241472947611129691529489705303446276572059576529092464311484352
149708958400410751582557297149419326737579014192947356607561649881
650508634687703289460770164227741205822878523333739615859689912484
188102959604937685494380312265803331156885453336846920839664321061

719895364079940683355481560628478035251864424644950733667763252377
277626750994196657872948491656495356773401397543956719665905371012
141014544565708897320557725468477454114277929290473628159051217214
378705065067970101854052269011287715120916347506401373476034593524
433421966722781345094419598660585119184752124452556987737080758069
914848329668447157495473125501035468047963751702539766980736762485
342184889938837889101515308767377219295145442346854478694973194768
168045956276307596277287981080706334447465786375714363967326181951
351639629055399623023284884752443737184815401524703754147935159457
218080223696931316419139037765245349529449240933759148239718840405
107965794451263492871394319409911087497145871708026171669811372032
436007426784136804880185167359100049214762799021784998065395595099
097589813409510042077801117272200202596214331706487804340054023775
707348971113163351905005981937344869600099384451942269882732390945
462210525990495436530084371912287645376275545245290061694753704908
386390616251470942822895204806756993596622308227614742605186073705
191796149102991492331693178641226990397259831559452290102857799645
735667479837633053060162804215688311608872363441361884896170612324
885917515730060354532213009402834341403095252800441197586150204547
505852359726473260223069760750398594176248756155164768153884436770
888365653372571940989720715957315275225813828314479288770713601291
246912077100096377575390414370328459556295612569812713774506532864
703540956528321770959031208185728474859072842040043127588115880069
246176823379644633614377055168969033630741680695102785730564804927
770542270977550708534219306055304332909871032635591410789182368187
873286924601970281774507000896466865837425944386766681671185126946
168847982917260673755464982203529553782357784472178087334136558314
035882531509285337228419056826445007297020372784224407090399717621
088825835950051350628251681722836951091535289726059528568421188450
214359311918614245310505326472903684341964225572133884486899253075
400567182191371939706620690316167355982981017990727689711983355756
936178887085273643360822755331810454689375274427032867573690017091
194145398114103454900146586319865468797647062291036635389289860537
037225359669176516504188461308556998786023685900399233288288399402
290016949245449279176798856985368622561813780565162145785624760074
446977752730485924101492677574308384332237124749569288499212262632
911825535532813150729184866601962093948795724034881916034316975443
521826032952825968650539191575720941438857783763332654982180367406
260991251407212936535054449139313957042620457379322211651390647004
989775759380539060520812381217013762010840817446242710189251461067
270170007670020257333743809294976555192323534223773503785247420861
215510461729534308353156176915716855321727526946882542879254866166
846868910374508940389141240128562408060629878515704040411359114261
741515793360499712541931799497686480276342402703325012940608127936
972188213834406877644854665095079545028114625620334640625773380034
048995327373696849526027150490163489218691990121172197992216804040
366798966022288022444137502848232107681179240666569446875100842690
543404066335792095155940003597033660102846704438524093772041393072
333610275635485748632252441132741736350343055691081496884369489126
725404439830839126770775825599039249730719217767724840170432169693
209864747055085486574937491062189459350110604151899555534058994630
919752392300721825025054649494617615070447666882023488743525187308
921366275616236317574830712189134147769736670529685929309341850962
199912344297399278399394490518412701273302936627741201098437926886
598654770469317795083363851927548016656815308232815372128444912511
021401592327248050289297990984519284801967006907490471096826920418
103984107295833210506182068829750287353969555343654217198551011215
993862468931197991420871507714836788812016271921042544101443651967

722836421676628145472781436180839264125775060507860979134820986070
575143490687330195861389157226510984160880919342233883067767760709
526537951726685065503776054782292076694676556354638974765824654920
259860779272911645826703230787519426793567968896875255735460778923
317708949572865687808086881955571124350892499967520380389905353288
385311849818319518452082179948242743229173070798651239177167448441
525145729699168825088314658985073818798725166189579232234406994505
340713762145735830368905445658567679561254411116653504814429857551
717985051630049843976590953204805742211504779113997630865019171429
385860781564110012682033753860694999245092521169748665812908119009
316817219169806097964453902797662021523641195159819416047260711353
084186365060487398450595654900925293283510212635666320875139573909
689367127465450054701832389430029994926636866049274994554102627724
449402830864092738415361003232582906675620391101454036593517273187
373177233978012386990131570578797010527231708234962261763558286940
839189279149007679391652863641814662662613167606280775749944511249
321782269539488322838491782703823911374372102265938458803317782933
117656578584017956327953652674011382406219606684807687657035175766
131581970069058477633954124206088031485532243010898586331179846523
286990629447858680339718615140484873232829458195474650139391422134
940934817725848239461629204828258913063029670005961722268890796858
908298451112483291041050459451778019204712514049734343476927446496
761416842325607116548584785458190200390539646675147308088348736969
708362483387511461603278029505904726081657955159353818360384370503
784695271424374751300867719159637180192899472323493070509979648072
440997679891802981428722876107647872593772246498309165662885754904
425867856981802908848478727354418871452868790728124970950140718960
302648530436636006034777494486533091806344906022256861070550972098
591582596958391597299753794647072753641088413218786899120779695722
524186076012419563641394496425818183129949314177968467724776838743
091743448803548375240346558900783336530619329433332891468872728313
367733916068245772322479006177139790614560216145908005047094744890
250255508310535104788764895565654088514983618357846507026047143856
359704110212262352559802827520134611282721311482562142180312633739
738927850628721162442586485014344691004753475672334350006962947280
428783582420731525680935467974573128576423439961303267000283647891
519453725329578296309273253148096760493366369378418427065167510931
493423270619197638829673057146335794426822123236204095786457534921
768482397004031571589997288621552220636335362965889943315192344840
206601474576995698951184096177294170349333590018901121340540764990
957095835756037395613715525537038627891550427804688436293724964987
877245049363956327041476168721301266436677988214861358979288452668
557971715495838943852982874670906223290254955473229684629473731168
619890165237758276334755966569204028739994480465759827535022558586
635582584385362676655031280545924636474162763535988508998383409617
720944644091549624434673154948042946030791788005452430959277187751
231651719482368319132541727621478259796148706300126203920109351910
335472042985561508702097039771039185614017630059447868128650560646
588989425280869437703636979857554604588051228631695003199714520416
850231294958525750871822121382161183560210886827415123792787619525
625096306260365090365908208593869494233233548600209451589479624762
912607192868819812474396566647410028721137126375390536041320933638
090214264648357622591436494769357909034206818205179637625438863752
589247788090181510133873264617912914003814855732544676775763959831
166578729346749907141608375131006126191756784979687911325550791806
720630486070561404038745524537630375690661759262811667646983610049
102507243384665691841945095391079932610751769356005398037186366584
931638392564039541592725602045818848752075710823236475420381030893

4406134005219809099503581184339049952920946381294129479121584472240131640937203638199808588077283873511002422622946290314552373727897266853731499022611879703386768835044047102705476298494962854519531148774895793258921681999742513685656359471629385581006671050636599875011134011599962774890361505365611803287939011015520218742364572741054194761414941421372621858136335730519997612339774994677695016452752843605064012947559659804859834757830901349693466244467221728858562801748436421162297062416446105866042794917632006033359841157377228239005717931164639749816370234069490113263412635974204906924479222412566560378839504871661260456227818110379790037365280012319865375735971695809572283948767050178499042772901352854236459400276278067877354769938896374813605742610752736656496746069106318770673028144094212149246470289894998786088228192860368719565275859921779024453231833663018903874443015439002268959278420689588107601176050778994771269659170337010296583691922654993135134167542955345814180608659138123507072916111641988644147929764838963788050673571489498028008386403886038290387644310717475038586504121363643831080443362428413339623151583584605348922047596256280816004493972239583886314675611705125363760094095775710194067407539672264964660314508447738270904168041426058533747907627915466250057544645010904555637658527630418502129179327631580274474659942335364362511937337182340392407432585786199345371783038324654396714444567626812455181771552124967871934114099473881865563696995139125907075054694853464534753060521084966910628170830465199648400339139995661416203853973473329986497223193639983213660718724270135846613909287651729735228208762196459024136264360317942077242497914889580688907133182038904834085282188344611401479322087344785678869499535806377321454051703413556404979555180539921981815510900790055071487286334182688121960825060911067503852271981308720313042912346660297864992541551617230060405908760226611500560588057719087889062311943330385789884303545534237261385912382675265742177978658282911349220104773962399813424582311217474473766197507469672867066665524339873754395324858641536569052227721227918307777762591444941259048507787516759238221719483556813586145218349422140384903312441152902761165846651132223372061888817096471366618928774670523559071843116956865626221570556052478290579939336205323490688299570820787529723437233000728467120550519099439453838794229169292062568700394818411382269403414929485443985996427007029741248042115757347248743298636550834614220301442091867898432597725019083439785751689029378449884662887800745714878058787033040477165761041206965672755949332650275444958611066330156929978712989748376927933211088139294456550036265929180313033686428171938676498766061439209012084515954153120153265565940208209989275108830342697911223249612021634636897188985812700019911835730980153070770505300301170797640070847288805478051125913332108125493512964770003323565049624661870254763324961766100362443335770624887770039083668155343336168475798810866356157588868853838459736197583425407450400953440961062167295785309002256089078429393599625544888865583661930827628655932782358902533782115898870804173292473501579509449653824510093448804852682831620257897095482269079819454042275466464959986369470161850002276309173788276473237969492225262184801629015552975056776654079203315721819133977933218243653709513621388105019489011317235908407427982999005908240604935410403654133574560670704814538644140213981042865645666530739620603722522515867617539302461089489924638563460630149698483682775192913654854325795942135384734908950554215177584585223817090113306638228445623597252629634328573703044298635111267942977271157854568860646069564731966398703021737311114798273125602481556616545920851682680517072405261767263167709051653075806259065993559033301161817337118156894490469587853915850064656920946384900

438090532161887829395640082724671787200382989271370209884267882219
703669922302179283385414058854911478055179917595207974067869210438
783139814655885718407277401802558476021896518582359536617585026362
023938167726943371798524842836921106674795466937174176780342974265
554470537788607240820915525225994515445379734973343192766150588700
601838591687820058924529112146694063585098225746629655640773763211
724112495742103435279708615290752552660353556864184310878259796310
859514579382453165837955103983360335379923127626593741725842243660
050844241557944880734082664335789536486095456712369808169179585415
242368934633927795315297336833219586704389201544019036457522773210
024996442091188047560391261097688566692277865611025420692624502111
923441590358371263598048236719422193991792847638547044497950317979
249675255546002041502375238356958222449585454021313088628238700940
326693086527295562536257263182017563298510549064452172046061308650
993925484399866927668389769945876519008913858780259899047220182009
536478261898304726932104544917331873389757360112233463562640964193
125428663524800079013440753224579957832904293616527102650480373045
147055754634129403634550941815376884919084206651716516583725454981
125110409681185193130991817098702198125065109691136300676884175021
491526129185413190230390293047924965051964783180446632619067652189
815516619451070475913357618474023156310884124656924637934182532611
514642406973611266541896286697384860571247240940725794160736793109
659054325704836875069181981622344450564877741171280431575560975896
082667583828494906074612368283329922504591851947171369218063844514
024261416816270783835334751716950708878913376767574658145533064325
731701005744790445804653577315613742041443455798866131685596391348
789453349311776774611960657005525088715432270959747502302916540464
495393083485314768291945436493672636385406720543245155475083771398
499315499099022160177973964231286959133355502024097672750719919120
267628380643919308937328426014953301723079413121480016366700346433
736187257744878487616761431212585912406768683186249824531583815189
163791116672995952257925904050624380348674879353639267478742682260
575976111608006377272488440914506796317439320526098743772572315171
000357491526828437744486018269332328795209929022005292823658075654
435473091504269183951266847638246703744264800620250086504546002405
436611570140662927815876993154205408601048439156583038303012868474
197003633919859317861871856622204097908560149007560574470781432243
775431114731099869656074621144166279037941602327239835986860335442
087354304409335383929934741113563318835313547021017939150201013235
850346376330923211677436854954949968566133808626857406748258571194
666835604888336674774927277029065330547478007968568806556699793968
389037338562443283867744163223393152993292535952706265507467409346
458264763016830816008557447630700306109216994936284642265401165387
004517649695378094708593501800227138179868546072697259255004403907
219055253402374470991335272684191751518877595521980586888896199353
713437011281379594979941374714779142879493089520561790008026154595
496376958634084389411878498991376495991326871163121868157350988558
974747062111510197213747058094788587524079327375611686947224362064
479419658265737514052171246923357417382122526915311150866480901136
283775864040574223426005663911226597713567178015673909549162913334
116025141217021172176150491945387934807481110999808372606781813475
689105637505528435759286124971992495663987804328733384042575847680
954327242723868699632255199774153030424732277278057204719862996364
125204078631064945012468968479279170402627021248169204008678367074
085522108501315960200622807522695027922104884074394980523776827724
540648448914379799836171794206786739744943565793264162392703379945
045042536184567821209144754961511126490770606304315786474937732340
858529398788036697871280858194779030790388607056662942395189945392

997963758772085571801132157227472681448931631466217657840662999159
565355001646885756591196806439453047723466984794124987625646087550
116260698808642326026548442462371843625650499831059557459183111247
167290208247637433239336011654657215340870396538940921889395830987
096189703853235305190196956816416991555240411363619986704535457352
535167441731447888422255745108251112332493107523523833885437570890
015613372129743110322058837467647095340886188354780123185322404757
704083738597600026598579665862901938913097144058100884967362266921
822612669928526835664648701196098382092271704974891366549006799617
522277434892283690550190082929841635983054843144284576026803630309
933831226571674382312600904274727843473327055623476314640877578838
412346452021587642033468117054612794754590815323848586000462686344
229661758043321703616270748493985909743383828990516825610677530294
486528367353192926366873723837147424028460905489022997774130148971
394742074519542337710244004251389616056085945855704146980987232148
758267950749556114791052527787005412125679509443102422824289818772
064183400961307211274843365879646738968519501694833414677829120775
497038168483817272037974394193682710478185469273693366631948970709
226461566436585477964753156448710446227330403335990989660239944878
353027673494747421341756879562475648387728981128252280854455782173
402641833867653419025152770055542679401370442091169169022098763531
597562943073825813084636141929352819847195126685835853517912146939
823315563712143907545827251837942038497598915135210681479687919141
091667449769487912590033355853888106241777204858500939046870204548
741963924171608690147220395598448889536229749635464052275558589244
211050506513852217697834719628767017243754455415352427722309676354
250194243032258392905321467773043209173258425497604486509239892780
656340390947297130474291419019092409467728217228756972503003687191
090122896939582664063731983210534560764753073328048811998026755973
518243020221970780052527762314595324456173560026749152424710819862
353875055107404838404791958115617420996520607006988228971693850398
739645969468739543223625860280262999624420515349256771034748796780
148989565076121869188386750738688308560816910350461362312264704389
170769622903737343386274220441118599129407437964232190604713939695
728066576092451468082104454869797985262209632586905797717006102852
037044973899126502720101372225745223240217156827874496990723822867
862889088796072760849579654974767915600272951423544792636568652639
859064010344820625146047684490435208184011838420962335479716687731
682138065079423727665803301691242651044177657028103328817688945812
202914096731618335410337747146789055914511675186030747930462510707
057391465176459331126035207838685871723111470564612719446990188980
502576181046155122161682733617466061184025374678509280841797600724
850532448675747174287493391416056398308255705286983791930270620334
979973398288240128029003661217768138336372773547800488190721652481
009509835149125540605651277621594879632859316386339393742641454335
849199507543416249818568132103938025933688638526555350455978692816
672293002314183528642134349648231966196425748492491395273150907416
641011309882445442073842323353222969817965838904218940242760754446
552936859497934272148355430043538052388661028636384054755805108339
931224403346190569201786912438666462503550821181134918353438705496
457308030311033047195192093846632686442742158871541837320250962098
667090201566579249501474967200142723226036788623538031534088039873
114575139747655172810785359034369606611610127217243447983062483004
137306125070984578375543623351518640701104472264092044655933570133
467548088588118894285968376626436387549262395737915292496050526526
530810885402771533060147514687675790555495077619550543594754125453
839305288304801725404084717193137422184648390065488994720399099076
734985095245709314942991932939520060775622676899715397000108376911

9585839183808998304231219946496574233291360497472307122852220380200
0375554338129113003917769856425043515163338868582889249685555254910
9756621264964901530559179743390564842050841989882668012376062175750
3087652405336033780613914066870292688083923331567489138404360051860
5196872905356348584995359612544933957131199708968925373196677464160
1667675240400952728172097544247885192152817796607593357630963235290
3434850229521812210352669160159204410841656224287798971362340850450
2537884940415916370722973426004194179834819822001992555977076192040
7183361730576894338779771006638952826132857053031145886583951386480
7252892750463673568644047472036548946680879069868025303642387713620
0024821255275073172074523295896917459228665841223632774851343978290
7457549613713649240515750189361304597959794182639946783559146929710
1026278228779225566399938297278057656647702451216572825573093404220
9993478996859215878167716460627704612331322031107457372309893482600
1169350953024775164610793710831548767183858256450098779057650538550
7874740909139778159745373476541253145856492745711883843312312286610
4217247691485557155228241500983610782862355337605363853839046036910
0682811318447627200848728524684289670443784995439144634607286128140
0106505823844056447096372393523281505120657555946951207121865913150
6053768668421586894258436214391082254181470737258163694320317522320
6305917696900296088404238982226781752835750342256179345537249297770
6052027363464642250468664536945821187258514573343992453795278167640
3204479741060063418129540946468380614086480107456413003166853853300
8541888392638292335157557641502690022890503541639654209391305244320
2507538441428493967117465456706371997713790967914840911925836348440
6315864388284336259079828036164039703587023817627188992024080061350
1926632792747016681659316007865490179900256016482270330237414896410
2883306107966523441748466041811779463915990243286136453795074625320
4372471673711824160769835551517786071318763693611414325179673539450
8114881437781533642220258833211957455960097648121120682351277919160
0987794788364865224217843755972687136120848140691631977611492330520
7381484817509787151742989750674611274207202924275962586785276084070
8175533174410535298672857557314284694596177202966167074105133164790
3549650118837350472614504689683510351294892429495019788899266446050
6240018778400836044680290270561382913990458763396658858205017492070
1375303779462163129124612519840660267053220482768356575624913741510
2914255628140661362198253791326395738278832172970432572550390520400
0933168303978278030054942156913602909282855807601981818078102526780
7497384663676972620749778909022625051336626776831584241873927506050
1009126034527087868257938028504493819418421914405867656542270121190
0916699082093690563411631941825681143869085372885037021074270124710
7949364445120879446185882469572491960112853995201634458303511710220
4748337623252699430091399552688750842417785489717142874063561012850
2384435614452396842619393118094329020170812480779205475903122568420
8855371379232998138653736214658221755131577210642854325482714436070
3898059461245134703296313409779948182310362507048465051683535704460
0942339372087784493092850705355242369156359334411637956769166051310
8265712438540400466706687624889708524071018575429685839654848621210
0047158158697659653584599648357489060347837971718155821406512420290
7704722676134330397640389576117647594153234482147359504004067221660
0937777839063037585007355987314151860154872093614860299348391536120
0226167939373195621009909075205315322140756519279799014013069751260
7446432817009436368677810255108110270005281159791986804875318462250
0698384155215991677542931191162649833952603018056039873883233896970
1237866166509328861743658385293543292177991810148227936154167288410
4153299252637215480876911235178353721568889147140346182698926713440
6658996415486086029193138693155413122307438687822326421760017158560
3851337781456771522249682817207937152575654338578053513389615530370

038262559114132645382370231370344551994591807618219293110011579336
690017476468109552850969474919207140040854970183927842467240581099
482391874107422952155993033593485356994504188160397504744079555682
592269353924134098792327860193014925457587304585535255215809620262
248728514755212308318678805580396437177943287752985758700543538127
899159964914462154642434900175114372773326706776185265570194912474
226395332321353346752031369494452158789248047088513485878064548600
086772603812923543360112543963835728567792213965682440803597423765
868052579548977500199054244655905602774736457370877451825710968361
481089551156253630686009883644852990091716291439185376298584519928
470496768694086977597468542909252826757215760935699437742276627370
357000938693538756863846880031050499964050384628417421209751679194
768743837841282577881156722748568929759454571085293533378483099076
737184155816220431851636671847679203692000966856918227547006735648
450109847573521566950312222552035638163030211424917616751645306167
431185825398709393356728536294540310280341777210249094344742588984
112154569823294456467940314195396192957446161068009118838741058887
956926290424506532943559867158548720627104786344292717576812803877
969285501830492321293689325260807408157199141836554316667104267218
210069151849362739622733853520367414836015827656828548678087819651
091887988002641595135201591157313367803732801974094349863481443921
281677325087794133060299913963962229153119143963823405184111470363
090811817951110206689772353554474390750862698211724846458826482847
422537820178879572358871692188779410002174910746156659019818339303
556375694762961895997925071212381105355430562600481586831392935372
018220652522277006455193412157732304070410908769297485648292246782
062864709761034374505124680552226186847979466667580046038597349918
690355655069896414486645167325574498872906622236827221932226281467
709389213816942338895948951623034356332312277906022151425305537433
648866409575553689505710602469898700037991744189653979808850320093
525661944025419316079366410856263891312394171426562497034503085755
534743498092137865764682621305893742687077245085305700351181197243
269072722255564663771802609271743270175533200444478286139153104983
322523228799657054607020089126821349303039494223088181518946744464
423919862112497759335744299146717656473247372551540706155329901584
410336709341168184542927211572090951056935821930642897604864610651
084792821271112578011357925764559106734876843643195532407945739968
391273980971007193019585679537639856128428708184605853716822272653
964193081844652696756841871696004950710426951175843781623255149557
466576075276549087323503780639030370809237319529510384583745209881
859179563102391234128149995001872027753890810134405794544469307190
019971505928953604477453501840975208940005683912976022375145525210
817944153602559669232881432679338460686387851298130449481079508269
817086263923973443880745595361707273090952417551920973197921295346
621234459690876345095225284713506148963228986880568699309128369224
364679669373516634052764767183297694942416843872477905724690286289
549091656673215026763325473983583126825633339412915507885360386988
986314920585894282882400914193320684293886448890246172128866616926
456106658441262689651290200653375291467844174227607235752087289443
680178720440998134571727940957969058657531475027929790861856470892
769928657182423868498739660364090333690521036750353141781937540224
229109302899857973346953686604889501248917360614299992198131625728
951536142877310254729433852068099876596685597312901113146195632851
713098510796028715166206328824216014926756226080944861038832523693
613644575400797990272569390469538917436265272539773813704565908372
728223496323292059640904313387348278541355729136951804280503619010
637285434175711112721055713636567493960058641546466213144591735172
763127684256495770452827704526704371303071999459314965240636624394

257915261745467242578583325584266682204513151717817111365610071638
797601878289720268249246437615345409808490675232957329456955229878
811122501240093427392167027851081728366299169256563837435100809454
294427651243342269771297994868992042489346155885661532148519788965
866059444632246457794958226772195787328812060019526295847146684687
686085995819185647221744774588203231004023941068441352183385287852
464931692557936633600685929685829466678590360447696407493737741925
002821360332056805389127708279335948963414391993555041983900061549
115956813883344346411807553283670339536464571026146019127225435353
470790490975152990922922131782070542155140218369896035963533428745
342680062853153500534474704194562657054724953316225924260143877500
279201943690402414384055684797009701919032188893531233480192019517
891220049120802133100928441425628901898454092814660312479858714011
694522822029983550082023332387079426102778710900140537563814379044
419217076505531383348367552840700081859219692114084784264727207712
975720994652499092117700279372090469053920369956046808290107188298
398731031202827858643255362628102143518649672243706464564871922115
869927452050817838597487632654565855614849567698413525141977033206
798150991318127917544791181407811869600868563795045057887945913534
582723732410585024990483822091288597029275876955384434761991581815
244742599607559440242164600748110007012609379861333297140338378898
457893741053683686722226515607591886107454985679310924211962737549
877070145441324184882101341626729733040052533970672401358565605987
941609534375527796731043552405878247025476089709880943778809724299
828408087903344166471491558039658806919451002703553418816264856914
010830548912363065469290338420371835734660356399033699703977234021
681153279298318134580643090220282188414409662871725228435138431445
257871653438350699193390995706183727112115455651801787022475686797
232867302282019542703396886004659890150958628308513961459614600666
091796887051614099080838292017657552210819400830749721799248994178
155836988948293220400098851119024719094382134517033257144145769442
528167884845386696844800484243428912292931219284110998307680548731
854400382592308690470137605146837458927427820343842142708573666230
157528738139125970400691720248766636337557102591336177885698495227
939338743298623681132824841636733897500150014248254969490020640490
530864993886821512462646023135671941154747490092344900295082615137
493473541032672039697604284688417987405779292701059834491823818333
343390717705177443775004995368492161372498512080707441663972857758
783325830607814242012567188418551589246843532932932071768677227052
568934158170277450818726816141260850776692356385821849818920241655
581629699444365583557608735667059868600798226048159466786804578909
315550148790557048363827073261404903507849899478082033302916039485
721355910812761950980138527401848908774528780331443407022198247547
286298767262108339570721001087489813588478345361128266240861026882
737645810898036742299263118341071981848613629003942059629416489622
811063091963997564902554739021782849319413515998037203113529347960
272526729363429323947797977420196288053441124408869297775347036462
520559484823690030697631657706043790387300240288895949424931072094
395102480649903472442804525004177471671840463515504940945967862757
872531130353443153192757711865763069930425548652930766652963893670
829538675213546812195217512759836134280008742353339653981384992557
856649269498835727326918622719810703490787101766552382750896008351
155340745450938803596558730295495730269768228741697775707761567477
402819812534567856144948895156238060697556535379254784515295848014
471773108147053816235881362015366855164694637026262916540167522758
702842096754886276572974955382677617845970334198211120631370695896
201211060884306732578661554047410950973531641671164522070838265366
537851984009107710069569409477763953291449596926787240220452914289

308400380955459383999292266779117491630404938172045722768537729507
332671947565954671675239842382181783953880793596973476605950079128
900217004035470624409710279367908458508144475351538184236528325083
602211928480374062441001951747166545359205038116348077593342292706
452392592385584796639860485265646337646464818076541796390140408837
725539083316542685563989724521942044071475230901228663742728885537
382135564518574894271771958918075006013017815288870934487502053561
532780491564437446428049769320697306852287972690265265020127233634
717646745507922464481859589230442241164998421898974695568887619605
810076375921900080654108536102426830417487515763465769267642837980
329146625280880583683911369177511057084181650931657779933428415293
062554352923643011997406535143020505319287717010121215954311460644
823084363417000248768301996959252317462858819403556268688774062603
495294515918629101972556876899337736486682640950688457476621082301
585069110736939769618753724657102337943929462425009851236103919630
796359720182808910821520835680425300782410754675605815124296950061
627536158134704462915010248544256048491360170315848261361913344113
871978998624732590533719216655153727825725952678461971725622200828
365803056601286499336206161872991708162599691423897382589404309713
734912944712041327652662430018327532230446923421228076402851770905
024043613713388286122613706464188183871444769996517084029431972322
053142717450207059807706502825159267645719538100168440174879421622
030031877429456742918774019484150071063262785409241628011333021811
521807000969841556582583164288189970073770268531808798479532919859
593016718796536213924602853529787120990307127667665860055467009087
713957651650103279830723771723741410587107999405460283964127632009
390308713744632210991715816740517804325710300445283821713036648400
468267731592032915573063011854862282789493562283112666225109483854
907811645560361982108689276825032845733607181985168735798519942993
208107206659702987523533772323422938680961504454343225207089563158
681376430841829475084070587365611263423107812392269385024164363335
935222883778767838717858053311376290796280507638607433303556428122
301865951551171301641929229766863565795062883380297717414500246045
397157332311925216497752848592188351924808952965083211729711065159
444865123088468125574460476647690093790216835525821672193113914827
071452241480455798471879230702334737536225790132797557566366259171
134186798617230950803449141572350681541928944572590561072807814464
899246844492281236666623224708624943210231585574050827317014683324
666434802703875306902910828157875015799572232746195657117771684591
975480495948554766541188844962034713656209958255695341579060937290
507368063191882327251479497182640433247227669845145864297870240152
113102784243689147774822774528728873096691509248066078951784825721
771030492705366397971460408230102692854633347511157325243395103042
313843500433565777604798790417355780491735837616463711521501372454
260682883172835046349448474180847528586639927441279746354395791062
795918042233294008629155635099450410466582024875867206575872544834
561961695651672419233933685980360125680683290813255196472219765863
962596840221325854905561615280963026275653443217058925420592385668
801578652709558156683224917845443846631508134538887594324267210099
572710184296255839986536225903184577878988126156935086385137333815
757840684910599947306440155137763473793235267628340450477604544163
440488662057489676145766091358638655433527028973460899709052891197
837939663261943916641505434704121395134192974732758649362600822683
188058927838084730347996411029136867367639498120915485820332851134
486155717265081458909671449441297217964718044452578074710872732263
473681999467251659589930247374718129668384003279892638278851655074
782810620937530229665594497558645941464727877191993094766491393927
524476249669663097282547431014270346180508991244723279008507092285

312633728711478009797674904429938146319100887799575385149904256479
996861189851076177422457355679233854754309703534436020512125680289
777747706627230163460403557597277118455742695564254089871732469454
025114367640279344911669416514726901256857639789440958435749156292
382663483452496635186745821668325198579150663990507561968966358794
416763240192624191983098567938469783692370923819185974682468513024
611240666231309794432633112829188845862213385077337159610167092040
113724329487108855464459518133189910444490393916414804966743805938
195967064224229033266705228550492894992624021671526950070629500880
413552288237281563751233384012757991806199813968601962744224636049
414459734108720884008127938455814453590758668049609289981162459448
354961206294338662122453662543241868674991204310977744687928411006
276765146821885427547226484285453126878743766604413782051631879019
268276144922553810971564514939178980453738480007823474658720243923
596017139338426388939417784841511381893133683117266874306699826312
887249978603875783844460632803013327412476982472857638398112907023
877597920136334634048580066270846006759281778094907187728861498645
938096735561072421006204216510954889691186402607123478927282319299
591414275831420500520702876012018222954017944586426705974811623977
072006993322437820111010740864593704477935464426642858793688140040
839347903208063259590392414131053707689804192340973958613596626297
267550273588646744044494530496430155658058630099301969367271013771
177153104703915365000889017806455221727290337227841160395291304107
939827970475419199324185101985996431936844113398313396453673147400
655572918884475546782796795065796772598046585631049887534459954385
177217487995134642763406592659429163773174966043060235826849957032
828664893055942408965999801062226584627048439241338687379757669280
053555911333604472756210301281451982396696037205175056378105945235
234236230149558061187872315169714450377822352011457954964176427126
221799292246213651760141374803471872009925322744199740639500595792
400130748252094101083282594323923009857359904289162477563682641262
348636743876321151405712318985845534596193245662941936481563218254
857569964893690403815803074101484221859438005219619674804068323943
334563226763276466737983900433215049872651557673069096890114513946
410852330468000524492142314237444298347952831709375272054747692117
453916876669954290816770720299062567087692561339409561356952854535
979885142446710770909328817765735121025464896635622957607329294925
712308367773515365404547560037134818883590875472663288852298922186
283887919604188229508562875223899281415075214257081714213905577686
823564489705240023525241367499819522260816821774356984027539181889
547005629895488456330593298285774748810093445619468517301583241749
336044411105714058793649146066713008423023522383502408721672405816
651856784300085825371639634260736096543217144872408171995445538302
120098157837379506789185322577265439445471404606233668053644217044
214788485260427563117776304432207438568753658962161957644721337298
055804735414224298122735525071252051981623013000434087406779401402
962691430463682514822519390513493562245399606299973736604587408774
827354020502999730977250321182034444606779444233526128029659050423
464817167603380368536326917829031588101387836578940565170971324022
779622841547474024472498457173576310784408415371936358799587121885
111222147411969957661347544095070556741801801987003384111008527140
000948986609173369699464935307329010260587688255998379108359807658
490281999124368819329441346633653224917707101451070701293327311347
530490268549282731343570246617050225707006191237296178277561593883
740614319541018979372899612206362958436336924846079657705246930655
548443363613367073464417659352755981891906942714254130780937925153
912491416387768528763152746791232522346108068856730363907982315484
821497084823589936549915157276331917073635079362059246582075741522

779470408620046656225360125860912524980662737105776920559838701519
679801190381479471686417839774591007893316665977302155759048439962
888985551274116978257839601599627792812528214986302090400677459468
057314742499253395978787319617224771661698401519834122927753203423
538659366470059592845639250548402544912987623760184202596995735381
333850890968687017549625271793183823538418022928227451139143111581
439611944538134684802149209312682476918612706532639134769367937860
487477341447267509385723082316896286922751339041603047637516014723
393882002368622845650349870952038141079286544120655945374775719296
364226442225056853263717531616285530048267763718915790385449051775
014823691527884512955995421546408847260246775704028088704794511839
483034261660969061335105586340321978629387328759131930196535093854
559314035743316092802811168523930972863748842509771313416345584121
643573376528228845882640207838675721306730629262949521366189049546
471024746028200767007822825760467055903025523668254026849461526516
397028339563082618643514259217614805886289556305644635612088772897
118184615986503018168390891319256675692134282787271139284531589576
907156225176999802271151811188913594792222758389726805763491653277
791343542366007606224506687918242026727529556739183735152089211340
574513386520760605553456690304488448119932538733349352313541653710
957177984405769713548319543919464272986195453966602442668969137345
885045246864729732809570922336594593450510212115542559749526329313
083706431998505282485624232935180838459102228224022275228029684084
987385688136867957616887150018808513306903476079897927225244887774
399450187689875661280306690729794090479442533979417405986582989395
319764332741639073582398316198121586309485128509473698689103469578
664051056195894275713022857030944654107423899166040062213126202918
769842379824532793321186940439577213446983807243274577654834403410
261068276349419206510951071194437491775644533319889832200661338867
457866489654298637192954144647238434724221766150795885445934608565
125844281128619175060993444499053673582398021069324584381098706130
822747973984040434958810088929147823875351397920986748299406039232
371644500752107749826738666564291612063574932228659465300093558563
979347375740339260931721771207092229764075389966708129101297140548
242025256801108842445728390928694735535964020553748481756844458339
237241778421687413492585248234785978129407728952566960617606385325
271174050190816682130424623358613624790404642930726134655934598194
821222796991403655144876944434627219208454207431112434910499121991
041770168841332468986656547537615199658566928055179368080604679438
538075130266435639784536551521029116714458959351146787203625210946
740943510670628634702296777093553329202081643444496476502337890068
164329293212095314596503225655254985358396364383525102051618596156
098751571913724182955222799825264338441085354800961028303746224235
215353549324337283236567577372251916415720976518236667383965048655
358872053545031095156076925407536719064967792346330708800887042038
159931871239387479027305365974166696644671634324998554568793337632
312250254120370857335062171140694459516716429063006144594835557470
776204784617296976992288193630322737496763193984496263156635019964
674135462756818347601946847997333846592146857417885773603958349623
365938492630847369660329675160731065671209637284886804805190624086
208684152373910555566152613229384636265037589585369606767107820185
264395264000988329688742845912131741042593919292219052282005197537
170856371534669032725721582742512477561478292809934645765195599338
385268081163378568431768671276065394775367760765093536047223908236
072743888952365798607219157678261769041825495197340665830816981125
941509997179599337084738935160964620587535387544103049940185480309
421031478636243313941382027064022620050764236964906699364182632722
558365863594688107543431681494412330297231166101374053391815222339

000818111127203727284560533294433371475756915465250107128211191585
931728726960203814216328968572347205427096459876507695318226227565
889038169727280614155646047213557677800025188652888625180206246186
905128961795709453839730449647313145613152917104337757643556525348
838349000759380402548612973829706840425650225662582202293025100450
990334710101856258055967210483103754180279770490036567765471661643
889522133894281748747089392380612675098150314560255588833398334924
033911692281195344791876359737474544356324697623097625531226889457
675826104561538897694528066163962323413914568502041492510679857330
203067964494947810456329469792483898636601158659874605874497204500
257025054051516857506166349008564536874170022373167160600098748131
422175179134013824389279788985806778223893133519739250094313274696
939622189041180490581126539766049198193506090416889468564554371158
232533270518442130301392069136339883453365597835416338258110890017
064912124926008030075311942202924992656574835737963964183676707728
551818655894076239549193659355955295491183219282948875151587279944
634545318596329695977513132522099371287510962523074486667190914256
762029099727257973505621195687715758638099616313078775285860659502
539367634121878740895073202804909247670100620157248721288630762432
104471072113678885995964709444152151646907730253736902168792058724
059428360599736724166784871383091934705558210732216815010894390341
463710378936706569925577610611836984551964034444906518789636115463
691496613959529435531064285242766309775279476220302386104469330118
567655684706652484092201913240496891749405654808332068714920506987
782066752401480496791138773451319954594853048023541408660663138144
302497893279892310444245576182163435503136780721787053707935775633
221447117150623935133839268442166820461970974100192604087203677139
993596573051008949206949254992040193821511449799670739834566063210
244334727415612376437064226033264930527412591636071553959089148408
739740092426170503156408244700680429651710296495914327722993977478
144129343506926517739602984082218862670994197851824013190196678208
866458851754294238394607269755960554735921631241998601394453517667
541078136712161144429158492189024618719990699171836743850864813098
636272247711579309598183790013161974404276019074505166202488266893
035847173804316167478121994293293300944429957767315396919200614806
509476637550528726930278397805069924223884094965765784823061211761
277681978107993013113376605535197611663727805032264988470734953781
176123281984117486975920101304748093308468534405386998228238504322
311047522069093237813022795390351285086132880277308597042644879689
207625276258469367746198212529460909202674250582623985895954360655
498627936439717264774098843835636378260717556648049150808994006337
234732466861334511240822711407316270452334516437896015810023626307
751039683441652134128498848570998956532318043525811581347664569886
543014746649551431112713807381872293506313375144177307796438720341
982586320600989399940405081599447595291310145855751765553662937962
114615571708889825067994351628343864300142419885869041648029076216
141128939270338468313824956860956093886670800364380361711404541190
499820731216522650434159344347331349786525049119209456364771221917
708161440678380081072688655316691853676484375536029940475331994970
716386891447954500345960252434677755930618306646331593807983342275
947030626510925796331571296256438942949608668982791495392113203172
428135028556310372429533679948291696405112872933613788134000184072
246593397119380142996060273376718150245312281790352011269554967260
919655141477385286320366191817057947147418105123628881232321297692
579097652657952437115791119633321273249660762401954655495793437709
991521547006153357438945441845843804241084202368027503728328664641
081925049201927226780356343411985473861174066082643047290348766987
511521314011145995954237826441604375455325902544664291067919029161

027237782568107980922855357166141764493007621581838131090221516020
139861954377335384715523398739468448979568678540833850040952190351
715455559062062463364941956338631839465983223519388429371938622327
395741264413435822463327873598561739575709286077200596834789589066
299621492140046501784051238722880892196194534569400779218197759817
235898253588974267036256281378063406016478195344543140236304085148
508405990651647780118853350542118994315486286684801032948263729484
807884306897456073797745260278910183472020730200672692665673627547
997296851746305660413484486118815119602727173605323947404836280937
185779777942320698138511169749501854980891661075326194173568042413
519728579745349540776781081299004251468509158137958602617281169323
047313294969027461007210257995724774251798563364983548560629117378
628077624672782369414806535373413359849749709269335140705719356666
325331641440089858777013304832146693170269036278566375116915947841
267609642443323635102851167503147279971654217207827276455728075248
063516420112602715399390735089374472965135509381554730722798919577
039838901416150596697713317670150569795152654835776323039935058555
552370547407682645525925522729882622519921073757353977269891724318
248787177426096674650578083310004602507352912077386925542349789546
410574352753855665455668847593283724845236164670485511757499179788
132585315969396164626655657817646416772240360849147684400715559912
475701718167696389944201214466890527356269994583667440658426516583
452164400110436569559584337639599965797528713039395045725523245418
756825834586570273166980203632227321527757803769708143255448728258
840873922459758375047985723585904965834268318990814342563460212146
898759540129933880901326894109333675856886550619812128486343523013
115350944888880988597144907180835978383905162277222616846163545707
025175426802311947037409970068279178102250320532062831627453452511
445861273627093014330459040138885403680725192217081264351730120385
321201873300073143603858426260128339872278635601890381555061147784
097051824229970654662907130130945104291077062847163376945358974192
129069707360351426097462934765670821313786422311384122687818802496
312802233184184389954887901869207236070531883877015740494661817278
316224913635544548976603766759730635619508706974530878145797401277
413893303387905893309884411137875530324626652530133550126952295619
803622477373831935262356390629287100419020243325109316579853200385
822918712927681098119149013937613584405604045423522576314890098362
821522612742323793578717191518126123333341239069185606230359873769
943775227758199200510305129298632554056658770314569901780824539664
186384540586717385011112698223705026777033099157705060355160342128
125621045833783855052892799067097957620116110626705574462398753276
640777421259872674966180953779881739079947540724285546814459149409
626043963488714007368080968613183735817214923972579538829118431202
947289454084832207409653626421148381881751958613304292231737566526
135133049406189455502037069360377817941296432544036186779430425719
389209203401692353516337892116015654101610952436222347546845440453
154167502673129480891343338557023830991759493080230060858254227617
040261196338165857980882277024336887411174751688213005400447167192
089603451641964647227802955656315492304404201351013423073379410944
224121425021261959700978754470439788475726457563727596930109759283
775212331419012533782396291893724393444535571425513688477318071979
123026605612948750444518437848517101820915546519538152177606077671
872315169014704304881196483851208125103427406555908896903397814642
090099309424575419386731757104801274734557113146726232868207655730
727043930252159363969510549381081702459362038255003836755153981578
727189964188039220165501193612321295788805827859025476260849250995
991734886123654166504575288661440821119507337114487130585256474905
042793908460830775495182662304745765004782473383653556498372177899

804673871638013210931778532917917373456555255687763681739869006418
528054922423793170324696510801738542968229176594299904630065569750
497329634812425423287402134988562981987427658028762614770275745399
472150899218214581091065065768639406031331938518214342650591534943
903986740145622134535507446429823608620720372398416789988206951550
377264270344188110334156264099928280803146516094002378083321335347
637485469405296783183812903869095924246640394664795151606814067216
546227775285733588038313120340932178957399418068630513034753260792
023897183685473608709499869938450079159345622734437480999670533429
043088502051530033463569931471306341007020839312622195701879345143
776344071997394116134748960711132339028601242338006427628740315356
722098741549672145556340588218958292150711668144321463745734704611
355263306875205635393197525725708577021413170253451314818789324829
944104652979116817843043223645780774285858952470562038961666514946
324109824709940818961639173244523175220026128028933418364347737379
848429703677004853220998076344019887199703403046853367778511150891
244307273537073769768154724920974763782009414843067881784116064957
570826170899275084226989371721538839573407017319375426674480395255
575991917251707853848852414985443874256132118320329213885152524931
419678092024245271118152511470885195442618907114639960175057806384
331064634825767996750264793438682611280727609086648522031548859474
105972073386532938544625962946877722426696756449780561049765143156
195883219912026414486401740949549942438182519766151886141536010644
963752806091012631842641061948648186516881111097718356434188191422
857989826160550375366793092131744161079580676328695827418129369890
247297805872885145950736741944272491730154549668476558760852502521
799871485073561588165395171443954034572606404030487746548331117727
677365528380053169581592210701127142477210479753574441469907512031
125865213521087734488227992159813959232355479895177825859026993813
291690975819234671880601384420222695027008412580739955446179253992
357099581644788741091039366681311752226701387675438135958714849868
349862281001191307700333950578200134074595747345065714876621507895
889913189330360610597213287280469140006165910634895463749491287057
628013046268266951908485333179622352470523317644515877886614359993
250472611228557628320087043340596842196789720828189324784233480659
688366946104270801644215453407039331931894152048070016284921146359
736526389268169042952048417801880323980707320131798450747097252085
736385133843900979143827926066543995095654213369999504729956199032
087609506170548660320508482437603163650772712625888888558037624946
368213958262777338766654881288583648903781056037865367059746696151
830689178098026420783951454952864711240596136059396631115608439853
827341423427370878049591061412514410192760166404977911945133504244
756478083313237472788935687535208935318913393804096559635447063962
847472051157317428161093992910630116246228633182355260642234522138
540699236358451435445934011376796740641783384399448336718357234616
021398731739963333976058987073873129040005155649808411898013599931
518526347590428494494303774620049458778674780226953695884884825810
548670691162567707686242553713037363436076114750091290403348030857
606291172394571860969564357878409734302200217309486142524309185936
618428892728837191928081595958071482083288202839892903958111632422
216332112387209577864634647216328351754943185826972264655466213421
369699733195370700610972816677917114787524257356648312788115641684
653633597677789315146870429734571232828192511755080416109520592182
896210819663910920273868265462433420914281849544133381885731885472
470138175659178539801242709581384976732675253219501667189620555654
739184580061249255228263655641359313446114655946171975815341986216
417927648248693503512236720873394572008412104003625652193352296790
478096874352050035135694470654798470608185590645839022794265687941

175225974409362259278366999124791394376234137594898286327086285198
962126103831466211897585694475865280907132092537168415513064202505
560556027427191337704790620630270971245422450028899683670951414179
080118057129982030612770304481581086687688550451975706936716086804
068937149497565665291766895578289835124797229865521854725145198318
588140271047532275744058179255749843425326250804841654492806710770
022889199152555124113783207259894583907877430778667382711338490172
124995434391797349995125951105540485827327772602781994153511915948
515956188978133750963312240786196495324652384040778032120521374451
134649960383766954643777761673703007857933159730781647349892694045
259287632598889612745736968647064563523213251318391604971475857048
410675558000404223119987664518026079997853938873725560868567309951
392531714802518965122965023520854623041284247674681012545308905913
160847368135889483430589784069598119378517803560444779337611062441
144076888165068318376909144318444461115367069884322751528733134272
462428515795831766413958021698031604001262420044349345397923842600
599937550617564910441527334227912529581702879381234558531637398307
724765325831369787974918145868066788820369772398660542049054237829
160895522557471850916405282020676253870746291286196583143869708644
619160188787702232760333163027076886669327218705074596093367089130
301280163859547805008471917701907481666126556818086238168807055155
801760928434949366693083483306750139990528116875757019690004208281
951042135803483056978057186567756767373087659275703929035107878180
763460556689767490052160764531231466564555698062786014840984339872
952138557662649220668132767028072514193585767177827797601782952384
622040610779509601691862580934754983983346529764194297811066732265
507801397574607806513943898418223498782110221953943521448859602604
286781493061981285406297398456855195614029520433468131221664213719
974505989173930622197438174764946148070206626009971609996249777827
772328516711403001686014367190175956139188241777851445776311565766
244901515407486913487096520302644497561024097144994156996831686773
966585065259733512449660678353122461275051036827196749954843738373
460545826117628514283730275573669415974188094250072489367269943403
332187589020181768318406810459457917155711706451109807887911122102
784817543417824682350305001329778302102693234840270255467660733786
795308021569068581596908002304897903610752025730356881511563344685
495741679017851162255993676285015856042585131292797969286267190230
494923497376947686795736633335347492202036071072324867717039102034
464402099619671893380898293142829890084018066571215431303031225046
412847873686035172240483157552713042077564063492552375217422569894
964803260975174040158497281623582567590283381202959396203177751649
384489525480496767344597669161246839025563289937108813011790368518
555060969147410987653454704537939922636268791637974997229276908945
806661055073944864608834541479837308225613490855296796925784137703
584327757979983852333841250794253231349749837461119895701347120980
195748058201016751327563226076827946938624617247664674543975460329
281608059452411705602393481334615228093195707453649907522285009449
788628718851598134936153374168750574222047166498870400076387203009
873532755851552337362118314876040486256247013858290240550776497543
688232442968884163375787856227607357943974680065910583540114851341
664124290384737182247275555652382945141388412128702256678522485454
795835347407417959636443254609427527674038866315560076875625170685
816988071776222046600677843762820863489098350841685338461659741324
696469964181251323350062570010818572802601959182167849973589250263
531331966241660521707271872768258393348367795100655662230149603287
283053530895131636017727928614464500670478655830219543624210835977
322517941348180220267057218232903350317800241962000559412748861031
823472428276856283330245015063935084742732685655194150909841399287

7304722126094347031330956106544522051109172102065354329017643519883
3481421956325981418874830310805050061520776018589354850716363937024
8973644905611077734275541218026956823133453188988294958645409598795
1978200644579620840869320167063033900748899368264713334403424145777
9748596033557553839717624704694764316128726988080442648758476843222
3727798239578918451623775809641300233327764621672449409528644685177
1694185245521503240448136670915189459457780020577467641699957371488
2480522252411769093386674705864480873578483564865072285868937431000
2678775756066335226887118068203797712767879650688998675430931718355
8165627418844422329808339095661737843395421715728924810250397323688
6220617401168306304870149650985478000238956560204672641652145704033
7754840492451016919962443878336982536742171685016509431408678945544
9680684544212717623702633505963137864068376755744031520989624618166
5683686658249272169626029007003157526610707518257985753559109283422
8127940274904674887303916883732267898318755568350855716827696029355
3697836784233891493039429560391880960604175109802785446427924959944
5580178360180215154821282890861650699597323527570586932320589773333
8538083987634362332656750864637980427029492276750075287225838218388
3724792401893099288264844266377340482218511943798289850810658300088
2436104931670693791487049081714548088623441055506331665516838174122
9350481789672327828326915185743009149445023102518891113861140409577
0371995466473795267418268699538879271457576974419754491717901542055
8886799636672857859801200627414487982888244240876238240433386502199
7482902253569645230670088275201827400966804122906473653614092200144
6228202217957030204432495532554833353581551974608548727102749701822
8140746348169261363395488668237344952762757240524442413938248923277
1401801341499457128602317798613730828041574393838612993522046204233
9158175420047712945529602020671209260785168387960042396084936668477
7407132781452906915226878193008628320704630386224250938613089080433
3977743660058800320449677254141704227507617375237496521671861372199
8017566613904514291969172329655873321388223944239135735856387010311
3502161728373650604681493852561884585967500491094366602156849245888
3846444861608940583942138982118041303151617767517310988721721652644
4271568361924882549519068018944179194160505835665769257849314967966
5700017946192350379148297675195854464035151363097287274202237018177
2765727350381084630398132045086742317821968214336923186554035350877
6017038823311385247830018216458045427046563975497706132906076471022
7855284951283776445768211041931791182906574541293723491137109156111
8608770018056951859613174412038853287200952608434393841778917372922
3698433327115027732136130322608831764604914113417379943892410551111
4154133987245206257021490968402081962049091593596632060224589864444
5964878127094461346833374526625533218809066208191235512599760521833
7081816569685673914626093135536532950596858455438120481711735106955
5490886906533476171521571356081314226314214624681165203812589614577
3254138823064337986700993497762909074320378406636261514079354121655
8733628636512679380359608567611751875800267841197133871841997930333
8608475878645953728255969795320120993580810222527788910743922768033
9770977662208224412312298778075843355938065317686854861777853311022
1579476519080087250933912882760322956001024466648315297997966805000
7558397120000635682798842201099503269865059487166768826336236671300
3154363556762894476362976918391469564800931925815072077561608044422
5895095457380676210306139116980947799872511962622602545351322209599
5625588036453123162809494999181544275829677910621961735162009538877
2973694507830881058086650675461588393734072423238735983499902320977
5713108369699712065295442167911709369352578455532559881387819752988
8435944274812350984616269870650173542569481695388203657477853742144
6677054078476585851365754770880191654774015822872078735078130299299
4705005973041713461088057246188976686045311129220528743108849977455

565955008053250772451257526622756725963538429711663838847086874072
156694170782014647997949027639529257989825623806739027982079570163
821744786090709350060478703972497026821869071095730464315149033616
800771404277177857340229383206096374591215065419058414823834324411
193171897164268618501075262714965837438087308838202394900120119323
152782225046436619381785062373412252001744304166453017745875144439
914776906162606857610507387392696947915754315143720848679318698924
521862375634662370696317223111966120485157760743313743522770163000
155303834112640004439740432462650016924350735638996418485477787791
120633916839386588738597744149649562384205102394086070036545727359
033282438985270453256497869658529001526284046199676070294697282173
839534456113658870093311290298615441052740832295195936935617957868
643733433518345388129114460076517211217963329080090638301388362897
245732280364103261671438392191780438171665686273049920293056998964
661994998728225651424291024856752427690547689053394771314477141735
819112405660536192146027598381402940403530085373412096446068187298
407673744584519634263501561830518774968006296575380990493906014377
683173907978117216500502755715590089737966759605767891670126700121
931204307810606916742783451735253188644654547652191689878993424724
802246320224934966637615257715675348193635068811811914869233264205
650597924600581723587026871422340291455178951425236349460307406198
540955871295235358017144753702989343104037401413243862381640505260
688308608662410844893921506570191941869898720313498216137989290734
748735256783947333706764224457259930153731224959655856232979983 57
884715546785761509979167730268125998729913295183480496100322640560
286941091710032282910169034974561187847901819690154397912110846139
571910662964993545794669230280916887028440256926429469766273251428
024206398699154850358946638375456225419621772391970423381423864338
690685536463975859263269542940043345015724206967920375308589924816
693686225584769777925791949881515331068023379154591646907621402064
511685405187230415625501451536352105840055780004395427537279311103
068086249671293289247829194773264568876414372935401072958343057004
120374500507254497463305566013246569526298714029392110115192787827
052224136085772994685099733069123342572468177952997530205597410017
535502284612536854125304322769541250386516386800312727806383328650
813304140031325201934876726429927048079291106571025717237484938783
541911928226501327023144804134746337793787408866629737706695686832
839065280717992180797409414780781028821216285362954093804753150852
652932057123164051492825827238194842772960867577289052170846352258
147455690318035445887062405251915179962225578347362011207740799752
673899179866357757553623858864255442679274097418395582840593731605
535927899016776664787050640066567035049779997289822046538772504118
754967451520383226891010418684488720755101275739747093804055604470
444990407012534395355516777285280265756396126338353919434978214196
678935470940979415608022452493377140377553019197461535384662399703
323057649104614547603303699354358412836542023999811796241038498084
487368635959282954592641370578242928634718511568028935862813871980
314390506052764260085306674772765900554971313697072877269420353697
325451856128021630201278871699664156671030621469147076961354482659
960993107807546274392169503930286943143115256965954147507920940461
590538538251166603549905438792744647571969660352054160676553671061
079441853515171309551005314612840896601910935784410879654114209201
037171692014160164231034188203420746015947815291991144779594523671
618199879915611764712925224841677010660421803363557113276297122963
315693754394092167821747023727292617125284730296147557622713805405
930730750699840872029098671851932728397580915308175517391553934312
517639779874474889696718784815245635055155947594715094067644433241
159594714581127858750129488573195259632543347386796883516289123500

7152485086518810114039464238057353130076551600812996496600989554625
5790296822075634540918099439567461889413221558004059270366498026555
1647041968453486986685122165098392827714937541870300041100231465505
5943906024474229258792696879582354279897869589229165152116268636325
2872619484681966930326465708476290516283629309942768625507010236625
3420596014548287649545703625646923523236319427388330035172197696235
0561607248467695569662344860863868092171106524202746028239262177395
3449995357086724541370247509147041851156701716983974412345830815245
6572084210902972906337445723549084489300205689493388271492018694645
5726241859572753516351440971671919826424260679553466018625459728845
5134493434895834102750806467551098294981650142886550345797800314355
5161937543332833860938274930970520070371725867772058675276189620805
5969039388691979346237129155379450969335846787268186253019085739105
9861521522909898372728205592387241876514887078956193917026953312875
1550292789071471764986579346670922174756457439408233238667306149245
3190729349337291848800532600977108211221665507130894170285127381155
3566267126831560521851979164471757517495121274586781299201584394375
3346563116977891192822958746694548083738224913349673362633054090965
0440147028382028118850667951294696531327724635601136669874640333455
7346448076636107831621262160633822805671120653556384040830694184545
5473288370929342547486189794626239687678156528699254630334695666135
6903093169565397224464037669208519888218286147212477372120279255205
3715485132366549217644245294602873280045745962944856740118695461755
6805077787386334682709717688440343140175055085306474203941280587265
7013140832819460730245439183799187853641087345628780534704630140295
5983511500883191891399614778483002697220285376133012975653595835575
7308310437848386949367284843596439675035513851774287469155227660905
1411623218938211729919325154768568986346543342256361260897095984885
3405952369047663493698674429220793759962780277140673480557169425665
2978262736462809161951547281112002604857336078362573091730481979475
3222275104648977260750231419223004240923525309305151159544341262225
6544465923244409256358072854241247724047287765071848063263010432845
7774445055969464440488235895789426814056046221076765317210427452875
4580475210126521186746144672048832382896254112263219832959128992155
1964195127060163378521918895001897486099980569643288112632481290495
0059229419262736619194761735504306089147745494450488463554639964885
4361621454088020442435134329116157112623296965136049367674667428845
5815894785361165328124418782384626315646169492156600253755835886435
2112580456872611023190961723028092527725124920817786209277283005345
6661558401293292156687611343916741590009689621360212037506733412295
0630439064604441389435611829214217826235004195837114954468692753945
7155032467332090557729697023795560516957998865352339683241853041285
8932397683057451580435955824807262276307360725590146083639257925015
8995087259509076581796638375789652811913808836000113874816703306885
2077852705927541395439968192833044610949256639067589211000808993235
1058361385770683339961989124642947656406661093954683154584194655675
6298484554878586098586024592924000557580457783093652581858673639745
5291152345367689905380733709368582487341417816083353308579983677235
9089409636322222916620414294013059708577122735964520252539436985165
5599417898109760230850696805012445800667343106536115704528441124265
7414539920387690815538387611894695399702925258042583570739410890985
6377507282652568709775739707245214995664306172665511842694132761165
9222953047870892276728976830099769104516048827483307215918489186645
0485091537850173546803834545590844790860221424583665687259447824645
6703919495208033905535683635926032428380685581188486001154569365705
9480674560179503301392321061794034890228663274506845402188304889915
1606960521081475918594583674094224482274115120790767331680213009575
4649044295422885885202438955385328035323472387498195172623287743115

679572868957774539163528551457018580394284680583744071359662990014
833873894344084454144823827473140920839007607645223929592760438362
556917798493399745572450064867012469638659683996688497050214278815
658341099217726572453033621892394541397278355685912122776011542413
794832811073742446365280425084316059268903351032110188556835469915
074428259658283733082792438791250115654483432140399826539284444154
862024142855004183657568278199081459583687548752206145424412887083
677151023737417616631461273382391028281167650073243081762641440484
799363639366408914251646455376251789643610109599825250225002688397
533500708268689173606773997844420977316184691850532629469928474912
557922816075327508296665559953799544822595123923230198736061865939
795587172269796320148411545635050583073668319160924270672508734738
030617588770842622241852150661546374711442411915615058570654997533
857824963592603574069865390700052116979439441482091568131115834001
909309153585866380928872705982831645996326875450741169628290835053
043518196642116970737073481371600457670408692550167478440159921022
384786626708072004643616548523602882502081567444026135623480143810
524601600639017601808902274242579637408240212697656885880375845720
785105484198099674210423902862916670024590499920547925967367661232
702590710157049031878265913511879167788853390669811012497843362121
446122427710773462867073489918434644974849234003374262792563017013
708623148108102643891535340769570279561437707564034126854229068217
525385920907202381809083245245074001172778686511697201572275252120
504639964386017519110868422019384660776974519911331998482084083710
173371149487101094436895905872627971951704265338953729433004463028
973464482501979658478767207177479025609618272534489831784815432233
173947968132517175653873012218034316452541901899436539003922354849
877380138479341175145148147584681881979357878370622754952147515681
864564178339002482893712160966611174000463121003236653028050689122
040534161858098797978951493363207514879629161368286585244752479627
765452620777611202644399805122400537842512087506949578839060435262
466463845842567433559104466360133520182624628472845624832422205944
944560337881441380956718437895705257882932575514760651211485136579
439365154085656558555144294990790190537754664364224425415060289446
542763591037551814670762719959028246054917788619612760755123276890
312881560820015132634406047737847057118320075412250591394042750542
769881964124573524548317893332759520534230319538518245087227963493
137108096179269363422625077219944894447700896984749574344341524294
545103208266893710820037321470415360076239385093702755090499632828
712966901749358180666066462945669010984571197875366152642403592523
793650561686817503124980259752342304507383876561527785281392740631
839678076980319757662235417822638828158297812645265860323525049323
065601390540360602035442012079766323636463843984934240571989009134
298680023733049795897014234581821286915192457721843127960405256572
308225066036849307756522952388242200700035857855118759521187363335
561457618017265012504372893630431505993328074064632230112884953005
640243154044511430097456355449919004684899062196252456733035283758
421997072016177509964533229593513416134616524582160646789627403735
212597456743797456975436975782237197508592549432020192963303078487
041669635271059283351624275433310070882418918404931130194340252844
386550794292352388370073518321013186160582108883191744304868604407
219764182729736175557883932863767756646909804192292719480665387295
408650280456619431408269710416518800689022972856694231805891197028
385224002386993429648434238929643630746957901256092018383607407339
778682274904557975425014268772759917634240775287398426335919406148
322043585551309091771818678650023365321749424540834017300527567242
545113500677791893495333747567854447135182914125929247269601849236
027631618895633091554214760968983049955111504994674422590163860470

624684872010031670465073349648126813280187810472271363420461359212
990584174981597434744073589095107799633798828273717797099177158424
137206056430274794353666583055542902066588973558840510106754882289
761704703935871353011665560135870428256838148886571608377086376184
867008756653281337726344938169833877734633823285986440023763417922
214795970635569670942235013408856710397328099403661441636911669936
974854469686936615581174294027817507277057790394591550832891214060
016425740280834077756522510284126504024096753906420890027893281699
667411798128190274637545787379030389301257570548487809974419865529
194816823272722133548670328837374722403645727286933035687430103001
420559580627555264225423116728177764920273875438912145017283931386
870059718047496007613547444599893632674571625079078455853883260526
612905045623621398575556182351270657154656707738699696201451489208
164590137738392109364483666551706740452022196927322187077721550078
328798798492813379079242637773049555066341509587068102245793114929
060349658695918309394538624492395678796320140252485079503170979761
934294545582748433879948424776168217528738508464265197024268090911
284711569425870445542394940849416206432615394125943726649696626898
580700268508209553158287112030094468376384790395766235525047175094
734506398766789240130578591944101372827431785990604121334214804195
216564620438987414185014983611931836497166486813456620376128462247
135090522541973525892621573458418182786044273367770793816523057825
383350166101376292789738485307069223813340842028785775394334211633
747621873291331500717795094601726721161396177003951540960113636653
983796671364256718631815672509746072257001057905493593063641222627
869070849863712751080502069260851060012339943915275180301009130034
513203747705590551739230721518766558299714707061508742429442188817
137096231455484141180962937966074964794151420785535682544816929068
172251360396933818482875465675240399702432293273143357350033723256
437337525674573665675986763803992438402236583481659359721065763380
378965740582881566462948983694439844714931755623343743122981253397
302579192058144067721589099029788977188620846303325747178692350856
618002576254278600670924183661617762040130587322814662552137270381
986540115651490440305104866743239169844635336164489320303017022512
696315383320385124226288280010264609591029365431422852486686015783
161713481071286715586166266303297540339268217796018702966760286425
225595692278725133771420332565652899616608861265072269295749048961
934687444343807723570056069569330856058732510003300014822272087823
677107497574255898909935099832606915031567357923741686886641848732
385960445627570547783812611451647094889098888393413034343521923437
607399062253806219232837878436218889389770164864483890857509285101
540314723164702003169397873038002252182700673274031363288480151139
180688975857969809231023315081867034684025692557771858103184553392
380433559935413658009588179542735510037942294225038667075442869131
521052732513873827558646001323172497336200584062211595471174399079
616616982408020038702584214706696613643632398003518029188918107354
884790532103843799686002065998295922188780587242902024735447917893
015095212472843175994542362188482425012315730229194581623571579281
542819835142029369090894778241135248224114079692848157286812384230
192710332408025640221495942329126440998471655230492100121150901951
620647926720753712739416514928844977031131470862944460083839507039
808082694745261289130416972531129916800231124454439430204286973216
478142969371650630054266005916654370002009701533831364731402476122
806647510429213854994782110970651288613966455041353353130851748351
905645973738177803874940089698578067893112660486243678723253714519
247733541562452108885759619295951151660883164627941432896474289978
779117082529594594361075192569538879682242393366009195226451704376
888322083966047787472325078605011735137906622076360353450396764293

749689781325365900553432904461079567669074695306568839617657149263
645506787398698974938784979248560472113658130931933740547933637555
195218538938842436285992034848770052743720503447177162513592958769
039607489132726991636703588096457092935728257387278688161213291585
949576404800505500242253733862411105669001664896764161668697946191
685407052337575743493207860153412702909975027720198217164702501039
975520953916547839424588357939879923917156356785055189012555727006
381248388658447473820526185769239236668285471312632257626536236208
491735881035514509710606989894916398975852458686242144608063033350
770223940915743688518795241294438919161497831321735551903198313544
765268629405805285800257474403783376363620432492305606831626499860
329727957047819669874718109328541923100256473133887714303189401105
814904581217787202458033607401485701455385091075679767797087523772
161442829980581287666500643883449193840598807796238780223905401951
632758730824188352789742164035672904231007299145114910753699871560
783205337947837235907937772258747359467613137688340225029473756807
732546322367502369607566904667897013947429552916675887669231991711
818845328861912841256726839725505749375522776482478703306142459836
776955238982175226294142767462171776613320191386736286016694077805
672263313339635346400961067069237102991066096175867736531602714114
899472543643640404884064737158516948143472083028270077760262102091
436531904940472778997259468173617119421335496884539576950398074471
703221980961521531172159484250655167025924068743113383913705012039
894385081543635471564421566882261644885273948014846676621759361205
312071937775849358828917532577007780286705922063489620158972971139
124675295124705982812280857539206732588118651340572188636575466503
433309983108508073700248502998864062649954505079640922749028813674
296165183478960085034586634689332724182669153198883806719535701643
136015658300031646852858315407030349261325541383211039481510363330
260928204959554740900974243978393676014564093969269332163917247693
386480754647711298974792238907446840639903660940847797432889773427
301568764798369777279670519815090117090587189931125926145224313097
090393621799066636774559850066220019402259911269590908509423252221
423986222490019239031152355644525840074332730275430427915651094984
994745304894643778696808861854688529086912785832779923389176147241
434368242169867021963742732380710534951169388883782097566704129762
920121358196271653200285372950576862985766238142801630279894076097
123044954406363178274089552631816530082619186746368567742583080234
747110647690398044178385201626507729014792239273924896679233375857
079280946169222947003537531619674840485592131508063764075910554420
837061477437513460544156624797050813526966376592980404069079536678
821697425179754863476060653514205012761380078128710925301896301238
719290145427523777182138450982750686952658491151480316014422538084
645987173896828597869118170242131115039964883079358617602424839301
235525649687789296243929216411963459541019463393442170147439231400
413747205956393963206624220315905541161259540473612802292522898194
837589656477351443081137581690021737144346958865914038930593488641
777128716099846064019357171300963249330580814291208361318409381265
757146733728803722539862902193720646650675671828041586214836089918
445981181198322484778414058179837814901526832325016845529044180863
143353006478084881531793189630769651988149249006628492914486628487
862717349031538059726724244283912495050913704779813868987135714044
144850115650937569485628618840114227824944458985141961620159138589
780698968259456226562463530444295692179156446320876609797329657269
791702804704699506036786555671766195108881060659107212283310260180
212646318784127273274555344674338326771333994811594607189577475990
583042738511042188138194600925699412039768864820256627614665175109
886240453708996243918106233608799754839174617884991137508410817351

0655529485571924601996946611590265962128147894890019860366683349002433071419675935610992896469872815903453628752155667708013979488596075671991288362146437878716587945832670402642174740626767599655740572444184934948458540179633286967744849364416777707849463118035519427451401642772234295846574378697534425529661928990868643334358412656858665438888643851424711773741124886816781958444254660553457616383454042073026131485795273069203120743388322210504284401107273572963442703230660983673332752719811749505967332841377306204185375255049240458163486560691051411299432747009547738810608550595620207404123042922747435509956690215236970514723239954583511216709694278507898064176797205205181520472698242600345432836494038797142463142803013265101711745159495333664183679677735916739772920020803310038068422481392525422045499115257994904050584464172762507524557080547466727992816501295009606181327680798766249075759919462936246611514204578922845167618713872220106520285871108722142768105050891029478473686042794820420946523514528156269662663644037496466831839166986389994231542394949684931468334084083518043258178428550044296334933409854829325362493325360638936620064870125920306137702106879257075164897942573867794511025861619052834404618660882568564245840312342917345843052659527810390454212902506388212281997800564401377364313224327521078538334141531461469189561074802988193689178744942715781631592959166476960722528450684607945155131501772580766071866342324830708715044575569654630876898249303692989859870009927809592165647298662980514603990099404279507047584244526414065153117542919972420302915856448034452771941380308328467415982016789645224179587064159077623196549036774552055266418621552245255890193341818844197781788796775686586283611875439174442471530586534864868145883132075473913681779682737139274215990490573444460341541132152433731689027607153144103375794494489049791863709150314352815495393193818899164571063096199917225037111665563090049512157151451029555494809618786156894567355471628614583925531526619413878303832103686753871489268215822840405394370412080143483647222141346775447387914313373610899207952846121125818840006554360030265104470883974948248391154836398639851225071640066974370962322169358813116984524659893807900241125590794517561909424648869708144358211010405071749717644375802917093889397259072303761522120847115727152033369814481561037837295151988433028194450662921180639048018876514861346389149366040214035441592905203462027757409162120131591242654647859681589008295298319202401367040953224149813707311989462176431963149999760614306197042575060224545100513971018785922357723864371711869882078933297380959287518283560193150186205193473212709777377159944682647711357024408059908208740103822801697107863787216264185641252920731766534589162998691562378134844670459724567484382265227766601605982981956035331110799914197401413342019420025406234811757871676650424835811839464178101121490034553437326999440883390538079221675200063374125502380477300801458110852157989650022627249047742911070344253288657075992676566205486595702308764565741580676552333802092466429725995229816125802446245399818478550018926429441487536508441735634438838116109599547844994483938207864216402038031471909668762193290067018992038980017926049561616520624909140586589214604477506815442915736511094495904587237060846470114694067207656137391459664527043615441733520198265084737531937623009514208641036764927237910869530943028462245813470982896943875255783675199285769039409270012774761736627572669695908421653325746000682668417898489781874017530936311982141360512324814812916786208651496693032615904669690046596394775982528232752471453080130988916189043087868351192161956444973726182590064001363809607121010618345754936942399112337881762278325485863157410789475101534348726214945229855504994161513471411422252312498333206231902792258203850

916499300564371643815925146379282073166336223823231754729863088069
267303022787395405790198290372878526814647459056482155079075180566
984498715149345563184765229637895338845836194868235139318519612379
847038431015776788311365740145804726661560221315078144320769227052
155827842440263261364338381064891959528298471929965352000755789265
311281467237247065640373559553143499143148367646529600161302351767
789130251044587782402397161572908810684417816445856154551087501183
576223458419033101277964594099539131070167510059529541331149227762
421977967460320810880366704547074284401489851185706110268342293960
534261266909123803283492764259916237445353679799016522266929881159
929572014651067356193399446958947482875547232342267645552739128865
454612187195550226209658950175688954612573720720035076071497295888
982641670433949536873378207778094197887075844276651387009261241499
776369843361088576470880677907616982566163072810889150313665795337
972660560725017819975378099897277630299446069735182861192624682067
711758245757895728704497724906364725087717209620461456311100385195
055290738505479522334866708588891583424503005835936222870167568139
659666495799389981014852926374395302436478557982198729961620780829
618881321443974065673584131670556023435104418565924918501054210008
927611725096697979895558891907251625099057582059025454517790234669
742118038003012084776135184799447578961752007045954147273179787593
106945282514917594051286557621341826324471126124591723276373220312
298602360462458460618679542300283190933598860606061284375482708507
184544010886540147232888174096657830449916278829326131010799426551
363306790625949870366770896153220726320290850826973553776956491466
387875832132890699808062115418735286199611905427582385900854449553
689936496473737753308052789339129105952634891060055403024851217196
016759462275039298012898925782444182495754492710285974061271616254
270331006707654275259021089993374806614820750924794172332037362002
692427914493941105376322706461121102080283927248574684121782495659
850539271001649742709598858846933472041043552216669415410860166186
734119938856962665229424229260884135612593516384725384929877583098
112490674099404837881678910602740807455695766235539181942468884445
804585403148250196559810701423365333450658863111907162510898585282
815428738623939009726973456243058222258254673547171931188149468902
577939816470397027140956446594835887636835267222804280630782223217
578189968329585114382564338966066291555061374008357838144918826281
283447203912642083951537375787950288213118688662622820106247467635
943676236851986768417519572702821537319040731512649448498175737651
058133873966381976752907600377268430400337111137399754781995415732
105197291544188080589902091653639132564407542361268853654188118917
583425033358639004489274895663577459686223498443616290064313707417
887294545804878463860150421888604164281248385766917057921831900162
602706636266842159423324611013679800777644672813698380017360078517
146724824199244539437044142181981024114216943134825249947266536910
412965042523571156418276201300915309383939179216954068564959754914
778242865659706741721363335686044035241266068097427239827554806902
668092206401689950604313953824947445804938082330742623783451144095
563918339478963447991299490525254970419426600600734388271148543599
787277541284165357617420936051290750149987377329787380705176194401
026996443217077313793957695885042297118660092660479406456766105767
572850079174994110244582761323869187280841390251740087103620266059
130315502552890469828813190657031852171844552616305364257980288636
617845754349608950221514695583124273581321289250198000117602963535
719548259895203304979551929771383913659892483195963297891743017749
738462529589831782190101736148129421693578510955957971771983988986
130628210890680811639373587049580763806561096708834328387315126912
805773820845265639554632447788534293977247268862533220037458262442

0987868496970977956911683314185688283505787603526890880930966589743
3297929158146235999183413231996524974675815932293088961408720988 58
6596654931963717003670851635781961561053805380234235100473749224 68
92262309793797444449357015487083216702632396977659740348692313 7467
30789438385603892084974631817706740526562682011842847744361965 9168
54207967176029936954413845106583264168421306249811815174496808 7468
63297655889130068159719448068481308026479037210719656779827632 5321
88428809164536022273105252531141378618218351016561000087301796 7428
81765363525839630021755257451781156397258475096246387816091565 5958
08529296307598690271532401221194612390307118508615551771287110 0527
90879632499413793335519963032058020840294712232825024727775479 7849
34372500816264823331754046264525658047629443626323617820368012 0665
92403701009059699712130886178003840733120561617052795082656338 3078
81824357190484636120021139459344027857133853653217455193082210 7437
81257960221303781270265257967511934706024658024671087748206372 1269
57155103831636573467671844211572403832664505390510063890152969 5940
46497105717869484936086433037907440833744091921095527665508484 7852
21704912708569093724332352887220674742440247568738432823192588 1924
06249848471785145038749142177342704884588328723806788121998308 8732
81240070169237448987166869071175525142873335347924942397979961 4937
37047858461903512668524820998299580873814221919862981540286009 4716
34781602353673958117303514752902598700925914053251474537189060 0417
90844276299757654656102873538878598557488472654578460049441357 0870
70483431587892129004354704714164544384158373821139905277298998 8629
02539999122476132035702342936037479634804473202398440227870139 3066
38681794719925747061599364695257482847583074997106548119688101 0194
38001643083884091353767516990874331689045893305966150054179010 7043
26101572320736115014318724981878408530088699248858678394224958 5750
20088234837753821076689333582050247026505039572862467231731441 3903
90894058245746855729636231261602807139540793115510485891981951 4610
92041130192231829432037747888975781145471688566023942621910437 0328
28794104440401869499959243357613910309517625398241459770859712 73720
27904676380696715469466697173595881491212659047544259107403001 2027
92358933799063399877474922479452246272096572905555404351787493 4018
35047214432821797153738944221563424676329250589844727594072307 3524
96458430123071302536162347722688430637380174622617120504674780 4134
93776183309166814297125640073322231734654777574441450250836875 6378
09846489340355041613114654088726132450524823042460397871566365 1328
47868439637941295731415031439547270117680322190600949558427568 7401
72712384557321687287639950109090506618503063269057401945547185 5301
10537834337631854849826922360515771482505154425155970834158310 1439
19079671784585158608686559852209081833149314818080553695546242 5438
73803442563615524211460981949304163344922101581927783417983730 4868
55356363775256266866902025326282329222487242310257707454035862 5310
19251251363641320639897879039867238783141355810483032556852860 8524
15061751476256739151344774893889172340982803737867337956967836 8082
19605388082453868456552027871750757589092689419851049474088266 3572
55562927959226586053356794989778681415528243373274026639125718 6046
90415689521088900005366058052800652713879523118822437961474091 8297
41107691259956134276053256586442886963345447458770523971497707 5466
86188146628149398392381524170008860835498488874075053729093619 7426
54730299765083687651612827082390239852373211067926694205230522 2414
11753819705397712572206812805445179205015448130183893595354765 9914
99835853176812196021523483154111962791954008331782314480308865 3680
40731592452442837687293107202963318996691567422420127334404517 8215
65502950153621255989488512910067181257638216107081035149739536 0934
10655275453404800449214812817606800631192742706592730585640220 1483
91400501043312215342451341499002402967918122570260761983891445 4151

316134134647748714795308326717736703537339262537592550516856329568
057038876676066981021440528096718915355749171728847592312229039889
891299294861856140654597993835624270165421776341539326501720349687
134586266824939827223204236782697303685986533845480519070197570396
176796447939127441814884272376410343890562180349572998394915441570
170139324481179406155614282589880404130899450926574115596464157427
829503680476134704761776297818515994000699860487517728064754575899
427018833762874835880719184456708017925619007354041353821262916734
159472863654987933032593526235555865605754127975890360455239246174
971754835112683388509082614178292862758634969162978823460465639500
465833301388944360330773726842187107376130690328861111552548629192
788966336833833048209305091021904139638246908005696361614129044549
275695049123936241278861385036411115779931855332403909054398646303
981566042290383949250960815409980519473133864579842947735903147600
940199501898937829325681831170310336639164611520834633359491820555
022589201521114849165549988442810670530998640539065028325534487668
643947691999782781545380252060201958365769055426243003527038812417
782613209859062629736605913190812683221491373290694322838824725720
032107762099435621498364651553841074064517193061067922241891885295
732629666782997766861111852789273293269705943957460401864480746401
041761947079891316214337908881009579952969613375823180476142022865
791218156376165907626326969516389267377453661916374651436728594504
469070119789759802794017853391934196369878862810356114839596042312
410797143423808469102693667388526889238833808081487617837261223540
183194939744903430960160892174449572280545261847802144771361487359
981083166415943983871060493016491960871577118856508834277313625562
803223477897016474045158903282226449304103632241778513178462994818
066787380688021542854148720445531319001643141146691639593254722940
454389933361216407112817357452468761342446058926333689423896498012
106315001150571926894168369956096551643490173310437294605321799577
193627126745004239257868386317030293526947845419945967705966010991
657946129321768799534597575367939222461337394633871318914617630638
224972034305880486996062601288093577298888805512742333968629618874
297840003009405625176717983564104613007177012966825481084028065818
226171199309502544486478783247844092094764785772605827837216487361
997859356262447135147295358355200251047644945939328072887640495191
825920846595557840747759304614870317770661541964039463166724697632
983329420586207108035087448961099839909819285131528586924932988162
651288298627233178599105506715348517133457348091456610988822845622
063717665821022425918898799853610219083917187811559861466449903896
471009227103918980354478603519022126164872605622087787963178708920
461050815631573324526367270296300130603744611520097222517254865109
469551867777303043259983825969842956693052584905605403005441579726
750976475561907126784006602953145041428062420632025217045421271333
954021306953990115132634369195314261532898713153296029275153433964
612968487612826746910159642598119395713130467717295481246926428925
647869186575170922443077175167570263669706328825255287381208041574
706670598057968435247873997997405507655091346221507775876686534742
205199910319147388674877363669296412306521740927831726961289512073
535010092945252617055259245880092143158837633349757946647963321850
124915034190969385291253796233746843795539391387932510384612275400
135408276745671253777680867696640413148003670965859838826585791529
892348005522514460687420429001172346571387189987940213647448420214
221914204939127734387759977151772123329732830265970348775910026039
055400404238738431082987618385709056395074427458518007148095901075
523273175666440713801204403601522564780696220392282135661953332796
707326333269816057383740715059700363797635556766215217904623416804
899012085095506238871067293862446907156014853493832955141798131694

3587267993987170645175066122834502419917468584942924577199829502297
9774296039357410299787121014880323115160763990090534241538238564 52

8564395146663709847518544421582686444655419812203193039773111175296
4162607573163140397270187905335503098030937901187566944687117192 74
7311232101494816749046355530853531201377755638233641706189030993 32
6519554517997533742042060028842158903876775563086673970342053267 21
0677605335507574466670380302645472655648081701698558645800093248 72
5289681021935613162474461640109206934138949818361308947753330857 79
4010018665766726058357519437344751668612918305004925817170078035 46
4292041779091445851897728979830819202786358153661323072526664526 92
5757641788044616649971393242906909333024304617753390106179106182 18
7052236080665467306218740710977765874106820132333600335623729948 02
1885958402206691047124732960197197234854676829889909092293867723 06
5440070215273596647611685271542842638123758685912197067413258958 58
4348721066097134773465911228073205906029426597084303180917587304 25
5058461208404749840352379347121447942598541565077286404744640136 74
1957777471887839230886129088954987705469229800885467441199326294 91
2305705047638717527951432591130004269711474822128495820882934530 40
8112887632021346762811138896572190274007382172946437162647081600 64
2701401692284489135685123143475870278493495171452233760351643499 41
5314741141846868822423886094800639246924430306876271754634302478 47
2560361654620558277701889280165504361107861239686506930921935943 90
3464768921338309677388392390446607094711407359470490019836654729 53
3170346538357938732560395497394489823022348818033091404296861228 26
4657538290918088439329073409253193697884952042473271776449837312 31
9166359919087020645191165468314119843859105389446319841018527647 44
2861316924301695489811261018885384744804001340681659795428777278 44
8257370056483358602403681976378047360060949152900473859126307946 77
6611425748527213359257299884969433952867783396373078053312779024 43
5229031059876603434068321058984730864168534456259593965288617776 23
4826543086319315677239556222984730506546055752541140668635273536 98
9932925157012097185325544046403154151922004719489987618395160682 57
0053022585918414477676913770826774298184267379662315687663169951 90
2419063741993755900756039345732712864919736646810535968989758354 01
5627263229801752887728507043440893061261436404394423570583224326 76
9619621219411049119764026766582827930512765364010765808267044953 39
6404511079806470661177323526184599441517519195426546884064144000 54
7256039913749005822111525324967938878620106359627873488172673070 09
8847460925176494033087980447850735322473525192132494494499595790 59
9933755946155280728515833925525394390863355331939015742239770652 03
7084178431988412885021660810346345959698951360987829951702584494 27
8393464380568210486386986098393963170818907959805847456198882598 80
5552909381045896322030782179080580690750643084249594134054717455 47
9942218174753730074431168041219908274115156025731468749037629809 37
4346699606912001069888202020602616455244704880348524417319336919 97
5688340248457874426126795851096062688547997903750672737765279275 05
8372239965763472792149564221515446073448955900569156936772266726 03
6869267415477453512172060178860323602492741601451940985457006890 43
9654301466083651104412325166162702998711998228037546467450452882 29
0537106982282115535962009570295178673990075178167252508170256580 92
6761572661817578495870535190851000690541758567995610879578054414 35
8299332214952370170794666212787266218526436484918275892068152802 94
5915453098603596611216532933433697316679017345687640958284823194 85
8230194007573748941912606337875464627363301045332830486943719111 40
6250267533887313036424443306404476462517121314935372785171239897 89
1321668639408154725593922440484504327911395038117570841430602275 78
8983946292301395655894245253699457497694061405331481288001144264 83
3122505269149450191979547783212668883114679853328416668431695712 41
6929099372848699225724661341501854262965360759547221384653598376 08
9730667830849552997345829243051890109121950252965086843968480403 03

839385008234438481519234908101362933596298428853053888754107378201
093427051161053298745189720085920984829890070572366098970984832646
659615692758630548218802135374789878780214316591928163263001190058
660426617650384533997098408042091228117706718418386951567671457212
698167317584717648242356373566191798952937539126146893288838825214
649601375036340921090342518976882477017943637401380464734719323646
195720945849001211289160495307443755135789661794186401507660928121
132831708175218811358134767535043764567383979845506105255147140578
494639035266827610849568378022148247269268634985407388788348529580
142017895599418550942386705201977787851784222064030002961336686209
521995254521205756481033886963906060843440210407235640423447675168
280875122470043809441905727633567928918178837179986516156914035825
362271559924381259469678982460783373535554980924554719602982398741
335566277951008710285110744299924434941802470521715546860809716598
417769312772508432509492159177802434291291463590760433850790684609
180257080843670541880328695429239639197998337095645051954836197687
565790138774473246269046971239068117974564118771337499345150179249
083538107076723412566100787393343098461592880358734358785466383039
965674194269839092083639448422019900353289565275906359824088637746
456888566909081716759192004252190287430386609217000827022316140122
151371520789337400884758101815577233548339984430004188055485704249
873223923823781448960301307908584667161354265700245688110838523583
544049471365874104288126440606260347849076465198375676609975083242
836948844691759074437127228323549201495743738613727077295494845526
554640181928299400305298651824835493640823936360535254496838911545
200867847241082772200703914972172655109308924055763556100555785666
366625219751305615771919102126077575927622102108975544760302426916
245239596449156736384343406043456586348480691225870342172572657621
471999831241287864872327766517573130023328387837776384853238234065
270278549654791945449311797809469195139491553366087296725830502524
067522335562048581803151452727947986649961216365016019615452622725
683995941671031350504336313249234967134942367722291622952895973775
866256946300839418572712676126136317084040478642305440460881334514
772167030240768422084579308052102038936807185714554377279271429363
368445714191453541020005537230926582393869122889628949614553722151
426715415039089756982774067885732237592132210967626933290345220902
720426347346723827932426894899627360488783709053027283501777254200
353504148800994458945515507625187028178317113808751449715397344185
682644285343871122600085983431888058543875565279281675057913790349
201956621408591800092930193765946337097939770731126300764624879765
453131327043946408540012298032558867048655358413649618836598359187
937907658233912705050841900438099739442819377841139278738841740659
194086289776533511844593642507015732012652709176529111157651212092
967180220491069397040215015005676263198518270032233727986158549121
286841638749646750739922260209134117698376995605039312037319932674
068494745512758218932541592889408154513634591311913772826582785997
318421243626269079165630435748376563576998674724082916064612820744
811620772776826849028605878481985723792920266822424261213749911342
610126711522701029971475586621553077205639679373598385232387793248
318524636409490211267336158397205605179843640649407175480614309974
739469844827745587982549083599257676660921497324047460780885602503
606922177357274494405986067306085590897635308217119443065678551756
578111844585061350329047644248311085137424172536621465500849697888
482130161206086975768137577393575320721544699165617864420302849162
962306080659489313066972468730902907666381438267215947879522593850
272635308290289664262859322793185626605157765291891525769393705774
117163003796811807776625581822987069154766509072216068519915786923
485972506992393530595765406005926582418679405797892145318372828156

4615013104392322972943312918627839021756617804401059490502949583634
420228838504233873781978304057227005002577347243067883265127028970
016078609106282085431191597882589339773459073909728233864822561021
285125834384302841036140398902100168667666342442315610392562947277
013809951156476580165434821666190848891851459036534584383796842208
379788190806357369386795631170468865414491277181060724872262493770
855307560248014894649365214070400024249544208113595145697710248546
748344784478601953905085545996221710571038824151264613680000007746
833693099864641064279766488330593867806051953034591929926954960466
655110985995487062920735805001396799965375622101177762611407349043
242601349117157238232298235266058501983157824828464988357547651750
496757291554721647626434127367204021839180133176050818090338806815
441245102327859580263160968713548546335176810636842001597068678651
773548437592143762792636353843806829792904945495413006960777631021
418646980074119146586234799790594878334125136191769584856125764619
739764406694105737853085027768038397024790080442853325054738249812
305238815034479420076119506983020210287759353821882759586088769278
648898398736245789776675799974587712912639463963628749765014594238
104640796420324733351322180450312616736227353559204693880833107182
650349277476962386999379395320988093067447740504775781544197928149
534796282515187886020617777130451651513822644821650748406525879139
952632142857354569347042865199124196527196638286832022830627692212
224696275552919584184633460088083035060744597890993583673890947013
458158228065531458825852329507699819346185492852308128481647156191
947227981839461658760342035424228842385263211938690747816590715360
751527046472634346509194324373447601208003616836904249403868766756
189905142383326876069236324084789056477250545860872009393655669130
985448128623655520992768302660474044698015529337562968643603331205
096662241510519574310858406331716941024734793364666032449068394774
781570065909391771753887768569039488596535842120588386657922130731
433918480699359111068159256102785563526904401872835451244978527115
004464529615222266501913956733826230203643614087689753224616535810
118508768128657229804173879271632750314728832561721656000891465993
920205736462143641050523328171927581802042326494995847722936753925
635017082457831839946407517871821435795092752261791970474587773397
585914805807623012823771921615161753889723549445988621337570541127
667680714845048719837120969451381317230072847562970945689707002560
529563794187774505316568493210798303534274712656234771867462908813
066719777363670518796101781851400994887311062593190221957672590052
866175696010508182045239103781202476151774944764261226065128697104
817611136176627625142012910414273083888273476923476952177465575505
432668614756783245454688779261423570633273235846059124872319774477
276456487321409551254238798743751529293649357732717549021984975444
758887298301374179393625791255898839719869290619677435243752849651
611923862902633222760661578673955801609613792683316983393280867259
952827072939894822914646512732121740975110088798986410922029143779
752481727480917632347975226853644444373829895134207840610326859320
257525192519452736306671862222280795362320880971612323279155520950
362533722547712578965320544331724170244282168014996705587073099853
658227223296224452082619443466962281109533499325591677478716549533
648011843228827559035615208640202285384139021616180216995896463310
083285314219600897921450081648360085272913707474175457375525599043
304178090392154209736201283069385055663603834448849250911451844125
712855165505314484212236553478169032202385648438124508643319038571
086123492820480064277533882161211707641169485591510128354185168361
222403336877466280292900449391691537948980350226419767584785069652
814099884558777435960677662176177395138647373913135118837721624847
272797627367456974304227357053498764255584552000069936448124078379

911782582498632150591221962195903013542491814684497346083892712101
186665828493150081404881207412501195530513535211080549799262442364
298221814182739644633776923011035598271424089861088425284347393081
016802695107830176191124115959758197955633871252070787683663131911
491260275093333499241055030076175690842449955305631043670036876210
756935418097488018847100016032603215014885653297618145064332656480
396424178402722824424003654144955329181289761041188652178815326854
439274634159927352720120437158632622537132667930511647326328244882
234812864718069815919474332248589820248940667530270852191560937445
948003138825815234099083317139433037136200400164229607529930541970
206219418094096333881265256020273937275562573913843754567528824326
967918980348297030984912404776862540646606135948609064600768787560
094827017751061666259752902427381729349513897928000465707846525941
357260458402550354135832212361080590073202619871937945117326198302
925433567572959309579105216450088940206887299544195352790022359465
878189752478172654864476215929509474846595273446690628147235623225
259814037694307676945866690306312457605187653548665766482155003238
509424963229979068912723146045872112832868328421764621953404365548
205532771187743903242624238313783402404047713793709023552611206487
356026758910457937143218949850096897978751565267845125845379115555
146238326969085501129617766311949404037057021457244839083084983903
422279637414875828523245518387686707581782160014710795352931946510
235418603043051988398026218809574964724397219258958126517567451366
272949696081958334899084852204494259787677089332176454191688358226
540698512649431618900779457003907997303899323098674584629970920329
007248744222900494748507694655838062927605063846284777491113572665
694760112171371223864008756211015540004071600492921236854455225618
121769040933690585263519179046795924140400122553026513867815727651
350318868452246347094455994937731395401013128555933971462727560016
562295364215313298778067591112066372331103659983587054516192209573
181986481757674644911343943162743713851821957724233202591619705558
311768740466303592195223503939998122224892041873560296153228746336
840431036012430867058057087246667669069601000752808558737731649274
452110369342234186154576317299341978309647927379207878408587574022
200358240464965015158685289865376285990485167624680657409354775019
848591969739400677428040191496180707819658298494100726989538943696
470001317673703069293529582071188869924995290664431469771076427797
779749942100110957996000133689333541637171200375111007986703200331
041079392351032945257736726668705627843280596065526178213105846802
394026768030495867761479427511524647966085219441266156354787990378
118002887489969792153026542225185011521164101291093679429950345037
919975517882180539064975208313165026557351681196450215197300370276
721733243858613809117885623487883819384326209379026289331500624481
107436209937417292269143939028461971172276198371377778517324307611
783086361759708174960766905315932361886379716959366423234032532337
052103163320665349115370760632845625101665943096399879432927052257
872060640767228062597483436146435844121235374217986393303129211024
762834483733073261808333869411253332311919418628075215045865497974
749826125432824907551844750578328399728645892526427463491587426748
843284524175887038357210560489345486355247448763244700626522828676
151712377839573570982171792432683357433602255421574636548799020199
659441396254066478149224807445406293509027431061139703244591242326
885925657159592199680361967436272130616013157200177989662618030752
313434338161680123056223704335444751972265455032014388142111980543
162379441292221449013402454494272282047776392317510078568852757653
191399366395016684895173833572987076312593503830730393785757939993
962385937929473815600196645250825860524764942240813009600280115708
335338402325482716844749345960742155028643571321018249008955626397

705897700461881537710720281653176439700219879471694190987602150191
785605358804788704742516033065929053230471727767586691305990297197
507630360707485115153338426954169764774351389187341512717835117884
918865973624281786540830734110225944992289603284362313959858148527
138338555650046759662059697776550232066292425340500947211507506957
228177982176362893575286855755300063414215130962292975818664460455
331754219279370800017402288683819525358571255752515341924592043170
707321296834290452303508096024585903528811678735325404477627922649
885657713471931446780397948458766353332254471086848753906441774169
842857693149108739553044844024407005152002649580694902795919503931
642495606248292551261973427479391338943674291764457157873467673897
242683239703298852088881888475840278542276517783110158484755499547
714821100805725192648293438121070952598529521597816931034241032555
419850073937274248856012010740946401812200049358296089179994986971
645051716816752807703692766755959094481065442074925208406303851720
079682003824258047238975053106476512262862421068232416993685495086
262700999167586983995643336222277432199264891764674927996993529151
165447976444583040536925473491627474772628297082434104227244707933
981421994742178628095658627668875374762969702183566065017391887649
526693782364929338460198131223389944117935151344198979516250946595
698331040534104124814237568554313903262799472123666090455342104521
674999225959403787115856446169602469717446582573327161909610286994
704418442547924649987931740085345787322977689233324884226721774362
790325069219752685697185750259949918508625909577114683949665867408
620568600777194753853031544440695742088656413171933485735181643426
284658619215676961964871761380653623341047872203917268164476802380
562302729871285977400360360700080213643800827199120794901398372319
144469559145924436589342706638112172746467416921830992184135293197
670100438387949250265535645648436324150385624895094438175234023754
537701759311231685966423268679697319437797129567875883419863905360
891757134888001627155351932903647971488217106892927305667634275345
003000952778071839079713582389957551678465846558110304540187032111
549004788964577411588201486687259085899111552294525680389797290284
610108917678193042113061518692937805090270073061952597895532347262
833181599809459458284498990324685100091872090535583212253894399809
491397265083514802163027927305571400661591853019198975841164693680
050497440420728261242771854714814422801274746612026300462983113133
704419811035223706139923659572814251666432464512658877845042492729
372316707714184897639109044314092643709156442433953312719991687685
812052996803114163390167123993791342688604511472758570927094240287
113086962245203442009601759047307509469189422629455730867060262387
112459410793498181475546400281178819942319612238712843127382371924
990685835346368742983559720605869836967531507390595153726994748758
169536842717078539671856303658440319655457720987241396222504262654
097458613188882494298950384943889188919976432942505352978212335951
645543481804236818247563204222860608059358982420230584561840593564
906369679456314471112279656720014475923268919552722589537577170523
791501137499185376749911431432242444511291612377444150485222401254
996370667933100066415390974618142802356353381727042369197758985902
786571381024040169278698105394165964410431040021378571759364399168
291658818613493040965912560575877439363825913879597211211543148242
207889278792228771475257393541550446590241940133949066806455658601
438068463998829630138266051595150990210701971229208056922723953141
800561948302683160496171709100182378519576005926119124194949081367
855174796881221863779085525341505212447910276312894218786124469651
783144062759227213422330515020220234150514198806568089611405659026
851285327437510592877894857686241330794140060925872086135471560438
856670667816495514984206819942610764622906962735641874693754355836

525213162111172016287290361691614683457596361748029048162452682885
860767859303631707622429974065414249170917209366372169182263828350
182665755676236662799800628940524159877785438186854674874864634690
303318298686724406311335773181730595803554028867954052025122838729
766646829672886223804320310776954087148206659404066438728124015453
890479061300538626425679174412221277935765719993622566671657142745
788194904083415921347471585264932340841126141641775195784396292456
935551081030568028445694816239643540475183120108623220386741083008
504293295653761264966807668744580562370620891909342729220544167036
654720518441500440480234593625870144189369911107215578966193609226
444309599791066571076123261145145174626185608506145682154078293677
584042807047850541213349160417562599190755734843355573817725182128
557703720264347732402291788036859508091243766094114662592474790343
505250470131674328198572057368366972488361867191524797409487091299
141811252356597165920469294262431463008469627882553701641764632081
327730617402860793933846361384637219451885418377958635372612919524
193910188356779425658726819130186403982222667164308729672999271402
168363447876062419451283200361078101948686952291774847711477677996
194327266291089384916145808112175989459991467415337686484539181011
978175227578160825942830180094389561958229203980313166869159225034
891034918439489526112801355418628656765134805333783760222277521632
058798401458547206978714402825238771001050088808150768166421030208
341045284188011973095863926967198595915158811169715812326743665415
295152620986935157361258558395372682816224356683071114649120496334
495026018788258396609400380882964052336160985247592900400723363159
335467047650658468348810072165537385841929378827320733577363625346
053095582379732653473375001461352467394781478958676253486629937314
721179285169248951566728053175912539244012351903585491204951317939
240466024424847791652873338683155358006972236487878665239810247179
312839961415684964416481296505697003956462268416011502875965290483
805039153958595465318342491126698627306888467958590320476360376274
750214416053764164436384350292174369092062830969459965635998956412
075706149024314285388417104647811719468746842169488565392671510082
881301028206034239336866841310936964053343489072207735476751044327
941541880063593102350462630578258109370400763711762823106545767740
402459331352896873799512708989417687784862815649937842991960133404
127670473909590749426110461346581399899327234913915467046050648321
248248270831796180431538780946282389198375754293436559407594815750
484766273932161965058141490810471465074213145338881524749067725700
623330145578304187679551061034159686101160624703312558012089563121
661277352767990406286651676346481517579074661407622255968022607193
351270061014433242122924329475357367246686705807172171293019828628
535964367680968884812749494630361194214019953745398783400117715599
662871873430696773448515455238376971658093527181179487255240948220
328799118893831883282722284927624515929355239071173508143194645132
593119607180499938518933969663095748899727416380999671018893176144
267045434561468454202174492475702221054535880339165978851634646237
077549064511053822881576387201594187181549264038090103842998627854
695913069486047334794156720428903253357461180730444748612987400647
347911807741788848371950215490283493807045414734715575235052945461
831244957753241296684945956289209322459435714577531687238758261233
217562380155628111706008389094604208978768202473844556082588051990
395543875879173435389938945172308304400115154252470811639892962089
395191580377887165595621258905440005805912172572193165161803949123
201414214142785387507591185842296848658667095226261285968572458910
122285244304564254352160633590269140828689749468297208267045389052
218598542741222936588602999810281672166475192755911085165636913163
613839325888218509895360286545407623147185834394064991674791418852

4841881243770511512588708928536577478775204608316740677887826208 13
7401345165127046718383079678602772012286546021444888891875938098 7
7122268775315807281968453609573358807300253762606345557373174672 66
3671229099769528990260946734851664280307614073001971991947931834 15
1774728822191693737347536314036154971649835298204141961583088339 99
3599381979888916124632702355431351836953211048097487651124421590 85
2623334879862717352033075218725845881005923032671151513823270864 75
9866539658999222356273822050958557375961650688188199874779950023 49
9234971051870532953718696948955955710071084369009692016057832055 10
7068225462594129505969267346481977385784352377312942538334748835 07
1822960456780774706952891713627804014964951767904215119643885210 45
4752407537603799565619675271959893802562660734869074961003162265 63
8840585636673820937933923837548123282332696470653554863029636660 16
7892324626449005290195042888219149155005364526773333511702389912 15
0394753704137465257049412661219795839776450475733534978830739940 70
0227236361228846058389686585329844964353762252584801767658633081 30
8162816378059331695970913521914701681388943465968056327667394320 61
3327449063434093493619588626039799153615020210529655843236805617 37
1454532744535132409587048483545375297897294421549803806532233391 33
2927452706373253965430537346728594933978098962498241672988288808 04
5150851752101213878086614756379574930602591322185176938597622752 92
2731459869378002877280275000152627039066275468331954146547245777 58
9111349077790870283709923979402564333817540558129333298625720076 63
7657790376860475781238555073541318906004950509232215335198406266 15
2633322475863070268752502465220191404323341457405718506296650569 50
3204183922538679080981098604252936154299139613356192794904694680 29
6184279098147595787198296753959664493448409736200622383230615341 25
6649950845345245734088925988320923303420554878140195675585661844 82
9454279951210327792821709761980365232129040805097034876012969989 20
4429877567776994305677416394330258694347561803407326494218589439 82
1578963409815637782937414361503770795517437685763896647169264934 08
7558240252039408153376081434922692991798045332027922061415435672 77
9196669576194192313880319738712096086156248206172727639603626537 99
9801248405804152224845490726951397956955072021805439977599391635 98
7661471508465905422340966281083519244562528938694025902366117845 44
5329992362585515812151856674267260318434734224876810023004570287 23
1840566319843934725295716834157204687945217118906947405333482761 02
9662122442354882349121336001620331310911617461584233084989427092 83
6879890390156323941891156650059592092700402295851005955937508830 12
8050851394750434375281570794970092571728484491028084195557434547 53
5405659404525217578021649524061098715649866258847173596008507625 45
0450598331158762414970128477404171144846282902436407434452556902 44
9483169542259480130175003496212531514446278504869945666931623804 69
0733106432813276164759907004178100588356196266858584102092715123 36
3875842168188117255407555644393011036276373071905641499490326670 44
4184108851383768290201008689116631101668054224769256064309592618 02
9293660463995418713944867110030040704962201200621804057842910065 67
3243604391209550404723125501687982937639008567449697071119695435 13
4799304530321584264261907806170818950397916149811779703697007282 18
2020399018631715029883240719313939341045169634993105977315619714 02
7057237815552614361510705338154539864989808100795120100227749121 53
0204105169671966277364710351671864277413605822044385607657265978 93
2295395623947290283476514391084172688572707074276955295218075399 12
3083251764937360148443160301314688083442129935489590956871312540 24
7751527677704210807935741795056518887191450229167617675890135555 91
5169707199275064591380228165213649092833265863654858337520324497 87
5895209064540112160833132752110572034661021968120007540920731769 10
6805917555415446655985839831261297384272356221278746911370805435 54

928508386623559438603206882701678232403257647563286163354461865858
769210652369154016826523242915014091528790235983738449697904865143
113400392218378247787525493158840526226097870879963513798501129787
950064950353562344725163409622856988308827274430477717202354932371
423486440643415782352786605200699766063907286384780023754250288875
885923084478775834864604502706624504785217581864522525042156186840
453267256808005694879053080933013052632105694380440815212932060091
782311952480955860258928050939172901010600242968197569673319982924
767970824062296933179547971312447790579536601539095062913283183819
569116150121541176274870229935852118703819900399272727609372700498
751729438128937374426862553503943497357516316901060170619807777696
298338105384635672089689887426200959025002676649766314811957148880
553741224238008559577295923823516691465285433125840759618637895918
935116042574397326573334708172985480150316836427357046647152631479
004627269785369374027277380010427115104101116285370204375905832963
352177173769861836273768822148505975799971652565374503481504314333
091334529566393056475342396282656821072600201168386667687907233838
907867308096212176628752227718878314263388564997531661646784063576
486525649944299346662800390959565248573913410063763540249586354670
808285234472047779721114612848583904542574832089848722573395046401
533839085763782581917013003865408348610622408713803745322813635511
668967725767027939619065611846495889877479350437587531903340250691
668070387440972028401058326917412236480087018836328934493220088946
744787939803792404532285066183387747337677792592404318061037151688
768137735187128039906795327896436612057882913761526194580141629064
628352754034376491951342172865187743436332546887071329718287243281
210574778147038329624733556727529379581971754665307434799725726954
515906829984155254902918522786827967280683523537063303304810834039
781477340915168989383080973680095544172828393919391200143515337034
842640081499781410133081047851102656302036810517684138478116730839
192687250361063202207911409466394467964900839865823457897991905918
021555569805340588373331098974298054967443525107496909246099889375
499246394376171897473114860256245361665604055599949215034278398644
568207025709681720452336574345800641098819677099640646318525058901
535484184842544900210875349369318654356107412098553304464340221777
287964931178306382353877265363286113052200532192122349343888643952
086660067930715934695484190911032192895609800692866047376747337240
665951528991777507647644476404030959394792331201590513349412375540
072628096471543127371476494174535082255888838060922169093031244038
377161677885108445489079783321708429726340294726793871120913500954
372882807596991857487235868751481369457850613849858270517404607038
603896716212018457598240721548081464414785906905772671518487804931
925823026177314346653899730048940570416376306305863405834904997841
961636450471399717139747689301731795014593490195241424134479627185
430179312608130321761222837061396114473525986554588199227993758320
119863482174043948253866388952899015766181349086375082378570701598
812356428145637406081324311692672022269948754853643797888506432741
008198164801536204539374831916421594144974572658074647973695101413
572047322678834970069476842633679108190575823353821291851392183358
965823094233443942734725229495381314283524319790800883071902594796
351034023370625705608547527064693435938180087033400925551845436450
960435561014519850553971072521071262585612490665994887571461511435
833133522593508643147866606517945752725159683093657950568017929457
090256626919853785621669178877421198626707378928583723239155585176
557382222462385024716011787659171297174991186778856174280733083446
275208587492225883169954022885648814533407517933546323646950987526
514089304349931954739084917792397881803337788624534366853448743881
418252249846841634853901320751477089769614521384648218708574220021

014181783137022849197400310110723679178677593387940161904368071459
2637745835890774667149862374162732192628480427279370444750815066685
748483120071672503443588340115723537665398896619104313385557832575
833528843368810851886547681856897708756249906361696117781208826803
528915415504726482401273417129732659578807414628016122626949164473
833479622247201186317503301546655178374885514884995192149199706471
375840172978309143850034118481662560836696552985865258485204077855
374757668498584022605224496487317482374802819864922522473727229638
593918318824358104652561502657458488204719285961892468646768292981
991744655880983183799336669841176586131564711659068712679436534525
457420984762080357838880801855434478003634717977625930523453927605
631657544918325866599518235024095527788980503670235945520971014262
635889756265212164385631267331601424642273557460457639815201725810
527345596263283478971642245305110076567384533110892966729664297632
624577142657945412681298111755319453192965669561581119478363801946
678721069717937792503839433447950129060319244405112916057605435432
392933792027125893000639136655865060443868337618199375454081032751
182743623407102265958933226279283951460682592738248670624597929724
643548149278337042227941593683767505859491954116472258700667544875
705360907804843922793500244761990970284841603454787950437241625523
929790101938405691595552624755891986375355709845812360769709915026
074861854197172642131804238527125458291792220289241691371541904638
597766851093729655063127669531912026884410717880129815740050805256
272226727679714004220829045418667009873803315838472714899360857860
863086451624632454530315089303069591225410240719604113470034593577
785732689497980782505679990686804237696788485173487737176405345168
169554486568869667046494746048206681582854588035477145388944033770
301309513693124416949826931093474073246037721977121053666949028102
527399591504011996318318840451661629039222398176552045303098471706
364834345854529381817260645225759243447822762093521118594293311054
063532835769193968118408141195429241736190266001449312291497815593
513175318904202188518952757880710729139934806971591077561544739284
560006877911113305590671374782220055665695205802903492254745905169
260252393857733529217856733655340516087804113339138332979039165805
711753853389553953434395294367683725513720683341332449702792410471
217489461905626009406188544620578268591541555525523464203283333285
318397559387439969721401449056786633502683126326121088006091781057
157510098372249244432664145512270884647540727640041066750957658972
929522467330851443119683085372199414878855418486857865593050190452
612130813425463508067720814174425074491506528483232920651059205882
511683466090607365824841818782783745068728992096779238648845305693
458190141628300349839771917665005072847558502492614589855928982737
490992639696942766039447842285380240753079644568262249499608529210
392769868918515821152691575227107949525139425222103688397475001428
044120253102297953922209716133849327368928356096983560173125982745
759305893867866971976391803234138096896392837160163174633273417818
173597711418287176462418374459971598421854522682315689483345992358
725353184319148707787173280800373529955526031312801913875451733433
031351653160056526756615726570786931701648262238136835491805173140
056587020838689831241231139019788339829100200640081449948828634736
429306424188424819185204423895754502812686079632097964626706793408
066634322128058773210232676611567147684968055404515930952550086429
504356341130401310992788900071729277632548717098746585813173128833
335577637176670044751501756976980746756803437186227414166762374455
024986828140956151296406162000323614492201300662865820749995048967
409082575324098095919265245098504007202751729189461724360986740786
813681405056235690343172001195320201566486601843809426884163249234
684413882109830613499383287626735313577652015093021342014064697992

991265150969061846864701458645976974046123452533415177546852689457
229365397484022748164051680094993204389707324794852337388696756596
241351297321521061741051461001541502825838310390770293255550291944
038766937239273981115163642926444249840424127984158894655653445183
454786728007903135078973980517258802852195963980134698329770500482
895073507404780269481950221173177688360070554680188269798379034952
582503632288588921143852340532118268893622655965303191445197653554
814964808816733800636911086926317721182766884478810764421066270360
213571032797938940528802885262198014694369899092065762836297317762
815476454918293362670720020720575009913031187123865866011442328715
728854202290893553755088359919505185052208640045749479174363102185
232374030904390274949150560714973912791844542684184597120290887356
571703237876876974875018924797521165529850995956801550725346793032
812816961312735338004771238763781146507355133197927709964475415714
760627348284072797274420978872464782686839788691722253739779989738
203264318684052652924963124809314122948139331568705980208121440418
524472001784625140839878071946680410696091447170186821269847405775
761709311834662817096933940577875978049473990601523593203993689244
340904488622227146296055540736558823138503768036183424792223061599
734983401787552271799888357437612112220784961256667280714499070275
087439765499649266668564155622297286240061715496221557396530624391
112007904885080341726575940592094146740334285861615840886325138404
837139894295168362933147866163393215738044915589668010004625292942
778888587732761679948918240460693123041712386426506324419981646108
809595345293238995321759148716022004848644611274556429762364103121
324790802444403261661819962050121061004035702652265817804113643228
650572605577215656094831865665665816854097805913708871356472039510
543682481192589775423061261248051140060762278626527930792487968388
608637143153345370535994161111541814200874192507151074545548501136
855130358184636822651447207843510955293951486297556860671526174359
010725992642881639855836650920748528719717789540813308683560249962
206680751454467318438530993041879654373756514027500430375949999669
389358715945379833034156954302184756881645804295721799256408930996
915411343150857329975339508308936152462615765036415102228806718796
829932149945733998142958177818660470251597639166390966622704910623
598593068839759257333495964656251025800646835473278607038530819999
549449202010863129117454236288859987373617131161807386418321316071
363947990845494559615594088668653315867471022704664851933776342303
393034742974548368382355329821705333995266555456695386683850338223
190077022919187225421517925854548077716805173280787742638806804998
420472754160435925301167674534486892649581706705260549296074024271
152964257526313144088036877774589628923374214120291785147980490871
781090601599841055289073285309039778274858074584239851746600717836
619649389371334500507200991945789350455448391633673005343917612242
182634773267296614670770552338945373385290166440734059183462623786
179106008511037032518695710804479688033805328713318237109815683971
296508236006600790916411863952640938143677700475866486121905085003
635616813509901144381701357039025488107140539851463790879044482249
590323329360100407388051226512113433549560088865347782580056971039
558919275182463598322405003275349056327419376176706276633810542397
186232072338827558144596642752300799889018741807397138520073718216
642977214869268087556248328515660591401867959354437140966095028981
598680048783107691325854050426656835997537176565308245126231395455
877846259411894689235734296652186337757877717515744820799607927816
085409414402180747154067921247234105498082195728865776091519515328
321356873467535351270893297295014994039343625049631682703970675057
463267599166553572511116640901981059628378150913923591412041391009
189486384748402281491668806927552918114861418872566039261081418453

0464048004108955523025135606562761035678053234740702315495623923 98
9568299261210786910242470460575947760477196229257216313067396488 62
2658453733058382985732332842090832308775102661192584760061540076 61
7550476749439953953960663527058020820348844187696877397247016983 37
7895564099707729415315261537863236294967727730147220585082877482 32
1014684886818808547461491222736396430881703344067927513733814596 94
5740652778333795885718650756150245576025617733648587868404663568 20
5494344600563532085374869104639775909708195051114135493817022066 14
4247590430312205603466157040379603699945761514998577481344941565 94
2990528157971557996632386550918709218301752271340257714319443083 91
5033277667886241159895877816127448611647616219991007375520799505 22
5458511295430627180745956035439413918123119773548118672061378821 65
4425370154781526792761128975643970712271687651616378765124703449 83
4262796851369381289719239489538979328777953296162172918074147500 72
8244995561851139916794107144838210999385196496803267024042150771 63
5954323370238545485381836369968786066014445357758329997348339911 20
1439837419812603554680159396433391078692672113724398013358989724 94
2900041630966808185736123375940755592758461187633165379282141365 85
0862698967367761683956063701497709773990191675889021979610313199 64
7068911934859974373276870144507307693154630106391794745818816899 80
2483850979652512437210624227370932340121082673340967318372688300 74
9167096915349480547503031475640023758830375165677952374750827929 08
5131190481976208478428073438098886607545520024051331229771378204 90
5293646421231917902381636120131767174977121970093453665310784961 38
4951342263386106610568214253241521762885092809087276252123726548 96
9894945318996467423387512246983228181577127399144993439814411868 67
3500383376585270516498266690171724596017443533596859738196167385 89
6875867202620924867998911369827062749825160994682005705099420314 61
4039189546111080903883541855536995532090611673791001548208697887 21
3680456767778140901855572500939809817495954521345540394714171092 55
5755085645571077586320494459120210768374173671088594529287576604 63
0318717376774001763068222596503773371849898171434698958032229511 01
5659659823319116793720233961555282565651480369511316264839947350 36
6001112627545271813053546636727315487214334896120226808983667128 56
4402488414557447265747241404911890190495371901122601594867831242 75
7057369593230376265136166406627590014515623494333553124367179448 15
8767602257771256171742887804193052065891648091715886267421714387 11
0683840224264322991509544707826321298043127634467293085573979875 10
6992231893191764377350240728617435695771498930864085552755461391 92
4265302697158066806489834006581927780156197702878296262750841085 27
2016382060189976205705854078178284871526096526191983118484362131 24
5300416866264536636401899793856975856879060832746894185634951854 88
3775654050237429483411445172402496026782971589441255636658820521 24
7081814927957790816611126649950048993621094007001671857710158510 7
5956665218339133923072930063139385038605610665513684978773804139 04
6349823668949338709248951795364793038783892604235548684336580266 62
0634822046346740425240541070956861918994688684410065716366524333 36
2820335478063489527933128639150038206192957517656354858959157269 23
6062637359160729148176303927056845327763535251425960522727149766 32
2428104572121925350321864359560551894362085586361148487547436703 13
9344719579778711912301342608428698479376410435554016393460722054 47
4545619797723193883758260147920141175768898231123895862375475436 14
8595650756889049654059005753703798803703731784016867803701923085 54
1898209618955288130521368638494825802481921662951152211466537910 58
7160730696955285169320241708532246801297768045720240878574052825 27
4349499169199541178218797286836855881988687975675444482460526832 92
9182446677606650501719323461674192132402553223449484511025991195 60
8779475832574904214646030865998030371684129036193905056370953656 78

252949669207082806778919719153821423789959117637767892440887161499
049296568079393296711532495793193838678212093270189040807306748704
550513230668844099513315540281583357113865522544357398875414509788
379025876660896855160107623070891853916979097975773799770427964190
429143370699870087920726464129411136943502937623940424970104158328
302127206353392481429160095220124428590074896249977500880533811887
685934452135294812490402464812936175011996009770779995566605811593
923678792216073128558549264052251600071720563961678014207460369385
425987825479510709759862402396021200042436186704528401806244668564
193153518389144432672484167074114124978646279883617692866910374906
916638167472927789976793459120589530761561756165590248602935738840
827181549264351039577640975364003855188530663961334859142221129879
045362025420743820527343791334660476352069066439120439355280721264
473641472027539891190807318187062567770324069660897074778502666951
654382861616275046654146299803818906558581936295073968436360796677
049902398206698771968584547917407950667092052849150480876700783478
551956479914017328424527946898902031712972320547012338653924486684
732485589898231822640967866494747016430825986208783222644193246999
889325413647200597010593697179187257770500361873734784489988013442
461596004959312666447656168016885254614167742627243307454436589416
974019521179595273600208798123038223242631378765131151848730057565
856828265239196062746870340554172341598588337789461830901248661627
758081941349060632536211858240573023064005312862384765695137988499
012071751294434478648633014974329853475963756581891561062362960782
802281177139789976376576583675926705509758644471714646660126092305
294125018593322193789888084814951446247030575674445227489805747489
937884620798517366510966434395253167614421141185904397235997608575
291043323250433601103603348350006642510383028902223171451341229624
791126963831765194385678414206110118290026364182975154991599129857
991814685437598091438454576949205644317765573803962917604458239133
048202692917078595066927808721936348384387266388369789582983948768
277354079948195109332668515818654840674972783423418499508548586798
047560331804469367542592448846838629902402079806826308081093336295
999509261298366488872824415637502085791818421460283290579619066127
518556272764224283786138234347566615732552887028214179704157746963
900679965825104306594692684160608275299353428692127489742497146768
046154555176795769848683520058600202110354553126595444099400813105
237645027216841700260307118029481789657660515135608439531663779145
759763029169329578440399026754971304097461161442203378773498830756
707063671354405490115828685197454619144615077281662236076930071698
077368644021936291610291575371429577142134884219860423116059036683
829645238292634711658991941106957411034760364214439528668115552741
761302645073943732190651875090834077708595071764200830435163006115
843988590971994689142082361192141117525099725499427959663115822098
671295522483327685692627578640485281896728601100703240616106228504
138166133581241414685383126925169211010905765942243407105579270676
917504797605056312236086722248684102555747798268803350267708121653
984784058043094253651300098104067020703687965537752415071823954831
734613066013569276149069774773509571794489757209688581621149946498
846401257869102891132192413712880186846722141694654230211120944643
896151344277118337721713067629752662815979315144226738918099001559
177824087096933945884032620200837501233412723659682873146734632636
360627449703630658719439646683817878421407059089651076005174153737
306312874638183896399356005382382780150013111522519867799662252749
370886010780878549389912858463234184555854951898899716895468193560
446755417655951885906824312514718328584887510221877957173181836632
325401543811810826297547335305129783919198919642578464566364694534
674845474235963732922779704935265754449776273997049153503301363712

013357795661556086630249647574561594084305147676964093935002595907
161115859570460300414100893865767795061727758630592773269360623297 6
775265022993007133101790005631816689335342187086206121459822470542
726754613185590077336964431923107299867410189243820807873262668008
658868780141054634902049668654719035731645973059081307329553240420
457596036127048083996067637397205733475539455487319478741885158257
152719647625858078300544885843827174653588998539820700717032385968
449798676489558652025186132636967453371944294954812297020202728395
853231640628499379059904194593985096446687560701449239435480679659
054435248242472117186401683962674479169111333262893134800382735413
435115426914604562367480616732425827860344580989035527968342823539
971189883272728836580512390748415727951607804687986360466198345936
012335200013911128003972697156377077040427805854793509481461659939
843051056579032772593924592365769564385488264591045729140811504407
285000606683341607187202081026490814710754351185290855111368371842
523400043514983793531790050487270052864802733997629929661241888201
159500048762019425420565432217221158623896320358917813243087205230
116774793644755297347400204549286423332803824392845043084222569381
884348895689849040636964265425094991028061014642912350503341873982
776632199709880220296419144200253224334371362443834726468589077522
814167213216340452523144048832462961879289165637617309510593916979
539980338311663896330216064007200630006913581903455655926751524769
572048883104346155612570627137389365438629909712141574117078839540
026871178390863848400664859544080074860851678901381915950232702347
459987782958232625433194903312991809766885633535347569259463613571
706614277387146660006762723672070295039045402531731285853688425433
566434146456203580943753096547653488786708778935985338263857604789
792609912160338504033796924904259996761072315707077925109936706359
126925871255536657681541790387891896252893439753148153566364059692
785866249970496263286532656571187685429567018017650571856078239634
887150976834243096918441865680650345754900468054809646275821889624
029762461832054269431003374444976399411152443447173177738991835293
870051713570503511501243196640786877427242692507314353541852406140
738009447258635272188747437843701646229366175343458287227898014452
707938250640630491387622122543426876531616713120318401611703210950
076955956670801644428364966404843577097346538842589856008502330181
325681204756737630654727592901215534818859163604492890964291915320
315954839614767599451860457124790325913163322859035791380506484037
624073522217229813032293899617437605883458352965721710086968110364
223002048339409535067833311568979232059512917623356480523726007247
927591957149411503384389888637139725304868987807602049776837215922
782582184263528148608498588578541102276942595076720374694325816848
522955548993849449774235472204433810562625803561442328985516637329
924635884748837275227180140347341635120724099954330218129217352850
406314365465077313039398411917168951362451769309067940750513531909
377699691679410221407869268237690094859211791674547851376904104870
147123465462560452630133288707663432452003735358137902380084540424
773832082472398731129533959495696750642421557437558654833556595688
786702674694487053932960471052598664845960200066086378756356083912
859948702550786909853198745343414008086249711841659312016609536680
596180095659058394730414177212593829469776898390578283249194008144
606967278916422814079996303146723655354758949965131658477227512283
933959637973083772980053330887076292495725887874638558379707626596
299523884781062571522685705708465326719375868577168235169812586478
318061851250177681359311435880680448936485529503949451152207961017
841722522347494183182350236976117478525866381588531094233201121791
833848656163284283694776614302704571391208227152189434933793569580
787188082980792987897844075234667056573595725331319327897533424038

442491887072396874462983212051356887719201169320155468323167157998
732547190957356194470224981164287012189777616723818797384193865568
559833916674515025636825267283036758876320112150052760588757377754
581583513863178424565913437974910908594133164156460587565181574854
033547942550227812729922630572522784198999322413846433449128497413
822993949177140666423246080444601635425065436931639022393211323179
915949633773481236207625189802363514256536584174180712189582730166
991507890830183698577684935995862669966519013073314158514198647817
472720991564199449961986156356208100181893770940726071208422248701
064916277573244153168219498036871458123912901227344902607711288192
099404371486885485281247887088772108103556615961196040830618838714
915088956272830081157008366595506727967822184386257473890290533677
081956940452683689688338392098287034434165335845055707575305917132
209945116044172592574431110947258191361903624336101199596394659311
394740614498185003370701587494189374192651912211663368168005240229
642529690846758233250973892350267642982185970238796882792471371051
106794123055386344321204178547719388103978100756998051805082098704
554904088569682624666331759099248398921964379600637804534516434140
625250597809044112359103871124766933854790979753029012110765082940
703239777989579927829747064852954428154609047282399360099348822260
545808247432495658684222672075850773723632684303386862079868340616
709685828688453525140631604778360696650490197848268227991536899282
499077974432404640407979791733730136158297228659511910017628655863
981329722267857963678848021481188513391208359165020625982627249118
463840515162021157657749484481369717300686002852229835511196431642
635817315077267720072066928571030984025933481836122757614701959603
268112558479195021058936074214006693374639987799384877400537831229
015620496793645835621161170871268032382715601013895293682045963876
924681742113204271512457018073255531152553709088338334191082808336
547642362670290474559430070977382533352585055125698674377735414266
408555261303064440841384088602969053101936869364698596261020971101
387195406927441704608032330058910615882689109409510639164524123367
301215864849327169304373694710202683802899783874720618680855636576
895888416159793970877896057031472288895836909622257811389837333659
049055140684015465948380748974694947858214619325625176065503656425
362312147916790733306607185102635184060957281813905065349074233850
528223344181358146985301474044671694930159452197606249652854131657
730274772014857398785408925680836499471465446294931665093432173809
189100636148921066646802311732789302413098820162512965759676055271
861965487761995203693791989220208307741001725860121496108022289481
995226676709303217398012061905109816070547857908983960449214717112
305378451846061963639005778820516208424050727846867587370047745990
098522138777198653153746133507226916029642232339598511360443837228
972852223771046446805152898462137325112988447816065416120973087772
798612371948313875340013472039414962903364904460866586396633291787
369178030507044056534016706529970121138545832046176629337242647319
025488305066700250034947866934965346560024439142096995326357527033
219683387147072085771520257186467941704363923014703360760574411628
792289522186848636085025699255190522244948589668079206035643857021
879635675631083697754213337257185641650303593428130911361755336406
530823402867619215917144171118268799842444258109279655424025028040
537928719892443638901243265232101107191943178590875314677127141159
301349992600030766720689476444498127390633246250149800445981327078
891255080594176410415011045153315325620034640874998245225905542350
483018797322838178245027520844237416287879831488434227705243742779
605919545508091073186831370190381172462807518249009228837114699753
266748049839623109017319056468830340906688153072847528375446606895
716954643209294543221907864516554225660637900797110818751346580242

529650402804247541007645222108299917427279321155947371252807897212
942535808641535931010647801522598834369354800035253148974881625897
235615351585535018790454206669815960804189965744801703912906140775
143437770470091482013231942499528669366890001919478462599234971560
315448888810804922301619446055735013756121560752203094481292211206
519474775314492361133038915992240199071013860190990508842480381329
532650301627909702063800183261713628140620672779178325908333221357
652803708818503903943377082194510791066168188902552512164673323441
324206162875595391286063200353260447328406355916786870648896291407
521650281379240216058368114637506934361090750484914417005498518664
249020757009936452410022458808043333557505393829964601628391446553
697492249102940772513298390974557343487586103344476983919137695799
431389060698699818362437909629318447055573216038847078136758758814
947742449688002055171244158936808570614135219699280911416050586473
224402167200386656569112829237305665156211266315206506513646784437
992596306546177441964536892954291774865857695905264256245477176148
794884836587508483251115707683227003566270029874912666288658138794
554493981381286585817318939728819570862957550882011147724223976157
781822466901754907294796313758471963597017294789926605956142866638
518277967445494892801253645497887144095257892105692914183861175447
234620603915255475549366753315458460693837779932839560839047881581
770528935273118563078754114591127612374516552039096626916989981412
090828699899508786520682270899080715855285731857065771352319507153
540470855542437181602391241574612188455595988393534191492049218544
913906033629965975034228241058048076075357499334023661825442052504
411070144108874464500033608946694643164703537205237643217926542948
055371107318539707662677317404830806453279352027511999153866975755
380597514097656074966008533707667393857821047802403371705684570169
318252044757879604074172589182860741117956866595465834678025053265
497702634416410227052526148083999697772042690126891692335065234993
601830615020446746962569055517253586987792212020642410409425492862
634666605390613560775485570007194289404058360657424701889037763444
022333832198458334316756853605693992928082487426969572181596384444
107875084783765467793171517677312998522122101733960502833278844836
333955951898054413064854570773936767542819138361679108634126044843
933397516321134837335525608362258659703440992178323501232014419401
855362608002674036859725650683684635903899284766268852044712786782
463298071113608475870002717409566271804661384573073707740861314479
350531904915861838536217058512298841424867366700685267402594142071
565505232996674988565013173951742447045353127405825448765293514816
328459291775307167849483845734015919149848915482467254228903406597
607013048605800738746484966165595104156385267948206907150566237314
181691649019480316206170489859713184431378603597620276589330975188
125328622646055753651695615291540631415019575116877603431772400438
939404779213819496381732252456236931056749937645634566641679075979
893553450786983626929582213432617043278101909448661354358825751138
890759892437949904296668698981800627448587962565791173461849806694
653620940659564191740657581347987737561319055235038171864141159204
991125252319957871277736964630013049788151801985581260108717389176
420596334924868387340115788684063075889340517659076232878878326673
513372216549197632663573069809368714567402249378890890606174458148
134032737765513377717595103440903865249805795522076697115056261886
245219640454263230237911065660900964348073684887422904500901329868
519217056170627095154611091911464926253243349870468417968410387337
499136545748218665658683701563460070469530132169318945119889918572
257019698715491471178140060795606379669031132211510901858983653557
973828367339019811612352254510881412603883708804553905072097817219
687993647090891881855820097491561291098340910587748738869388996155

4222178728833070600789176047137892108588360835298968528972503799866
7052396883796268631378838899912150014939608836251427859340410698866
8792838992290778244638061205375627875458951143441067754418675334044
4579381129499820117804158923736041982260507609978609434590762784544
6512086738727753407674435962491417995111213348326868615110005250688
6007839609062697528345942404995503225723339732002942195885876058322
3321241116267829277738746005951590857232005602668481874583451648399
0067737729262680942329559090985999939039243923962556024204429081633
7240543977831141696560420140640158586842616104308740495225321886266
9124545529163183192849550826207688411865570847583591277926174655400
7533973408226545621710470079209616509657079647879842288740418516822
9147275685163009400666255457587140932077279283532700917585432321233
2222798275269487287010804271863891659114046892976191735780036325311
2390781888304937584282948931047191681214081471223680488287267357655
1884120517538402348972083959941473353902414577412066046876597038511
2442530959405678506075561042225973129983158891333350591168078048577
4041078622555696640487124634356190964076437365943250182856499407322
4468513051397058059518666326250960544710606084756097696060836832088
2388572685203967072024488965187901646242658399238626213342190353266
1152806761182814559615383668932405780121007541015071365828532960199
6731043608373991482657120715243068755090305400776503667823229896988
8731414742042622963460094058783189034352470693708887923199246211811
3322440517786004153058721716523190065538558234605552954721089991655
1965575813030403242150237244184335349231385125832683558189867494422
4739770872253422294016608438533685329526292826150808923712335366111
7965387227004312897345817623703967711607847959505808278366089796133
1154402093627949977256137616955718703957465116846376596517730652122
6729713983119387682006106515210974067715103877489603073881676374533
2977322432444019545432655168001043704363558869606740061887275376822
7467336353018399423232391633419247028949329123013328966338181951455
2220121368594423648466685737774523168477713824412542214176068217511
9460222958252036416184207855628937115810808237347604031239754756200
9570555875239370418319594348243857472044207513595552736040169953466
6799093503142836154424866549141228235858137481465838833223806762966
6324359677743744784222508480743224673533559292464637931331890432688
7941905796939145431250988360324568483334143524363725209473664187877
7970068609698174900884799450255165146652257722445351925406014304100
8594518127270101037390186424666692779342116125437684317468757408522
7375000103992330539641868942032325083420325396959264651749638687144
1213500859971003214007449011098960340804633293992441099472073332655
0844304710963883181071265767949849421608198412481676583205497510911
5653754997609983652002239636339353858100354830201263379674731407188
5642991712589338863713724918391186729695490172887835119048978066588
7058755692380395853164295996130407282986584413894302070867909588488
1967183705049929448800371087911354186623379966934902010456038457144
6599517322440502461358639412444137674791435979698913987178797270044
0773256336040685031251529637157443178874901105270813783893539890166
8522007981958077795639328901627017987179568458253428185271961501733
1774650001307958595777213817325698517971760014333032192591244225444
0748598397066157712850853365268126768064497723940742812107034202622
1860032816933066702590128196027112275978628623524447196010047014922
5059849762520299551182119129088889239556920426368046104374982060388
4076840787293502696239118306805508874435008499809366592703527100199
3191037429005082870462829968750136637010910943612744272477521478244
0686597040698177329462608623247687744848367648600005661549587512933
1654605369993960204303360578628026525905320400072732672009450550444
2963623311550288485933466797806386836715707019451632138336942845111
4997068115263995628968814651342041145549558978294471803917443939877

140553613580661385011355689525953195385569657717049812857713919869
333908738296841788272197869281472546071718526173211423366258655610
553116450478711482454048085604057024800240833901888015078176353943
542555556551936424427742651442419449047323168427201613988743523739
814735539072931667183365236252399377177099267861116199259370606614
821658026747489666975587151503135330504715234431237004668740135363
893684505775023598929316248403065490657282705315022379408278862546
429792943244339282085004413509887212886855512976598788773359959498
696549080756980433280900178503257130664966415437186577396616911457
418638582726228019547180378601335686378148206187169023708999751117
018949070004487139031903441975286489955193052709537396139602180159
496615017794480591650350673635451862581780413267287467908607247313
389155302056548379896579992001291806646997783120466379853993574667
490043993017592338641444645002987417342268731088947738408260923867
588695760165701527216009288094858172862130356016606592255261842457
803482994243792532089012338060195577352670219693842865767896171947
607287052754554246166664847140769000962237155097462516201582146444
290271518246198578941579306607358864269292131832564572665490089835
610595475409445109856390205366467160332327697722028161492752010250
280590185236444816753094739180022021010346486197987653943499282501
155777807216405876244568096072799775395648417582383125068746889682
251274934570217540313758772801454909785308334704221433281698101853
008615742427107409865300570167726130903501629461326755979432762925
017881303301220060515907348861311631415423909049203834029182046129
483534900275567920858551377960435940118404418086528723677214952826
019285515256389565003782311935490649565302461944155569096088405727
249681729372008718571571570466792130268490358331558107437119723745
793584721629526669913520890181978835967495280044300657311238679122
860664846382727487804760810973760684897268731058610462206171853538
606379274969584349641034644057464352937315037053660562834823351651
252199844026733995491723875499277992759424780690908911138039031854
294322962467082456759374701749619117574822840463657581413812562463
179902410389912684894297492804665665874171270242322022949406376226
108301363870347909421066136504834167903433129047415457569887414177
011841265311225819965031486877249400281436728147648866278644041462
350061018110002299457971268067816687507934183367794976270566954103
739743007395829037273531865820521539626425673577861019532646695007
774320241678514342145744192810113410167649381979901299891517311428
600169744102918388719903304864350901110753558013482418589138779686
279717170270421843473218050557904376089242577829333909018039168631
696922419251965971579179309330628870840483859266190698674290925063
754989229454999335739752207571376565925162893526648581748416830289
319522732490500869349173448819547564005462388435416433079600500623
700783846165379445599346677006425966920755145488055007123046443397
619630539236265928758255896471875703316225953818161895909117358045
486616836734075116736883917463953649766634115492067432681702071768
271136772198825442733000707921436943126220619351029171003597936975
801539916994834672445323918271811427277366112507450107488084512157
217916069659512226562574741559111040716803124782742371048081379527
955016326596107288891730241981954731536112090176270318030161801475
869212154726148250338804082154548591051476760914856269109645330190
441185508022654586754591463832694724695316927198560280206370883661
598749847296867112294383036017752132258012161045352005170193740574
166173742524610864332786888166422807440009492958222456280096767058
135007040629589067170142473299642601188727065969505363707252318128
653568987636225723562581371931180700237418427994106055451359122984
448002021800266153313609593954686370830820983475635907992137478241
510367916324541140791468331220072442801548371409351672556920247224

552894953486010898537206373768979711792013361811446586435654763104
854814186824899762364195746425778923143668448547320841640731426414
715459969941898545163652602380661969247596499140829952224982005373
362868263471661633421044399460842947671093885745338340334326214785
605157160137548321892245693618735087852787368354046580133897196586
034870583474396689394281954848595650194059594632293572565117008607
559696935756657496813108046534791145069199071641571875016488027897
462657451263003101911726531552296355361534299405331037313279219516
561176087059352519857019474053529285034849089459482522317210901133
759740840726944993326899745566276296316400312958599133998919270561
615791500539161724039464420205185438056101331277667600713344308560
666735155879651632884127424544682943503709170996519478065420477095
993757847170273809254371011457591972132832010775974567393680350780
838500284576417548992739353956084955532302154946195298947226923726
088648960896755425535856292335067505938883665331098246018889641789
109581335188091462016746316339936949707968072192584028324418657952
465531961230506760661100209182907902457623567119263731624473885934
507458216451927168034535090403889942650003298943018208439584639047
283657173846894271167925235405235898158258057366247333097671492951
553503562317279789307072408068560589883195178515647619461613060071
292085233290555433258593176788194403449286871505608761894728055419
105486820926628714645939895789324419186420477622019214076992140289
064205516777898464045496264530190033887595999793599270946961009082
395034949650031233189318199451125718157722535792334253324069211573
790531184430793514153410631301009246256900547643405098685811192157
219679895890326259637143777496244463974724761125069113456861554552
582662304020026511230640080580665338243184530170391656999670736822
268299246020547950927247909432115587421753788216943052147891509527
444795954046593124315589750391984127763890186023831914966827106905
013310146880921321626216224343094113377656230524072522979257744421
468259245080337211973688125276575690013095902061675715207813201194
531203530307403117217278361723038277533557874326516460477928684357
742963369701483296558524678174029686094309198948860711611668332915
495039290879314176252952228905650237469258324924389969971919238435
347082309487730728221249898513526903597080730771283599926813669794
574086955881832033637119122065392839266590251890547630519369969099
728176859026582236975499354269968744968790333310072858948762659040
893024954774870425903701174609625796654943106542837823018831054782
794095134194683975501293682878465220505970533872158982094261736178
067276569910956015200421229702782707002205155236057607661073182967
980068829362547986236562899659765624507633647863862669107279326970
524250078195582710153777730877650013287536791812922098093168166958
706783398265660120801266286204222319330665882596473045614950194188
371550827497847929509409246833222799424000123504916583053321790106
692480421397861520780961948349961314254902917790152789496202855605
496855000909595174694466424777261658888908091788300449370778764741
650377786705301226379104694978585687980250281451304853147147294868
739863963479664753624538362623341220786373471398526748581139368099
516805328646875778974241925605811757850327404863690005707915214903
644604773227687351554523206810152968128301565322616285288020516624
582579744948495266945845906682180359801065928663878593267424345676
524945833912231489631895933852295802496672798137017344464501307162
023149083451552712094931498426546323345022938752571490875270343683
004726910872421633270877419103017611613203116980298937619358415194
182681793338768565891423941380787748595481177848091141663695405984
776882245546994789194745734807220259615888068686259661188782287908
802718449973091247362986414485199646062242184033375460587678202141
498938792793459988990579421632474425997448633674041264662647337354

318163835309498321552372186190294970803367594579023175328210756105
139561285722463626072931756656951728758978850605756494271174616810
605422684331340541741473866592893184969678763109359814972999484598
395882403819087210251719345687302263407682258936888129228961959839
038495576452771369907258270982307537142941160694116140596284262356
308373192888415195301579702177957902618389952662697771527365777323
720546086564276996557000022876737393030472719246959878428510107269
512055501933984255296565343712812272731398953807869581902762298549
360215684489555914743330750422509221839024860425287757739896783353
193728819875536783156702120344481188347589744511498656234125788591
707212079204034013599190298134447747615512118514716305693125338798
996633767176576926223815703173170783062691132020807731420980952265
239360434646011749567494700473508515315689210365275201134395259630
170876945187466611841083290586385006942830689467322546179354395435
186476920132178858393601461483173300711118727190344248337789634312
630967062325259514400806620870061034989434602281792678476442387979
245397157858679839122084210018129893432797130714840737094550929732
067912660362273158657599426266755907631315525877934700842404002749
881795561127512048934480593350684092191498340544394585548962496185
811410418845336973797712170562645636977263676868175170908228915584
640219962603837487876204049197829551613768328126874064677894123391
958689735083184614190003704247185272045843120589369888510187480995
355627599033589562979396051811583956310500771367542917777847638804
010930746476958075660585740484001407183301149132039944226189272718
989511537117331145044142027693967408041845105744991703764838146312
209246411965555133027720243225136262918366513039796755327858115102
590100189258032249173591299593252069009882116544644637681022112662
226228843762816084685055293833636009588194911121059079936883502405
866119267932393707716968293458599065363012380669606866594775836801
730771425614693146332419274678135970090586436858353848431156482664
467590563866417139635622226243102722943291329312198765092216757308
584591516478788319193024120605647001618588411887500792077452827576
682289820991063216231341474339456099120176771940684115616017033747
088031126735144615116260014002728372611283265313151538062073444328
897587758267426140944481052808176983684546003170187668333470961598
089648005779747184548203665873822713648710088104454522609748791157
376724609080192845866193409956372680507725377864931926395672420796
090941927755977123136042203800363218824079887684425584322384255843
797853049630987093486857664571424587136295316588148687027424919621
420738368898131235110487783887573503866946723721659487358368405112
114320413093012372288818495670450312090533271408527537449353666781
581679784705194358343344407946714810849236234146680167196465793949
625048208790550136468931922973386401130040593328827735952009133703
182637364626682932024705101863921008270496326686282458799087367472
344429478176502915559912843041289571777816110311018052949362539140
238068202177023484515181230130149484413635768722148238257136396308
531719388039818665240654783646928962868288537714509938511801377610
405346334313593998631230155037682753069020683493023505811244215849
279159439713002122417376370623629196810414405385511157373169792775
514045035528710717659653249212662362925038301288745652297218713433
664343649197922128296967987175274772345262817502161547358302333281
583668589623390493394281752340033429119045565182572750595455705360
572719982720119589824081289948101332429773511584252674973581124988
746821685411632668397052672329484144804328763123969713489466701250
339262125218624338547457862884460876622634949013138095417261125547
501285187193861504509054506227864763815643134688958093426547591371
784512412740336618250691584869024780390901457161350474577762559819
395937201364974706436354429550576867499480179373203332896604125333

440386101467086552445635255227025971277481201747604117067762168301
681572768026683217099151397064019704284688157712556706047868483178
922063193145068273275362694618665572445990899687816238146451072418
009284956719218325012683837265441266949835704017258182410495667250
738023357010430994377384412406940595161187787817460399229353291796
092829312472837381906307305522768629546940445188006459446077573016
341904049680610170905279342655369690288767343844145569927224590856
321002493322882613569257228443256064653453400620302110838455240853
201660189076000914857378657327881138009271472133370754242539211068
195984265914062638095458159286539424418223228856901298908205228460
186830067855621058392400976323816091102538665438222246477189231237
370179804775886620071448429992835064839113075123507361715154607 36
961217373409988690998922708534019467314614555822731798355113514203
338236803447816060240867334608321633775434633675416619651433361597
658679144877824481764762387170599005565430309088765492580778387104
107173578255458871743383310660829667191314535376484826284367216793
674601293680672011681076229188818101660483379230841739962585379374
679771540611864199410561731759652227205990657971779723280581450943
890838562624381801336240102106364382856745742449266550410452891292
490825824608940330402191784532681394008563838321904980866056682276
083495364545664363937572105127336973719516931603279694628755906634
616243211360400704582095376051137666254399855754186602387314127105
922152456968043927006639316525132189667737137506341213819587641979
019680222779254636910739918262938371497737540015075702019006963476
877365748211027645669814309132883785339898351511094800852518247913
900327204700426416021580908007994060118331032332930469317988994130
496968640207915233345213008431395264179092670951727863910910752720
906237747667011122747085711676459825950285823698889104948296126316
360414585554152383087306438297616395262974300976950045597784771840
672010953126139409624792325627707876658821144861916973802923365776
220116649139618346304128555961659445660735180883284924935559757416
935447086200535570568472597956387902264831148395536404441902317323
736440334223043594106616857296008355326688034034750106836395056125
810187437703028464129063228717281933918142918252752790370032750476
765083353893457140529065495489472591428877912368562882756304996501
988820556287143143214255960327758134552472559195534684139472886049
213942234423130565307058368514319666895851291001384601537417332325
207171864999061726117237394368845876048691566778822226358431833716
889497710402859102514870997712124275189543629130090407841159687167
353617071742872793458564228697355082882892945620360192579028559049
992960708959034378351800528454068486841903908574814654415753438940
884932127570026500652296685232857584219180370784274047743764958623
375999819395428327979449478843645488060451672110590341282986793269
208780133629775791034393327606901170919537333401424176152984706168
616182117544348708169778240011192647879273040967552374104165208711
136636739532003213019699948002179317777923301807791387425876421535
141608601016995250227728020389753044162972494907595101427417908474
611662611092808060376400201567138177254119020502118827832990617086
107547713572075493920842718434528417936989506576817603771941233823
860470274024985061707191181674525339813891594783767715902364875316
164402511236530997868481139162591445714668530470425374228785857951
783698080523802753536216985950176211680527064636606139574671187362
623885710544047698075761306405326714437084549245604558952064708668
264268920332555647163515646197575734998680717004533302945830959429
529653263764581475721069774705441397976971488469851000315534905569
619565939339565411268115186435281727710019596141978482877613995133
911938982989585138663564791232192557905640117355548423903501548451
852434024560448851123476630503172730388880092437784709744145030257

2783817474440291677989468871438184387324497389852283083915630920812458118486800494235252894769291146132479188933486737489039455823176694928492766662385840236632994273152398746377538131173709737981938055960757521227970110732004649476191477140896089443130637658466179873078006097252603446819777759649783805764766682878173511157012823580073302312299471414941216428543964626192197856552906466879810526025726728868954826816937979066081434430782302820654698147105289082848652650325483771551483961933579181619435256667602729174699824138431493038564214150685439878896182044594589639753887283109934846966340405314404702617318707420545909668881323162114604484582632361556532491957980021800635471100439455056631927158765438469444893637646482065597300919324473045003169627822438449985489061278051995060429785958589837346915295674117413257434314952802990511988747075298617278582467707852701269759024643028960259208547711764301747840274362063237395938354369184708782895042517200514373489906069428202263528394037161581579755574454726257591493523505093762569725921696808983465825609455643614763396696669422922246357765024747453352399711453503271509762593510813359392892290052255279590611814466142759576761353737147942428780769243040117817454202686315953451390740359285209350433485507757936515413698887907275628457826283340535963729254686803273511970760336725671700438519706791189104894125374439325512574905074608453954357404332460604050000945990015502928099834981827475511058918728707543466808579229222642073268969802942815758611543981322240804893401033206105413613355881065841581234648207686588016686359136157148557535818113067385645262661048413434734694581800123590939003606364932591926226228867138247125720536725553814772608486773979304900027516681380159126207820727761188873801275039527923203372321550529434950674820368589418690741746427296252877227695238213838869498969513005141260086088863354786587690438216185781230166642624384408377864486178700097632319622963454218610284769762828542653209970749025523248847832534292766994036595661765770521917730587498014847131360549477970335962211459996066343296801297571881445298810633474508246530724717063865399419170586986341658921382296809660056934436379533214689762049206603863931690292854005134038727246474451159000488766348470139307744360611922221525843246543758594557475149805128429751072532069134495501217738192962439167842667921549289823403814409597844714241107844884944907644061510001616795398057396920586724852555267482168843001379706647631658416971507886318672243158474476323088342578348592507362023114892332005114366315644882566855062474430896286892873506974632118560972768425625792951346074796979272386272203139786212564717273672432098794694939301659419192230630084378973615732850243875965059718802248990743656513677318487135463313796083764317993502813439050756188302444449328433729689080695711014643526515926055875565051948966032628784148146269432617726556488897550780317998077200382052386943408920569349275048552682563471064892720871562106974609480143310774386397533737022755321110169907166040393559744313492295904794445992691482235392519540807825712213306083477560164051797784798453264387692709478330422216534153989848754355911884386121346165296171194919575468374131681095754919215380769294538468883371633627329891086989697558323634964636586923490130644439146619567637844503154357771919857820059145578926600992401127262891755625253100169203707889168372917509123233549795493518486024917411759072582267566203136657379845497461137485728720577235970638045389818187758469032786199668466588086346353083108264450129276861633351733260777070825624957635599954202585390952536592962448447829175699306727467564047582024027858462893276347808370696567266342637533372524719420100218687529643881979910455256099823635725998764450528873880778509201607968356963031315406777691060890432386172585677279110

170164333959161926295408105106208028223423461043789455221446010200
838465119628241806359700034656746305840338808055498038218193178796
318334534291194129478603863292943797893180613692791985303414715863
550666428505622398205973763881939246662549768253630184754154358975
048097825879181342498075078010463433987656513575128159395211745728
322567699705647263993512435232125246419907925607697903854466313322
491947053505179103695089842261605805871784925715287227308206949170
039435834973066279321701652388065846458099860717832812729443638518
531481001285740291432221726837451848544379334975693965807278325375
104440814018096263558730213161011025780350187276504310917874322764
960236487570076927072833198589250785629618134644867336842184108752
190807457512954249767101940785748461388741371360674534530064504718
215455180229182672613148025461888356820899085960770121036186397222
549445358906955211771224828800144580704449324998249566534530782597
050565740626958707567735178832000620759551339990743504639158953488
946756250638821648552235843593992796813492903698896621337792696231
025185613978184554779623218250662593077519521427701700094584079193
717385153973597907562909197273141435901365112617137519487474682393
400281956535520289912694849532727102393800177355262731386176006013
418558896324427517338568873569509380118709665295520190509494459641
254922630343327939483675845697102352521557790498726213005717531605
229284970760481835668087524382844043525198513977869432472343756945
496858049955117471329934354505389538418663228061877313275306153419
349603681642015932228706015547143106430438225224012246942485562117
194550927239483597846456817079082428421905010948418780431605838436
337298268893416020826564420247210958554463990535662981443215073901
325768329419922489410502609547223579738054222264759106816334254039
128594988849259990658960219237300136500135334709569467204255390396
020538178908841693604668812859786307085018050268396423042087966344
624529346303271427391838182420578898333108185113110603697021678116
334533208314800423284917183114216501492741985632989095469961058133
774412918682828840037303493091088526812751933124530401323505300106
728658646457916498637581445531308257679640032735510500979818281896
534085395018316816572615284995605895055792052858342106761147374667
057835400109976655623596515030422995227357770935454818332128267988
650763562235963699163244540652852438946003677379648472313422753698
043732065364914332025338027728244574855486003176455409243708003406
412343740588242774124835356702035393384405075462774772396646904796
157126325598835021034106841568177738366255148570186176289239748109
315965042871414910529932458140888466249448195056639056952907279465
412101191821093806285112394463270509850438122690864939344048773389
020837500851190646660956727030879602825171585865173173704284590652
111633808846663025905939139485164990368678577020651412533449798394
737929253472593106369322898369518645822067423127689036549362445945
857430364894143802641917993899579200652073230071229769317264913603
286496598480440924303522414164623056256275432915744566259331721053
357244991321005878285564502155136030421360186204116681010998893400
893099978546571123537833402938324777221352976325618052504332783729
715881890958667304688734295517363731324811252329347104803116925879
784300059285264297836781805691304612837984237924938044510330797645
096889197401157260250695753003007927645748551029478496569419126583
556789092060813034342752955091505010160328872762451742028517509903
074876893527031463919745752485272452743260202318859192776327676598
333857525190425730112463622242908735366026718984014299513622717223
180528678291712768881815371377766199252867312047697670182714371631
510687214775474732763661908490532214208283261042650634207818561327
888761460207325155989082095767011651682469462298496261622966022754
698588612653738442514950045357766002912682288237165817133179630829

585135532921232831548731776061395184413779828751167873794672267469
154954538805122391564069708265290295765016320385293263094935108441
195394208458206756183305719451783157693172390431161898748649953097
299708470424446864777535996705565054190618190414180233735710064723
881470888086489116765183051946317428359072639364166762095716143236
823390634174297287226883014075332248571183726864967800044587920407
569356028025960152499436195527151792128891499661454683216343935659
851026363025076047628264624166994571398912570451911202543250314859
354373159497879331888255040785038262568089740448625139748280205615
348833963911039788653242675673415289209227977601036383747615039805
186769126006217514290506708635002097300525557799487531452321384543
552844109407915697070893602785275982445403252885540122239033067928
602500349171112848922018593409017065597038137236709016038571297300
269020781579075588511156779772090664958014469905255656821914136055
166520824985030041336529821420860614982631161965937293595938874762
188027682426835972842509264577447673050561370531411575328705656291
782222541008776978995548349836973487039857899229258090986155908881
544902192410691569307674676327568181040405622007854858348920921830
711402052397334888641332011069789417648694252827310663559307895001
281391577747788306825360389963579321063766556147244646227801920865
557887037076381966743716820735679824471479234566064881070006982068
664099019564045976206635140328377598520184513445071511507170990224
543693569533432856364231659181273707068207115274525407192124176904
192137367073456171399441508554460253122889495223572784312504457634
705608853081307086236960216409516154684700839341147048860266921543
350226484247258029392935783158862704718311557354101840576877561219
893854285373262650421856458484258102136742666908239406652765092675
152134726677798481381260499260595591239431755926745742305958632452
582564254561535531326689520464708475560899954534219310095046090944
906477206381536891528031983429220506054340962339531314245079233858
164666289650748152674497530838232274629606438673363206902228993677
297397479607307241387297629860907969868626897816557507444266503058
160779324317590116959684732409182843185566747430461569746288769311
506356842340063812834142127901335087333068948337900945783322753411
142807899516273368857861625916596332186486792185445001888739608677
570945034809885091018074181890325660994270350460152888470874958354
041794964733922223483008748693168786852608182880318421152605726154
962526701696755407155488001140988809377490587391787896922567257560
697838190676075442242357570047497665046739618088197399862570567579
185815785857313628991483309152116407234601334604103674453438698619
815814663132017299480017813180339120136314215779259332168389295935
099088301228626639259242821325534547191980225278135058018253781233
517429711779987976217830641254217060456073756419077048143775170843
566841576694645928320543116939051622628769426251711482219903223113
403640388688878100244586313438639896191624889019452902063118252348
082825563800535668165875419005995767184972019162604507348277342894
700136328503096942005230847372604552045727017915012023597799231507
927835536625561650513064957952121936406319125385148639433623795776
672702206943154039795324649231289592828889570031827025257218691159
517563483564127574158046315423687425723533637410697998127191360736
578735499256456275448142683020751478089685967289676688771984529989
819221784814768030048968717082638454344659409830544322115043034728
388749127137298388527703309560889891160203791840791070982822913788
246416064945902082106123371882409382731074352518098457049882078783
912882965921574309896935320603063394233681630942100492246784606604
248470906714262119009668744201768673513147386289671800999443229722
179589515577459884606277337530531424957940115337029547186422838474
792004988015696847625146046499852646369644349151910374272254891445

738638740243617707363639982789929094995708056304289177702403678865
059255900166325103970780251348352627099743556847115870458796945984
935620760825311975384064592718594210317599864127002537033918493017
344336193973927616742644298644906323069088034031738460915922680961
848954529866002739466499213200401043576612663797546573088232786771
983823731566159762922434924725860188206818339828810936566351058041
245192974084822944889095198699410275677444780447649975559121881804
896604107729965728158844866983464719506993845257012997498205301975
898243092725127237016943298271522552594075809430726281532048264885
983490680329354770001780249973006874795166189658377669744319584630
679775357628801683631458589277536084736079281760989769527852606565
339048649731589498256112310231140636695711444871790803595722735093
070862337996129060031507195131586335370083114632517305428901931761
829697459842505129819335535779788455929708600335609963511519291190
530313015500831206319394207429616088693195780489689836909038496838
530521291794857919015963816003290006406720874412578394680548355212
291777633811881283728914178114028551801714282545788981425040488852
007268716051712292275915075367203231906750650069073974467666485484
481976649111113957753490964015697330839920147581976307036819268587
756475305721526068655120774159492750080539794873825568369829034303
927506749625142579166573217844148882392658050046161608624429745484
149860428856173578566917361144648087238846417432598585610813856660
030735828003250929391501151137724490237632428240915363529111383342
853548326439294344130512901528179297466796844010666752146278385613
861370670976951290024738938428522250769314061343178005531525660481
786159977065691245958095930884799021585879342029500984529277887593
689308742149712658251453408389050635861205725229398350684669961020
401562232006349895987986333434103910884017290082651901319327781985
594993338979472090604844862156876510372684450569625309375425789633
236115680478028768421943799868168005929442565701402957089114435723
067404595852262059550662006121368523108750739500679246502633786444
717940786852540444643130879826761139257948130222359947984242783565
950155970144334981049476476229237356700225019859990000504831183629
252927615490338867874473114827036438881737057679794010339466038587
357143142327584331093918849301786230868220200628884256587059210564
295481796588999632639492916610981323810459418439510645117848847522
871618955074297153250491578578981341775762317479155252530179041995
926570418471426226112899146274695227521986854940637082021267598263
338285960122548608155500635934924210338629537471395806236793197915
903346797434760266982925309249200875582223087274219122337842511166
291283763015357729083186238029451299825918644386368610138106256279
052973355430510898672230080009354967962399284527373453494360928715
851691881608010891424446415209965190991355108948046950413969295866
797889327096258719797190235327352363432661934154947067113457329738
493267042498538210874843556087415175871864921371582204365801021024
359281484328180116409716397608731467658173407163583648212843856852
121869734649729184782562360291199936531647963569389334624081764933
600164657164866675634612431529777396661051349185084718952483116023
611518971614688740422599985419834189461442937043657529635350843405
776118254569043524620139890794798464865727234794721463710492312862
554610360048880553251984950948061898316622468656888226689630148521
632730256846827079137747964018108963519216499627534792858841863832
095326116093754636176894270650347257637227192086893723345369893182
366887408687543463416899926584347968923674263628543731757617977683
311753854234413022044701430456015458556839522615043781715353603203
791512495952740529323855575329435645521801461440119812008811595709
137552564151570262057939949649796214219465932519377948707933168609
281657144152481947274917619645799615265536188710030183660810168567

084248283153164127256186912352033745875156809912722423676709258598
789407673205964259277604834088615956541279889434088588274383556539
839407859588045923641664095543794883058197751038832056806580236359
170623153152864831834730581649125719713600177026468513817515999442
840568964663822881163767669075101213235704492525500324584486085130
540573367528181072569732409416910636291222801261026648190420030082
449028450913337318607417472505240883578388623459416247247894526088
238080965770348398719992920575832482220513936657445302469120924191
969812354520309637952846843482900081494701899681550536437791303813
991196948375026133469385904753611026687330412131494841342839060115
152872993169104497030584760639999546155801172016778099972195842604
154987245584522155995170258606393189054803678886285748817365351 1673
378382668488476539957100352092539361735160825418116996498063833834
457127538068695348453922916558383697761603426705861147977229359514
683279911883571564730263915629364414465230122610163714130461443537
930729828718471612160550924925781266337547896964979731242136504978
580785820426458193538125518280877158985133859590699557784979020803
467554067573633169348003658531508919526452068945003831046179654813
359121428416511206993616031090834106395809087671349791819057139731
806297759026090834771090347427731398821435040242298421287233456834
112411010814321951590293984849769582914376581134484893325919631270
867390457042942309857450811624318723722904806573724431216553961934
330524838548108454499945710947633364734477169073048623045781590732
822243615220617312497525030040704401492909723954607573670090717012
079929625970260414012459941721813063620262385553234920267444063255
931406493242907543001019472711843379939598169428646013713785647105
554971724901647335171919618756324623770389688180514103392624086287
854040672021088143014525449662087253724043865621569704479380765260
846172605388780621418493298484302207952011846303367081723822651031
271572578310971325104643857041583116759236274212128540991516919082
182599272168857951850366344476852454224617558925704762828274765737
854398655033496403878688065473705880378529608656207790712724137198
591742059601291516505129637745646398292343190491029495445037997957
821685305192340653415292222627557233820071029762624216249184448381
213892044096014287170676996063948677214274439845318563831286097535
836678500817719754513180244811789402559961541865161700261950094175
564573600072032607328386683451749149553258790225964602150198969236
733114818175067383838415525412860415618725021003246542307418499926
264548461204088393803094737818889103676743692864348702360866576199
961009016989813105143057209729553661234896552832689402086885743603
043346437299903265625584027050827885262614295929022314349500120543
012248326973496122761634413084021148848037716774477024089479150458
835934097024651919815690411360110763389368017669481837948263418945
690975053874839440872242036433491669514710230633762834636351573652
110908088366583641465488450362255092731639461281457689604758740779
591451844347610895479271725874461665764028986945858124383650656777
191741511123320468170142120447507402301076286931090786964364513337
442452965450376884798541585593527818721838863232529606350225055204
092356500854905141378570482150926853228438042680705308847944157116
820605151443994814869124088617648543293157705570956429293104805213
556813304684176723490708550730698450551328497909005001952478947468
393584732361157199690754463382136388159799827732443015421074626546
030031342595087601083589685368501806941199240783616873989634704820
930506361294819734292034188695934692841201279816770936076718495087
736295876517826287459297178081475964573270635938974328485258807910
443178956519814588250585673871562204358052042164459692154043185660
678369088853235224365196088311522152203620068920960454465452065068
165790639980389540469796447126429071886142419626711601047695750326

715559639967456515132092589903257721692144675554539009270885348972
202813889826773805210357366117403330415016248428757408148225353064
517471777527433029633637027003579936548042922267800777791618301717
727071712087555895217595319675693446526958526621845868678894856896
050877074909641883096335815477488906081961672409756715384842054484
500555433977559467150197947185717748310053425821779302276133475486
283785589958457314263879933366246583193162462738207152632889553786
322420578276735298553536988062591985421643566601722482216123327719
726565513662203791427348067946642832203682449372989010670525198221
930754543507235630685367104141453523108810164636606719177363874829
991772305277503101320521090317461043400694525766655974580814394455
561943783689785876867555819852480378877280454029590406695512620708
158519193403533504911332859013207349711245059439180548954313918564
083983275956272039480853421410510476061879060815113755807736281288
321700545666296798137944350173262725248642162411182055364609785341
440953145530789274804853098068606313118947766907023272872329763135
221538061449721048393978224919870138131153902905355874324233806295
149630269315088941824137666781679292012690155839319518385133478749
779734345431202193997063168694888954428234124293717231721013437928
557352470655472455510565077543082863755054306983375483082785058959
668332991762402822345627556415128429489566150497414834780352717469
938928092941259144779521874401075797799033629181226181626601526868
177485796415108274784845353370116474124826269669923127081207964708
358101374873997356545538367753659794592592024933119800633149711614
996712761548685361024073761328228367486343092170184409081039343969
174209404269088414816863213810750066206507177264682016592988292304
974004716847031425684391564974384157857090018326051930514290372835
459923790060328701524442001329486345822650874489776630231687659266
257336604140859483342275970543631649879705703866572360525712878391
230222966011484527767032293101431596879514830399662408963578460052
378830777496928414979423856906333811100488142067933968605946214683
094695941138273760852774654346583238117682751332465690323037018549
275094503895396640963016417076489706626999723162036548767157504708
785688281589846632100626737839437950336694423902008372031453742295
082449502659940145341972207730393324125168801478631277637363186326
223307147271407944035742617387969885778707955146466726389056625447
710056563130499259925015978669039163969019322417960651392235394587
956199038808338183086401554331655987406581476852434635828843604595
862947201378274455304299906030790493812101205969058850882000394983
543757885666161285298283386902888384008153470949389717946495184679
678070030626195657043935277452091119195384714514450971569908302446
487841289280686131107472883617599949319129758437205235798084483836
377572125455010327573042241661254402397505110576696857484755037367
511070245133385966426541159550912195520828420600027134764659344341
669749560580477760141770574391867999129554556634113864023192165960
643742820411940711835390947881910333635123146346465972015248213023
972206014930186479461327687096855706774073629666411525389481055677
282757148401034473123528435083840570260616225083581673175273302404
570282598248827569789005264323342197656652329318201359798965369489
809245310227351660766135741655744436919742594173747958302325812378
388002340468401911798583841577021036093240554055220767752800795084
240723180845388573553961834028184111347344841011606835387140504678
095575620371245088615290468203617690304069355046060244363316116702
401915828125840686237377208611321517572809369198936835394049627629
227188252857771355359678899613993400432872945253736633448337110625
163039516062484965297087216489639172615486662748510145971056095015
601038871180802916845925964490498232788974374108082914800645469188
967672780442085939583498095198138443621313904384288295241824225482

1873272345466457894595700401699530446572768240351225636726541365544
4889745750081921116368657627794711189722022250760933291417445649785
0975115262441943304691411631024351616227570391004986307124496309100
3206702344862975855224723093902934931858315883793022629156119564111
4173851664590960722271217329673805174580101139675077515397074580055
2447894080408620672349721679101128021725621404671995687213445791833
3255494655263417547643190917812572291454320934960619271891755377111
2116329865130680869486668100297071608138513725061659937995915226777
4094892701955891663544938640368981795784656130579783957639506760544
4583148748092039264066934974807705620571589729012812792635459515377
4596533297387139453105675361732002359813863357412458926677886407111
7867265990999510568018684770850797526370504022027220333002258477099
7016162937280937511376808825991909168374461929799314822255780483799
6360734944145659293562030255633766733546613716667221577355790680733
8165294422953330919763094109247095763343859475042417185078362752366
7948881767505095877877074443153917197078639811430484586457851924277
9140310083785028957271551789941692584309951085998084919541826916977
4022824429242631672357067999056826520260446384788507091902845642299
0522622091757407619768959526461035863866642035928545016239819417711
5205573746701376767553166120334016555897044137893195290871889631977
8658096016316012525798292430423930810270683775970147597744902886988
8398374371961254836863661288770826109804028528387950000847863669388
6628686144588876106657556606778878023050962009611078846980476422100
7918333394770585560411114694923840861690590843250249942966249631788
4631913954873067235463729275689150180174264892222757562042183726411
1000862543538233496023416652162844316698314874667381674153821304922
0300680393390358514829581098782222494281304103485099738050081091822
9204093653151687144640368025908887138680304133443118287813675196411
8808192730327826774300503953223522717471351952646101766488796367355
2532485315448990900545325416217857285307875658646217259326496531622
0813409814661605620377691972649518018899140271605372472929771425477
8801812885030526980184842919811835751858018960082390044705002207955
7407942886884814843056748591979421144925347935816068011450764848977
3278514297714052449280283333210376511081284784147773271474314923155
0811086914926819936695919217039849033316058791236022534220735449822
6024841687808458184869281572295132962669101399690114080497934305199
5125004359002455952235874436154911437013033676316381900236916576811
5976437942279462476323789671256890792195363548347006464673125506399
7868196270440515946155211684703073727235710369975745339734960635966
8938245661290000694948174607587469468332315091338964528724915939222
4620166871683598681267907532731979187219646601115718730661985683188
6697603710436346442837710462837189741911430131813825046233033175522
6422675674649355705053564554383053276216673616927616319824908653844
9127028312968969762107241063077142234178506824104477477187721858811
4628153579405978879331338269923457779194491746230349934058713203744
2578859206060933292024630270242858385087843514805032440355151262344
4771404693919272547187868247789145516543242991581854350138943643911
8800008770582254553464153780353658527397031574461156938577116452677
0711521147716404794903107642917416750979158530875945959257276147755
6130790223544831964145883820376745006853999105619506673795988539188
5808182517456672600086266399600432654134561897016241925172701009088
7122937192093243029991830035990959293389147571186302641957026808399
8643236169822331296320039395487815083679814291105492765766145065466
8113327067992211476981032144481671517215838888492195450321504586344
0197513263650370696389602368425783575934971780795491596000317630855
7466975745131013039457650239183254621001126929698478436271942511533
3053297512983356068770218995934990687226508986907320297739485730288
7950617177846131882282219223263853711287048824037877286954581367488

418601372859985930209780922798154398907273057163088525838003671587
004933719773385132444255581093626195324188142592133050736434354145
482551228655864280088513220730842940592926372618204773326274602767
561664625164596084366973099415084235001192933974796439226840383815
353573503426940199898056055753067212678232047045715974933766901124
685064447693552334003934731116379003118732031751163366449442639594
035333164083195157599829967100457586654264642998629213871648292465
314603944222783625575562176775757521565184427929823482656652883186
204194778866960178936838655925278977930866987759728864916720921404
766294101405268630047503424999566779667507563675965034117135371952
031078270743433459005055015327227143361389062484414527332950828736
858835850792976191437866197427918182589225880735255687230048829477
858638402955123240247982164706661296882406279305422814801855652726
378564459437191938763757960032518587191867664440627739069244946293
025747402955604228085061393206040426865184740203515694396780440167
518298306868306779223331591685832677816669350547941679908912263452
757626532288943549709451606305423112739126252259475265929277101764
827780311444580717705013633704951642816701259929650201503560001662
483447233574814919120497895007067019947941535668048334989340585653
714387218888381876751774644935607710445482733643091842376608518067
427845552724026030285591875968018264851176569145895894477421751572
171444975180038517387216994416037531605281379191001891156828162495
518721305688762619505793078186464928855359825701299361666700964326
344547240151910041093962186510853563721760177856111221447030334405
772156736147343873041925230918207060690285495968500305293855858167
105935831475027369505978070843463409658192939338463744933993625297
721349246456766925251696683912498771820278749623744452915955477869
338345774632444852825644764889575377516862941088355171792586764467
065404677542983068404050170922614082885875501627453247328372067104
301641244650120916957262243452973929055414272452768586607939822778
729072406129106626341536792890178716074145320712444565925512097686
051729958889043845223312206287833548642738608430737582161521127493
443851125156227677582704072289141395039193378831462142734621338720
674986727176212208563697189335469112082832224690114792157283405618
586011479142770040040204427994758748412499493889761845899360640237
509048288199325639158135497490635213438794873225203579007600642475
778228149762880998851189560384511205849529431142515793443512492590
630998584487326491430329014635180334937236337057337393229558892823
909009586946685944645167344367867181156188620934313979346188389746
053888764152162841230167524386034994180149826551891661018815552484
109666453845038221903082006777872511833091168105541925118140256050
604259365879570543257513736392197955967066756327108309041315478846
726434135097006581519791508372460116455233108637520268542428721219
334848923302088886778546957727360619587513883286362287650749208806
902632616441833645024491918153474068644009700326595289406306197682
537366626149421811175308287097731537307832076456249776588275017682
621291010399253399660622355080903870571201969893312810267345014041
279264038860595523433748941497989352748554424935849095193560607637
661378172829930545614946045848499094209404196645889637040550780440
482849048966848394383498985265714574522090619254708869169011301108
645467283509495130079563042539349542688503908242113066647416095703
634143215177439921503383942242564839072901992246738334151872444315
263313017048984102104327961200844046444650336208162275784768901715
825204330550718401694678922035015549549096276312179686366656695540
373624280375373059324637482676032021508947471687452583614010692069
069437930090004191822219450978289451118666363829275557538625983001
632846527059159288127207747950126688826045038169245652347594509638
622844548421661081109318742391678377023902352040958541060945075328

981184937237100390390723378917525203917810406336402025881466066849
748739868163321220234577552988545065884877431939108889654505574632
295037496213872734533159597845595638931268678105190235873518819550
754156698153346532671408434700734152566448902967424099702319273106
058923742318999204995158086259858641246924443543117498715304267430
365849658127722355924035046822236987472534698739550444207822657419
408225852699879695576077311725573046052774454805094351667159534447
680946970749299952887126587396578522333875385608731557405029835441
944549648130061256632523493229658590061889022797817566953265492005
963098634746621716476319161183808115974593996829368490467334082470
820154402907688286116066136723637847397055392482238968508537315750
022389269525607284627948807610669557907885329778703696178984593435
241349916075986524624758449811571627639575325319511141475964871472
269206740899219488434983017293073666243817231729477839568480161109
075905698304047789153565663479707587128287327218874378085217117031
962323545275972051852059910797386768347367341459830194513869165935
855003701437720765239708685227424463541584968801464962377447839749
427491189369962954034115554756905823562656924256798915876238732953
751960173213065356065531377294936511017784563306745791038496767251
991289471520244567776079632089156580873706339411665696524385191076
459629366944706915433823855328339036620371431840667820341782485742
284808588440947987669525961360524241920738982963531862333248176056
636352712937761964839906730948014879304739824654267462670422571979
472520296283807079428807791208817477785707463315362260419383819293
584504924502376098814903959855556169601210399091875080721582326874
668337844052516442519961300480330870531017264477782808270874236550
820058123322072322010491659302400728381602823579180167233163745245
416762554033670861388770784462417691488161507903385890675176487636
879074716920572517137669223551741497377894036039012858084932432757
732597729195079109487469331288005200961189065358190602799452795040
817194517961850136990203887525024985375335765829805545390449015909
262050231014791738690601600501792115483090990782047938576970796066
867833984751231219420514925475393412441726140933704335031780479569
973230256961110812344590857368306476866100277815271940547008261507
359496129942718746506818701095181081234794065887782969389299750810
559480110414325877749044627162187704804831936175963755323250097243
391167936675235653530011643654608028157243482770363846255736553366
161432949996840732895026820094153419297497780433831632360993152103
924768831283896248833246720103603933210495726037545827020998569942
889479341665360409598386364263127495711991415109537699318072085202
869991844611010735731312435663152944436980176776680352134457350451
279117680406691380583061739568431463345513686814460788535672628261
588451440572714651772109901630375289459627483869765244249673762101
794423336141543926350288217271775181523548493455889013126879989808
285560398970585933018781932420081201354590784501136887549282915698
732944148006039873517190492166188580285809849518078620020595636458
374080544566377915178565365488697246641348787152296143421283439571
893222400476853151234682260588145672333180535196959777222496865196
126423829998870970001004837533175820976944606562103685473756684863
810002711699894475688759979587315149606605941561680632633775413470
624444823731428835451120596544492301224185853820881078864550627573
087941790903648147830977351851543281118603995263169509623867255214
264392737124199416028255933233582804075203820920294097006268400207
283942178055891673174603775568255402074613272265984799119877861385
035130402044512059240265861675552921092170381904097989768302963999
350747170004598500037610776867926723512949522486604384283212741396
298552667213994424808559943703496539501008740130632408336596706428
937563021282404691633896840466352491488053996845155443536330480396

5857100513178367955199367855127539543297326113935630562334010723487
7773730314005574718064901915566351890814671711164990020513975357853
4577522205433067905872250308663696066495386547129096301263175699393
2850103449841760619567074428888534598305601992062198316441004654322
4051976490493764208960241088426474128155942240156447652094099717122
3828971986625537502484723068636059397743016885267611812386423137466
0148844241960493689537604583473058698593963292087616052337424111255
0687943560030673544233362064859094405722666090209056723001480001044
6298835380639502683242941532836343320746731603852889346074747013677
5647559776650073805590388717649456269333489040286194756342490773899
0457152940702325424630331973480462893091719319468824928695503171022
3507861683868639353133271498137570706974255020184836483276185553488
3494612139516151572030571026207014560360936387561504189324766911277
2002692574040337102286285462808730651327127928290244340148162822600
5656440896384949765048688106832614081254637136992809740318503517966
4245192032214280312686385392403353241632223290315954440116516159900
8468412088616184433168508305009170289700543049894046784515901339244
3077011408890894288433574413762789567290501344188830206496039165488
7577739527636811754466661557763443480275678278235138488715470734200
6778352493633968571784333047684295139931082132900022110492440788699
5191299512253236345485393448724775329304410799210588297708352353899
2745889472440300441198794423480103231273613242186293262572131222744
3664640731009442538447710826333583441674096010353276033311825242233
9783252154106508329755784028584761151382360091880921971983600564644
4480695174466489791269914258116600949422456156469120388855050480366
5741445784112678166686638850004763954660199616555396539972190204799
8526570719075092500282657690219593646886153431578879635283945825488
4297463723553927623685865942212697998823352745577596308494980186944
9060823010733798375451562172321789581445471226122430191437959457544
3812475297232632259622839497096542222735790837553258826107999606588
8210802076342137409614457726299798321490128175515441309290213222022
9197001416182241802623175746476593094318287273397826005477515563444
1443192698370362277360057206047018378357472924591288641434152386811
4326236631803939173661238673906014534513447265495615922249146032266
8286435975565541734205154624503239482806229143791007288805046954955
9504206381291876446348008064435510648120029809541161431848244857388
5761225041525308487364149570509354116938961660213762301275042622677
7531563291692967215857554090797730886189359809561952670055460402966
6052455723221364217441654695470208268541805713733010048024243974211
0102042264121352105424428448478756980250172219008010517708637270633
8062162655976523239703029820066764300519651401229768886108602789122
5816489205455148818617563355373975802048921719943113205226549107300
4061000631949076148910635276936131734538943534463386560374832671711
5378989698621887333398314659049072537423517658454765520011624026322
2274415650903120394856344262873382743554092978837156985383655891522
7060876029186664329855291609057863328306203975386134800376747176100
1181059817902003081123593189603528098940566503553590501480793450644
9628208273408433800532562478503097550211743711025862876965212950255
8595365476828184695698115306698310529731925150180834433038229478544
5013832772248070937744256323585294920103077871127802353700757671722
5884036035337727270747630902240934280308231046105709673489348274233
2962928048826971638093906487715496989467503081527623630733463489388
6376327802434200034199024131083297343830709798445834186309038373111
8152587152413530441389030216248847871687364803006119896939376828655
3718375099662397341850792984277174154968546927708125894111323927866
1446189032114110387842956979270148365540427169843115026056326282966
3991409306374371406394578324877009286685881841256244023842432809433
0982665739396499731717441183283909116637094444138975898530368403655

426029626376738019606608537315888374575163328727304429136036001407
808738912215319225184652704873863934920693478583919797530885449029
125493173792792848535960469575309198096199484071006100559037911109
473537282468555428612087874097967263299046288668522487122926774965
058515508621988656294999272561021048574541604008880950732810503873
567633328622425756382297506183903744719762419309867622712522199732
969166715678304541676339406062268109094133724848326081976212265952
166812157490435584212891721370760795347280807390391527114943181478
822051442743977905524840257230909934294678419143019054387591417198
493371086817734115821852136795932733511632163156163408161455260684
491023512504002562024390106308319218314045474453220382498752065211
259615561630897540921922565582087555884465464921189755880664969900
040519287660876778042144319975799095843419305891389188074319037686
702613127834179836055540388366682915882231059026817688611057761487
467024460281192421095293560334704752490767501626556728866525750615
626163960797420245828786565340156678723269879002791288122750463235
964837021156009421039878833058633813755219599836971561860660489215
755031833112054203146142003441507669993637174921752041626245504805
137077986123883059687712662620096786272764401380729363226359800828
679647999810319336937344707673624183243464798000933975835858184447
949550908019831710778743188254951356876070845576337607483547744084
767152450492765305047001689158034374517621955486810465329709547413
130562543550369616103882253904249774831129757420323122537457598131
456599908954977018608033183422169580887973602972054159544947061130
219150453775977415214259604961644017769387402264956527864231948054
302644161153841168767742823460218980550348962733414338137379361447
474758415718524286266062748809898008363453203332906836792404508530
522536636687882765883998005801483088432663820581223627333410077645
306693262747790434283735265455829087119687239086922971285582705820
263352722362391322781868635536499939003392729494454348252641327662
684143226671561872740816679586557801772384246125214924841225651901
556013087664663464929243233239383583341987374512740763632854605388
226424081283517289385297575170145137307350353953194942653366758580
745691968195880268377763009857945970323065696313294332803888558454
457870202739808747184433203746041980053006156229034349577257086474
845718477084642151464157168244992097420805606243314581234141424049
064367516450628202007779708479627376023801723005866661058388652491
319748443516449451068691712331254084365317777983087133883504444762
045137379659167954049557360731794441606460871220674030743865361972
448826313980080625422339569612970978647832966430963426516704426902
777480429662589712674194630158987586542805048453994083222393324139
182485622432603113897251996718877999249872533006707996285793854595
324382881357318542503012296717953872193521433001042893563435113665
743994383291107304859604562519857653066085159325952573099333793999
096320300620718900462001071262440597222496724423231099484665510710
047515476301660002252270383795169473953565824001093375967907854046
283119912779049200571071877556784223221350449266420000345705809248
395180729095858008351736495971655621246150658504372038484121708391
194070740632804664123658901334513224784087664919729166571369562452
003441858479190696230745874183511210070071750268890895520544151287
657165823647045545947459548644036536237709009974063297506088814649
250668987099082886637487315549793997222209199787495821961778169290
449993216652384613190424009203517667657176047238019167520686491268
255839065502831240076082882839752494992149566704940530094310417412
385365428333959613160035923203214433113187237424919670002327358946
634099418912536985351157074415101729061584583598724169824336636977
660817322559365701608082562721351890387232960603365397039273311473
129905656705758897701375533206207025610610447669553068930779980463

74339183676899960759435388230135006628932964601616684625276215258 3
16782355267102292451618059878741698032667622275444604281150200161 9
45607260047906749919390039178099727500766509519153272453122706544 2
85171582412485875085088941060298580786891687764979174241055239907 6
80484990721710748122891816376560234543424802472966855639930725175 3
24303974201376146755904797035983229678458800301102884947348955808 1
93618721142083718244076449000328244318948290872653885765578964495 0
01367610633410046537293188402949781108947386466696053074465872625 5
27304306694694716646824699761550151545824888667241175859113930802 6
25183569172160395621655855253926861523051960220685200017141483639 3
41993885710357542761971163554271712384581011959706960030893668830 1
36437972281260468439687932650692641775755464223449060178564694171 2
33112811578453703571616178158171036883278350819316331814537455666 1
51323541622244544341517059349548131081170130842687090380796329971 0
15624050646257239448593154500874671865390582017724850169512094347 7
66100855077097940996840907336049866231743897005019397442134999088 9
74649517979720861509350985731447429593428633031200875039326255344 4
53267009586090079533169046133406516585045148547542832664925401545 2
15848711993405042431138008977410162492120553189359285920941088182 6
41792629232843276437100495354170149082776322734682990768722776274 0
33413050792397951516142491426649649003718952058852092326005815921 1
72983698325950557754683036181518316491767807946983887233096958481 4
37169693539982717159174839475947346046929020871797993389981595277 6
32317956066706157188371264016904307210456037883974350558157081538 7
48512528925580943246995827928017185819669087200645578429466235552 7
18824688016748285509878130758770989433625437390341080884876110860 5
82456229010052745482773078032211703584686862841225518352030761607 4
80064371136569589966524323988314082383174931653182431670549826049 0
82120361762468064732978271787703911844430123505065704064306437023 9
83318549080881901588094914028622091912889757386025707515047082139 1
59922983288675474202170659287774716471044594535706108522771164360 5
02430816088875517270124014468354097214566373737456831508037682545 6
93016217032454622128238515581028562135956598268503871126108323069 7
34892221927935867568606858707410795003187249422040941435974746046 3
03915246033896799988731299680882829490029418379315994801664737420 7
65111496340704754014124604493839352213091577821968448192534016151 0
10994341433476813866064533597315089400779721623233834297010183123 9
76530591852901308041039849590486553688064752369859627877716352672 3
15623328119085476452345049407312351647165123993284874780243380253 8
71724766690904067961418880371428712373265665802835207060371725033 4
81217726540789079233174458496753815703338328117343108883881631005 8
78401044555501835135049712386214144249856715456613776173858868156 7
94535951155376343385314153358836055801551483940502322157381502320 6
54530178668592956444414551935850791549568272442019892886169989758 8
51926890705812141823571401607610859671106556183349836345849566469 2
42969871747702952260870260533807722814641624795160290009940790338 5
82459677360016571912475354557202667310209711221449985175314016128 9
91803663771649230544766603313769956279344012428507308921256086345 2
57937908231190389294978395690961590361345422754242130982335304165 5
91435628310882198331288523756571899196935132365666804429192397391 0
71532823504528242784989350025370693424282066129634514397905275922 3
51179774313173402035872629580473007224521361554659687424024904109 0
15927019847086724649024249057807797456333680880885898382672609670 4
89091269700765168482406166914497855206462878036899755818997809011 4
64283641838568718944319233843235570253879292578685280360434958807 1
23715048056542152421418933290196196656855260749344135690438555732 6
27085527301076811273862827120876997479267206127981802175290317800 6
88046736931293680515416137563539580047017217224921372650016080727 4

374863429438044079522200924466143446891358180391373098017974622239
059420270341055973482303165285825237824970987924136292199958771053
567831241305586374412992873390994894483639432378941783694532293435
917927960695165685924361749143965340207936190929374594306036507348
715222283425225657452607620264608127179122483825448013723740231115
690747877095692228945041092097448488438069372685103798077701843783
890884314494914287298160889462245101146871239948902480393020380968
162828056413367689274679896724008933504324873584595692601165044930
898586937060831086289007763142980450552151167469978983359082764146
822181795094056469754968543072261161732199734786781028578082181388
396851192604611907269477844173428193628434210403521477157450003852
388820917602595286892735169370148742114347192610741508667083690351
206287679798801822346879978058606037103182495485983634609096301417
075711720572849329721387858060794436771825552883986062699994162486
059603552172221091521439075793998086061606444907005220011226917549
433626546893368699899540548291465017417589023987410449159696077531
128230700526982841355376478332741719322953353926267538207904440732
451561605139136724757978636004067885513580677087952653826350230837
550868838316860257373144453442564407517782174747120997382021049002
038196876063899690119770839538725356433256517288163871719742629360
426442924016717085038317970773459529505274588365387570343271425169
220032845384886523132054827526496300341640115129952549585756530642
018257977482100559989307127000082550942717523517989002344889357677
768841549064611758366464962929398826783764854998144685872721999306
309908777202613792109296348370801557853541441175804528998082217795
059437155341886021209965095647537936430380291181105917000407551444
457935890734961149003580333302440809676528077380003514093332036673
747723160437989391500258076141178397475858641290524354487918301784
254821011912121598382154781344048410451658880778435086021148532499
981772841651152066954432562504650166684165516828087799288558863737
477562823367255905155395863731527843547636279050032778165775925575
352181785483764098613544760721291905287954372306512455048708093086
980341339871093848237386897115090872460996441634174183747344293301
297523190439771962156450301692221146760675840005129383246823485810
579345610381717250710981373567297198898774197211802846139586204574
420127558761435767044665429420060791318152908372172813704816862167
654743939639345186304646454222768233210331697085649657931747865571
051995938647991000242634045944371736798746359248610862969308095759
321558163699821826235937373805692893322716543274668101111596847561
237570851941181167392360579512396649756124225623132404027841562237
236536624929262102624573565833146000510273562654761905462276026893
564261078895683793063201935280125822535535846835825203006318333161
810939220686415450704404683842106804417072743424267224343146732666
685462794203929396682035611227569040058035161639698097809581709325
787622627812658846102828078973834772723792081703540808372237097725
564421639879383916722750362160235993863772713080101599848803182809
876948865123438601919856368492304281010724604802719483671406496424
570653712457091770819979302277154024392281281421806796012130805200
157816473155810172146868729874001668088101852714693985479441097288
922068963955263417926638077953135680628945020511073726509162608438
745762525447849711639852509461018612592074356189473851885253761862
851032516682204408753207562922375478194902665919835988139883869335
635467295497875865421889177105107605339930419951297850745891817800
731767606554658897141406228575351095078359130421529267663873803134
472350228388483212692575248884292580500904107680917663411810987010
624635551633717529981302755189242942980264760539438696376470710002
033183639244871283588894902334992413426931696846917335897426825055
166475462702112906564226662719131112824366414497178091232272361412

770151540292495553373990722006153643941559646287634675300204930478
283388600211148737302089371169923965820158927103933512274766352398
931978696705909529293269292214020801637914394965608098650254672931
409019440741032137808726138122147977799938912137469618033852236419
262618072785612734914402279655520299845411688848250813578055602696
217598424646919001107182174750995977129845168097506220480036079805
816257114010188561492343569856987691092394372706422700142500731805
351594693260800994894485622267732443360937402913379146606843594609
897834583800122049784092503921066486707233396642424358393745616015
725099242196566229644889648519217189524074533423277232826792775160
229723210758165071709107859005178154050338427859279812567173125558
104977426242770178202952213863468305572190664216604238813319456295
293055246123471037102063629539448165793305352473576017582719883419
589677000618412116771180627282272561499366784756123317806842243804
924564841281299223548147846853384310221451288231892892882251832283
061416268014387470017941123396516146419063515809862113115948040145
772388187685999708610764529626996992047591471108888487457540940201
724126006991588060535365373063072846457635389363255873467685898887
425528771933594103913339836839601731116353505166188880930549250158
547918642287778646928048561028305453904916553671484916543353988335
821501991280128346243479796298887937671718152634469254964022157429
199455183401329779661685598421647144785208926934077397650243221359
258078432161381794130299709017708241346154071454087478417864458693
670734362193475260412575916149955831301242463010585156935503982851
805618065535395495546253951733282793156927475536955353970259197776
994206858117355264451504964207350400864516822109429134184851452685
852775715206161708552869130027935757683131957128776787478261309469
426315139739294254463157297106681361862438223666084803329663520119
444770350557258184944661781456813110027139082008205345175602555156
234883859937764975289008778789629395166415433492335746590457374136
534281432929899306640677759918186498251028467969987331732169309214
654167129553973593554533958221437648621486280180511423083258680509
751032766865513545990031311697648107888358660599683956113388512241
194711365769451371732225931236774637454321390776388460245936732348
390772359888049182381076306501817009229772678986035329812119278211
191210845002498375586572186885403138330613965970861696973545719451
579009520047841320390373710241407453037665320536653984823603091232
405747018266468399680767487899827884655842824631680771910050891193
848024981761915695779206349589244738886727098861366280343561192698
190640250511961816689398219054100394686424543749669659665122993886
962154186301126907926704000753132474606539080186021617086047987020
125345035269474748800992107299889900122566243075010039022275163758
790929636769323654011340847278757414241765018589647211088081079599
416828970524319332287846980899632447550098623781215818047683736881
969741789064316827907249652827504324296725503999232028182880509969
646968849045607279960331561762380834383135916179842141327410740292
786799651612396238757773928231530924713458344244905182820958512572
589061688521627149381676317929035320157082220239618488986251513202
425417064553402413350998859051530116866066512709821278544685379862
997892696870226277091031745032800933617272370289372941032468011586
277162946868178750795063124094353846128671515925649790963975988381
420738665386752871255912171920490133729440337735623352248613630745
237297856269851714260649862743062986400891722762288398312400261461
508089044785069982387024835548390258661844634895149335841739383003
837540212367412676107798260525346415347269796884523890348112645523
535309660129465967267541437094940322253165974848074694219205990036
130070490882384108127509246867323122591340354932698522857600037517
241784206488964890641518138157897237995757212595822188000684966804

3171972617005263706684101133124486726332966450656451146459616646709
922897915883928996834554863965725156958752679958224213751513240878
368184469128572658344750375147529367983889685408194576326546755509
907305244747490286003619879125213070526588822360180684725816716346
118541543268006575746429249315384492010306228236096730332276395635
025852060063860570228425443750049729691541492545419007382779656147
592293087457289498042743307234114227990165113902297445545558798655
638196951378315759887407664418565603463545160567257670399326309083
781782760900922924494335118851386806582749063919724208955197014956
109377450149117369972796818954934464218038683286016918385277889731
206584490386931666804950301826847534968335570954535742473013195715
471158226571358596674350261656931058621330908216097740607485630552
553915526087832937483823792504857547008552356316629418525135440141
241852193178529778330061771716673450289312922468907560428269580622
506306498743147831256858719533239006605508154895616167269943945736
362954441326511001101104994136712605098608524553559114267901688329
686995661608271764999662524967834867242147317585547511838122955402
113244696990076481197976050214015511025549709664098497795221350093
119346486991346349798773557923610179909146180295791286255762721103
867077463330492940920385680143173048441729129986620449476568453303
199084208218681443761274115808101827159096103494422536199200372247
590485824894070537584359401198087274840069105805740463901213178601
407022857733959676704040994074800355771077539594817532175597723960
542858427688237441553359471126527275518909633116610477545250259635
424155629108876375086960815695638610900760885629893468550899373202
068908730466776217040256088322073061467975602261117411484297461116
782077632350004563089145438222543713796405337833881291258364071817
355527154759790747554481410073834853287675246156084858455133497591
263716005072386175144345646853681697771079277383073583411161710790
691096748489627665277716768626156250106611421257171797834866329986
569888056856882037363315512918506319940420124142089524057912078090
224264376842549242535917601960376915345690158005758944993189074831
176097045792799632452673151164271755376714540113970564502256555902
950039401402894829733589849560396981286195840001220260285521470533
639881290835922102377785134074881051580241058725020685735513909160
298420631107406629911135181772265576760765052072409516088583388684
382780911547151530845717907930229231587264905396277015865517824075
360001643152287509065908468788625051381403624893704171101100320613
247344851715761031511208430646381676917469339571486270684150685148
725793544865129883993810567975355973050684172846837218774997942200
874817802110334747437648692357149525117217809387347456081780176971
476462130103315600836966278294832686994693714657059300003226538480
153211861411339602101415358918017377902140200845964096103365405560
579444913880830842187028714998679726982441756895444054856341599439
153411358929126839733838496109058055873669817918095699078613898482
633376310075405541414973614133500457924538072290224926637531856687
818385065849429832589626812749053606451248567325165913991064869726
397490013829294308444524151566741046707840821478180008690192862121
016467036226776849755813304890747781017501415348121143868541622751
715989271240637346374197953204773646511881092982358190052839945562
654846600459420306072475905198756314088800026544691326298533195520
078117675150585960931291625561210916880657847557923515244286303812
459242403982655416118977883417204890082024038894488753253933773756
800982435336242570439081962789866066894034955288357305009139679276
943540084419766578862567453236560449592851317640832808824372690414
186650313052201758229084640675706833457300261328045067992103156490
067982849539005356091716059699210259017433532311651286325924142923
693343178889035247802638664075077465373613478898689863511013810849

003601106719293269269340243931073798285063814737099795627867530993
701861332754588473399967702568403260859994733119035714978934575122
233282826066610030226614334080973266741662411161358651178077050779
476672412640889761137303344453119460378005054827937701524107671514
223843662580419979156334220832111167099722578530971927406884214142
229189121514435845450952535445001280897001914515911971175981194862
288732562553938017297077614601420529990828644183355662654159334141
888282492113135059134368011497057696291264223509661950323443284780
391017218505550102874077720688322509746717243902508146569466282071
437192440702141644379299885645504008215797098864546900952275276191
826727491553522105946252199183937094278294133027510116430716515255
585477140131699881611572291842458697688165705358801246938786952522
726601968196702879038261206441812398275882813993952834756186133942
260384143119004947809063971010436151693098066304609192634781390887
410537010634015915495564922161756883313456743384865904959684098285
101701138864198374966815565134201227147139573250715814266270939838
887093054375737480601899816996856925955332321805643061035190657884
315114301295816151598772952101223500598780363064643124660733761290
247053295397406933961937516308804535491757261877563581025479233975
414182458294226382570108193013993674707730213024737347831327678742
065876889083544649907368373522130126085373382076325327924475753311
059978222266537231752317042831172169333371980196389198179387627867
408267059650861791527055814267458066094233452172456645428210570559
060751120884904402094262779309997703641735978934699272005373667760
051876433807787518320567451130212978914813351090422462564329204848
884678625655161353065811554183953340175743436977285661015171070705
451182837769967432859476553674400393213550724611467828884086989793
772352676045970762304620931436532162617068190112945011319034644658
996077252939761835136314473399361325814299192742312840449774974274
387478866541639548448562591975071785394277687366678679902222438416
679960557503703836070959845568316690659921549029182280546944367870
939307243239662295732605357209907109105140973255361689620553459995
958873865286504510636108523164533535678828338720548840927737258400
656277985577129283035920528460792877718411025716357358106032066516
678598610754838999424047437383770566240351121121167268492841959627
205733889658082802621253686894838793754411759289239519099666304658
060184214784297239184231088734032418834581917091690235526913199843
047651824999587999771818236983686576420580679946491098582127989991
322442629938782963422082806986764831180262942954064152755057254769
092976881853673775634914876701927106036867009712937931201241718208
242196037962264089096126627930119438074762852954260061643694956621
022498284637466874200405531260922740736846381665870819703342047576
166866573797788164354551891376466235862272443197014290714411464170
037273544938629694764120065224320781635883704641258207004106031453
264823442239665546546163892475813161550601451170062083484115118343
231233994024245207069831285230745799474653477818670953526912858815
150963386017875407783450905444020613208718174033420991874226317900
865673479966893455316465969356892017948803911346837153219489310573
316662797569087184915733658709957663101998353642509917643616319073
062107647582461692343609138619037571283157666394125693441443988078
485078326220566640112048115200822098450806209865984100426641127829
853133090814277161899675227510559445045162275834112177815413351707
276573099840769574108236260791213079793059341965817275508588832918
509230630393565306529881407354738829012833358602091246066564292157
829176291419198690778397005410086266047818082825181458413773261375
209093083157933097503593364560898790300368732986379086373128868920
481557555223453645534662829645050689333743464786500168693512135733
648367622155495992857633145134184260561262888238783614658052030893

9304964349721758534623350168412207891490127149855030153190250363981989268244525587805563834049885654194052990617021316481047529148249593643443122205264905505246866331594697067638145048168766236654991908352058105447352831373880085440677363612359211399747312951608247644326296196296899351947204372089883640999724054874740318459422461988348119867884374755614628824911771063442479955504611688739731412663941435709868996145744737935880662982009093563117738089579817784138424947028473745959467735884965705083002628646210493020119301377533113365380579642954596429186937813110668737017487938780242167691576945904596730873642911844462356433596186413090416033214384760512182500670930507619648213407170139271274793239446593304621322315921089513570593549223090358208139243258755654469570586869606740359795480661503316042886752062916083905527690773715130817345973230188588771854429724026440418010837596401700777684078635831555479306659950914267674948403085220179151225302151465693252849553469677903422409508267690483373712873856217718508779621863170270657177142058455872373302207147090048229454860927402102609480360107756250270896666494884091109270054109822409358531339503037251581909791923406460779804781983665929079671416053321278946360350363543462990629289540068297632810299834602909231168584735268370374542641826276426109875468806695696114942617945048105368158132538226531317982363829848177490017780873556586270187117091384819390155048197833927402125127067462485631166604718399414219592146689604679221323856117804950549399375342860306261475969227295785293312573376277056869809740586695851364444114652689868558700566375233372263609046866988385683623495864694528568773682771408795980926062458137361313995634059225208044634134615564220081090391509108911876013575677380115100713100843894868182609669978007481973610916544033439846270837345631970704202962347800905177966938155917209299067966821826017303159814849457984777624616712811322276364171092174042166087706858479811743164356350816893790576092195872583340835680231573943240496870605980625279931306820261096404174209357942840461977877332063930667612277018810840839287865372938554033632162802971742864292157160856616017761727862302165767807703276603129032243565295209970869913029297856319631567745414725748262127752764975514709751677097301036024360216273010606218605299917554471753235709088145551159649269569420859200085384340464440316886156254259681843735131769903806943769849862895468761922169826626392914595492077828146659296892417540026993264526908616480272637307831989822784135731238882474577108301904525874511076498489038246983270940224082471255608657953224060251363150621927574631570551882944908336383796009335953149260742527295297992292337625834239126801479372493582104342425861920321746821607549956803425420460192831847101678064052132579877306406222000810545859560658510303552300463536980996183832067106860207945613983710552529361574476602293864622334075030769242867383132324678954772805630112860747992333826386628717471919214122704414859343520360864850692658396801364013414596779779497902678787115116803019055986970405356908001831933245468467829078284181355708349041230855745845789648160670564560476839249174513457426487432792975478884252731392672825393876944410159735113249066021271578029095880761975024049251994383258706665953392913427339020983363113285187503020004508476529294862788693738089953591072391325343291839186452791815011788660396584416372951501027918631171617973574874025752588183765392538893647158980610079686196867294209264643643258861581348574928985753113127792284518814381880648758047100424192845896394970130481453629932105633208848178611600935211301407339363974053848971774278162720842129851582852568954930019217878431043704657952637826516589073048366446932650943683132851096959683317241628486992763236141358276742411653136999435142012263948787033405765431364262

8179768837007472724285865286019639609070036986560687472048845576312344170494069780483874514244345307859893626761874420356596498412768529806089031295108154359379386796284994756834937845661038646970801771680187644331874981027212607031757741658205914274926240459007956497867512572136102616487784278804927797483964932217942646991884285407388141409909532628938988159695526996539811557744968205080987495245072684925813096757231594175140733617604246082167677332941150424260206419532915497603821513596495153484552137320685852960724737012762495698197320967050554486791120803561296742761433324331389386676865169709274835606384922860992926012931723717708298305522411068526665479652392018432461607030733315292964637785277429158610668946821955665749784148794074460882761962337816413107697891328929493299041272364712970643173487715150213607270393710705408542329890065852836981081441909957411829105318968136136122561167483939957575820939098682266110253237458856147131390653934349049758725272155809122620355260309939454299638599436548372980670750673642452282301328661827534724162862910828709775528196843346527649458065186007710154908087417144600944906090703735028697430962861756557152016959946159221550145785099884598782690722771351983533915579412686857044513368855763491223525977391124432668436578055918690420274057752443687176291145301687813033872587417641476231303712551543476490849177069311786025650756873794690860474905969032807601683398135896538873422764120635147335810719087075773655011854118731096334729846182635647107290800387013454921882185406271464521167560270057358884450583130627851356342742235178810035144539268952985900255726350356423870114644160953244623920487896223914241321669499049031219067259070436787608703960784477684899432868474503602948330080011727003362143560202846807608155743605653173917847759419772990298862368628156440972257221580473777323939274760354678326932538017793722596603959970103665320997631931717577076717611411875064669317762137710927725045212256266698953205798873392964049457484281244499930751721684667358045233330029044625633032481615077452998864285575598790616661580546780182474082500204685168647749074982140554828005914779019483024278934021502033864631677727251712867209410665369858536020141536523681276388903653551960344479050005847181414625492981766713049617284827499710956202393194647156913525960335545451617322604883867555698954523534859995796618030071761607949889789368277159802979231948825005820801009690834031312131375528623922327764106058679230411574863399172333961952639016142356636674322890383176715564166268771981256361495860229614808332953918483362550896387055361721338481127142962435019575532298041657839478576383886084696829950638427053334808953858730338184723060277821275829399810713979505456564173577169149440665491693213129210805676852445447392166436411283617625501591747247250889797273249322079678147629216855544990064171931214718941338337959017190589307141341429460846803974812221625923743137799154667256576704420889011045344215530242629464527511628830061321011503181508020134502085074151513476813675584876987351354941198639210420609317161942513533717942794100877866168292919132112570504490777183456783040823478367345504829442210662085799761466553922603259378199130309983398755272365246309320284252202721858952786948598246173538903160254201872032602449980791551297628395979964436102932788491942722293144319074440002892013087713964409114080323756116052722149260092529512789854629772669376041119791074905220034435434475460661216608422268266511948384726391185908000777520547096509480527336149937543193752567779151289268762596916033667060337707177481828693203261692642489826371515152206890345891577006557570480914996647161660529018186552573014053741534210086880987446626869798877797518819597601481361053701467083549444504280852089711716499466809406261733188414448548311311060950774282830

809471668001580805092973162454753922461611939425601746252468903279
893905911986667076508832330930577325300253381068102502772203336288
436020054530986014406631457603510006991412596940733846618948758132
914344713440661360671518890046858446848740782516548987944387961064
980841247285100553442356000530894598211228877265483928611069047286
671007028982004745536938355618732358061947943408628816636834123067
819933040047739306520234242732103452050375279400169076347220088175
834883431701225899576583310105217908944798880910497969030076201926
373180935590439024174168831830823186171258237625942270144146249380
986985160014586427249243279057183921653734951491228351784890463608
291228083078276733464881299477926498140270834268423828427519451969
609425232087543991214868693717398024005808260111954883086373866942
008740132398997502296531448544343018150118606914031683607617714786
408534546424045298474002957555390959427500220103266949044985668668
337283916824633291526302313639695453279339002222269740087218778455
648038188367733941937742176516489921178960681106548653480162863442
515747464350211641579857570986296601218143104231873540259061028780
834005799699875033897508214533511023718759677273555760040907271180
618415112932967771096321021842975515479472394799543887536460499 75
006205920293892467457861680859865244362318965054337533001309189286
868249910246701759587645343361251703094586627169997665627364748573
087875232354037916497334689274563503934118865689923339002962093845
087821505347986839015001220078246103206570556806159069197317010005
446006444976120909808136003153062075019518040998859438802495546265
460381724125092468311064117732268132432258581731482064642470591797
863381681794828932757439027907413272434114982626122666769593401502
984144678106670612638905752869885995149786150938429302357904449066
410844426961747300698599760292670548110873008958652592539820315882
325408660765959288182408345173642422329982721539913285305173872838
871851407968110438866540170428557016291917572870119920206739268124
442017912674319234456634062602175961386615925663398918491518511295
053155775094590027206085930922770926982626802272575945050749057027
375363464775585905949764182914958196250848090909896766401026856510
413541192546928148069190242380383244472988352340249676244541421166
388046095563254763821318867573728552510345594026661158906085209223
828513703183009011131407483299046095473093568320611663718611585907
471727024555098528831729826084176030258292706428991686689543636668
021539988827861811834025507630881752735136801857687030888911206154
791957854689769334728019432922080656491919835423995059794065138094
004273481352431068004148774951888188123210761397116470554367759403
424604908340762660518902272069209185467180746068753337106481433953
469620256062809570238925113168865700223559918198147602620517689299
062897365127103654172884546244006623498229462335358944720051232044
301858197524808518038228355599325637279993357660727559736644368933
935644596840806915045809052458889826098870902778626240851679257270
550437412475767961723235801853090361905250267245385897643735883081
972465226335898814800164331448954793256963703008780599575781501697
095681962682215918614896220532281229069784204278574983275251934881
008423390904316421403609107844470996411501967768183712926457791790
804419825705656734093762347819225881554021064482656418074609382971
469558099170639934124250648609668995321770963806965327345787233431
583679321499162858187541085666349343197746682221812139801866720690
012641730846960759869345103870590500083794187344897425467865363158
535652999487120660372427222921809118910710930053881288696436626999
160307460889727369189987500093753831844973551216026455632619309184
048580817191112220730452024679131931878876327412200374570428409710
219880261847429070901675808908482157324167708577774831119321591591
640082954067244625052334824169131260971945718954904582569832715542

7032912698321159924573121246351957831768521379242397284106215054166
6603938292966401589645372911322845178655786970712248055053846191767
7222783672652223627617955783709024961629466779963265716332232328577
7409258928901658133717545961953820983097892076763334402870584655899
9047183343005679791380563271013514142810564051672496204265726251655
7944085734574660946683804201214363805984358492031366534235478643499
9165852842871355810805415318443308620596945582162277255228586073600
4038628105923103422078851712450290849262844079506983288155484114122
0043068567410537001751760172399309925619159187073216589236840320955
0142613467985192591023627337449355948663218822318244209943219704122
7139320143494352778492291044888857982787505428451122910090540884855
8571807501421867939654666702021627594744878667558262783890575784300
6643547772024891297047711319994885224454551092680355892557865376555
5696772994549782962765807044434481407104061470727862092024226088800
8048185249033894831949188538730471435264226508597222937688493188299
3171804871062117777243887060020630963137947443016202644347633308811
0083081147311125484534088252248236589147651979699208759065375219244
4610085886013681788995132141387315862956140706536112056722964098799
7950975688348097449522746665533903202202996672086143913780891863011
9927548354862677252615131178526093110358327059453761854389713068166
0758974244580860515328033879481020503691091710032379197739154868744
8909674227019066409120758259071158229470821658395324263443919892322
4775237690423105563693427810403256841595637816566953599337291118111
6790545800640900306909546807331421345704121505932790466814942695011
4459112728508631400717694284495361270430424270040297298925853567844
8795521586396164050321366694316003726355779771809765794481639978822
7299664386848036163883275467144908780069425743418298102396140484155
5836798041735271109157265476400749774677877537696388825636978686288
0424351556557121164763657733683906634311736393136212094491700590411
1187892656262196537430977382452436091741636976683543942093860510533
5305454925771916001111194987470499673772276787742684206261290206322
7065900109499506704536283985346194343216567222404338295595875652122
6157579696029670391259493857218586983610659428495854117136393509399
9242527068492838136808249072275974203897561348458549915937314390300
7221767271622181710312458458552217336358752179663684948297679796933
3436027442794062534045488916017715361995614308811734690214667230388
5251503936262827561624595550072133764904277103768335294574047681811
0376979182994758396798428133994206601318255025023278704122589235188
8877461178144310895885732924059267662116083465516102728216364724877
9617030903241189250990082117076916172472425836797990308136637955033
9075008070236502701357604935863097957700344676874847462080725328766
3584037966659550807857874696822203930126590923358612661846895723911
8102572798177793595828310093900036834485721118608002116226442178900
7381657207851580455182509515292611026927092464488415125432919612111
5779979317146908958127261743483701491555636324403817497242022927722
9727692638471653897823728443361627363994527946667199763105934700566
8970725829104410770837543785720999357335400974425068057333421410222
0934457180233931834452563167070579881334558596803125560591742381399
1845448914424965274080052413939819638546895403372119172546587768544
8405997756583763880836630904221693004524850717607255941187751515677
5886614504293975068039270477777238040836284211364650153620704231633
8586206542562534542549288638606953623776175868721228853816519633111
7391232927970459459694125864712342413780345367638426107021373020822
6467626545164187445290214516320870370946361987970550278219516240644
6797379835115857255488982024997061062343424919254123573880531947555
6727631266664172549419204379430197790826094011241764157979207835966
1332400456847468824406329647052904720320765178005484199751609795866
4496988345900609658358478703795050233937396690032199680431652510177

683373181276905971242349971097054232383436346541560370790631002244
203980169513008481384575794102092125945692955117391333544602319491
237412858356273529663553392976797472836838920639745802603366144509
156805111920657538932573815285742825090676831664005996870296508133
020205964105168245139370285547103832417756387186094264462241814665
241631374365362769145347406708260587505269160895697759243116675042
731520772058441032478338992321396452220105749574798446803146263243
424804974515714949555875023801765825001786569178295929073713905252
768563922915257583646890213788816114251370876992165464301084424124
698550595865864578087482410561929534373242574475313206083984319511
415439884757525922322223331650436260274091622475086708581860220449
403510532164616125032566766847888340933864891526128990490423360512
276307185711526869758894910958805253785952022037615503633401317550
116376203636476749344538800513689191413945866004995091502007800622
402374078653223692847870629766480840512477569768405667234217135561
965872117334020968399584560139659765801245994739243155260930507875
675737369947862568650929241218435393276814315682477961279902041723
193260294628549803181967770300780079412205274782646916734758380792
201846391911747881501800049205398753799844170091897708223890084653
328861889718405963437989175572456813504234368977857784809571884687
627548026073327183482987656446949260693478940315446583548426687245
698139920190022813081160020721929386120049875890523249269790349654
867853219128643269771604540658572613029826653514256750285973346106
647953980773378952084777574791412399754562112595863632495052040839
684081904764817587946628837404149297627120670612605578657119039492
974970581311278991332555888670762849676941393285212254185880361799
396488577774216610474455481559017389827239702842706683196810064542
147185952130602122814700792878588637158500862925640199357922089043
517641815849425881658873251497481743233025739414226614119167916463
620172685338992631199625791497380925760948498621773434058579732202
177501021214454918566531350518569027494763016759287348946797922223
173374579057525168571813556990109767930081815980631864486729354260
232889169185909623711464757691024721025861600689951339610793500539
207996610212973139718893005169644496171531002005603340117045414526
695364559218955752507449592897190544212816652773188820133686125072
518684101468524255726795102702678586855727211850917180969701110723
254127773676006214365386417886919722403451433588994920500166798790
949568272544347942320594008129260449773050260540980524416396086798
630285523586465590754659584116150463673240638072536891146271344017
136705356773502753177971960352915921955114447386601898745975793901
915664538976115910978258819183628363140046205818823660035461607581
153399386499560510818717841706730751835906120978991201008185048813
008930062091914895442270648116519845132139905387724443382329235551
209315813139409482422037302469384298138762415155612501530765081906
351169793864205974380014932530009274294496419362403220348332644203
467060935229702758369149481849989817160948988249060095762562012526
945130132501948243374646464488781679971625418685123703464998533051
44840700335682153459903166698317687698001305690922618498290518315
734836871388220471601214241392143802020339488439633371754960428400
540661643563682675083927952562489747790090126598667499795280316008
602758355104935941893790375621332267676634144208075791494466098989
668366986060775991392700791683562496326378070020525283208281891423
423905694835591022447827177832801466318219752084757563067172164640
679259635329598576502844812744501676636260271511984244627548214198
206273152444341758341851365821330004119177936493937114067629629700
220074780988216050159343090011122083118833683526803231181078526129
588305344859721828414890631997572444351307913644763382566552648915
454035350432175460847307498185126646128806267631828844944379797550

990637302369872273960805514339406614166616998292729350810819418877
475808298280906284062947588200067482382460015446313546808253387775
339659334297768595864598228118012880656410834326661641205320765088
485498492055583538340076852600263593371768621424043049969503363706
717812016140262707301241396043637736387324066422427266043879795497
848755028601257004285046595861706757927652068741359827286014853619
841140878563571864436690819605778516555553726583652669135635727407
791167943499314004099811116504645303705120257121502096701980191097
314257259814972361183280841225870702629910012003681599100549656121
785276541198918119159957409187257602089941693784326872602785465569
542158639427830582371983644989784903656429984396849322670959028755
029055595266694686196494174067804359875057883840360856679096844744
104649885961062012340026285062020799039184859118085501160406434700
279132346654329390219321685106361824529606106105770161487341155581
446729817894159642763481392961291165114740071321224408146614963805
117014048561194238895140380152977580016141580342832685225436431049
491105726455594081364681834431456750079156549551097366188373863924
030054339936586335001183673692574836555057416598160263753899111910
009943180095347331993682622046849059845586093541180449552384573951
815178242893003147480545279581049872419672791280044809135713016887
338374202817205262485788811050169102371422906213909264692469277758
277657793992329663553851747171346606643270706587055471173689666496
045766106310259692964460114107289802463254496199404909303143041120
247303579688825128349253706347456194356598964047104227407935533704
918338305528470219732334873797275032009158654572750200687799909802
953703517588808530590548802097628969004843654359303021276908890171
875404861370502497599904051905855330046660181314312021527744525597
606696535653728199473913776739101405633654082030204370260009260155
366771704282906203824089405900092934858952134473312731906219875149
177167278890558293972468185945368820478797437199983374249685937652
111045006100828348081066423050667793359036523670978583879952424801
458684636007042405234384418258414847783007094912226231824131643336
372705923104409129016201554558721192043335829442941349473935436155
166016813542453281570643690419948691291999607414730122556550790611
685702841244749728240386703811740537161423668348691979344454491372
852517102865910445657797392460296655272807982519369280261572702584
735744655633134836988848863308053542246314161276030579480649588503
823095266599590488348105055979389001736894694188740566188026333107
098836087802060344419918452409634261527644581077403599366805839070
820735643983917123177639162260453522011809405359707567330951216842
083334550893342164031170291455644169311384674377748459737904295491
775137627496616564446324310035034940046966973370281645717106641161
170827309753232827329837747204515619556326019998880928164848120079
594561853511917529413698391911579597703193531625286416542427821531
547486331607027713845525356491425340426707141328748479890417404715
461937152754295427385056733811297253316853363836871012322908438499
102635802427395794654909272825662491738685873728273987434650139152
444403028317690191725677038872422809622619457456188599392411623174
525153033038857738322669322016923700462489563488833265141226868993
699043712092305659517436790092728302299479980073512602315221347758
671606235501166972315192962070414252582274139315197088989868412609
761778826961979321476760535148463548079852180817538345282263875296
270013750351988458708734798440879105077878080029848110978025544444
589722810656852205724489742989126539300245748574722946139468169592
010699396853764120803643032384562871067315758945689951203142971050
436899445246154233708472275185267217167920238015982786146795221241
289722199818561412069870327989030884737614685068875861665874798068
827323991454436852847578825308559256424856974176606735856629821604

140298615926783478509887909379352467641828073602498422176844755952
841162450171493739539981403946928541507958106539803266828493751716
337550954596326442426704228800646616453103434060019794751075672189
225335874593755685498714776324380690678327657283652282643025703754
384445315389171371027773769679560133544195877816815199662302429363
533064718520289852650886675655760366938963152695130512401573585418
266192957053777557778146332660963406207529875542053841317494628810
525464700669823151729155449690824968233910203954959234510715753512
849789683633815471393719777596865175444140205701002193713849863647
359974401351749498760650592528537430801570404949633406485811741178
707031497377187238213915561837497868762188338403463292845041470070
355217905464504899283318823387977896513071317461564149849781307670
673454160111517827378613895043625060289682471658334406412287405977
632057018759526119994394478606881210340816661615587754561359314635
906424789037542107157139716432794687387784138912482102038947113911
715713463595287430023929736809457269990220958150254131070669206573
478644190028954847571971313398296719582779647622411733658529129933
536406122106537935320605435685945316681536254051823797176674513985
206020375741470072475527151540892693451722715149384649227857331407
130250228526740957982561803870373218222620593083253998145947264349
754595260511703941882838467313315620696958300923089237300163747554
326186262300011408590678979413378898506611803722492565793504522218
772967836598054007367522859258077310688925751003011497865309222703
185053000512671378267320934899323293443416723794579502463681561381
450380268853464636085525768787432219791989528423405777062013384903
174644793013444041567951982175079914985648902782107376048193322421
116876213324917681965292063255220247073187340088351487026992162854
861959684469015585538699794750290034048153447462217091866245754922
794045407422453769815833663383856305159202890686262966805137510913
898952619711584536127247644762045777595273619271484198585300544185
719992766557511928733661820642976219581886090204160325590032858979
325191780320786717211428863363396557258839733123295746926082863621
386811951900238368610802711543315290513275840326060653142596328531
211312826004710057498892703053584842825316476047835097143730029323
584293971940371910422774247196604603162970249852755661125830987538
321290520785891491866254464228138300848046562687877946540465446145
089931363529355150588514407287462136360114918418984951685979137573
903948989378745387244892649188233237246913650871455644697913618354
968216273355323627670312938766363770286902186217799478120629041510
193729894526497573982877740297841751055746395561524834733783274336
826907255339390813269178521292113181369684447976606022410715455436
286234783548329295932573307133594094860574277800239025232714712550
050582562998387447997916133007950003387258729534459866680518585087
579338215677118742273814562363785806240619495107272671128342995568
328377903000032589015019090059348322851977153121968716252715139789
369331740442171666619701564077760360961579252118992658954151506230
487802484179566919481504641466451186686311451298082498739439718724
437087034518249342292693075812324748714044341990009181821908212837
408005110145833843090583949294598202467293841652849438934443865317
491316142412686154037236715727733879900961239237817033396505180435
729229851752738151717590049875005870431406920319212499183385175935
181845594276083294666909275488410131824425928280295003197856064688
092563780638116664047518253858364281142105984307618070071241406380
778109259975783994992224938185674764770751958934815795443210791951
375030422241230228333484069688956941273506271245670527443704797845
870538463857206102963962864369626605905310362230834762224474185676
889021504624247409453611091935540760465243748232536814453541275745
126967466779470552680664507502057116175491640359105135307927053039

973558190368346564861089919095571199531983127556752307987934845491
335282038841855708910851286358894802861283950983070682425121009359
485455207816558799082261788148881008387560774421975399090154862369
806193698954820922640786481534492128895039017351745954071026136958
429167192332650047464899152994016514499879904816562064500892800348
392710850720047025249822475255412523626846543069649847134201782471
762919144680638617571472920716789734620605836841084523727928605325
201929003714464609215640853763258528422270637971453171283013611127
187884268825687946293175080840774518921275207955060514450377611817
506723455085202141234528005317311756014770305801961854935207924747
779448889311989408302971340575503961876263645621309854926691927032
835090088144285118077963858830898986752601017396267129601025468848
023915835258559810380307597063387875089980794527259573597972058959
320436105793049650599996682852010936751380577360481186165938324428
248876427885473650743903206164297088694412588184998606932824135973
636752344529805516781811717625263844759075283021518171119318738126
431682599386179881443917843877682370492268604183170309877263250353
455015120703743916647624138483995582580854481105623660127752411972
416682284271075375009459956479153331556696816538789575802961482997
973037047438174995411855385171591214428514127801379478888904092408
334475704511188522345628233344185645335939285231061403251287926160
033197707333688522053926142394645319287656365966391165715027869623
807828813491635694360813955851494767257750153423917336943713359868
358350131252581514316434862438241565647421757876694723177417731977
429641529214746369690738429263643606706375021347772066325493180370
592079898357784392919959290753298556758136586170783655972485173900
105772218341381394471217705954190007950946065331076862585151738437
436101078330362604675461905828791250862478566015437630974541928145
600231561628219622170517485001122756020699355472875330965186257664
837529163543807634061907727331638319263081120930644803924309788513
255532002929293627337929461840616960087899950578711574228576151939
465356672486414679519857153038599762403913842633512518306575449454
513487555850012519094956411148315349216226696346755307352374825833
003160120472494168790657340971002533406183941212440549251237813909
487602337728474578750979594110738209278119910958681548467519862290
832504620263993125628504155327903896385325182829172844813396439798
504880216447955712914997987064092653451839655048840434835470164331
899788941436331694486088530163375938318965630235893520486642112752
141753859041359680480559640627164675665629048676490008252440202666
046818029635216094094427864680618410477909392075193737439938808802
058709733219879095137205874077679052881234039544177383231301281378
567456152509068876701329089177352959288837872173391343149412630065
455847716953719308577583452220600741042175507841378755661484880742
514793373212475843793824718722582296220621812863385692052043281009
284618697822198570253992769523353426586434784097194714932537049555
104053510163948249147194177464388017301525747578763389429498480045
249879276659443168858160362176395669696271309401809261117311504926
557310037457096167100449412210283125643940885250164966681414591391
354630732899243792084759510708397329313251399006560727933682827189
145243854998695000988472142992839962864894837980213359807588440338
096741166092767541261001564636678773984165381786777347009092891749
896161436544056017624495404808108140445707449815440625651822444419
709415157000747259682270039254370375599274264985533284708874468068
085419091598248533803276087938535126643516381010586279012399380540
273999382821004762855110777333695204604804214969337560710121798369
103792435336377860190279521229192590607255258985561611242896096903
859751017120261074546124587246053252632960618795364379826210312321
223479186371459439073196645789589608422802791198136105280116670388

0766464634397610408086762293187370068207878667140667732714396021 98
9660255771202291315564406621375424688276358952027168963909727632 19
2317206881773218501731300022536231815394306277288371451850436861 51
2720306819515936353339445778048145113184782623801924132491240331 22
6144313764709988405091319904020589078774920125643339416714313567 92
7802807326323581691013979054155289740155752892357317829449072190 04
7936410739890473091246153972895840408606938659848045466123220012 79
8423097608983981686166910141384309852258832350181226243133934072 16
1487537106169427184627167823005278008935490708128906562084036736 44
4882934372199374604706882562918772332806314764361908402262999181 38
3125715874993656687520859736792932635465745207362863801231104121 32
7732225057192752626557086297230136811147828415897524692326935175 24
3325672709439022285876601395539633771226296201337337961629118932 62
8206801213603511795096086196708850737459443853642264819275150059 39
3497160175888531884121096113342983483790738402581218647288369061 94
0061921756050982024014238352802424785404243753909423595476930235 98
9376838143497413312229311791372939620006519210899331924288316542 37
7150762711249990935793241511043380354226193418437309932824482781 17
8135984852682408092882414949311117489738198786006959946488015645 08
1253961183546061530044936212181349080547604808480733106676087853 08
3058455271222634329940720120590138663263253409145665908471382951 00
7397863732219244584505472127324158810675437113957439187569866318 84
0673309842678288906975371967956744145933797245147375030949032058 42
9817175880936321980337912291915573925391334177664918117861978526 12
4503114815958620186766449729949365656806002153628828591323086469 60
7211701304640287294803421061699056443908275204517976374304392183 97
5200059895426800957761861721694746431225013029027734678251191084 75
7647878156138598253352591483464341929299872732552788952237383301 20
8046650797522075376381629694826971153996324151835368482908082440 72
7418425417571776873565301098212034503050031396955853006325273598 56
1472219429931906645970277620575695756593883627404641192465049623 23
3092489932571621477829645353311671055602274822937134834104125838 27
9787920340518540653940798103600763742456368138235184119335761515 59
8736154068542938138966873215736990757510931367880529445762271320 83
0061937701763662759728530797004710730496548199976722477892348260 57
7034849541383113199874949737752133489924729437692187596801494001 12
7249633111405624235778130754426791635621396223764166070969399889 65
3090722499753987668284690101824682663963760960835142297348696171 23
1561007804713828014101192494621573791001537818739834299784936803 91
8095368459165470673602887110102556264795610178207833070321649393 44
8347999702590717952915145399219042748087581907802278782477123285 27
5581079626928653315886827286154689974384169529365913866553007261 54
3913677372833283232151519407280414011080374612646118532755884841 49
0334282922330732663004606609806726569368307103525406236157694529 16
8224984741141332860308505997079769322486184969285167592993189667 95
8855297008933351930520569250738273538771082550677822949898018419 40
6704864879306286173152912006172034959073140774878776983089478498 11
0182147448811107599530051067752262774888630876005223402157195493 78
2994264543414416983215820115062629068792555780980524761202825085 69
2789614992419854840297712365257094566366841065305354212831793256 35
9774684136039534625652844534779608577339720461618018219799242858 34
4261434899887197024784997247232583705806745488118016936416319440 83
0262561435482623746706117587601884351572202747604485282214924570 49
5729582061258803849421805041139359898989049076124031874765529944 86
4826203903881447046333048639381051471092442162748520162384984733 86
4981910524667291305953628963927797592930828396230280169814237873 08
3287274044003775255702966548562860680075071745712552947116441502 81
6820823269499020502919196000092157852694225176737589140140240959 75

936064845910789618097856919744756161727357597960524871276758427136
592973882806638456119877454173317199436964402370245289990957907801
486692522209133685975328088527478797553954117081230144308236591485
273932334992044164875319388677136853727754220207035166386944792316
540318394245270248010933638290509784486567036456170856469158494942
255616655923405009338416197444705712841344988512214498752104868311
904646353291224023464402143327383204605572035664577545115047042804
856590584846102069337424944451984666476936104043535502510158227007
541325620413115973974115460771270134262989720145712183816543244206
975270098204746913502605107904278846307461044974880707613595036952
411516989076221686076919838963302357881170630020537575428283457790
837731368714262811439076523117829531053609892565851499859162416732
387137571485361780247574479062428268890973749435832252635664897753
622128737013724787528846021965505781770271861760381043060083811689
585395687470160984621431817895464935254407079636574313001750916857
361653773449812444591972932835606897217089771520750818181746398572
292087556424079279171704016530835698534061008286086438234681283199
072299586899236058754243912946278322223949697431286961263452497996
99247351273666024201558714688112949706197883925105824661069304386
891169693531628551107845174138583828739180574574251325105271185138
215978939231758359275279827429092959412395258045669521523586911277
366306230444328349371471442907764404869127658998759907233598410747
242097742258507186860664321813949925331066303783200245762153149878
260604022736745934571007573776221765877473527253272977285028993111
055228864453449493375024356453475585938910590673907387590791613307
064826878597891241770869579831147652896000628240522449229433167323
123864836603899001382223385634399744062760810652086289640618931731
765301038745249554418590089174283116835610439109301221267118172173
729733743310641623028965273475914159691749162445617958817839419656
982738163845389844432700404121808984619487345499208495095578582020
248709592075069819569831053988945265630326094417910110055370625738
392705910403648361873365608255565947515270449007032841970651586822
901017649882065357573813806586054951024120608748188421902145335150
668171607722910166608698885580555189353331073099377804194666690100
678905820022824670986051232094180988868759803517407191198760757159
420492817767694547756078094631920168889071073204027312874520091684
861579109137796257827380975383263720671452375970352390779530612409
370377807932498112722504063340465158286569373722169499274533613047
962388003949277241272441352002165437971021449348696608144878069702
805895288730227148042296765408372304659036551638843566314827359725
756290973155836915600492740255707948968331597442522348774680512357
868456809460563164659990509332472747332229198790611598115292523075
308214676257720202557453449244761123601675239897895012790778048244
013101716272304408207944591556343562438601936171515790947003345300
944195532217778007254319633942411223348995793124776205661403961426
998762823178020723121834270298484910034699419778617969126820175855
930270415018706170787841573503502825163071409271477686313656039335
136405687113772867508412750782572768845744657191756493708213000203
797737790217405760307196986144049623653576527925996753565926003845
627930798882526667819246319013370529660668450945206619320035248100
102356785051242466852102388415189325264973294483576033605533796046
854593685207356617207559014068118085825552333506163869106493421806
024067354679044291107396099743074815188653996194383592613518998898
682790134234535907213903119688000092753951759457030521285820359623
750307940342784007862238328027628932408148106578777813397420973250
739414143795123790212854460960647432110453567156515273601653373218
242844586370283008929876200078276406171779777467424909502913870509
558643128053215174155441500553855970030908993492798699090341890561

468122221058020313286641386040618081027858159555974751437373554829
269454553513453725770835456554826050130826600547436250895104759162
324727386633069806842872845712709264236066555030623703341996527674
568482519570424160950046332433895995047953867018719151991626271932
980666405626956515236509358455347059175544095970966181261585707739
049771623728556157668046587473387429383612131406861593984584263094
137383146996449659138555642615632455024871751488871838057380196525
810152892620389911382462553919197863644640125248096433803736288162
316201109379710075871506226324379501703110244699980298266197993965
501366255321744111935618782929440488179435884327445202559830076931
483626958529594202826269097270981401742568535693833814774956813442
903401450646736485991964546128366185634016213923481181083235706897
650226546158697215884478698258657549018688270095798770773006836372
296934626233678589894140871891621293495833106632946874656074654793
191589274435015486053796058554512127442486088375763619416079358696
446362783568441119567887945560630513347053724003179521467964606651
507149730964313978209164531956569157639622982782012356859116908518
219414627150017666097382582394137073055236688162102490125500769604
294346396973746119010346508676879696665093168120664774312352138574
501532974034941777468073371490179818830686173800932782059870883029
356926145356064165607872138720304034910368017791269117813159319359
156601197630815778977292830132836977816846829262977713675618812889
171186490233705324655522915785816085575379531444890575389661979715
035147422656872836354358790574475030855473383582371176209121395165
460578860773858198597762736124820503383548871971308729867951193769
969696088753642089211954602648959584420915286756181089787983831368
407131415217098925544870544988099951960573122720440392303165590334
733221669706312768647311294509151048666427768704998376207838484542
936394726949652673892204128624047787738124603468072052463305431759
712778790666503166534713725921541822568525657608859970698192074664
284770211119713438797120456884150248680972278050551159689497243913
690696285930558527395132486035161751339452751007090090197168239584
096110907873830215349519702892188318077605770871827515998343853718
196531461829161216840692242114395628155025376821147988683341298010
799623298329014384742154862583293141113917123442870111188550939607
335679001119416835463825372232401779496358352038276325212817204376
940871662239563265337336456690937681805934623808705019332011691446
017161595219799681856031770213616808075605797256284321354245865873
018169708161446724730616694481059273381065939353571457855124717891
915718410273431925066020716782052476858937195779050301798487732794
781391891591793174555824165171872634502284144683381982969226868146
484193043480759238288309070263597851278987309980317324295195582770
694987736590149892173339994759256940822897973876976915474767359607
298103324964699068900825150212051334402935152355191752712411308215
946139772672253658820254867686170692144914193321801635254500675669
876341512520473735434217804836479159453713923708006874075380846458
742375699204726389368968108199810750192430593109766214550154658619
982290282185485965770691638883086504375097235687750289688011931112
553682992680902572597695297600694846200962354199720306120154737765
338836243405754904830228180746577214066542115833865507670655844929
613652765652744929448712140030653436098479931285525736195165668855
588136388247065904710234532738416985716591076332651388007051602920
373502446173116030355332357390127170364200529407303594593240020956
297653473948407625574338996061547612188329741905421359153573743377
262979627253760453889519533093498159846023890973251459888896820148
728896855533025010757370955701382075457286668953182634965846289385
691737497649374891828735121224453460607834358787069043525637765366
198352471303645607405848643633485285957012820191843781221389248589

440755590321580478826741135433905707618232597417515910856525905706
223187072733912044591913888881536419255142738879584305325166119852
986930661395582016603797093797737373266616212143140168349207136886
181546686599678377412321305831118654600842156124605323210994597749
712102599596924540811824627923121681947779390263380454746656951261
372562307393201005696560303554536095529653212043118560217556134366
050433249005371849420813453623305952827079885411689292966466464227
115094576153589596697398795754353567977918603684752148643007836683
984284393434244564186883295648917259609201903314478044177746364313
008668639897078963436693818844856633474128149198844388182727525310
211388452907718129976833843050184675784248771489509972546591948560
667847932716038611547911493289430430757904716941991975408687639347
471759055578079089201336053387209092812529446804410110876018590985
590593905292077096017804712670424516961658085510579392161332786965
234357820902123618134900329704269338810011773695551928676493825089
165470239268843872115362884826401332580571871612834916360969780416
665395267815680991226702343653427162600718012859669992839607161629
432177462204711487132815869215209508102300442308209880160403255094
460824542963230077195896772368315015735165885035147474801444976657
489839073820383249589601624008752300429273057348485243451165652187
782257784033003387009714210282442073050104314852801743579408216658
152625167160012811761261737872515330042900276988290117367532880863
184642860099507587873377672185256024400492199339288591007098407310
643571883816469282143139940792449679126545354025222929727733521194 9
422439250411741365701432202075891541161406675849707113324947938332
326907580060035045527510435692759684910183910395370355509723335254
478115653873365831240642972728804650688284454321240760603960222836
189446460065012342648406171805842569622725852976618149554154823887
763189110091530015116148254498550237805406443140913000275553016010
050582997376981703994391595340017121907005840399501928477129646268
262933633831585267721403453532196072401589555761826616288112936160
537693284953034240594873531147112391374187645319557784413044345728
777288124625084845616838238423116994287304675942171787884299106488
467884046311704974036582581157112771949758713849557903604173724393
977750950877957374532015905335230659281372716955641461600677966169
332143810823327617216407808100168546281731474262562058321617863682
891776224573474713815508771562810008224600169283651359419566800627
383625913423604974205949958413802866960946887775376857164213529608
040750072266837944108603492193735276036358726572074929464609220096
940080822651924700487326670021053788718688678290238071314616049094
527975057838563020356833405376764597732811627996547600423484259675
492740952183103493291767552517640083977521315216918072478209855925
911723752309523112079952794846731501131992277746425054637470578522
838120516683936389397598495884988681886065336361678445428980519377
114413620092585586712344623183669237354711653651740028936329560995
434705422424409400759095052718505241531915071115328504145131247948
043898825935186813124057952694972537802867871152511414725559327116
439973361017658939320872933904941102357005917798818368242403768356
996172480301184182506986462167045023776064892978857172423755495996
050012066841032295381162844782558543084817435035541678350560276003
548760270435888241080497607154453538353514124825791556841411665345
669560618182827581533429802289012504065361959229322618723555612418
288413197275615896839549311583182821692833821157879892943580347656
169067215269118029552303092429214020206293722798652372205386900640
514900917943054104009549374853110927832536845126807252186128993405
320331010501379329449810219225463269127708956696230785132531115086
656126449314230794015162115306040894472597095679989329578099852003
096060603040161828620896367571101382862193393657712910225473319486

33538099920779715585634925756938240987177390506227010564934322305 6
87587927511172520710168162703213901074095395805280643967225737119 8
14370118055219136143389249280067731867332672690702845690937698820 1
80914336107466732171946879549162359497256281229872337781594068972 6
39321158275050267978469870749909125340376410863196863302326404725 4
87575435636026912501965044930890310099613309741252111941123515147 3
30515152668374714459813429043341168369809792007368878371234842836 6
33911056716148254275130595507681089363780073565169504377941139401 2
93598126791981007754873256052966459037221757483640023997891401160 1
33344182685127032537698665356582173940232417652628772827770750761 2
42989208791096430311936566594443880664457941004532315978090924720 6
08294337172595268670212939138459361358358862348856238955791841578 0
64843172240549225806318279199836040744996393474517506571775823549 3
10454860846805289893079619158801530346914018318708302669621673071 3
71069690240952453676939981908238197780952552664166296275441411857 5
99943562959756688680058759365769000081350981406740208830328715957 0
35687799694606300982594284891500420163153418774285468519553091844 3
58353425285704101023173647031416533731953459713032120230058322246 2
51664587404878694490332626075573754776289430031191677739085213337 5
16780016437436794603904956250832599635888378980052686624802339759 4
65205919138366761061733265744255429994968498775642148005885438432 2
97467738605798388165776849337142268558910237246492118772436808513 0
87347333010330433610957325741326172385501398122577138170743578292 7
88152533470140635780888686119256963103207006459197070564196455229 4
91079163584237712422715914042368867244444995323744557177551561663 3
59876756847625211711032871351082537038433644274213886180856967604 9
20899545516809857525203895605823764172338595113667972211563219758 6
95723624734090399068454196569194348899811137737389597294045527551 0
64984810176857569711109967605078105938482963086078289612572114161 3
46045083760692398318482745087884960823983461168953871028620691537 4
81512826453064703832393853924063649714686415730995191030104964592 3
02324320234555375421408954847723769564316119455303837765160244759 9
40948448476063983532533641761702908374233470804827223064547166625 6
55465432781842755489090450400939614080581233762655569051102949331 9
06191587018712558886769449162011113637395129317499379311560176838 8
46583425905024257044853695355778377095330560873580725873515366739 3
67594359712852148967692842096438251481068992781979727890340598686 4
45769879865285047289837974841783870637225608607530131186898858724 0
25288161689241536238787738703282655088490031263171536492456122904 0
99418049375815287185488091202248648923325192233702284334286081346 4
96224911725856469179242224967683895308621670358947640553058697541 70
14133106916013850383483901630355406325154175783960481597469851366 3
64995876643258933775364118915801659534138539266497146922983040782 1
18941800596887029120071124223540644916359726543779315707707314313 7
90140365830800716072346534810447897916514670470524599592105539753 8
74895227635165739195699578699240700435359051365187745622340268080 7
78639954459749173109559160686962213980500576662553092001298076650 3
25458459928998133574569850649567192848177401193005910537781864128 2
02713316921727087192853561851908535868166150477192973884303356111 5
89345255194127354024638227823906476478341437676927176629309130948 1
23448174543884791125798633629977205666850743781748957766475602831 9
51827853944459155705220120004429463833423081061134893994574622717 3
84257040516242853952156044246893414046500666978208131004923307147 9
99064980446321816774622502714161591673262806160732545905268930873 1
93080164089107814121010746475287587133393800713265867009204238276 0
81866337047738607316972215701784786116719693348986813125457055283 2
68563996031705721254466478705701717974172386173775994142383221485 0
78800529988267716037176604448140089590842720815617316913182788277 2

449562424189653536248881172693421216956535467504812888902438043080
468689485810362544270245338962444717640198622732180503320581781310
192101528365435904417616400419425686128713971886428363770926823342
774295028139216886779435320531098180543564778007068978707804141893
248948765222776586851481196790256456181260296464925530961699757118
310991926522471511576811643161456838769450898948293476035641128870
441176623220686057373018249072330688280303661669072697649189133109
472166162472066225082357448263898391755061782655605261144699285434
241964260799477845975210421333507094101313592860805548708458361767
827058924424208503554428218672354440464829497313979660246705625494
703123037410722103224167863909533321329181566190112708727603196976
040818122844240428381241419743206843489323439148143016211747713172
743072856311167822383345932939039590693973376476124649993180926623
053435651270220899283483157434876755268493099924799968468019122581
741613414862949159430795306187098981673912305096657677197975071474
625804737033362705385595322588252284007892354673291072794019493515
611424052929795601444055739375508427772030740717349675659350257787
767407921916897901958617756774767447932744008458854647639948351617
975585591226968444787829317212247064686732041349962895544835032439
093179959590974934939504197534601708034875924444138124373880840036
502665520573201724116476869749437894565706362084590682023294509434
295622933011985911592711106148677394348126139916894648271455362129
558927244758337712399189421635959109693918813733293548051937639565
635637912798010647421715988741132085756050889669479069337024373258
520423407260592384504382145561440504599537550291340424065452648529
013061027707270488598218027988962433029252896481591150843949486845
019744428054104008502854479072825511141265072138525824883990351418
496781113667274557484775654032462867498612426219066739044225029372
641471707564471350706878103317989344321405502508048455234646942884
722311326682105719343171391498266111750871213668898589162619274690
660740147381738223146025055093718341751021454447533663146351213205
048744848006716255201602109815219028936545051370945862696213457167
371818723106872678785416914417842222204467309347076916188221893431
479725562039021570471756776009737356416069616669613394736239506617
846929509471180515887863385887311887216704162345413768934761704921
768123776297117588809218175954288782411939121644242793471257823271
907580505591815328322209520066186782856563287339842945004045686460
977359162869405575741257954285415941432619254532819836938491209009
280055178073728864176951521645238254247431055440669646726093089450
044521518415033992718229977914455843276244725246390361757161780047
847209659675518131031325090526747300991404898104209158672012559598
072216111695440150037680989541555996511098143263079862287270860152
136929150247857180605094120585690641285072969730517589047216107612
148941489522031577287134613430229170933689696514506088783418631067
204660021266027193976326912520594980175690551999493066883280871201
062526188905617044580950344153400752060275145558698586773510955158
562477171013035962935877402562474880630247086092015802909706196078
195994738877348567816553687190903451915749404881568252013240107513
270944554625143941577789855756148355323238453193629593742787615328
968868909159463566610901684009346743664076323958060578793353863829
595882791795574126569073366731555242211251921598516604948573406944
792412228767735195430821973079796292075391319688154241875124157967
677783775589011391475843273658596399724283739452669833376267675085
049174659206541029341329291694108998602051156170692965114092910934
338001999457639440344775146842144985534336928663100756329424383685
038665982023411177625009460426362962515458236311361719123638574269
273048678899139162822069550904753885668936857050759517553801676366
104438176702208454715610338908654571594912199399405136712375130215

413071717211130224133252602810694189226561223214582954971726756605
989105519354529381693746763691396751681689281649125052252355133720
059429651684453638726196401454606771660146016738958046651784958372
675346522905563196706305513825308330295223949578675867864535960311
713709431557063198962578384875798054088236406919112276823221856737
015783127487796677198533123405893708091307211125010198363459815986
847410841031712097377133257741104679616356933077829638966500839339
951931669751247366030981717195192194970814902752817931438680886509
332852175403939715556888329120466745636397391795708084621214374939
769743496345581083862593612263897159383920359278580044235029610691
090482942792605387511920793293971601525963372027690166789191670488
517414563016311704963831075461910230631357885082832302424123359931
250025901845677575782807594784655854718478298830080182082415008556
400101063362641393590030983663779966954906617885594704844021887947
483362758963415503718817332006403847962231765006192397800978543616
367845660153023942351734884849228407344547708548350396673121158120
843358479032526601734686373798005670978598228094535378133203188748
263630274828284150984701270082546817652403003739104907747041434292
222635095026906506607893531706369909699754336839340973831031699449
744952523950240285024392949777948502104795217809315562924148616269
364101235287835230120043178253533951356179795273666100755396264233
424666144953600761733042958832548092687531899472802540782992131848
204504787377049904443748794734749991793966579280756707596589026585
327923184115545395860209103463031410544250782565838423414972974838
391499038473767359423812296440140059481865636299066260987376885252
933490416874359512348223677903327707612843735783545196265029281923
932741187699838640064521174148851502423560586228093492195726138754
072713324166122894073313540305311685446980024722442642026141967436
266213676807757782636000989235545350251717415248120358806374326778
061691830525455356918074144574211977024001342967532123217274264530
233828630288745006698066271557204759962684109721395362391701514220
570045064311556647515847146014416133687966587703320867430284228910
191368245796281898430833188475908754945229908692588315482594377563
041414332290909694185673295855015060738684357933313665709029914128
056451808710756120157589760763122268677133634879161645023539099841
805375746483729210064644978352443954377767023492936646506861184393
657178519137461570439124992964225035800557934021618214310011859399
249047612827546087693342378439609617083223656222740741432737340544
981453063116890028758520283945911130420035192253236030766866536322
513707790427748093082445765035137449157987565345510698293344687018
944950891151061335151290816155665448225266211246763164662180906543
262995778761153941253261575505492737321536963249645770646458598652
075487643213373560128443829714958978200142649563186393653073936813
268098598141771848693490092513401149961202539198417372604886888218
853374649730351095845217201690752797444494221740844885219473704135
550168440460981267584212212488068235456229801040055410208386082499
941249302792821277759691799548553503826188646548317863454022558986
634506313398358677788433728752922024908938832342564272770698128779
169250690887419382298202351952915928307116764502733106092476716381
350398507279304299889879457844099085311624662850964057367761694514
954102554323938204899919615049312412692624321680620369708865218683
393100239446386397774090523022852072081763314031838476113545574652
307751503296806681328287378347038741421796784586927030266394495806
620377034554444830162806752906123255209276648222762318214889308303
574824207257764008935551395267711939367744440801098332557661331293
921898317594602773068517105788060618128077179125810042684840390800
678427804706032646591794123296876423995703672017542929197108215601
005376574948790105766698288472133714828769893176237934956853993012

1500482183493240146182890324161227907697574593903666511268619079620
0787917273573901383172933228222267043211732948125342445344947097733
7744289407408696317125914818518922780899172962674843719349443657576
7682541716944313304251283202816944734040309480252039959762276995610
7526557066571772813351129996371117991730289894326554061236360952870
6473206171977616739119620238865118919100822829456117914328744796860
2327718075161687197762458389111985522269675033777173030632526340330
2416829894295664782800219518470003912499281353483381922196093409540
9867463563941709551512045197843668223481167903655045537883350909570
8109994094778617754382561625417682344381275353705191130088909964970
0909247132152536194636376478221078796933053670540619136266891274790
2799967975211427151224381700772513488451202311337889803892855880630
1914045498302148509196703447535546314712353116983941822087690436010
7188094527353107017302929514499166105024881868235136613088277241550
7838275567571875139790079702668433721472246269484743145320169378820
0916461348704570223454091253529133167197516226411379136777098723540
4345097540324745299130160336112880526250107382620246193340766120350
6840155629036926613477202864097021096049780470013070047008761782750
4611949813658010415878715992659230352817764549000234621215159892740
7604789031616604805415950170928526468519382827630423840424817251320
3351842008062644126229937509298897710558457851841229402227684063840
3220839945723834503785122268266815886659265365480968294273165174120
3181170086230224169760722514850152209035991167063069386866392619500
1327214326893070921639629063549146050818225731536874669965691068020
1049679424728191772569844695630393003868042407045674365251801672170
7508920118855761940296827938228590639450725800083290753709254067360
6051927172265545294011069306440772367341787838848054525365474755980
8840978596653655509340602815210060162475111734903532330179637567330
1709351919331132329834557659707117923012696815563051745163749626040
5453499992135940882452739321559543505922165486309293763591859871870
4284621019302562158844668112681843828931713972333199810864793531000
8772895552554701987779110377392367713063274916945017801953501720680
8980674631252897377035564564146573626252051094168632368843957695300
3812785681048216466117670369644970653438069348419252978175190261540
4397599980777058392644837771910064159847958618022834119416839670360
3811285817744168574775563106668311666376424641078994314971065571490
1611245385959772553595874933539052836326828555649050400176513606400
8509049594170172437491378941957521007413328779664732425509765466270
6862206480392614233040429778264653324382741107753114781706080961110
0574234002884855974389991764323130082269866894760675157119598187070
5199894021557264792871198446468779962432074067344301191284672207810
9938468515204170910549993197716398988071255377140644945595761480070
3299739811562752640538540086055295343522557141093588531332156586800
6503897733067857020603426575793257064958557017107483142517250803120
4186606693120091917668709637483568683472093313145642636560800704100
3706533813424129025176254928487753233605156762145545872044349520520
9990064545131256547209120338896910328250274727874306561312579768110
9604606478888582619394742872469407388814557768274464626363779462970
6055181529613484170459285516479455611837521633329249956073939766710
3889956318952650359181485930744683061477279040941125958029203196320
6283655730651098281685709587255784508440473587785865321157927284670
2357778825406881763096533357374936327367960756575238689768498177330
9086770411794773074131874895284731289014986064659777708646847297430
1697713492742260730279742606259989645719144117039174046748067469370
7448603349575222829551945512663424296492162183247959059971520139390
1615027723746664836729231800490522221391920184289269632192589729870
4847368114617622684000175013961869286957658317492656093122201739900
4185751341456322985446079992218623523825302848248958589994901908680

386661642176920572661987119958862607764344628716010059975098599523
725145607349439836670909777446139771768966394093478285039053706619
410997007220951543287810463564870614894145561952491798627765180713
609959687432730019530500100300836710076295898780029826331631351463
329507064831810408142305072209452478174214736710131709738334329691
931246228253402090558978655896144433063456365905398008642649853019
682482774425404508313844981195066634380576947612321221483029114929
575796720955125452855894004281933616340068855765840121317255561591
549205847991129597623503439048737387926945452594589184448232978676
207350527102819543469272302467310402980735965713107553603016855149
209198705988309397682657348907531632567470463566249246145694836414
747386309519860957420803705052396733987069888797978588981594719223
098591043338131139983792542890316160547051834391442999169574970075
335943692043663173805981131636294934412821593656711489845114642896
455508770431485741494979365907062623063712827364188624729722326344
780851155648518952048857587979264152330208961087505514989674741852
007935382407930995934243127477244640086104030870240223153323781378
658700461967032793829725174023663061701658307439767902717953446643
515688040933154749302921546222735440388608750092223907129947741524
233917724670558422071377472490956134143167600147124788886679403276
576199298338614086563272321872731835760455432965647338914795596610
308617974869372432910296414353265884404956635616575732854215117695
064120371810699702389636925779487510049102064969330879373241202694
110729485734630443602780059483832587280394706653498394304920004106
217981583556312520054310267926050610601183981781351804263467680678
884547923326553086199937539721126626054816870565174774587713888251
136194650462407921346151627898729240881567127583709848013536882593
004740146715585976547939776195610625915737434805487592296256632488
078389540207015330329535960809918009670058802071806578223991922508
233419900365442942658128650853717854789603885849596433763572377802
603406248744459527471242290025924619086345140411847029495825320929
764622883501017320339715895783843964717029834836322850133837710058
530668872403213077313241184850030049835489618916196290756341650980
030392650983684572197547830350025902656209748697802014727493418495
546913895487920263645215011211074996239807391066850467370051714982
234326524510482301303159456673351087947129111495818257870290874721
503222768174293837247738636429781611629767384444518956013429834747
273380707779473775414456979543856220357970933883757559824595127057
589146183253229028319953023960839249200547155984955971291987784286
738793686178496838694068625453410465073459706858341570549499920449
122481367984134887545272776996900496538676063772368574492039127155
868429126866199404145133315070702487100028287635286349890749130101
146006183810141952320695561845598562291528779375012089268932451293
760097007817467316951592835120826337029279007927813534326356926173
687265545147426265867345568627587634352209096221256051775948086814
647245920299268354558760432921762577308912054176617235131240310362
174218559305416462184927480422948839331108204284525745399785028323
330013364620280350070656000258444724507280952314376869887798480837
866009215751631448997151930427693911509460673735342093451182184289
905465997086107233743695971421459938144919835866381515252435612261
977026890130685719513908770490667183162547590814224607370280066954
093680772737014016643976829626907414638039663306371073178567400898
796329853260487154064266563036634060503463300525660777657803715498
988113811224904628179949507484433856798821357855463267361753843169
603236052167580638956936332967152611561308605619227667652975403304
862589908547895455275315421252942312261222461301785497591672834073
929988819341787891361067738301100442717161052021510534036169300787
514070452063208404171090221008942616441638647648119834993328604177

308470895695674344737636669462769582855800816025784090527586322882
875723923398967162726526105683482318871182161548234975338892314175
788182782113581488292017634351852973091597752422968617060950104973
802349768928168130530148503524316656274680940909643138882342115289
951039490571244043911528862002329122120423654107872817892822749472
599494407678080250445719334764625952784757067931623864038848351721
231401745145823981370106588074550335768566629666851956164559390038
392967315031662120697808486194418722439464113611596939223447607473
803875355503575671545105591637538750036804974593065554228552880510
945713462471599036455974651624952304467489600324107699120926042208
947021674089645138619226518788185605660821818818513257245339766544
102801430299757689455969906581697203241436251708385887021957977036
881776056832749227548274183357867105522605392265725940822426883085
807403312056015387300623022641378090669297354155411691647273055930
440989398784586631556439576743998365484749830560850504766294343959
380302217208039543126427909963125921411063345899415704296275797437
184621741922296718508979636497358098773432513977601211158979706155
917582608032091866638353874275010416536329995668881734229364317946
728545188272945243831007985654119874251507114927329834281367089512
844089579823352736632863778108023828487262526221367871972770563481
091311372833956384881931984251810532279404011442964886915122974358
586748639040439975380333337995407176055691658749237835535911531877
986253466771157205038438871279522364647670995786103308996614993379
748172429385882088675775263123488866387221892184856835980850277794
152226347190322843297450914649913258679630052861495995532297928400
494112019308901082317888609067413262310451966517623681028449711635
499150934188909104118260577639468983465176108424010287596092545759
674601216784426251924812000615496770889661966384248442556207926966
299841722028240565414578246958885023952672152643270624813803222642
314789102664900848439310123244857495902503339231836098867686828937
741182452167176964363949711454448166087276549585680567037950559968
020613249056703897854175595472892482110454952182307505241956379104
543503098469811764462152700583785580435337357225137154809212551047
666002426247537551783250019061783670868080833445405199446204962154
903821277225326990660439483493273772931549637812128121455876619747
237216526736498066616548225292122153796083774455969974509864525742
423899480617200283909801961899840134871019173219781051042860556141
185590589391841481246801536518899106100061437335442815042408395907
464004783640745811140313965131355321778711969280091147867131333216
347337555360840671527244006163715951532877868765932131113626163801
061833256532562830555544928590367215442944758792618273695374949064
305223840764031999808269499953837955766104135478476900804926037215
994976521638998755344085293093446839068239335359792128888271160909
658304272551252277231126493432528726742917752558609990620942370525
699275623969064402812165435157946037636043525455535907545273149010
497483834540990121605563565560631190650210153773084226309825595641
177365151467624955338823761012714006290658807908708076757717243235
087306041511767291989766340979380300706942375623653424930258377289
820678709201304268172641444557625378010581012607773649192262346236
962664122708050661760695673447891246681642596347433544508232232304
655341524308710770643985604651647895123048258399335623323713283477
409635270943463758469067259553371840680920608968492821053011841284
371689110546768419173508007155138626012413118813730182046375721934
844621911885432656307927959233492111048542424615565657725786371127
851286936119046020760543654884149176558688069245765714850369529769
004441284926981993291709964998558622563521845830619577387907120242
170375350159072382484829788162151766541740303391302966790684503313
434430805100510977742870554313196263349064098541671979820911213321

753482589170199057872685553855351597932523251604026852249461207369
713332204297733324316605651463851727513871892432386265628590071701
056336739526138964657755516964379986588689140407375716816852345363
457782330489870092389124679510507075796604895154777910166657188479
400245248373348241523020299884681566399131398082668155939554721819
231642544675880891102074261476004979225530994058674235698168430984
931412831883572363279910471115459134974814047471572075016242043734
012329750480391281370035380674497967402213156024679943466050283040
639007927584652574632914402701417807062132802661476160742396460351
262541864305151859972456194545938784006395695874339228784426276851
802664811008715059260268362216810190851261076196414131393489535919
785464251415449724851157188394909822042106341127389172163711277703
536918639792846770760635937605468087464162585344186680944544396339
535843011568232183019329095677419344093012539637711779807394291307
391339617640531688862391384553188568087087339153111013024478255150
604230499617036787620839856813750322608273602881015291839454100929
225410146335895275106846612108817344963245339192141460424479969097
982950006081576598778629884745154824376339168890773669527593676000
148104657646028305873378059568651939050445264547539861624650142973
753288126627475396346840479562710122210721297743324073289292791414
616482769713990246514481602111881104593975025545143352386593404243
763675176116965901383661234875057678571877159026922101790287982316
864906548498920384217972627777346936140826883767377912238333189244
942749203045319452404241475755052618729048457704518015805246217860
759392290167581270434396955481458111048171304921865820294148868796
538609692337840472918207078804676236829299563572061372300821504896
741716141365806099415539392734560833433945993964563543677492558930
909498311119508456562960780440360324965472841131251093709093857510
228180387651701521923902885020728939514597319712560409090978534676
333721173125247678354980617068767489854288869689259689396657968539
868230225208309850178028648916926514602629127725947641145819408996
795364563605552016424623168707880644212642778124710504010709222435
174871291121968806020354400811496251433764289312053676388168680833
606295691796066365291121216004557354635074923092977137855951474282
516235520379391870091025761494989932442915942539194353416949024980
596267297075942516470318900908332261436907920227712764605796677194
869957580325495702077918052092598763210083005458726363235335250852
512349005372144792459941116970370253000997163647156223311408386040
318791312376689483730818198647318704397956256721330194951436061430
789035625741688461686130480609744647556121002735671140499423297648
983219438729323755612092407212642594130453325889026196442451479563
191564651441228090132339625260584974757516113869316419649330573974
630227961229183761865079446834316281117270336601505521202468094654
110484787847547137315024302474030648987192554985188925167578264876
712358572808122769956553435280618691687626642190182036320098673786
888771039325526358088030323490074878919268922635020458501293770191
219859905710449812146253523670504182467459013082251897560116488443
251310901076872992919574766092821822076068770332762858991368639684
534881375941251042070180795286563706501227515692663111153516271947
979939928270036144072668432106605325993424912525978260423377592618
452147697373505895381093567321565005081547333510451907714467582202
877667487494893466395836111216680448394461784900597508201045220865
311087807681746281518300626805724741264671093253698089664665476887
863480475251060884846200083847758169317052981800476344410257443093
874996713659256046903686993420155235293830381237079262083104636765
489476425065813862546721896376609272285113281552614792078677621764
361354699015677183258520143254296173945075151405828711870558088990
151564563560224544087155449755365901454771033076782937272691820120

444468657492195895845102374607693088657379223791162886966270573745
114883545136761015005059805670230350295350969421718829353735426133
705694503931535878453113062082942704229150194133249890968733497309
788929730487817663860514557450814260841133108598088646126541395431
544879515452316249065873528089187393519388037874166762217902808461
014039484846472366720666148661899417773007698082387734662870947435
031704126126041597889441257362143443222100559622323528864218873306
748542330472104005789390680348227121824897883591467733030738494256
838725792568272353171317893699899878818476128677867688986908683115
149435990928790374675384157319213339016066693408332910357893197758
267869913874861740168698780602422910634884501238519693817094284336
893359667194572776064164078762718933608019181727620293320152547639
578330413207658248373115502821363504586395687840168522587197740575
346667350317907375740593039487471932757817394615003381265292979807
140097643334386438594687541034693993827291307897587506563698760189
231019891219131477280548469434398827560524534612035706633396395360
862774686247029054766108920179681698172293903403224115878476275454
935788150743755151702373697797505990183838014504427082588252596482
960819110845641014328296104579556265062401227124216510653652476242
301488829521749330857825249679680264532252968590793791048039518270
850554204815116015525385408588778826636793036418552973791921403685
626827799782450297083298030189706515784803542623102494866284587249
552948857124562599009359953861815817671582508621936643482598053070
053574852745123975524320400111359537966956370918106344929851307799
803990528530990056532801554159953501300322833777826068698169248237
653547138975711670281491803243801704793965295443684916631148845313
455196337771093737966617276175435318768161727485442914808343008802
005967110712085836959833867180540724242653745209224898585436054660
787907324748172707922378656035144035087998862200349360326131359047
185522000014293359867047053204324341235238700521284048301071713185
883336048300284294145765203259504567230061116443533600405689901327
292186085379681277204969653485551387510963147665213645398669256710
070519659059997242832903184353775530456001063422169899134173056223
638455594710202429020986811629965041050730778460484132173487160449
852448357305929744996364890863458613849607247430728608905388304562
984692096875932286585767332381331375011887802924296701517760676565
894026128380943398400204619932869240827442366008789095030272547778
043492127148743148435515100385287669604245276532846698902854187240
718035598836143397669270076060613458187349324548718640687606954040
890100614489054859411877846743394316749934033267025796499869369752
213049754261613312872453353859098331900990495907989994391226298309
875117614366137566536914646328176148129345614722814037376193650210
664118139998574543001206083300701510397184424828644644007986971603
333061014803015319069599249652120082148370476909749472262969269652
550641728479250903427994726981160800276932947695422083935973006869
165932325486529606828526306471856988290691712929582830922730807041
503771673635952270973153660117144186569376980499162142338979269331
238040322040995999120701940181301529342163131105884848574119340622
091916648146011614693650531440469363811320322549860051563105466923
271263458828054245239305086915939044920055357269576195225514429201
153122531470303657449037138992558789938341616351227982513654969527
069511602746610911437931254922255277327917492096978898869114451203
167093133602779399224754591161211704032198626420012306475452704580
384101003650179071239083805221355117595014635445590842595692587905
675064964687376407061382446350616588799891377948333776101650875496
657591990007187271032985439714778637259155795976232404951138755314
491814503890838696456034428475127124619631522710399945557594332145
104783106720111942059039370761583817078965846380535822328230179473

294101797143327751907034622638338015136548940563677566144888019484
470411734192511387172005947592871734630588605232836916730940042540
735047749412280708534468464920563661216585373056854238815483790292
326057859266390353823557619070574481964187500598463965277065795862
722788116992006993999768092793709854296147026555191888460222702231
399432224543724495032765692645586421728230826922017075770847670133
638811529487698442712190730857860288325891188810907415240170760034
812245664244937298419958851709793497685852775779993570034405722469
018346980534739782466709640077472673558646622391357399392952326420
134347658773925711030210003612135526718751808397342310097689623684
995731450140540364863234089304494571274132615912292839488969192601
789827538662852807937228944762435898820472445108425544961295665181
692954061532297219425765694345774350477745078960558733161453865374
675327968834251736880899584273886698415738651004801569926003756413
761191340175472112462217623503080817472620396984822980257914173079
227099623923491598567017159576973973794938145601866285509263277822
051438228895734415346335759678771691248253301508428893787482683890
777731324250402431584082166429644532948737680407089193821110578972
267403214733696194173182133039799031132524374203296938934732444523
650641602197599175995677469801233462991540494725388296749798027799
810597962417830041895183219056109344840482339400457835822803942029
587960819416794009111841444619646541151766010214679420560403099887
421976111540755085723210790862096553350670306981150273702465314224
266466718225720506437957244880220091367729702618798544969006148843
866506490351165018513110410950822183360962541924816148876153874277
820936220613000422696766880488666889303600425555566260383667577787
840040481479967711384908561705354343991918670249882031786853864170
548703300887739000250867661304070148665277196107595179393470879859
206052133667154773526871886198577024173165380290806833095120539826
345846032071805539590193915680596060209184605889411576000028506881
443680924317484105810050435161401046839335533833286146648835297381
098886957677411732119776796592761535042107389012069713977262207326
397178868885416022192269927715863895082586354728242000128070315129
537431117481165642047995922034272310542514920497944281609070872747
628330707721385067995301186303402080490305558750380689428755651869
635710817666536274802549623820514352634726335009304070525362133719
064156980733308686720838116616154447045789044232426345523397427127
952737128747606066458466668947281424970138346160010583908555337946
778333787524557682749454850951129474271201682725642612810715450387
915729133303318009848833875889273843604727920870759592031016186827
348166901466815989319980604282837243427812292002605733059767086862
176094257244791602506995573959981840506373027851813402243468091662
124213880006509975157017170732557357282095126560174068112685801826
542250577892144277685648729460758081743328093347698618692882954930
439141006970512974432858225297646258635535750089514828888324535899
159852169408814535167417632027452324652379605521957332870622774175
981706705700786121894963875474820865426162430650647422585198631730
718508787223360831379665094808336392634157864740237846050605809458
321328958078247184618003130439178993106266453316436017024431954172
320757130550729010973473303644168325857171130752135603880503982041
440998223846169392622293049625755398768215251689338819088794672052
691803163728758279379878450679133575453693486575638765226152497149
641979931371624378000081102190933740430546175126122855660123144199
389014509106056897909737598584235212336239839003284194228786070519
347628671453813515055446426835474968547975906230313549294410865313
078904797369252611641550438996819682923929727829543980411402749677
078604531429959336514618838163551171731123387875313781090486389161
345067074306783695843133410310881864902415447652927953118717268811

8505019551639070013934816603863532907905705860454054416664617289149
9752709148628981837666617928816518749269882266983245711159476016491
2563126691732711373621142840026300979241632552577710080181238222566
5227076403835768457594204451330433201130269351567195780811137642022
0877083384331209796245416421772305919476086065686568026102777542488
6824627395171389735880148647343691870367127853834594140863315689888
3130343649478450300122061083353924607942017297554504671701595588777
4296510467162529609926557918045292519886365749042821342648937622788
4962666229627430858166226515408773137048481151384744982266112963000
8112666865679769347374354256489567989086861647368794335918721058033
1196192035926840856992451685677819652011265596562830773504109094544
2429011295824262354447452246707818638301856493794749889461773455144
3462241874177916719838690957971334737289112794729651108912390587277
6500905355899448162116560403045983936755760469246263041973269699999
7402291999143472616522067189619190782034767314674772383738969027155
5759861669296481634847417068096700813826132583539975878277434632400
9092112312762389276641799733318749473018588560702947452815651302444
7867271345286709165069668266282594702301835897712831251170836984811
4095985416724339580434746167888154163552000212077995567860008074622
6335275804047094127830540133923619565241115248406020325995694690377
4757419933790634305445591413041972956764418136881978063523227394955
9782912362760249875348267469220128796810164057007321155005799391877
4596382929249142439034397939921595903841264870814663780598386491644
5665929354537602987800359095712910019717468458636073815036265319433
4210408039659046576337441166498695600194667665965064620132133322122
5737582291683213030063133966787682840409643524577794455737923904588
9401000057930665171954965558332333918174081513467730262675715024099
6184462524514024673016348109468635520639456395665089638933313154755
8360525033139605141651701270309360875569963670382883867463423404277
2470365212606624172652424127650311925356845921189692544555394316066
3220038904675146083622177184333980189754909304921909860780776438166
8982065048892486983273075607179208831720989366031462482740265069066
9935070644534713494895121796869943119200466037996818863643613345011
5203190628219764699640975252161293525989317669886122282628845845322
3076424340913669980447779251263790681774681381096449731988453597677
4871326788075856744556125063522155406265544232768916753529230768311
3263977781777486951731159967568357690777760578375862861424892010011
9005372961705640183251650710051163228093250949727357306333102512300
4273058618645339800283588040423877666492199352609508401454089083500
3146788384653241593216574585830700113217112113525558953263724080044
9611835024400606547353145004987106053306187667494315890344138930299
7592573529581015578400445829718032444571129819953652098888386131133
6521364645826883566327846189518912184810430364806305915157805854411
0867758055713684316541692974653623933720694863273371660500893275322
6774131480498914007218499648060956812834929579380987810292482101900
3801944576117982538661768216381942188447073503929532678039544153199
6255072370198294325919625523000282562254596097548687141837060996900
4461274972834881298323089318829386177871806522441450350602716515900
7684755244784126749789181811689731049429887721784834803540595796500
9505090589397116944658898784010583555674641723333266693284388335011
9280900458885983405126724021670622919598938719567206327800030792900
2396963711068301676605366617138116033942795191456084972136494021888
2397942838356511200133821812717515955498244854507558271692786026966
2160062248306345853875553464559494149323488585186778099289756409744
8949970077094179797480937628185631439754535806659814255526159976855
2150473147923348264750084766094762072376538972386971837997919727222
9204347499490122028550489517063443256579866248156334942047169365922
8040492493814740316468053935830644079154526969797487735601780600233

678478501069519446591606347095014145086471001502805457337873029195
6169241023097580606463858324417221997691298969030485068992683889988
8000657095172136204352093063690252465441347038133958904870518045065
3294265445913447258956557799337418478042603600982509807288010230200
8118077592274169099211565702085504614902784288665091111581175303333
1090130363195705268103813428987214226983022870681359024379868867899
2290592884481919482519297340121401838496598631311879065830488178277
0291215529398481628480845294768282557615722096356123394400764299500
9810790060461364862154563086627076383047858505668049064909690739455
1258730688625306443212411925652776799721886571732590734351885260377
6824700069968459330106901625038772967993089318506117436055696362977
1251572111567654954697981232420547766738869350313380395911207103566
5822932662427818582223393405129244599169707936642804454453815404644
4036226520577084209336176225962746472811185179582536163146305374899
6782015627827832434155037861624257103484536000423809981642229089799
0555694237985979444447820323631454254132614382305062759945621863522
1604168622824070714450072033609239776714555906339898357619238675988
6942619253631918211030835533632835625760573954313825080801864756733
6816160439304485127721038508566395151263094298513094203440604882133
9958740103994657405328323693612838799817934572367491666098555413700
1771270366693599663303085358230039391265704659337485595765319176844
1454375436197237542188102403747040257809322177353385544170426428711
6428335308012946849558321196306808316905076727716390241823491563233
4910025631876114540026076290538902431440261250873006914278129597077
7254927872040272692461381722637237365683299686557095626205511982022
3610489664602715318966613210057777365469391928222301791476173001688
7343446135166118460236660958987373335384123720223178218120575726744
9786384845409698986701433587569643720868380967472235173181722569199
5644460565760623740130905143173057962042590839341800866368332409822
7866087023457232199880783836341942974946007555185420633250576440244
0686307541334080118878066052077189596870837989712964468677000285455
1447089925334872059584641052020044256783677998812429519085450771288
0630305685845926704990490436371018043737536649805320216740011674288
7548548793686923756410635319827770540024287480987140416612518827188
3993680844017705909582462452289213678503664258548960093475851619644
9566482460781663871482952509699085786127104059698195687944814177855
0364036563172413754663973031768839901234944209021834321073459074977
8671006390801134686617978506685665430560291948084897920750465311866
1653696832452270622701716453267395582610161513233672471451041784866
6276366319951769523605756980561006256011575893269592016912319374611
4291827607072208276056645080398518734425318451727821455989151493222
8042618972916766998621493553408555251303439823275612384483230358522
8293315868780754273424367441668213513040408602256275539330391724088
6795186916599211820998279692031876153057287678099809568695565812933
3836718284495153419890865466272115020126192734683615029357370098000
4136990431726347571468887446944257684620120453582155445362571337411
8475472387466142378867006775256664575460697205283916215493479586399
0627934763745405191134448018554936998964043967256229310988631515022
1457500947236185454991328249396065511211112237119515466698771116288
8006107991743679284145101624245669721125129918343107368266287544122
8563455744646457719166411026472867462084311636759181264463304197388
0350277260862342608449153087750803914364039538714018773620392161388
6375582058285414572421585418809691510373504668116360417775665810855
3250407653084724372449788888431484448531946443074470347243612421866
8969045273819637180542084838002647021286216466062739776826097521955
8955221147357403149301328967913636268212042262966984579789837486800
4058673138936935936934178228692764402320164299919738704267601464011
3750852041413539763692963359871974261711451294892741385120647775299

314965718164356964194212053755234332883223403740394184939099078220
8226407688736978062201217007535687082975832534971903964844420739999
015574630613500351544878614708917655261440450017534346729206606815
508957982429788147797022046031736630749456941336234685434424696450
885695122183380886125063039764270122304161261299565297721885674309
338955075574579517432531644710631592212293335548437021090592020269
838766477179717350007625200107187082907541877921134219526817331664
984719353065456017459641390717274557755243400886979094459124618578
946312014641269071328736144934151522598553347982608430474750418036
056725372711921558666249367358218842658950869761669222235977172337
768497803786512975715660806892170998436900426555165249181891233914
475847514108935645776903555604668257076624823125566626584750763547
639270356739628249604210502663394916272882197959745177832760987360
381402342748829528943023617608819344256301107838267946881388677698
203066535818703763245591113042766636201100489999785632184546811102
726762162585793986619856244183528959585723708470156714768880129694
018636561730554254887024017698453588419410959510928310946211647582
212422720257620730919908238092098206491652611071696852988440371419
622533061449350066148088565030004969357307567709694662549158123845
862442811130834148829398355403332886607911715493772091855793938201
193801993205079148715455816437221079114310807865939173582379551018
632529176970793955806584344367558102549791150770134284867676322856
264308243899613718615679275246518003636733535371907818618615407717
472189437953981362160223280929868500917195805815766410938620980407
664974452760213354666520832336815497135431152842284406892235058237
591834387784033945895668580021510917420075849876886042914112654798
761657009158686369233483444706057788832215609665780744060619820003
938530743483087404244782509038878670635552991275931385038759767820
454882580687054683806297279113812375908632813699615708680254899581
074184053258180059024967634533578389856131878943511818579237482987
332256879168381468646304028901015649316245020262360548289352753267
703522773264875511466245191466657860020520131122331523279269726229
476757908832857334930649153661134956689950029929976727151489119089
866828402124888901541734883507073007549382790727222140924800959829
715387966390313176459040356281437979091757677342446147962460406157
722840397789402025615181182544551632510008207103781140961335987310
660042952821211015666083843032225017281000481416138702017733928269
450924329598235748211220045794474027531175519275081239903663144036
514480265686629677474258274352495823708877901258773761672137194997
657463627485983124774034167762840795202693194268278028549855561864
189826033265075078828519836968371400339196548776507976150362637440
996118801563601846081966883707458071151133289379104566384871140344
279919319857002676058981526146304612172089697777357994182474494 15
135369350201070403528195022568616111676257970189557857160811800680
499970221161407369585612742586787212613082734066819641580108375707
662589521896006325735659654723854289378878899179012819547727525116
429053580398765886362110363163152293113158858225538792773274669970
951938286704851685615463310799771082605671486667070261262595404876
786170905546432531810763015139868996140560795955075215417201535368
870505173573526766987325951419401424687996412430504521647147138400
669629170547073570788448149535397805941433140984394330670271069701
432005047643860742145740876584528519331093987896013769584174704775
534569611622289392172872235624497673057180136619082959056862087907
305673329200164632336342503542451895529921730683226520722758549640
945792910930471362972453866479078223577680900555116156292106885938
068671064155654154753394345073553384256675972636424969980179267268
665905403875082853669050669566271508264540225814933550446993258948
609426072408420940288864495707409713047575486190067658189500526304

7516047381838103718667246556592682281289844007034184208005054159 69
199488320768058783407806146716460782593172210999174768493780790856
209857432037709304046907181188322692484086425927811891860108081198
608264062393201641506395707137794382653103288263937505826949457643
275231647936475507243060524012306525370198482539996454688482064298
356733642020122943065548512407350187865528737711504056178330395938
497923494559474082415870127327691549307671226262494087094992492329
526392457850104061821338542469089157502252938891245716442844653441
628853123117641853669765621577579501573799261888450077273360869972
607296509257698071645030997927874362638340226340923723543942525661
906417135514143180682295170004406085398159220704257273792708086537
131955003890260199509575048286205119321720569807642114432867780817
349794920407531388995498768289602405203369590222178133797534428084
925394058244575537653380101508128821328225171660027054524695121936
735792083958181271833133287173022428876643338878635836694129820827
491483270600722212378275789889052134981445427797596029949179372400
448187339186937319307615689427347511341001309794583613142192799432
112916512844755478170617212580975986084285135509585173203107673880
676049054074147177266304910477961061755625739318881965164302253762
650900029708717857516445012419369421632443602867020580454930057767
323796781634323991322573405864667642177409899048256612945850535804
991285039132897501549038087509628948263199363087824803007887001102
316447203942685133497660002846919191941119106655050637984523081678
471746358544633774662342465038684667860630373141819803425876254435
238045967191165307930642936016461053707687847715926097476465516423
485991761958607284753352311156255339447242640283736221625693762871
177034378164475638950577581049824707036481227626893584925371592545
774109750519863000350719263519564341561816109029491418313238572730
558064317390730865704839544024870691268309559328306628881714545336
989202445475552026527741962689886278532949266915790912158811815917
557773121759861335671335935446749531624926091575509657691107556163
893650887648091107292883155915557678428395596206731279375762670675
416170593076715111527425524801915168827915288036783634962231835872
083928694255071318744942691042369111837883152318227121414636410381
288263543166424887903919891943068953936763784360616931515784400274
563724076892859711918579293915184383830777558172109943768903565038
152135033437439699420892495214977114281403468865659790067497808548
338284162732898777436321047437676058344485736651703549424311165854
254136880898649721775156536353281819451386459925118226088635591327
749192175826385219790796297698274470566752351339034462326633907892
605136244611283570143078004364914479712045257403704231557147941179
542920270838958810117033479492602240750953837241571107248523505036
244867743756555411852383964759936480947762888801101342852209580862
159724812138905603644517420196616324299790298829839123717264873632
527510582666781920073879976828854946465587677667394872743214016709
643288989598072968070195470570105720876905376903569355625674489600
735633713621527449692819985056700078754970729489891182006607791607
201650868838181797734254119047101133347674034097346359861875608488
929098251420779011178485923414290153529480213993136976361147052870
741765699826679243721094772996195537486612194737147594915128278248
412304065461670617051940396241371226061321865120729475510006846876
116724720055524741210629395060674947729603927014834731596919898092
170978837612417128345333114739096113321759431117243022880899482183
656249700221382252658075532887186421413988331860825112257470031384
362264214776591598878971364681233561400569044299076150127785730694
734136208110350762544219178560561668231969646001277381239163668999
290784781992211042040995587852349749822733672623284345016573430751
585131825500235584440971036399054793392091497909351530713140684669

593332842801018267752803555757394653927154305026825581323906070347
324498294482220024778424651049683839102226672827244721825031539116
100391299377907488248697079137700380031549534943195288980050601006
952970057563231802098133938415122783430050357391075228859696369000
442521400583875801298274053736615161910384385994744248715171012755
995946840897700129038516327531609065845175673588859638060963731453
201024600858814783049066203008563389126858885572810655143575868612
493965406976949260467505170709228483795433584607080564620849842884
288058838544573670974549304771233456584085834898204831799416973119
036639325832682790204006726538817632631269507801275541546678991980
788182821951728913219019773946917462312488853826793138533753636135
939402317332636340095731754023390500048869077691421737218820372373
810217852217066638409717796261339202142656317222268127993017834783
162120841576137207009353480089740593668871289850754962621537324036
643511435030707592603936162571608920110409109483632340201274794118
488623135197180447838566513161978459081910653468762640370496624557
328803204455685077617630200104173517579272386080440653419033682139
397670795973829634783066303296960260770649114582334998097182577336
894991060420992705587727535302837299810370936342021820084916277323
234721594286192541255605839625232387423434234578896193333176642534
999873292266705759008930574786012819932558215687219244615060715544
366401279753375484452714705239903296495199119679408384903113807052
336710437590206407312205149567989844873017500594407861954900783778
246173357721845033538271858169987569460227053729637387093002681861
868685757927786177791063042102916807419455121527054854049676127275
121899543379031451854618281309256441148279894431422190290057836971
124845549215832966055197279024131875713253314594763851265449962162
469126471491786092837795997969777612242944234454777773079197876023
932705421238966726791596073684598455809113059787010085985683890677
874911212581809426130238397493352894618121090896905375241756399909
534658392012022569990830640208307033245115429837600696749517051209
243808075142825361118843731891402563204464589875299773728900117242
975356829930568624303398341138468547963063983659215744843619514163
795323927555155657220826001417486649691558476074657142477173779765
605979818043340065213269724031297329534167968780319777987699238433
079391543609236761064433855721322098736677176985324329799297635979
421140033061295644539178737275236533756977655469422692768754256915
371014961156776497539632706985725712905645608545073926325410765489
398410670935712628804347306835870739362337790744856066577185678300
659072372455801353081526559599877584252702348340792871486219540255
832318071229260571260391577005545225696208273699401116322209441900
335820872692491220959616063554473030118821882801423218751038246561
396475876552530954754950322354025585148967423725048749760556442277
475667848356107937163793351602090445150511619677689192610137541988
013313821443495975486596050825154171461265965420959083324361449620
049809210123563411879561738578379622279274611292166999234324430341
788908954780432770280328979389381283396827991528772836472657578407
209123270526207431195816775142777907235431917325947206020295259956
510116489392388481683924663173618736112434744983089737174702947566
164932817063672799399835657474476083806731986845920081001097381880
094844394427179074120175553210727810169349096487756441827544284813
338752681320451202600985864294695549941841868945349862090227524663
174222955698873962175502058709655172264863172643607619706612655873
490178002910380880532484271688415188329158202631723238973593431765
908458313291393272737999194787463652952104241226119368514325889665
181758589837801805078519018751483511830555795520882795359324459075
210895808204555107411532610860055172588423191870689951610778890350
022230478081589096665621606252891303329255102946900532490667782262

525104335964249108087897844203245468155233991712502509655406651460
866085183729488194747357918311266281357966723876419592980745235266
155617304504181931300749665937043076519360197348077405338529959933
438298253115598086148538186944240664072198410975619227470855970539
970714388491176947992483472281227059387970757764885007935401977837
756124747883435748098326344395287288624131944331070691455937102405
924785728906731451379566180146641066447718595322738747818990407932
763328465662935573124265765399166048793195072791699180815097687110
796484831535766697504007767733825449856702984352047777419752547466
075152929739094661438395324794298934535944266938096586368232706287
127891505800588873140149724153678893042561917478460542410359550537
196826682288050349263472191912400046462550257444793093814552875986
364338246863675648399421493068091531783942956211938793629541628447
143507710651469320646329537783385963880105240551666452785698447179
187374263066353033314897477260063404888749619894718668787163269850
545015310740779540780746345498423159639115234613508512266359908264
043521470778943599500525669464863786678726785243042265599166512568
127036420413523602124419543736114764143445334524969830673409516943
908398075037886594760082400832844266112516749735911922159552861081
517985620039451219706653400144899588455668646006274641675996938792
055961804451645569589054207408313946540893556883043910099648628676
998696798743727346850426595323978417955922949435033359478280775136
285699657309656266773435390718677558379916242617012505313230631310
984953852611720444237443782045414421974985554898636578621185102010
806041091422749699576728757681554921718981316327804281343120193493
941609244324390845921915316315193576855302263772406536988390976142
210277037332988543072690738971927244427943343539120292735756926135
867938649011148007825673349722642222992168813933793192460694736147
838174911666243155827196241615749568477480956347631776794096392164
465419314760285046935783198181738939573410371521935994204131104588
262673817178268857582538017863314365207053207839419168010052447703
089431393229086937901228114081190311460303532853977826322917892193
616974261034238902071769042833596478717854201805998787074300923958
443849391718322881867711788597080700681061840100075767944316871135
326144935042761168348384819309627026630378390112907953878685022216
079135179743297193341125981118485442825197432733803832800997656097
896070679787499502052778564909211584039519088486923031930731936911
342651058176056800152409493035867685945243929745695345948815613124
719166352599842221907742672016385392017284312326629936586336314266
598732332048143065800075887448867911393623687120359490888758729828
739783512226579084594415465255141654686662030711906988802356279549
472496330367703354598384862822352824823311633764467149342287217858
705048305987023365996493866944188834883457181644189833491474456070
256945276420753636351679927033609278313226535854722392684349792292
208532094504610051848032505721091778193144572623323723801843347013
657048135732658475510975663767846462589971754985881873706336417967
236750558886460608131966209152352145040455463731214550056499833403
601877927760594965323996104386134080289889941921926046701093068065
262097587738682200785127283546032980545763535387667999968219680138
317232636017541006948299269100504347614454940432413225126793137467
766439941665482563239010981942717005875102226454786132809391001274
957636174837234853279404310318863803925268648562953129422101236887
761019675210402718527480656302943155762788462337002458431042749394
306007758941308640187859429433717576631984785574092573070167488850
689681333637557533359503102784872424484969480247786353547833242330
966332898002058046490347329629497104732682997140813958572625184813
092975678967422607974733445215852696841946204767261953791498215732
328176593844886722477268755737552624988182273568556694407858584783

217846566078940449029755277191161232404862325946594238284675687383
145958229750460456492902593069099356315453559452552748416262998180
654510322134753977421000042687059313406793705202801283859509260715
217097021173253422233051003598107118518480548847533942986417006512
569092186316847324754360437420003812407874261870332823520035776721
042978136616989219858612477431636332090814396473648775318836054152
204035579313046329977089615373507609668666615519644836452757328851
197796611269256486821773411332618874420942592953008938344672736278
585553744663143234175210339799251486737063764872009018086301503633
852237126144105246895476719743694434478895874333140003822672831800
309444995682656068877530008165678195169715611374266904373486380911
342212610547363125172151719422475415669590482463564326131155312077
088044384528349104648954808509052381292365358931799828018164033052
106872782539953574984798457177076846768934828983285367531444276075
941512864437105804648533339317744983539484693913186730652288224227
533509950271905083724056480258251818556056069615255517801619321227
445054888513996696221466429822819585426581860417273327682973434164
540729144961646043458901918243114644085381348131086109252691040939
342130189853369288809527401249683193981635343743364871150506571494
643058405106641352014447474340706162047525491530459450756888021941
377890620116384471178933099009074776061695259093999602706912437856
121817891276843423236963245582969327088330491243838985416814482867
287657973322505446086383778477788966201097187924721940631735406178
269333851625628772452683945937176956539317075456649777852154339697
590421053782640858831330117018578243482317718285957312263119544517
441658805793186989929309081848149888369133978751472665687877483501
286726978182883719005251009681585724236294581482531054970135117273
709353316529905070005110341643990912893099655572259283143755639939
224265629071840283681505483169009269326806227118265640291414893862
967535132376969093687077361762019496380898555851273673927436217703
193578111484829154252063717307004313053423081633191586250061827811
610632578961368729369475027565430936630977979894815091078848095687
502855358312696077953590922147117868907312314550361017802983452109
857379886973597151592559808662355225249087908900511527931641984845
460484179551224288206350026295218298939136017629702024162736499818
451306657752356364424976641961461925094296495572389216817836634170
131050621715535380113140993731222504637412046801687631689019512614
905977480356358155862898995931646526240067649388900081847828811926
454957628384685731256659469361607839672486865940315741375919954840
850188851097616924703464323168064233065064186330427926155726437545
559310279334284521529192112056259685037632211945438575700690574907
678171309452061605887391628434477474252428900439111646710384026150
695347938974507963465982939644360453037022159383986105054617893801
732110480355849205007596199598189815909555131398051907624327723016
769094496103827340816074409446131883313784079373165372757712839242
266002485268958126247600124619449811203082584542612372423571288271
947698282529504704726323682996099529564461585735479531442694662096
923034713054565469566108504564718519055752301130166146359040003745
466679978543491694211718289735904888344462001739338268445888347506
952977847439321947806288971989758130801900299567768923833744443345
414681252953679098397353245104795020928279310283463264124807999382
830528852705984497388636604577038838062153384176942112101486704770
917896980076921749259486251474375289089901661097589889763803752630
881133310446844458423244684648151361344955415724432394979688251383
341082592141556417159326453993856003796570111468218901531626303101
225506339574923090356533974586667110380551200499638793235464845441
295938010117967059776131091574336812854835224671495016379980310230
097664067904207543335304692826609508345427595249935132616450159830

789345883162175484213604347879372522730924911646171581515750485369
330031363952745418006367001241635843570564169165047492446540551478
147479463486283447125512406906671662065999139206265750320249068l6
724466999849159159732420659785405750641941391168763075586716903195
323846420268529568222189113636609177636673308079583798646639522140
416293646649609002905262209491747117231325439860907108827304066083
634131346229582686374926789135474760197507027569256284867791201773
670408939873060226026881172689371247422579093995514396028538681387
688050202256178566295889799141851870675032435794969794419165542874
323597609116971949379354124184101642613144775418481261944715744453
416478884642840619318860572201295966962432678988834549672234124794
879877900185352044603302721457735158715418410530148350784211083056
188216311113128920356166317373635982261065774124151603418043265464
961955615727976406745612516323179817950595675728776156255658196217
573287740518113939873586982774431580087425832214372172146876112347
161927180266167497029869695228913874657626270137198907875341428344
817953751823923884044024658365192723828239804402135020721800590005
255516781337059754869835002693485643422897663628419191721815830600
126378955463969318675370873377043053336458462591729758681740885008
402791888187661468174833755132915476044908054705688283966545043411
430842820883054999437927809931876909012089595865518695502787560224
305114208205842665620585899558753436818481171886957871690466089212
566576708519252434796472107763723601889786042845651238052829029459
116885068910467427786084563632308862163450910722479578067867797898
406208811999263339914593224424118696577703374711101229929490142938
608664417651267197861772740951862187342690942243561620102387874291
735007781480867675414512757449195429566748950081784269920418420934
407905542119008033929701918321311096897190593392677134560692555971
552659572773760255867113846604063966453698589857327425216622467204
375947995331393073922488435162757881434838735114691991099377622059
671337695502464865835107297259507575034261671267417808433262254677
843715965351311367489045705193320135572178036832068491244648442518
603874870035433995491938632927012721329239215872461265150158513918
645811805885295833849577517870850053323142568253693504212168045860
350831525281288404500504994895576186883053422304802548857947138850
174406687094685982189113621282795315046424362952381119496131990156
799407317865048490118582428296622386343166341081450011843352125362
249984026378416881332627795395963526660722381405460293017945068413
570842261491780090583942432934981967849364952911948348456336209102
321134690001691760174802753678582051575159081699525217455567868148
886443130732387440883678699115268498261376707693591610227005801206
290095032272716082559979353146138936212884910161100701916423406658
410042104446542198161078291117473957470628117191988699347960554196
004827977687153018495524084476122479778366469877764805250807256734
984788842835988938464281909442628648443486274414820285813275087326
141345779464226948958228342016069292330440298902471252080194411867
249685157272882485680948564807296717971480475683059840692218510024
481704536975235408220093310151590029650036810530489025721805206883
428363135456028644363017493471194718674710846813114596412892904173
561653344236698885214885895941674927665664021934902369910056105913
778378685326484919956595887660829768965809455128364989807794177752
985051081188824596046079124691698942948401061473039645979293520981
697330639093441741266395051352647231153747009636179456820765309505
778173632303623441137083040537010536062127835817343552014189786736
447558182501314594287359998077602094370249355734857320983887216191
603989191892496986240989936596039223807745487355584044355066476445
374513700454212811827335826648894572537542588021819844338665237549
645537381136876103507956756611469914000277598319909733716002998975

358937314745110042244649691129647074872517681460489812399904459258
761316491806103418361805971931344057175072582108353059582641873095
474604652203719025912176655743462457614434950983296886775439197738
334619144015791357705168337039983860923025028547943609348809163343
099024066032991375912290792330843754461169475789063383412038431346
595192873070332662205610694883607728552164772229304084659174696593
258062384115148809473534909536971345482878995923003314333630806732
690140187038937399110912192975754024511097340262045790375216264489
108532177786249245341141751785608078384533066705191347275164219127
949242314360630089934238324437201044033244087271652743769131925674
103343418607900838601443484887135702499559800026282057130320126597
782721204397457130629343561118190077421114393741816763752899945749
690527612749735511109803108131477660274833159742623277676958493996
322199685614925869668062276783952878521152066157011863703654357079
064353494106610802104368363775096406490997077659302122691218736374
687779589964024691456792739878781872503802457356235318634416310717
904634594152750003413739359317967108218992031693261158667083110142
814779773188173660235511914926861996833358763440631191119841005833
047661863362867309391165050658981445866597613821087902544764278231
102494246183079637862517354662860448802836720815060428002514157329
664364096465211405782799301136969650717136911130792802211181212569
738527866587559807547860903943159227172862582242665000799989640257
767844577687921828018714437467504931856754439039305079672784609074
371793568703672167489015367984925849884806295414754870513725058736
731835700250077207195691142883667219399624027370479357805802802617
346235520566844307476918022985689444641590870681499407131227179237
417545302625161485807855781991161608945165594766079356256373773163
692912113692047947713160476984642592081106040062509946807003372219
543325948778552313542293231454720941074012679228806938584995079600
977132819928192359039329734195520148636179352979286625476271844828
280879842466663112687450883920207007401203826759437500304341971127
709527028114031831778379828692292046598310332273185757820274374539
223122546682387777306150422794786373508303096852769279908330158173
137101673701724913276900251950548445663230695212368864822541544399
176133739730469671968768376259057443913784575157234912202967725057
997853383495023144116414892461727359207677946814190763179521433915
641861579265162973760818482437205384912372548323034720597103115082
027583270506397744030507775468166251835369015220522987366049310004
692287206279685696740421497890705236942357626637575962445540705412
142073712207358865462222917275465137669639907824944482414452860065
280944762094927652624901047348287716006314586494867499391672555081
695685156637071634991264518731085910457382889218721708991750438376
618072637098877335518267520950652865368432056087987032466828348829
418416698433870928144665582368282988126980351335547796539751722566
549242825831401503059980405938182446387749078898575214205961089580
820587590700245648223298234670677369784146429055158948949295438662
399303600078625838496886320986386814295354399913326571447526661479
233363838297505925767421043999429310570967617734965106222269775702
789940772368414913689590082774694536005692784265695034560002407151
079625302192106764126288099268795945330000510832616867061624349089
038459833957476504316907613469888340910543664876905975119105423036
563594155055278409127360501535155234193937555013273793676823514012
399875281436508343840362893571300278241098557356537517875566767978
227516111862144062268371280325855240682610525229809684863129943739
035127179837924248504211767354163213035938929437755018135197011035
670976629357227130453771885633291485313448494339721358181487592274
836222471507093064135810552111485253589626670957760791716663456010
746020683084229349504122032173549172104802593285979639188424275110

2939091858565280447930658839838217040842173974295929058309750545875
592098158623830557860974086507113447764774009628720291473284533812
0442234309049390086577241839521047786330781926575548233171143530092
6472860431102891719597292487045074509489451063308133845758711335596
3051895790224974282632993000469944539850171879887275563515655990078
6653395697940565563908719408469156127597840985669902806436349322220
2626952179557598576048867545118486926277402827667981785269325407119
7182804281082320145189609504389421899203889158997272608338292320093
3444047682516553179998234823180590783626167229883062137864210092339
6478627482226063354387285005586268941720540343808543826858008745597
6363395962020911684866129512194367072323976036435512167500628277330
7172895410929837536064234753369926006856675758336489987616970311170
4580665835238358992907068751518653092567707689662019885657712440226
1831839520295479069167231802334619838151681182251122589948355969889
3348339336902344237223364147462856597442874024055012720815891846556
5999206669519375329497819119331774590042107525534451640441997947666
7795943378585272307563974556653640605508690091728320771744647312997
6332711109593718042276444668757229118422762993027581588804508738807
3793823823227397875115816881734136947111278243774211681065326209662
1924789556107474191620724687603223167044644508717865572330152211117
7909884481657483206172012989686410297760726630586249814339018635544
1996464308052669833171379942519477893413759672805052553333895031885
1591174189137821048915092335676629521495796799540123082955017458559
1348952381916000897350392506013035201797745870041085692180479779449
1427165893742375934808495919842060319089983780395631934002622275594
3010154754342393971440977756782017325338300252700518593070871608817
6435272067223954390862287277013812247421226653879678438982012538003
9296800538117764660589858265232064962820726098487765801870653706779
5211075370052728039324658848818597033421773921910250629628699959667
5183407525629241191582072975084960252906534435742046252159180470883
9164907901273884263966698675521264687398552718983876532367173618001
7124762789579151944676627197014674830886085060376706739729245375220
0274270920297953613572622408469142702226616765432423205892886099663
2092475180808702478886507593839405676863883087537884201205054238668
2413485973505399352652866612341536646993443099143831333461949854550
9898057500068998482108971103833337812567709104644360797772916497888
5211483461177028952684610798484292765844985160298028219574808690996
3355451575576441464405512658317685088163752401493239187108605128009
1747679793839104217865028177159563868421204721789569697677840903994
0259716655477329798257775125966840549847196585932577640805983525559
4023041791737398900690728985781523789024451122653654705246689190552
4885831298743241296099638593030322477371401791655341093404081594883
3929716953575098558657994736668032644592374954375184052168495736555
1621628685010695601222157599241935209961998130224476755103609930880
4308040219590889141709022668184007239990617650652969009059597089112
1820152304275132642883893590734633339552241117839267717668789426119
4876174409201873331119327176215591301299394130506788533708512585666
9345529377676287300615174991219680898292623414225125421230006432883
7462716972371982280800383776655220497792842697474850438505475397991
3320085625024522942664249177130318041898132901684350762770015170774
7950088906119874802156373128347802243372923405367572264802259756777
6221521092298157526056979936424088620465475630502432232868070030664
2885624201298577816260607069396902691684408173774774816641275897111
9772094408284968657968155057624408038701786012291466024203994971550
2633596992995944182123825476731894753092245107346111053679271217777
6414084469153829789928762502541737788359765330807417551514953317445
2834211630634148723943744697398535881219659585218673729862432131889
4679376778891209677713577633245860705354198116851694033165708387226

219399445074781518899344118314299135853806502704669660220360045663
267842227935523961099822373974503812740244631627579011671172006239
842528962367429378617421129645779472160411001251069333398204007749
009794379054024382018281678163346311254919515323335608388484280026
871028144229093103197334152959817280313131600263505853932737524604
020770510349436379868826009930940753327086737618879389830570919254
890551101447031041307064059101197935410807082168893207256384692234
486549629423763172228046765762840371361958098005468778099276072101
709742564827621375959013699438057472667287547833666085646514894944
834696546481522047533869300780188033442165667457758986096540702063
352017672552352430229752243901980272797121021076508188505955143715
990831954433330456381165309917649786555348429819766517462217292687
066271038604528250291198036138179321837152691547270697081246306889
978015053990462859667589489404143458023562996953333365359753786 74
882301916461568191740846243943035082135089350589164014198543053983
276703562339348484308690742520318590749465528225959938229178734982
325996194296053519667390773054327703317316885809461218515142861750
164953982923851906115219789174706202139227097327833531828398943157
644256509562263360314921855599070918620211139530178811589856371049
216414906505469418961359631412565794806334818270903033232506005192
172197859994743668475256277297508122744690175480168205599483959139
169617691783898239227291936046527492390684922213606109474426689080
730282074854501217903810129019101390375118218554201494265395991854
172013869933164427291939530693648808539536412392936324053168065469
193967580131884628755956428224849031332570041100533577614549044375
080854001637112745963073522552963165097727486630930208345563658998
326454498714648606171233183371795326745309876915471278176963942804
869894192400727574119514430454122496971838813480727028488112026387
032610267966738665828021031957282705144680879172059680343581372667
724586039929250350984899325236311998383595652410977876499413333470
218240396809499122669500715567777494406268749271491779042195381884
362138696494819888952163700783277652137946600893037963417290111588
859841532705105463336386123968974785705904355905030673754614780715
057830539830945023791860306143142292693704682707737075968712091083
231293668746952765561691848281989987768781241376863319527345758563
030922039455147957390322275075314542962303677691714093525933161036
136192967224936186314506617522515175083888137548199331607057767853
243504792612920194351876991022623934558789826997100526540801478404
013640022119914099235391481355323984246788857840053577181707880545
681591156715181547285834654071988070713659366773651118253931706747
130837457905588950291181231518407812225927613868578777280573489519
370969927642103808755888281299201690358083876931845760982888183250
071382179782661496375487146796939494053720408672849102099173584922
303693192814358976326523214067516561681847446652749970609741665814
287517092561123628024178726657176313461665690192503759872309447488
754539849521623992594401895210429973074903590395070556666578744007
950211487134112454913689141569375526018918883910676458211061128403
656668221066803051095958983431559823374697595677648082493281060366
544824757762188394373415873101514268146463516937404960743501435946
265492741385743184587006256917595321617597881554962653477552174596
669737880059066904764093096920712073385417538234466832620668592891
519144521645622211392909047747940650720050579587110921620762172041
084448729081801643699736262928755109535374849390675946553770261941
196411943963880755723900750882911929960639721319592904400915737630
197913750424764490457329764341981557866864418697442252481062026301
225923391492751390736941725350235976648226744666436197170697960787
876807739534918405911586911690417848456746673109832237950512885492
344496938375936683297315896955932663393467236555862815937984254777

322094208723354087309117577373844223340261266875624498337308730933
487354889358949055692090025137101381119189133800513552190480372806
919861811487101329461651660963359617490153778395093400929748298596
772977265123534243061866624300378639001657126832239018852844449974
337001050043746758182459381207919835433058846333534954938279411671
579031394254573041266900407678569051461754307232883418409151073712
711105519332148632584054377829692159695104890705736820730767868243
791557900000291826357150828316500042759025649662080036887350634756
117435783967370108924531174261507592860470941063068240377040752224
305981530946596323950766479380329288508516674427107601538139213752
954505020422431827461037990507554499982112245821236418017995601873
143565945876939553904427260828363137997708186727240072245461046360
558785372795374614991570213502886269930902965962577821258159084578
300269206577823064817371891215394815170016458790728816513652364516
005004925916152274494331827444413680714295220190806667212440967214
872454274172431194271412535900667896487238524380456178660838818943
100305228648751758211591509449621713991273744020541252531564915585
912405063572076474494622530384490806579328713951574509670604553024
191342750855423220889473584308833080784143904968922287464875292690
251464866978657421975879916345408364444849462653116362558741414653
808682015091133126370338040082818967634587900349258625822728389946
059266215589898505756687115573401286543165471032624917486205053681
014604746629598245116591607670414987777045903183588599717259941378
833464154196695408553841382183596069657972250160552987742789495047
142674597377669106455509374774146971677389819512695288458933486300
277222699669170413374978690475467572475146453655475337605652125216
458013563456424877226531168392577247102248467459490706270248168422
660147694424206934765017540373491234091421588498707860449687641031
251921784247503887182440759000009284866807545347842278579487963096
322214576722692954567209263642272195165228168257434160359703955679
583670932654829079622760225366168183485236443810180531223171456010
380629969576534608422842748657029762764715283504394984276088895415
427047064964239993123465019385497486690889505328718182957627173866
398897275399158654373201133224079274520647539140582902196287465917
511236669477145902646976591280609491533202096142652868374211454099
796572144970940939121887223277012252071894573858180573170066430831
037951360727282913499135152055759801390903077673467082962673542845
533137068776412889019519534926038550667242991628749378442117135076
262723046573475909299745331940056234028647126428679395464363418641
946675261869088453446960671335559198723549886636329007955360052443
548106649320605819909177479678585881247605889609607650768337172480
509628581677119044141613495881530715656059304330902660229411993170
106211330488777806633375449004005796904868112216744024037998123143
975606504879587908936012170009363460559421473786412131149164921103
260404036442056351920355214761987901083315992917881491397926936844
616528454773116370819541479579537772604711386387904083867341135513
619388201603916166168474762411121377132468377653287209629671829883
913514254565972034368525513519780942798361994586517326648700289671
942290409687687924974912181199755128026472282697545885285583372764
849667211430558829404332036739939761843395595738827419842829375804
578382570219782578041415459341294093110164951226423135126786810492
514937793047486854769064231722212164256872136660945588670685473809
954234661788740416515059813054323408002546583183109187847816429198
724158303307166008462463515347894583596677430956107543408852468059
380640953970854374224091832852681949039112057656919479458904455036
337547886128041826139134951864872261791937206939516950247988439456
764416079812605908839882175301352373172439403831302017428394621156
385844691842387231251458143223320151606252885970341488145662350622

4441067889174267588421947945839527569484127927651999892738215417719
9005903233164251517326916562630253093897692495672480480186946056466
2597435360464292711484128633688033665846862079097858823582991032066
3477587718444477519852831372702314140783365818416683345414611534433
1700230075897885873727900626374915202549788693066964213251463797622
2089010917985626948344348680575840932066418774103956997091692922499
6626522416059287746192004632615558792432295463756680313639896884500
6360644626153982048871086383593019511985329035190810467230586324722
7036247710048050336457368981846556017566866988333981970431001950099
3618662872230104762996198648566981138560252796596877998340532589033
4346866713467697593914059104180127677735430790627338510134905275833
8107030333487385266007619511479610518939843377183918648820504812677
8638755508302665323155452507011353413707178043822420448939276686200
4398806951056125066462924188053160003909057990143617184818883106644
4000006056715982128139528359416160123935254511383221188662530694122
1455816541789888580073406578108926988690258010053244668479865807311
7215992729652518976388373949248801769123157758265609674448967823099
3341430458770213818899088441309603691920575883864535029847562883844
0385313571274933730947472407843322799162692565961597566643714974799
0770814411240261773079739620571301771399005267889333211355854540888
0996011527082392323855346358843992536436496615665255775136104300866
5978872234647095234506866526632755349570252403979632237015533363477
3521728295777022570467265185040247141068431878610008592493965539788
1961548190334690453533544319051614213127619301702379476686495625000
6668562750639159749806831787346560254696447940078448275120403823611
7683620991132249402066522377829882570479371075224663834405986460500
3853520104173844342445255573704766503023491098033766857054043885188
2401670340061286417136640778127102787214706863570126487233894377100
8060831119488519413011760359619542509836565286655020274385796565922
1072820768464960777083663544436178916050619274264354690711229000622
1812736291624411045362823007811868059045405040979018681132897404455
0022495950494206741059387326936890281934534941704057007549238429022
8928791505404418532693292873673595796383303758943959509550039713988
3874565911534727713432971462920723567675996541037096800064906206144
6002635068710619113141241159452408978358396492401265625614704006011
1093746620784786655131782398074128106838413396754176186641875985799
8366418676861635552693879806152517214974182798032934759690272163133
4593216961931790822777211636440946925680867571133617190826783662422
9099531760810946384888975273779000012684973654466489196914683815155
5713261122337922602362995977695252216193528335803195356809422460144
0679530660070536377341174278437599252109151205151054970690809858200
6134376519122278403919228777018552952463931876292820777206794437255
9904209679915806011389491694067363846593763516185541049823079226433
6942468722887549818030089938503770788947927341558752977944831902077
0097646678523127922653918209885335489293538442010013513437181731611
1283329645810913480710342229832747367155490789712629140115823654111
9665067882257664784082730078803714149021167720309792381901937669711
7936897652456954793638385713928443664868402771523406910795783315388
0302531153700066648073739538703228329826760270113062040501079789199
6073480349278926955968623949916766919415500016341742135898251652411
3055419717961772311335357174654756021289614168412527603590575919933
2955173673088337167411441994830294606660887272058849011669671394244
0858029346770980093719038792421746105563863382763239249278273157622
2745654797276621888200286585048734854085655675064315145287215311200
3721064777026986132618953287705923648548455588865779884149872211111
4846546456551098909983176086763588419434538888379380198225031890700
1570218288908628433391107264074537845958825159856463258469031046344
9656828747475566695185630964383327860787652979143959906838568554144

088343939686060771851618250770497740371610950115743622279686454761
539456623296670812688037762202021481765798331021849823860843826739
771121119005310907068898843632579215176717026345064266869101856031
636640095762038120539581255801617403611213189535645584314393057625
516849673035410525398122359973368085972898527072391685712799616408
683124177940937776067582953763976658643022996804612717351591305187
409520611842121750431520395205467630954854331225419737008543631932
602091222490354799117749476637149414149528153136240042619158379040
616721413780042856670898803259020415468696059056572966107586322353
066884326616717977768992980572584164626240135023140924398174606430
778024003900544619857344624020150296479086502530934440413529925752
658967036651281287850654618208824547931975475831478890167064282596
543697632400250459936087412921966095507882246751081959976997118270
723068813413159473371858959369583087830959904299222047937924634052
417794630492223032588850943104186717969077819312691473534751259658
733304054112363213183706450468148445329532670944204119109606257566
992947818731205313050200452289803239932883773074163929395230837744
062075876176650670730895115864531649893465680071778815579697402219
810629213359177721322354381537570788907392230166898363142598538084
373135156850623989594426758569630149631110968814624911166941179265
446531291394421035381887473821574464756745525567758305313966613239
692946139775331618654471343843334720157644953530900871987454799585
284879961311775996729327734645169588706438526112509197104739940693
006069054960119332945195250955932678334920892873730108617329317229
070474266831624384380257548306630314739110403173025549276639526423
170015365238862735808845852232832870483386865104955251355292092225
211173553471179924433575494666482273070853654377782071543835994607
567117763780117347939929647128588794326139117760450379046965864201
056483004800411643104705107463197890479233163210183924052383823112
690135629798070623344431806719787184653030530655900675418872825778
368499704017668167352968032971452011507674681444141025098200145307
482649445002537390653650840766862911662929127701661647192448781654
750466136283457219640868902810073374908509941795577167130681071408
146034330314213726706800775742054403221612502908121479510804890703
948480524657755720363120780935946577967829146127624295117127284544
152879851197023030873497391374677308685856837079325815449856907460
275241167871947292619382965797421965263358503708088327192778413571
820861898524728869595990116594298728083643467896984797903549819331
852076341299674226115424527815271422576918702556616088358690113567
586785453427679665294505614373880757857539242663645769256746884745
975444058791375116861138044964777681333057074882175269260613262100
215379009223382708771408499862950394145196913559103441072483496648
669400521196103204952813318688325514055826186243903795181284211238
361896201532353292764979601223481069507830627766928371299502093046
268974740067410002123185223769847480780538810978907870635026627903
101139738986205175767092390014108061392476247326006699959970631871
597183156836765906749885873960134871940989518677074378225764145259
208552828373019219173231592172627560109385786337953536376386560869
673059270607208166548715689293231900673369435725101990951701543994
900980664123336932695576514302507962596059253355713617546151297006
742936094226313443794598913424354107366704665775018362483988922058
703706275733330882680783935080702114187961136263734485519946526448
549616139226065182096893606163444251777676871940367477381196196021
847914222260250952902170345370599904285128937806524717264158872266
220187569811860902807591403537791532221158304621554930252496603780
978159747989959990460138074531431973280397767475360283770287812127
734011619554924094581438453483047687337269582293752530211365591171
860529537638939193436216229162011195663982985075398684334502779405

45252341463340397025716439952634293329747100286665390012694292790 8
7800062613215909267838288921428995547960227630265365564896611247 27
12318250425833746309162325401463556658388522428950985200349909854 2
93882109796643894978170480932366911933558495234860140206517205745 8
91048059218216462621163599042318426895657975158664835003249891317 1
52826574463246475624787806359769078427695029125711506098774481444 0
90678597921323554938045965034395862747234366559023321369245983939 3
56178618500513138504020108552570707613745401648260818588073707152 4
48946868974652815508790194199673129680217428690310431621246806964 4
38178445825383580472822975981162755730627717905335574150438584529 1
22295604154670336545009742281975794907522670661411814716032422739 0
14366928789043147246571737680567689963698887190645536099744083308 0
24281400423713330365508990377056931841362329358057901701525381190 4
33165631468262697199548006749601646602820420690872287222100556048 8
78339558737156184768064568744198063213559366418990039728242932851 9
49138943618942667515926872419297308019663688316133671942251969065 5
72702791922516864719424186167460090809000376102217909240509341435 0
13193153250780931271013551224227200131958273733080393926175443867 1
69623945314199725918406363983340794101919479369317665541363306392 1
29374568861255329259579393271383106841623864140289994784220810551 4
19670917453544823249332903601271399878833537801428890629845306450 9
47546426907849795411545919858160790151596624858676483043403524059 8
66176238640595411097835961098863378371427196663431293820586293884 4
18512926104034061275945006904224078593147506943275639640993462584 4
14462579736665075006170017068359557276077754473430878077565975689 1
44404685600743220725360104113836163142349171472983405472690757032 3
30006207224464833043056937292062180046952105603315270272227934073 2
51505289803473741458620975312894318499783564652267615693237229534 2
93618603603283077748895821650692587267840849535579735594417378809 4
33676165039277595043500819279927141693693085508738115199239956660 9
61943773653696045360593786128421831940340704039147717210949064154 1
81873857737219168212107047197705629029036737618286498600655672124 5
31981530234025914842068927426489307675412431949082037863667150242 8
29556918131251151622554934006129411019910833596508626421503097887 3
18354770003036467558830761952977052827413769931955037438702089461 4
40377334941203267321727438352838842768113130371697240008458248396 5
92385633144126811259680509373820274386838795244208952949556571305 1
49617151492194478207945596073721257320986903720852502133844220112 5
06860408564011006764671118653312804378353493614357753474205764298 7
98070393404344520255050204917131199423918798751489199683553368700 8
86664185884782311283174477058357387526535249187539275098487898892 5
23004773744104417854033397732670154126903845506075748251882684913 6
56271400758759837033254319738693139541265759044306065179909628328 8
13732478441132657202075089826969250056460447348241803595174057755 9
45418374499978795139741158588802167341374747132916810677692640705 7
46779354900092564985684333712044841576993934658769326043433917246 8
50864959227355804115934403166380534126212545758460327579381931656 0
95282170797578311756108034552919130452239981061632053978977232596 4
93475022224906343336320315369403332586987721712495862316181199544 2
95000606707115463449314395068720756702340644347509221975064268234 7
61387906404391002983135404423308037732285950263092723409106558556 7
15747208058163160606076741203288511304761936979735205794712068727 9
45640686312529850914941885705988556444970998282196162186058356001 2
37362672229461408217603974285047479872515419313805825624587523038 5
58880320810079960863495481879397638136823676597067774781845731511 0
80669153625055716960726928555417340889845396639896713026948624040 6
39923838445935526009535290274906528776758186645738537155872819488 8
69180108374518312055791194462555967778891795407309417554028649069 3

678416010815628755982962726203270447179055464692599192936102421709
641396750590377485880006573896484547743985102972441146187401902767
538443046481743308191563048933801090102969143588603674090900671975
264633945158708997978546477338359312638046573259920988260298697211
572286555732173266141144109810384112511167489190049555423195714790
080184973057561317862001311111259952954230317893293202396623778207
053274013047180401684456610744482162055043108296336265335271223887
424965053031977224552562132507278272470488532038405142046459451175
568949367699522069194450235547338397315496802194078898761331936636
002815465767057182847072428918289461758938610226588111986145965018
572872288805795535953662404339942406595835502020231845765492046141
190477404471673300580592977160837766080092186548383835254242794948
107198506175404898306851883162936827716554237484986510267501308951
571771952215326315581071612937772162360555882939100584223119339984
914292338834745981151910223267061314386532899215395808992773599287
757019869040839427061123739667311981051846516866164940959141796349
127309688696865871049858291402938751206186908017160028578485505629
899659899203236281691295267704483359204189644770599535765382789051
717688569392296090371432522048766633800931467404943395598800169436
546706048022329227683645651538265781828374466405223598262351573304
891737899897466118798021635425891261977079579930540920085872662537
475335489363192227580562641864452084505641493630114264350777970084
290711648357018552805420134797651997292045977075220427155985874581
499874105789793284569827622057676459832575759780133209587817330090
256657343950627864932221025132995734045659252411891681863640717703
902528928911197935855029065536927142944066524411775338689874940717
597355122836156649635256983685360063443685899298877559842825399924
372363049227174945605311470739121165730678765453932848433637627406
279777046267469744595436392040415385948432538472472760091039647399
564371243783404671506925132935552165966072164989556395858804542352
760301517597593089283388069988544004087917209972268099212509333194
832630892488440993861155069626855226255736939534798498882249151088
557688411294377874182709727944179039646441507446115480950721729898
705566510503632083554583045163239148603909708104022286809301736525
357036854914095171749048929380632659834127517884989557017933149270
037204857067193803967743873418357445178407467969452833059896482383
045385385926554025844770754098759532064483090882143270234360978533
101683252485035105017496403569612809499442304093168990809356433962
712739311736745719488284057133556470000855818956953221830433491720
138024891106134640007599322554992547897767920274522576062972839169
658087755971311872555563583411584252026690441977136574079998840210
685979332028424744525819191405740388661766427187914576272527509991
229458418162931447860179475270828715745008600230270010840600568961
506896529312246072840272795273193179252657975299416132983518676763
624009957039509742826919170547608185527804670564438507960727121655
452340535861318167207265087775502373717182156229589652775513232238
419738825607477898306269847471874443981830145317291195185627157328
375004731419000772785594619093957012677930034215783646472869690886
443604974158166179876780743903788727610535152528654645740320231539
785670631420376952401618376144926878163595425633119480618339202533
376222685029595156346255464565623302358774745657722226662837526245
811118934029098546631333820677734303803302883447332846019733729572
858635656736529719463823408325206542236157006696967554251159861604
639349956324805618917361429210338657790995491115310798262957181510
528363237528258950821523932373502690950500050983671180797454975220
059274854698812528867543181238209870037785054780399469400520426310
155335069133135650725297593822335229162457173319366262069346415461
583261712977116994975488733254827627186357156116797542265136116427

746545999368578153570507398619651652222798230575590850345792640173
357521999860205986968947929223674212878983976854168847142348252924
477945459097802732010195756290345806782502513190720779538643845193
413067747479050896734937707978210742645031976138911681602674906309
609792465963296680539557905166596356951242085652973169193303560091
292052487390568872353079711734682085827441855991708259701211067927
389446660235442715391471419606150767843856595154446142090050532007
489237976347681603792067931824941976834850231067752916784654981775
237032601222041009989971497965019519476531032921721214077346808387
925562337535855496681475761057127320709849158685964676122951707256
912804994367117551896152095712758177084189503297343179502654080711
415389342551687772100454201625283648208419810725753302912001076218
278389610417107531995574803493931031629788283636239926110386377174
646654539203264428774773182931372734657550941441413347585811492680
454900673166283134973588055714097012853769131594173213896011476450
745423664959728638777962216176202553295270768128295643887422996780
757822462967413573519462820166795731124425569913664368399922072477
582353726923332981767967167847637217283103200527460040058724856777
987653908335968336845684586368196480241539270938900037656175965452
002947657197417628257104883820821734589279335371276500166277062694
921306288442501664718547068809360330803152927388332726042025539712
950023562511341659870047272105261600030439615957000188630877047095
594739886351175752630464102465533686472808175101429423378011846617
639630550136137721970247879247859041183188026402005693221397295948
836348415653150073378190884269457681187749943269180540147076078695
101640947102995040960899665552255666333463562080703367033569027154
050803753448191754603949930583335060460088308596458073820257699148
695977524836043032453750801321311328345578855944774155141512079793
099364382893789133900587146584512926778363354278536444626541923514
072344129877370406882001582606684538984950753057620213156924526864
005685126992110309396321899780965490978128891601603752713150878510
812847485114320825852402492162512444397892397036034596790681666939
076512023367928508455210891762861551238717110964730114592515186418
663519888814537516091274592819508197791769633831653459002873212435
853567835208050164677059554379399089476148731318001491287773934691
697035854473541755470481806981619925327375121205717159947066607090
584936412849476190011162742881383503190355650314015013350365683439
742732457228438788048093162380476350080841044641298809191559944369
485595681759665237562723278282115526098020260282754197639612971667
204527856882443804801988869212213872233709171321412176578079539135
553657254018796789687927814698135216714873697092987216806717940374
117805390987572602053048173915345751223744414988030804474549299613
467356878931431792158274816035231912764502584931099967653098969841
124359177772334785215879312688722581327159107754943775123482484290
345840914147684525985941312410575815245063936215522068784306008966
510354969031418780656876223245305201884093398032822961828704332850
900838133419027258951541012062391381929309287826201134336235035150
679112393626057127420912552823728783835487653002474081045122869755
720517952727135446245555706141169688490037184609106221567521911690
721167141490691265369443537434426112215377395399083374996567372147
275966237777109932903230339096165739598910869754667259977812166366
604010805112980369150721527373222823525519355938775906646537430438
430348381647671640218215565923548293393308018381808971662813238946
723021818093330226644555744665671161077068146823624577476647258957
214405985788169073049689432978765395213360444465300985127897990479
849543756499199464662450794267204354139846114485538404516767854949
551119307016022302846851237119908666592192039496279770813297503003
588206179496112501515677465943783878750997717037503000916758174808

823189335999164276581054066015468379949750803755728555454841003925
892100615095944584268362864783071541261878856925244825058884444146
216062825799763456958848216550283140217214705663293368445302011973
731196251375554773125666016597804263227663639539614574526373814829
449842851358118584061365763876676473238389388481999433412654057961
257326191802086976471642836010948257414567755998568615429246505701
073715163636908330048078639455145871801441306732873674267573967855
885533684532911832581245992896413712645910816283825655355020306838
557623683348023886573840115237691068070489730088928704884262773708
952277758039511180795675804257974026182735922065990919094296127315
870199914870205026827479668581044802121042425769296652394008999406
678077244608119092708066954758400758375773001186370815690035981577
402090362018577599676668252123920600839562699135750599268021238306
940998411293881392360530262359782993861410495691623529207564229581
746095592837103940398316234153596861203640773737729102033267761759
008975690528402374869797034666706180063597773587836164078846381039
992659153331909304976930739542757488413436258200709178562962644268
417775683711091604551392566692594127964654090771832259555453465962
631710466499706759370677159926755947450076085824157270054445548240
416833264510325058007940613312074916623228367508322552471520701228
901127027613944045348533124512469699776928450030594621442903947985
610063804712006474005976784294796437744148671429308133229992816166
517657110534346926657887819604200747858133271333364359182035408885
446543404653894238360889987170315498184346949570219441195191852273
494542670200956405135425928535509368402594015156495301322707951999
717504688913474160069810728661001552372038501006412170473627899439
219132010528019409813596538333674879228196273599080663572128165840
735660692261358104886879235304789277905632100413000141101990440478
616111963445229903871652496743969598330063304124546170755602147237
217386088477298339715546303588556354836016811132123637933741961577
768476716737572960393757672958821605139964213634385447504423612852
591584711438756201495229496879764976636325768259042925649724003677
795737855716839839394811871746260027031396213689898159531338633835
405504810205690121658571690558433402637656119887972178348946308073
283140533510424735718175765704716474097424774578294613475566345175
708218867072058954573232365683001864724592370123452816466993164368
523252082504102516071243169331889134712492598146792526855131344400
698375210788706545820263260564455121290819345479000524990970871329
060726588587508715695969991222415697876001584896987505798855869482
078719606137890363409056657217569973607087913257636616258028434494
119783789164998008654276509824059862693913998381574332874820872990
722391593145817961794052397833278429539141894566290180834573831541
131106531108194459099918067858518631524385385302707744131189603306
588102899381513179356969800081360668143558113042926108085541822334
100067725762303429388187401800818570226975615988636850501205631011
794788256028003701875325617286954763546973460033863028723276930797
731949225452659199771360264536767648187202105846705172295410722466
854049764072617925890055540282982886279676064252237498131511888840
105935233291220287734619018491264067385574979763994772274669530010
692337474010375087132505856325665734968573287817438611610185094518
012657879873395867918844783762379787532599365521040002267614492742
319739256301561347650119546019513210836560629815533049785216899983
208326882077707966252122894584545837864498159802130713820638826986
119707460136058271197928242509598296437634190920434156887448691555
528236908575975807764608966503299943312924845302937373163650515950
875952531013528791733231461405382829606377069748066046924967379110
342106131978561244644679195703815022714207187462662245703677895152
220334755042645073736629615590963504289875753541039282904435608352

989632381792685108430431484750115642950291224396331643063969288393
454420831343389499319356005888445851715866560616568223837767746747
012867600479609802026517608334166206754174621726611184367592052204
766988996944402101525899283723617476032724018245664985849087029707
244762369461747112285511546025150452138103586564087188495037009773
958472428098290117640255143296155780995562374621161540672624706466
197809400688523879639956833488116669052458308160175158461681654704
451975018724685301328118907804022431247534602977233921994191914758
238844696596038835227616039885773388054077717377570205662880457091
377493989215029913693075540184046157588747032516473994578825840367
512855031936573137803671148937338892617231528714364621083515201750
836843972880288816050791865342601013380322268495102740577429437616
046348450169266043555732334895304216873333358419010756251190780481
422546373924601133147732547667158686166368610482233481278414835212
529840198776387789505035960426401473392238152386632853761898250670
966568189164399218864798684692292895025793432763125753394720574404
853106802305776661680652572255823288723190877171507484254044555090
495998989467804939982893426875775537743761951497483807873113249775
129951688473698679357793878424891680638963577258087454147344067266
368364606558457434801768694233925398897208680323857866162156604053
005267666562674061480914612119174536624548998904402489918747967304
676393475335149578185592126747432327825739089324129545344683377433
394229262798058253669943748364612906871640006265354333764101185716
426519395147813921314903442067662973303489463087144599252455484169
616573325170971126979002451430754808034877251582093679289097934729
385206921086267485892867793868835230572809807038405462074724446745
254241148487890394854339374304318321328910356594259250911410257534
600240800118052766488331963042725884050772780895141259734871394575
587023814002694460297127038741368406522166037173445570165708231642
245928534070243115077377025905293361049218378051007842943115731939
478421386620280473110497952913273741111581116985663997316181099558
854653505570789106271231300218566406901501659665828589940184105020
622498041706412708124186580096361389018106658492912256810421558439
869510404529617028195509497641458612246607140156425446066590844444
278532297251608832652549695185471677161245059725073340833799238337
613298926009571906011862392876117375430022310434632384887421778289
486305586576217976409984443541888608367534600899589282191615776426
817576757094085070010578439858124453603986931986935672345119057110
588198853371070061975135277799663521848078197333425056267389059596
143931260448854956339899792858320319878026547192196120355765031914
195878135124448957108950634103354913672392358338326410948243337145
169359604680766150815912563007412098912524321282560069980289634216
300642867002538855386329440395002211598501685099870883904707280649
259859165515819221557364875680568470629725451655476321984251438227
529648441930450466729357770971035835342824187145143181981331963013
799098736563064013770431456850616911919081958078945846851450906938
722391510270500871978488336590158934913552870767819044943843442616
460282405061081580435744701621142343483739703212980374558818925005
497018212922671913501840233267280057461449021732100849307463346166
004209604866543313618668709025969237031231084317888942077970294897
171844174601972802869186801378886920255690336594709614607929822019
996736565711605292414755998399000849582767463406399478070444614875
138647071774754692970145302650816942132177001248446079849612218083
591319281764718770808330007208259969419884013751984548250576286616
786036933664779844057164933304061101002519232787059569281817005718
657764353325790535937152012233911728651905927768071572046327107581
882384865541218937284266483839838968548532258726901963751144738328
653018208533560849751205546572527519887829089592718584103368761884

1826377660417865833415626235499459668815073326861687032678368566459788051007551578725954746461915975387591197844562014856700023055656272145788936047543566164198505141240414467092775514672247637208335001001287921777694554526529041629925672631278713657967963785476672857533822609115672941243717619320594175780451632606406412259335668353232418157889843662413716524990284875273817365022425732528758146990659848787700214911913469575713037006455467239166233337924959015523428730493885560475779978014849655421130098452781948264204832389346212318559924415551870422726376619851292635216872896730068132564913591548549447445748828536296594648735542769433237370894518521106324056337380626123068276054131650985230712470230645646646397617446982446057644246558526404731546930112863651718746478265604755606028609952243485243100740027153304652983365633287720947463166992900986430525985265718163361251616048269879114087714489674874209263398254673440649415113301372205663506750160089010633053353107952417685124987135073881419880754609150446632711634748621659880641983614668352080155432242818454255630544820814418501850515118281140588645450193033560185975840974845301301361997409399404736203977836544815589584539054317765175696036563178339067619297769546429329144000748016628607244270040511583451099361199459041157718767398388635625967995492217698366741703529774861068416342889607650190384479287177233945256684402921332597447612692603806882912678682769184110091277725787736869484043409914449807880632727674243235875207077392227612777091338736590788606868070073029165138728069008897063980606421594946781373150517789861322194804405352831845056781886667558156108608720769692033894498215182650704326560112304575225201936914470823078728895098774671722998948415046621116128826949550582889080779995646818272498986852917056431149858925445643521957119225283708440003941774612671309988940485821899833614806314160826189892360939421506116289007037207985191830240282527872934800077237743114511413155366144698791865912154635476962319317049717889807947557313145731145561560423452934039388305233521641817724360153973903837672111543738918610668165411053063215544996128386294988647881554449184387902692398704698824456077522497376639716130689820541426830595754248581585662925674599230601791181268519727851801350869840426158811452029178344162483127343984295594140485972087102719139488578677982793039502568293496541944874154312625064757256755395444622399240930196413695360804089123479492070882612172386110934885750954199776275178832632558052861291762487069219400317037693245753426015212224686573424003235018587513656470431070686928090270048117247387508866547754734492492060831514599961006921262949682214082425108485607412055051642168951261267122002928704865597161456514097370489642942663900091904881729209633501874109719275528061325091099941755268058258912474554801674137502019731235102941204432284132431373708590303932248377074762949816458344569065481543719318896278382404285479667622648742716480475898241911264645682029634398630119098547871705465706039367381780110934580182957324532173064788029964239245875543137208773461820945716290153891403745315087990511881559288630012602067592425102814214593581501503218135651335381730366850639733879883475556610196723943989221474340738324960050258441819841373648521096018163772681516148725654687116752212559581933695768774831966121050829947896293997841471138339552435431943862040522060019405202905586585468038940068750187462108220339938947210853222717208704606682410321666412047983152537188146836281482413843281940000042617174404836214396148272927980498480638238268498542476825673426303916546364888545722592419439051425882285053550378956406557141805985695085992297791170793176346682252851351609729731593065016247141746916795550594400945175061359209146158278176958697277817056991809158232468137385296645334711177150318474132702

879013737410663531854302114300752961502009645635042746508820032666
740353516209608967581797027062439858723515429570597125222593530218
848479478049962581596009462386183063257332618879795548461504429022
293901222707276957834728664715914308170745756936407165676083894316
440532511997579072519818877358521697565940923706517148644897882255
840091529923004693831894174242370494892787436245725777359081797892
314110672145667421291505013158257293592014855988062998690832116703
381631534420576958699587659613526909508036760115845947997516858058
640484264503513141849015272853201234731305077655676013830007191383
003135099047414889948635157349433183055086625522397801161394285185
559997353946771610244380661663927423594843796091731909238767265317
281178173998759085084303544624679139649370338483308571489601705098
768904057790339914009974809266609021848187219559546709068449776954
397737366985930272636772491619908466109316168689216599897960801823
928181903350081923483791915368634418516567361327670951574933833246
470033964914833195482972036509890000756834678908643025132461636013
958621670355734672817371215522229123115713385023157567280946640178
563664131574098846386471770170716075202301333067306976582623619341
414096912577365155426530076433502527170935434233484333831545044805
818256978293053211633544996099387834764486581785314620431086321927
378545907885217131518921862859935260818557992285084917330746529461
995212109461848274957219286870418033754271607849254538280443300966
419058481193956374725503405386082144199254365947957992548261460812
221947375682849798219830921030262670665959245606026732211185284073
243867520498322954874131588159156965850265485227010385690100634707
018070640497732996210174664962764660874184183462857914776560876090
735387844210346047674733553364565235058250707171788157400805676747
874382469156022266130040186607934811806436632749803755852159079941
642353950687055126687617782207730004293499532154750025506032766944
896708016884775933258711396837407587474463394564357363967228450140
679494288134604120343149664963236479512505272306744795637253637725
173119371756689681570076712136170744256290128832080964835262775131
752120733451619962823567843914331649530921954168705831820306481686
470891990116006092781145494005367644745326734598023635844409005299
517740379870981618198797903532129462248127306751346122108318786205
624505076956890748323016406021920767207595033468473773818939370988
157684355889228368611599191434299633765079807410243676626001205525
453946644920075777621233564760821214021639195665865230597839640888
960162033306914815750560140039401377948932115537398213278077094820
409404634528342075085645776460682233689883161573389128156229648466
009036759924962080525053864950856729562164422975189021462471071758
252958280917769557423411788150328076728729597365181537530383552864
001726186150493976983464338623372623461697500713780486751588292003
368511917045717206623914915658093346855859033562288358068029498865
005573924976387975220689804810419879470107722916300366655468716770
577606362032391465314060296269905997647547903249981461763063349875
119548548523773501274033495911196849161001666979822772303773826677
457157993511656670287396149897791931190725901841125309376809610116
376471042344450992165427682456170548012103380560525958569794108687
926022421273751059737355421424442384293806823824878099603525488074
099106179118736473206820551072273408516281608493799316262817834196
443833849321723976993401965782322705593192548835837461358265240664
433472140089297635251127046950143152015018421127379944950732497746
396043006172868784809622923496308342448447424138703403702464238049
437604896388218914569608485186615621554283401017073086694426286349
819375759621952745891611574152346197401928312625416395488650474647
223177010646402390814321573094029112619520198086498534110003447391
498810816949711663493327335457567113745433013180230658253717680668

768594144241928388700413600865674007002258835824044852441453772548
832517360587024309888238943429638562817333715860655701244030212547
865030929048894708696020281174878691283261297959105261793834268777
027171165966334342577769236490445864386655965178753636418930904630
217625608950942998053738709640856116512964341693063810567653504191
502286792394301274861730233926626720585871890728287225751487944903
443620937188279619144879862963924664993160367479484042047097055632
362654045099065813437207768108819285002907748901709771311801135828
527967605152829341305481076006481318899185753479122277083088397198
962076598394244923567255712696765936486591837718049320326438513034
962699111562990433579225977939384765673410019708689769028490331637
397764410848632688085797863382913937980219298532661788156691028487
598615387095663319131643003570663578733525510116820215087794182632
842459581746433924917252635140455293858495895990529667306838876274
064126078402934488855058498425033333818042887614898863475601356419
492693211481820703783235067843961177061813778261574734794901383424
427195877262078702268974590951507588613435550622640217856220141889
171857129177910232636022569943388220027805625569969144168914134757
449644509531501053213548372826813080984397972922969671284292413574
197839197538321499836096837167218767971819161050391199919410695847
736548459625573790287805898492654303588597522526408817472579860375
087563238620170020682561898393697936955496814673002219116918591794
574553574981169580147680989281100292713885032942358711460411389502
436723794789290502978235887935269100176719410808540975454995694923
947123100151267590781305130350264885553036055239513443887586320943
833653668935993437946262256474692318933752779477370222069798836243
695349127802108091290832406997401902907944595404840262613588054382
294665637754845053411423174438594580045035730609121937280231995582
355631822957629449837949910374945910305984307085909416459917814120
637740971558313219449220286414316911795379637524591570683541750399
414070844481068278529733606370640606081781076684110840429293729712
197115573934346672449439180837236439284384601136274281529359990285
875635168535013716769731822208440129590624896691805639326435849341
101523099692983828683225788519273345579823096420639642687678913277
707053598111633913426988360082553159058400352444010398011557100183
070360381366502832253162804297791337377166805112327273560632273768
816093407462511023666638090648197717324471010033226369071521950057
566024172604912556811696412933478594634346060298979853852461922522
322408884564639963731014968956848574851915575712221499658696358774
807614664821437022422686748156096738882991177998182744665903539295
916197681982979416764168186595769746557579766609177373019632482834
762654502068126899741879487134457130159072399594621973654540396608
812752148870010388163652666705765121907766524670386741732163987021
494259922461603998367391443650159853437108708725307476141382839748
629890980859152864836087569795859451990902770034168051034097141064
837814477272114061059746751940532166758885796246763695127375933964
028389025086546750722832872965297746089453667115956819794623776669
252781924088906543289169952566523542248986098296020956459523121924
212855187709033836512892139483509301441777013731025382305084667178
769141117966946358323619424030748904684663804220300797449849781292
005103944537182645144563824162925732911374602932318697543818480943
934387133680377179403220060091052983220698261901118756255131741934
126045551289834662380303025100982739987837744964596480012062428672
888265827548968452123551931458109918620213048792601471222672088633
928929955217948626176309425386014246683758865579083428417378552465
020015497132534510971859004543853574776386344401797007344608575934
559360294540197029303342716815625520049351417401911920906720799618
276747931611451565738113279441418285601004132704744044108922928498

040481151087917686572511232827758223843346181424279771565917083910

326972847594079933424372481838212332987531330689620929223886536238
948797848194981216640112898213488987316149247656698278511792129141
859186241679309516251661091160632013018470973585071565182990116327
127007904758845745275886708300731537051269366399397698309262089945
495161057407970315823459213870044572663392609093012734027183392223
367759547128205762492066000559440153895055584860687208503614136220
609240858429178467092068012463042769896251084583579750301690980246
292991165119404372575563342927845115053447751507761221032588480635
596336172486575942054051153795962082454371940013737623128739228907
778144585847858512513384471997268434853348980007777295154116282113
202119298271281536837382482667582006601895916365619986758955859613
805755619906513497665356762877653124243780653238741428346097043665
820149398932535426419127152577090766150868861219817546002553817259
607676413372838219868608965546059488985146943331166120348304347886
643717553585054745243339178791713885757551120069950414069547392952
208424721322617170971774849496816070697290498747620551562662220301
693745840508496893239399414997890066606814785938056642934049097113
850626538686125592298115005850045657179326210854918712321299180800
958609483535811822821115930122350846813437701150221863540029519323
868600278086257428095816359573118337519711951512938258638951863439
178218231951660564025105744870470411880252201537576765881416942258
443968546194355588202930814942937564242028925103703164548712043180
404774512439489426662434544214868353699644481499680985185869628322
627884636389322336268451684187552485169751641112486790290762901564
391369861818993094669251911482163268164169040343922131660268197009
150300732846836851810663850602176352094468395388023240555566886891
034818950103979347975887972040804963679327737381323593433656602387
237144540290161486774588910442595460953831573341820754628916073910
204249695124142100899844074888345480600725745732951779078366485061
849424534455415742428519306875384599477181268097527062854761976253
391146155510748852437907927092164189748887330685381603103859401172
819615154381645326762274892215312372377599103768543764138809272617
313114380495183696943836124390827251892053323270691454962914674150
463137140853290696292073270014089197685980400495273703628025839220
110855045067970673618868406564267519062135972166381094244194801989
421381869659441150204881353039422431399026503745030518077031378494
832643042987294902057271375108259470737763269187905729445410422047
255726443626449954962640431508404524248111968324184737577273785319
694361196234167020831599674733472962714944236024416142526063324653
764974452277660279886655329454382714634109374270691730902220347028
734715200674616762863129955303765035196806183977830856760365135543
747615635351567281519554306471687027573635264092714120768095830043
821692723725037973931158273926238372314092579038107345565218136366
313992933807475362710918158574222812263302771066933369814697694350
791779286010895468318518404516908862070897408225434117474163756870
679811660171987620372137739158678397793780516588670477456869864959
355798308268670275610949046162535235471674620034749241468292574461
702015072664667442326370028530645031875455202866685743054063688858
562185645750982579239432159544258415387713739499574869957279872496
806066905900315750083644077010576568162086014982296771325039248191
787788369204868592028110084692604515484450143688183173874830087850
022869605794966496310453129725822054820353940237973051946832843671
342983905153557217218229063314360765740022133536538946665951523905
465861713151710060034154042298729382621078119647638772922766075595
857478818801534607592052777961958469461656184936300381544985675294
287109601578478388757514721614986992875326276153267141194120049683
226283531331488473867745551330424832376921760093528373324344752549
591674689294117106672661224237874597062817143982090974111196332720

5548171675507739098313004226476602219941567986317392451160777458
6449401943924170386771597412504772304882387006102059118432955903
9229231948216324419456658804973563440549877677522698011210110477
6868832295153419807736348729534100760110700782258122140211575267
8651346999606788026950807961970811879330898694611530135403824032
3754345645027257520882960484959163928905836688744455817015011718
8357192351699789369738793012703053141704347064124140316267882058
9026746144393464075215182690495155223288020277699363239020485217
6097920244753836675843725883030518116317763670749843152916799475
1635116765609836158792441836973808925225034843195558717191898179
7811199567410567688628969559998208401574783005011502656214871407
6077183603086383920950232278611956320751172858411428933099837011
7431411709405340742590520405775381447017024744008406081674855422
1146113659451792798393202566855508004117180895678475062013534590
8064172641193055926139275248232255299948798240855463928413407455
8288714469270399706035314935203329303061147367951036632847588470
2364950450136981333240647662356122384800824152599141619132676446
2741785910156867308800991145513627125475389966806489591108155320
7578346540559612129216496592773080255330896665861432148520562573
7362044781746546759991496478095731040279011459411128658433493998
1432447184389827199219658831810139874613123574186318982401554223
4029628842104181250498239229998086029807362490267551297481669425
8045129629320378493104070124933675207634960639877646205494341012
5245111839014650769071840313690190344876178084943552722767458039
5615505410120740631462032938379723493708263935919567360628049064
2865495177184443738852761042662617411331337492849011414694003798
8609241738300275691160733274075397353923469230291652360389314426
1760892681662512083513332990307303853134449758413567369056169956
2244271734838991888148161992028160577873949868486376821991870307
0522093952009057842093504831125793930115618837123870061422920666
3731120790452802366563822382053099045538752576729787377227963165
3801760728686128829354227876269330621537691194431142618815808457
6454366483304416065580576720812036998517304435138866910132444123
3030906336808150073793288592943728828470718182052515626877749992
3093832632684543194926622764653128101456773637953866515401545745
6117456778130040681217238166472587877156247319182394581040332903
4542843233151663039171852992704089581057629649130976251628292759
9895577299414004866697471611457068359226515884887385225295435349
4046022964473191395557579655199806825014730395295410563681455155
5418647573880887085867617483865322267110814038117480668618999079
5692794945371260944159699638319141571744295983550183611193329817
0774209345756569846257623885678838455520421259636304946576839525
5987138071236092159623414134594834165275126354624569059480814251
9492988089423039222399126410355234448651386666387190913932533503
5576269133425316554457588564039785360733804335320213071904402383
3174874830883871274292487760303131111781802653466374569625135364
6055623625245431455743319027344114224226222471473730385856166876
2700778293950117343029681172927915976693162733885198391611978596
1573614502888745818640186789913516240989676916201558977515510466
5054005043313555546976434018864681722097111364886100882656899350
1011378837251495340169806308225930025078838787774233488025591127
2933958840491050947236399910489042019432264970551591578976945689
9998335422040818880961572788415112934157117161821235516157339018
0211075865051303825244545138208055668621305856412630708918363572
0393114421740634604965476924752663808787546090067355469442537159
5298181436659640513947331869578227769988201739609239317257542244
3863848257548307538982839851420646489799013704819448312839077552
6090926567591516408639256526457174754524993351800119868233938734

425515567480224130114443258970001635998764624893350061598801176149
982820434902992623709004985504796305965401348065158411921685361343
689950696532050077619961358576397738996147357666868932404164244460
523850415919796864398939044741772876112483839952413507634595991465
261517694861207904097060141735821004770715363261120714904030751884
224559041748008779806315054191265317849301176507464454746460132323
853514798254591041178186179909268950473962423686189124803220637864
884728747647430874058292252859858609584203055803895529384920217679
216584033762054101307713120888839114111847668652651536258568237453
958436988148470252388786338223762034542197760296324854326051171965
717593085446014069228116395397152245152309145035170385457326807007
767462480073560453585167287757771369520621706679390131063635567296
938162015694391697578038816980629177913334908533984690117826684404
117157258086458526830215414670925763485472173074507843933724227210
754611247912767552600423146081084546690124673189742666828833841074
639498794082678790532242193207636986080316846965720323466476968161
838945890062501870390321086361727165029168249184939483797132770821
626936843265915817219484962471720805992052473036934377840593721765
968304428404711271706911679620015726673332305551827161414558693325
564203908513962358646674550028377281293926931351750771512210562419
564584381782996007612376811554456844309967319047520605385185250840
673496666810146779828619209448124778159293519616758794188816761346
695547469219738349507768319613411747843697204835457580207233914884
295068319361091213331096234529501652574177519685149575342522214774
888013831791340752192191535467332743773215995858006807743769466938
763740174903881395884950715781683565936657734092828736592926894059
565773593969559564324840830141414764356215635171327296902194170550
195385401986300312455802939068357444830836655218680512984267991801
247953488161475130505537957146224501611277192271785033750826931842
021836826971359358663752489276609217020887834050950523403669634175
933514316664197475836541855437705403606050149469315579760133302361
255828002346862868109094476127108243477403189725085573521873532863
713590032690315493223747341054169060510331773378080475225461756168
775403325797133186048992819486692348560087171829450762982139517712
460495233289519146547315336927237012778605111512791568977225414033
256943749597423280708541819544436554098278464869863403612811661851
525487896788335879586741185376295269092807967081599515745780064866
314758096295288279391238423148262228862955057236247639254257738907
713141015577327479716692309579857465022646596068402906340448253080
574653373446226318340953028406341459534757871304229265005374762340
595526536678608413622034194676794505551808017353913807247881426197
534710516287495730648499934291118938576776945871421988457083340259
328783844268624462614841549858378935330543985025896183830171893968
220475671881028420027648950772912543389341385871015150952299788999
214791682511519917303260256142941723599066474598370518463369493402
025133250864713743510835904506606730496208117865402777884542407894
454219766270587175456271078949003774541438770216381824091413608038
567406547122477312579076701721192622007193553092710466281766519194
196670157107141611006388837924704911313757947110098388504419028450
866103738953431462365820000800090951697814980871372516987172530559
911021940218789065982580178957012932310058451513332847609948019429
396839837138414501213541191495817333779590703118419702285867867287
250111946109697171583186369288489733759423387680011184535385033325
668875268110719922082100437068243639296651094916248763324862209000
188227289792643821733365344260307543354083573716861202017301418749
013643135870937094488238750191095898867162770022165210803966305583
905315928400707161495489940286252144669983808965418826668699426126
802960550669823670954364782553976105434692552287346251973791740717

625776573225895178182478403531152411949541817330502499596809235656
2044078627742864860775832249506737829317570217466595870816475300038
834949093276139717652233618367544624900723207200247248082145249693
243631602608793170734838287822574614308973311962567387771812347016
022387534179950884495121186861314895397085716148819501707508142996
886102196560174203442317905159069796237579082516784977547195423633
734546229208924416559090098208067879869799960482939625643604713593
572682248172872817564728210364097724400854703354018583246468477561
819101399088056234945887290618725403020528166982096012398144656307
311286808930515373868479516817399880133008910205548136519774881988
930469780072526153797278937927895175470055491691510337562987525257
089847451431799925656289862333390965575473223722638666123160089068
175418501406317491696476144636162483644003643352216001020483460426
193838434488977340353795082273505693850111489290948255519068245563
867790484439614416831992072791798308846128031637855362872438730464
692281394346610887290173067464522286103831637100545005162733739115
352590325384754849676281180313064947743458991663338086126541059359
806376791624641770040607335647995360237722567898275516087839857485
036072394963952251914726868753398548758350769469435903220204255211
844596547117527373962822316955119440391130615468501213636634377852
882744589748439486895333568018691061492012683592890141465275345658
279207935412374626998052389473564143394478310901383187986891016911
844556984640991940236030609333460715610451268304688396729123870193
677538459672862455944671834879800402754844669515073268114901463238
174355551476981272386729319292521157256255081736983073806929684990
573722045467294744019331669693242227839313033212974052234981822904
776683259053326177979847005309383339640716766055592526666121945069
055405589473117501187646359168416569127610180260582437050537711229
069875498063016500195920209412446249122750878476631174172827632657
104662486615419152725868365993956020719327019402383395022953547149
886533676755275058529683040593900458235218598964168892599947016370
344169019059097578175434145148233105258728984228171298296691459816
206649823280817649470404716056470911000896742007928642620339114843
569141189605739538762922181372700004271268907378384920746335048927
999786255381469213157670360000350355867552100835584252616830787202
909864439608371045718530227243034004061367605261099804480257219052
043529014004313560471275566274455608166676590767902970968602684453
976700819100727883223140147919454128795130305893492191090160514122
061318567996703653929481480394275785689274083951443271800742088042
892376008891558783212054149754828171117606229895620031007503666203
326546472050324096792168099233673254569848750454731414267130994122
067051155147768892575409059178826352991905477959341604545948109326
220603723982167439032493452042870763689343736138705985693076258062
902108731488357866836251429510679089463586753586461563777900291219
942937721256466642018107976298132773188042525831768399246370107483
894881613698705420135122437957851026703301934837480010221322668005
864086579966286390817279707617005655154010802065976503706076556212
424457692811735166450467538881088698166343094373280890544252198718
479056758548202530763108040527240129282477791027005216135295347612
165156836592212346903645405061620867350157566048788761196390083322
284215923900323198440623462887945393251621657872457911732505786207
954404490702907869872711797596443212406490005726793975858413945402
871860084516112396257412027018507795232062106935770813814383678834
652600319774207856634415801719240163911386917020376951251923662188
321792000477991134939895919838899573252137073937084259999989009153
715108690163825964225758505889014857091198656837745188054812062373
199499948730576699001074949511060742310414578780106630181295221777
642842821595660649977880592292920635514335365772498077365140668161

878204037279232647062959723805742935961338332479850033321768021480
753140941072090470970764824287058915736891546054895277247274143679
745583126447003481202429437963901191939329603817250778646105312419
990176895315694296147201514254297779422929984252306750057766942234
821378572060240019891070504063361686897078540009619181993321078387
317784579670827597100141891014928196779260832250318073835711191844
530630816518405143134768807674357859081479701345927952728656050863
855047763022210274459587268625790320489695563530597316199830804287
618062236452540212407972741619008080428585630077326827337543440978
445404447941246787619437636310228161725101565604121011193678983926
954422492151625423369797020333330711511335958659785308258988257161
924236036157845586999183563747658683160118260168625637247227112077
371000244597191070426056358194138963052281043678727621579482041446
076439696917063935595511944968742115876657276410580793747195119985
933284712529079308125879902005323554869525154287177180268681321097
651870374108098091869160654952032785523439820550254827566129074650
992908770763532649149636307309673463261811149568835702986607397926
980796492747404411868411063642451443326429952537055733829780677963
987755576663072262561871546010266424358837586137483304974238284658
579498974999555700502989507069763237448960596117745667759329465318
127787428998662484770611316625918298483492223036453433755776888493
719102752451264347020825033345410304844299587138989611810893618075
946227869579363538112990922018415015689055106820991846650950751083
447416723768896252955999384766943857363144594468985727305271943071
154929814438092715133493181436924561603587639381479385253304832507
680378499283056073777647027111969403618503271036789802133596049697
424409240315313823893617232752863920907249378431909481756164433412
594836592873060092144843823665214036729590713500691391509096514229
804951424455041625628461732870752469259705482663859526727390867351
472973715531258379340281895162394073971213064358909089237119148886
269784956985166525781493609586674848635811580351645393088483322745
490424289715717552840733818440032041235027368911509681587787130467
583341925269243260973136408208120803592993693659068139323086549162
166941535307406159409832380895678905895225140654531667569539639229
621341228383532438419666699800553463165273921098914566880901029795
831029253138252901676813536872779073945342050468691362600827674442
628109067791775496533759912638071033047344682486776679330934991646
107855569964688172324312561728995489087180457411500093095580406493
289559972833647613463017864905949373658457644167782853464876676128
034975278112588743541990632177363316048195067767814972413054234772
331973014114943763104790257809309237048643218086493008122349942305
330954987720885326108067703817005647936758042822392591883866975988
613723157454609295330824399982186285304750299492518788024525760950
959563070620922063531887529796405210172843163512496853142310396574
539475283848849029106485679985366007965551100000859507046767290388
421389602325835297839805082529065722247782123219836608214020969752
125350274287244963907962889348722189399462138229749463039494824737
226115074434415101066578840143184862847852262554655799924978487240
545113221515629558001926725998149134754910261026500759473134628823
470741610663729067608506771613793547289258218975897948180349838537
347910594505814853654136213397605383953036563677795988254863078062
248373459447275300128442636247414565486104709579288176080990914825
216801716500594330695489031182248935717361093647637060553865763182
464904260958565484899777711972627762891810985860444898331282878982
348966614140063731821333267607459781017298031223095437631935696950
158974580738327346823208616932061672832000454110685038146493875634
568112736150136456777396243244628005367414404728365017246186550386
852207661588071131718789641313798230491237100014420844936604684277

654407262742404215772918788780785476602169710397677423296584731980
814698194227192677270663766160465117298644480069060698840890460631
706013923919905820431298638091682006889532798781712081552373182985
831147725222416458215883251730522043709902884714693914720022457139
757249317064054550255647831504531690455344190001409121454613748863
554971259634309910675189412795979953549149370964260944857195705082
630112747893735781968775487956814555478262236638103454709517317132
538949355765112924997142632030743442841878720435706225222864184140
548878553350346856934044203677388344118660854551212649427016711368
830787124523996488405755280322535091794257883552463909084478050938
851289061723610781404135077182634857984523652129598182102781097061
111926084874590313114477744190201202358029167301739932832397826515
237660125554543372961630095183352674648602458185795368663155065353
017915570593459360425045980290200525514978558948929038283853703544
223428048472628036339271975387241467238775573618937964330882732059
613463025031972703856080457851511641666162643152303031498991557422
387848860948906494310476757389110772204940257477817038296663592135
211592035645393300289447059809164036195128484528702191366958028229
628654783357241121235620642170370451967178370622335818351143033606
629392514567543661198975685507974121026233832096764459767391331365
194314510155500393559702415637818718572759699707932672509591374531
366552211937112186795645717642534754256490995859541552879865210874
311573310500368731487065691275051394864754447247759845225274483970
477101730358988211734869126277209253925061365806259213714446662778
734502628703799268782444768457621830687493542813057826278634218020
189844301265705384994792759683680263024666372059546532434285954730
368882718465256082906799303958924051782459834606056873063786275050
642399928054689069909576842064476343280065348098182835871480056828
439069813258909618155532316795654385780097560622415773069777527062
274775269083483101627743759780488380962444702615976688218595065808
853498996581048137209382513344726522560928310282171032185211311026
449986270983537350105658727051083166353935866142930973886677697843
350704688572326025770993317408145497605279528765534437966747637998
362857336956117109893620848039704942367526664695318147775447529585
436428284778093197561940159517020279104839171882869860760774273891
054800321646864120071371295702299701490393224639283501859064305954
147087585310955575657610071920321395894580331339658783274035561532
528638785097233836287485698249970577676436055954336667444405869191
784001514037746913159541772954834536633647702476115172922242748250
421839856158116339470644424453496639517192936991156184213045858139
845140528502836844614138868674943351262896887387323827092727858101
179452172394756722477398254609147846253198009916415445328869277315
655052664183209693326506202440804401338301524923709328531078755975
663716381064093072903117165036871131895082450347064378772423382905
201348310658556095322283957264472098376148973598396837996836448878
981101536295146132306406672888687489644391121686884472921741794224
382179823320268702610051560355374460288519164236062519645818193526
037608201346428331625593286992883940396259965432634159253443080613
063408179496872329633862730206077798777401751953761499095423688137
793142678081956455884008486461194562691698181485264115244084658157
488283413885197061339720374381327779794746943452025210879622462150
547818240365371115869710978595888616196881491593842679227873280332
125684946598096638873796429998630017811252798834883402463731759478
270513471817768363622917501314239925472332598556003645394182222262
340791446479721759550913156603774516841542175590369679735419879701
509594726991570302612029171704991160943354832796422254315463190671
349853950382626915824074730304219228685513529222438812343377451469
348916962166192716337936587803456472776725482764383516455813163880

198555895161284777082327653132363835184698364105596444532748855527
361183612426994684732196526617828830215055001967116056371728085873
548699521987898941137059316233445892560493568576656960790528276270
612216528962878674134108549605898105569152689738311253433359377369
070927082921470724704834067851307419035014555491055537440936957306
528564436806018299429948152917238458286947085198578852050522770003
605875770451179993751916927128748423110700583534081936899865461582
728639837235761608775083532079962307901394012808048312122384844118
686461380711026186335607258439897111024715067875807841888645079185
061149180615974831766680971508294463389415496629403278923124775838
616814309101252962195155508420206010319745666096306439229659412355
994507579225858321829447307491145586617205000969619380325700308032
248075002728192465422913090345194523903652997790112486524508131754
704019298978697148442941165538563517723959741019596879449680261869
457431797484905325039630901403215636254427410350893008234663576159
875197248277597901607256581076108384138636011900485289427040514681
452149420113706917417574034779318557733331924665335145108079595526
934133140312319343057588876349277509694184046209792667920419610389
800021269404896140979193228905254655347340826837440825239946956337
983894067061201437683782668027980212704948582773164028388478655819
118043250794034463812757029114745963833459193509862314533999438677
652496689658720491928013379584384683529681108904747334608457548679
900893627519677541543942038403516046617701208351311397303975203412
102335077181847018355002861949613105524984370601491108544119368675
820722344371095639879871461614224017761941159421856076860789713534
716457821023695155569725557765463450394170842910458919667327092567
800996948160366996425895916929116036630502405313922224931721335426
310831090615749748346080776482857648329357857272639662611623549044
805844854028939480469404483575737013466757783093407567772742386533
410002679399645820246500907253306050626649547596134811267398595070
385189300674574780666553276073247476275791634625707820522035284706
955590389153278641087324276465260736881063949281418678963832987567
459554113602197545180506741492264915511991634668663285152425703900
198475231988349660189955679784615874408169336781892820792892806323
593948202214438990967748475326438141636711503278578601913507918735
802154802326201485574714573895443695237932841553611031437275785713
151017017604532947318231180913296234570789277033780173505270008925
627108383088786620575488452373578567191356217938396386419701668095
667394249613389246894729462764549189316114469597503876177693314517
533322367740693137508737391380395156987607401120043959124025692766
390119409096890855598418833831047965577859387129048690181854812954
495249910395866516333542836775838455733908719524452862054013867640
857934279356674718185441795001634224341314576874562594958895066388
018200190342459727304673310348101396341504923352409315676068984689
857464501696069626639365961258992867266428576557799909474992700931
821645790459636479736779393172838162818988585561395801779508542791
240485080349569809791143463972350355325107114563682932075525327628
869589499302731102329030426651706444103709533708053752507452249300
854970056101282168873692014327149791031547288687111814473379194949
795809978715503678737384604196127708313193459569003049475631759235
627920503716314064402410619810664710964751689792934314566334817463
190662780987698501548420102463769520715486840339043151932089342509
234122656306849311383326678576439320087055713429172974643881359952
071645945991183437524786644747444983474665647326437199103261430243
047343026717066108416502119685178366007809055757691091568907074146
875890158380399306788507161574689007520540476263640263868855678595
099561528056138506989784882396039041635816505453404062521143444440
735436556594814110544416145065775441836245690199060176666603715438

2642629900753390354384988498333678056826794200740949739724154736692
1727599741679162408275043699174736624865696527158474229586621424211
1669456317590665910696989125756633337129227853519409134017088098421
1195211777380542035106268147178695113639714110399137042669517634401
0598761039231443580209504440536971390830309657305602974992216645201
0169900577131036209512318909848813384536811567865769693751119439981
6201457181552940251409624999853373277567264685075794110593299355751
1209160840555129279610610436395318280254401756976910249428601757751
7359522063787746244645701700599054599630997312330372945978413544991
3833476935002856424676512241610911614136373224751809660237768441091
5938595247626491260549657960292967989943455542442649117927426782451
5676481785381962304694463353709380292468359183811844610697905728041
2681375696843312372047817775893914840788516165705126333641377206681
8592320135484500500850973643421859960580945078178796471325909330161
6169317786727721468770214029494809246031655260895126512548545651651
0875717081419426580249667784384622712638963020351824060085607830811
8550680752889003213407758724109433639158663829139507850922589069391
4110623477814327089633469086364574541160470744851770803087949314481
5142776934561661296336975561631831672826310707350604704236764524141
6294100887487765308886216741183553953133152623441257230325104353981
2280041656551535702504868968690717811600501871761240405330625986391
7863999919483827754993256937525042990238072298589275807458306408611
0655256253659272327488172609325922166219662955756024392564370518681
8732220707049268037655039374617914083196593526975759982810331953051
2395730762614037808327817073602015234575774838039893545874561117381
5194044996960016915973651333812585677873982011994541933220637742971
3207047575277960523620053287999148236627581418766870112804800256481
7755511845642679488139412567873382065952442411425186120325069765491
3317904505490092700443900902087762470115420768308710317851468191041
0093705599975816249924926393374446083445561346359717318258628783031
5591079367511316815319425382365356808524417051828373269285096646651
2141598810465101039665186281998579137657619497090732022201073640661
2930305819400676477475268205530098460840163061231757412687564380481
9354140198257427867414084995621688110230748363682690510205809625771
1649268410609254460447455560390272555311485612841759524982925179981
6352913944337796346375601607264497630771488603864589212866215510071
5558245998782932384156005895267197638641921109586987802844290389671
5242458933304067214511018354722047253410875355012526724463076256171
6508303139401269521885333618868455710079285699540657823333707025291
8987897045872723213832362995160744029075861588026137238226359673651
3013492572863660096436643859644877029635643133848320963441634391601
7747436885113208462710366115156735262603436688097352953493447209311
9934803010769345049690835677270364013225740649200081376332937231651
5774306802590645583133677385114973875793632652885661919543310735581
1695045758406286781580742477244627835282860466653244234831150322791
8210964953013827205074291039172371313904805036193261334859884997631
2541953937311114958584712573289465310656580265087903032148703679141
1033968457116762045274757640286950900898377703015581843099917134091
6391681989637594381810802601448318273485114961070837168686633093791
6056230928949890948312179829191882460782180542047002745384999630881
4625447314552174375996654568145579144388110303738886072526371044231
9553160301038525664154592732797187925758030058979456734754838868751
6868251677000825791293214293768721805318250764664779837941915155001
7178455794777974080606672663960942494960473628124243234953794832521
5297993318321841123587764081861512142085854584537347570147291167241
0329541839891724472385829665583168753723495853803649354081140857281
4695968947487191232633051334318102563966851674852557017426369264871
1323532812156176864621605952777387247592009711573935284818209967451

7883894579115240645751815333618621901046742215780020778685572628836128160535416305203601346489923778015028929680274826449103265824123181569972682768560245569861380326398936437853441552819803530729526291259577580084706756130253293874970010627997219922997208324606532044631819812965788020414346088364947668140615208653920949425400449317737068918982983894749313648816329818851888628439584615496536875214305839422416097302056229967313002132208567778186942058351675256366025012013569300311456441239302042258334691037603511879807442017753726442117727412037099533002808340893381796205823271456034766941488746151190093571499715325033133722579939381985077173748648055955756137436908447422470012996215237030318467525906969447928893826362941931523302316835913347288346735519156412494419422752076814667635352560570956606315854618561754015570383267042088863612064652434015858101977696397364801457128728885717249557158191703620741009379154010466352969163976711044911265239655077032303995796621552057509928495566600517449311510609562666757004469775301163859987935042904502926270366903078063601523954261402290555813078156900096757638206741778477690223307542865584787376513140649415691739803454699606331473344892198101487355908912961491844279737467415132227624324435737585264118929103248575723297713267698092610264203815321847764574590991613595523201100738039894222605299629443320859968170894532975908064819698677151871868050757075040927750944471110303989459557574891944581516332780448704250716076013295030625111614515811491160647378231907190100022983749000338891878919725993933246667821104473008772219618753805098109787994947173142628372064846095286361918008620641848322188515534073511457879550472294052549609565295909771415538492976117339982359723258783241054437862857876642264987221874602355630032912595992672302547471229197997524268226793872493877710970841572504141473121819437205311085593738724495716225169420775637954359831663306110809157080105050332033986229567546514395038689944123545841834412645414173824666486511358214111334514739189011560223788420944850736034539633249357953595639710933448651228727429262648762881607957236284720216736081668232555977086835038238197647706205087649578352620031735466034041124405404078673202728588218238151101704443177421949554597242719854212796604283041979936925384412684739599081001202696650430726299276785156263815161807912492248307665174714640568245530058754967306425957958593837263886709363674560979099802066386349034669207511572470355105368524155369137669419706328262078397694832352950293305145780234989124644289491852360039721061422471922066695053184457204147418251327088540864577479368535021746167881170124217548985466376436224959973461436119718076371429387947171099751164407943166640186876608437041996319849593167143186367784761651676701093178749746742749809444065598231275066399115585710147611609058711037484366564371180972171137426937650811041424591868342234656196132280757317273232866159826178783873307155603248939629906341461374697001032132885752331931643063491214942912869162778085308360928907841585742919747226889906232434455042147748066035849680637313090405182076174760050218311618861388262428018539005589046562155774571205039227445563824529611494765446460906897147816776017080152131300268932491575529024883371901988287682481999040768534482361865428155363865699668192973804450961255934963046272595688819733752978662483904688028808992527681832984820569811122947653557152875675710363278489788577428851967330812533494581252895542030368843097336177422378698042304807850678443293093014962100634674848367063432268497580085101087974250937189608497032054161952324292571504020386647093123468276850128957491183877717605047929248673171985140964143999661693316204549418553382365594952898631051244725135806359894044075190352060288732148784382242595208547872473024375127073387908355498274046073663969715

7198888759719529040423061508249544359491451958747703735135207104797
7542042147100219034526230950997078960200524195924558863336940893553
216106001323081598879049711932183095859080812082291216041462164596
622636131151848656091871479842138617440408926837288310079849059162
574664784714389450764037953598866715476287642796673137085667042893
402791793002419964559312521049108768747220063819551355772522323176
156507710684210787460416336218710083399411789046810653219857681390
333668186213145725325792439084522785369829484985239000870799222407
834404750769846928630120176131388357777012189573081233272295610397
275121199763941934008195382970369231634104603368572051104059129343
693373939105615874271659477693169386754587887236404826969997959818
385589928935463053928076747508853175851990787924159026515950616558
877804190791735973723839115122812725977711223544145965943690350479
126089809837174474893743548267800837062225345712627677832017194145
695916491577447844171677201373935533059138894995744014211647828440
939041762252654541883934830852737855738837507107208348842089307228
719735267181177563370098815501599449093077020772839639205816674458
153857968103476619047036752581661464243948933620079170684366095070
549076237681859788825254028220068653407894299196527222984630426769
359483474410709030026890054643788645219637083167861874809470870498
033683645502146177283242550480773063956464525117851446511672469401
452601204736116722942355204915640556757781258419101884333520386358
376910671867114147156288913769726007645768577324596143743030552605
861103609432808650624706523585585423914265779204161086555710456198
453122977782872507392036300485239019620784977492535864010292445480
668117849533897169390434423031879664983241071110300079201276798971
445476305035955669841828746516929215700860716757720795473664867798
729270814516009658618690551451518017777185002481958322458791033456
366542436797982608293419331191563350251413629363529675128317345270
025689340308719732651562309418293717509596352636354468399118052543
270480146465454603867290127893608001968724818765902339740514802312
175108879071118445465901056992772368119208890013426690077357257063
574895103478822181938847407160483308787350658187843172513298211227
122051025707445647118920934762630849306603930285437555799607878254
056799413285124158864051213080943986046104024518723562122652117690
806732470804348882645477909867735671751554605310522402003608534551
360930704858380992837699825439896893769062574793126730083453533950
125122374030758638347600488745548289249168211359482218775678164065
969507936963447384349608736778377490804975035873201063140501297764
674214520169821731570030521736384084532250844117392604151424737071
564753627655595538393936191650896181219169306113945770564066492480
646477477304377612397094759299710827686020941610958890126411928772
733945611265821141767281394542030106905763708774382688000568670995
408390156724219124723712477647451333244417218139249926596922275351
366953959855891176969608022136791398495994436048722715259402105206
405198235733293554227765972766958024021767346530400367031922413110
449150189818298429083645153129486885661742765265906720422536194785
940208331461062012015001153359366702286092197781149236823778647506
443513785835272415152274467601414813442964311994055172408028959124
108954357746045846461777108535788908538967837940611830699663718298
245525922651447158144637589728332213863444713892461222966261543516
762862277760284031505209854637354820625860743552328288327243968821
581178046672216154933864799694409438023292164894960795823511918656
999743413589132020941456320688796595027508381453741559660254967640
325655913107705391977819350148114718427101461525602349975039629453
626703978870772061220852832668887324114144496780698346340789906699
977581853561167943123342572239113474577123993089866207811845820090
256930558332251126422665915967726667479324696514032132736644201177

2301952417915292286281389564052640867703998595549137273585774129431
1585647118519893319996800837034098042004668118836663397463875663077
6607512122090820340829204646883986492917796827440944120617444600977
2367971515596247939081656572812424204261635390421715799619699665833
6168770081929304108663865224900359154617056360583956497351965077766
4976882262863692153484135047920604402080390651385640441410622953707
9053677979000243169714166956875114098383426905777896042806877682188
8966154431262113706360682990310466273745127019840648244164656486688
8511439574379334309719032498948302414840507414526659491378865585355
4597848728297925674531563100387332480355234003885932791297181234533
2473918770199810128563514718366356093147014578485183124721197058388
1669640001838059356938669157095336979366146394149131593815260563088
2635088895680172154369121360856720293455707647577202955754998446788
9742447907193867580450690318536201820331824006222323203533301182144
3703925370554675473394932683250121295008243768218202329413268530477
0969468649615863540123922683390237574132519802415612320479864573566
9083116437729361652986105201125736322947737669994183947890642018000
1372960525873274529256194286117817074349774483472100162264420112477
0210879490721145842560179595158261716807162017179079442161130128844
2463999366513645331873612009158537353847396545294160154674047240822
3527612184326159568567517951342885956437602564931303460714390543099
2742885005435875086058885885662451704239585813739117563954299346500
9483385582938621407315528498435684488811536850769442522596065082766
8819651046826042559261486402212130818887654040645230438611608921166
4383217839521710416550254623053393172442594646226571444543862772266
0567214962661856634387405362249179714560016755405394884229872096911
5533391959491886440574603975553853133899085864661671443964698049911
9994905896716774340132773739493863280267225987498589785918368346177
3482744087585162399954750887154900403445192377547012466391286382377
4820895070799855647875674999158054773945438148758879927714130720744
5819093088596736498337027461173894698233160892719879101896041653700
5629080631986119088311721903089763501772035120701994484267578499133
8470405996298433043165335483865945252139257945634617381649740310933
9548726559902343922591015445371770638076766436143349923469810598711
4893411969481440150865786794094483462558852788398167495660442368311
2051522226844576745944958743351005717538309421989804789089862256733
1947377674358309060897593222343924660800536938838815952228224056499
6943751711840587084814083785475232158885249431224546260378373793077
3659985815517639002095063685586752295382454745211304174212971832799
7567435082140695589408867000096610786590537161885192040483116513400
2414678204354183334786424773944579440140253178450875095652001238833
9612724038926697685220006010811360183237609649188953320259623372099
7323430667508576815107043840144238947279382859847283714371406793466
5227400118200521905575793256274032408524373600192621495772550563211
8710899504480012983646179363027727373717231547886044862614896008922
9625213062274638594015286668673311461724725151752619112235947166555
1344645667304501089263168860029268403108786287751329588392731131688
4575946608382011701419516411724277061732676947758919393339418432733
9346517226849046995392419554130679262358041860091101421765732756077
6899781815686330371582434944938469397743854420250546403344803928944
5867676391911116242478850342405568410439038112651983330502695312644
8037983619447809205710103187760634315367493057668743820887846474677
7221356415711534297844761066510307790339050164052706563775290343822
4584256857097844837065438943510064939884167615336779859809449582733
3096859283572377253265564583713549393911994081728204429507127662322
0770172288461639123961360245379837599604406446543849854445888245744
1244446584800566176065766701042195535773652938949204877286022526133
2110884840304779399779341126037995020242360497259932975312450064911

2102616046387808486318065804281842982970486965601223509937294001 15
3946764573007001847553296325654863390459965650158523985023067778 79
9492330783328525227172557151215806072904036978456929620167028094 91
9760534967689565217569798470465792695381863712858678694228447550 34
2994414860949767847917108794405578196226986592033691978715510745 36
4007541364039098279909544657169372712916561278038704207348590168 12
7110121484040362040928744847079434033278279432593545427902645315 42
1980316415122678235116375739135875271073542302276819107581989578 27
2523067230949878168624012517052969727983319940295336442947046298 10
2665555468642885369511202976072569433902826626894787850356103425 86
5182482123125127845929245188285267843734194875112349317647799673 06
7177086851318498290879944458356683683998565754213020523049205353 35
0620324818215879061519466852861237231150822155758688443983768281 30
0526814662178965726809466832451603203461228116794923261310149024 94
2043654278527967771298304828147827370471519004443409300129107660 32
0645629996762460862567845451772265196857588770628144427108893310 49
5622574305223900721397850967172302376173773171299725217279893168 69
3101952326117767493114864771510373303498965130847904832347290654 94
5017073492504012161932456200117484101911225100749888532965140288 36
6302416398744250250387955343672537376587779628463330957049594802 65
9640987258439697954380855056211092235415828614666103429789719905 06
5063328675587150950592896907699858840254876223192988561785348264 63
3867104501930909739374940648589620987039410888081650878649332476 29
3987699534464916507644914715371098286823422324399659159672435727 16
4562096576711524359136715430984985863037196337110212248465552950 94
8599321406758121450653754356371339105975318236672724429465024371 99
6823969416230696542768974974719970372385524703683628326760914877 73
5079979967954195531342447142997875707228170922680290481541059965 61
8542630441873005810768770948582640362580422191713467652604549434 37
2868747600756127335281682442087667325058592666689003032007805587 94
5574583411589081670335283954235038550919237554752735890262046681 88
7544558483443933404601394726710315320211851681216395022862863264 52
5118861011214413123033820251576527870689430589824067623734064498 57
5317146313325506393551284650187232714077089814236196477691071255 40
3842978507974486473034150256050290325155392079307443435165145920 53
0763676756143131658715787766176579840966169540705572369277315941 16
9645331386914059186153236887170671049135530522730210125936649781 18
8084085158774388699602191534558463105159613678207366183621771197 87
8048667071854418792537427548694402660550288200492447908659586090 45
8125359222260587685718574555896269951312203929547854125044404159 89
3680107722821176203625718909118865974076464847877877839499735100 26
2647431678933400199942751836564226233208865061775629127578622972 27
9224629625311404044657492989457418986665792320320928531163809397 37
6028626875154522206569411371812325628503901757578279885078812885 70
2429636311860841477040499032527417018666600118490018737947470283 90
0656354569733804652564168358526610768377002832789667594395074589 09
5893980793598598516299236649296640492840223418031324951248113676 93
0672486997981172353278659644409196746916652653260758421366023361 98
3946789281638248074666428166162632256452600975532359808582024023 70
0103362620212819507909750372987313396902360753512979139294525309 91
1908182093729148609792736807110198477761305423657750002311215695 66
1437385753191223459481047060515041124978309374164246485082052192 88
9936590109577910257985308496750442106162524467816297733116940042 82
0239840985898174506489145618031686740094192434725768866864091221 80
2604336534945769195261654864314026862080497837743868847871257790 14
5269249327981327400917017976169920395127657436521241052086345054 22
1475039628874784058606116978020447357488124047361367767531185113 87
1444648935285016099283085674258135644722262927803060735041909350 40

300908062495029874966675038482615487068025524243899568369805323659
845990104927446087165399400220061809422439409136234820317194338910
815315580221073191257553059327267516281717967850760885137502404276
673925189339590272144178362830768943377293369480510943673844169915
647880815743093832128238088019373777689574014390150933013766167964
756718802126947195057796757345589528032808991164828074106494291231
471593806635512864962614955027792290099200148335517701302275184990
113109895867262815641473200797978967681590723591847883645376860357
273425771303735352473905143233152565478913859841954288204463683195
380741155120935225181320301586405005737580546440456426726172636229
757873373791712264772903861350844538436171767432478049250087342528
044280077276287010719223162533264071938258794182179495827643459278
557129842182811756762431195624776133716393116756082584648250580027
655853745842331461896115784674779334216497489762120498112847106614
138948348756247470535410100970776057408986164634480517728403779854
340971454269981856906081372334607841431990580468856531912967569930
792903057689704341577660869946709777804427051438979207912453879170
687397295254733796469695851910856068885464405859040543416456999992
536833485908436845732764379034568692011104497022133768386656796352
780770311340426298906589221620372797990991459616299079925576634428
307976367385114245134185489698417834972613833953835850088328700253
661253020239259360319200965254750541867841816910620335742836289635
925385151775890623769948224850511734206754938441118300351874842544
538912659976151689753254987855786249250463365974717269043979969160
807481350239835915482591638422684632345858922771352620509687177778
252842256928152688671812720122627498702221727165771037923434918461
330104823200089786464829534088494885955360777462895271201318342869
512198260852882120891869619838784396469617923251211822605595214327
575844243623472290952479633644990676527118338902235918500587723542
155504730491825899823534457227492283506153054666003243698418139992
886702226961684947570415325184694120748234152010502933106918179481
598320020773808732416261103787282703717100927701391549340073149595
122849011137643726596154411232726110521368570688364320824022282944
317034376096517997820762704691702928742519793238711577413188829121
687282225821195994411347577497818499724416233270258068165357810980
806396870955864035705976328147343269014411363538024783282714134765
399571000227564577485718947634641630270187892031131712238238748395
865281900151141542093267425623384811440122404288239201801162440388
526239128816614799827746565696832108583076217857521445564710815524
107643152861808866280612223636512461280140222855080560888452458623
278792514025350305287531754945254014602357586620698741193190233615
465446968312950068704891824460293857696748472034478296859267671725
364691572095402096739334603802073078838430546340420607072287100038
970213661792322588293015505520995810923734338243577114977039086453
703074269622664678620382074798651508095933977910063223997218687927
293523992102771879155227543819829944684159903891702673734812129229
003441529403526067606629556871271865816332713890060047649093148653
988539268441602818778319640071949829155334972662058322848529763647
748863638588946368573824519046957927527655347954813382697643442177
737376713239147487752111835140734676837883945425380272269850909454
287391473988346946485253354196279775319421095907952871861654840843
785497106596227907609551571108241083264973224642051830825992322781
079736159510264778393613902288935712251811373617159233734225908001
476354539619512159324613727585356798182260658537746117435012715923
505834352299816686908537776965681513834911383414826723578779914073
530120068918765090745544271863082421066896071508344131611726520267
030592450221222419754610471865569393920559507905243290556323029230
063839537350024886217032317846202507168584387427174272270637317651

5090010259182904216675897689335801788108896977380492527637465465555
0378152932461419689697692059341135489856365118890893911541337597811
6071618526416484506014260450339121052964429700342831350079316004733
2642224490919688866809464197975490827013609774715542161555260957708
1743996949422529250919414912046643331091332295221969374948801251611
6764638878561883340165541806155391257546202137519888001072939980122
6509794826726810754439425633148783842000096420104072616015168772444
9623619900546298982543262258626363755526403000644513939199740955322
9923434251903774104504435412650819669596736865260879998881870092977
1859757683746949803643422949624803801291150601730835762242601724277
1874968100166968067378991903716299116682239567441196533641363816800
1705818632907691665632918820927209125392168092639670211386700482766
5452624253961424122662133834425149060159874670886736892964304782233
2176615847551235027818808526313255711071940296366912906631891939744
7164694008385759645827199159270224221541814221088870895066290033100
9166921848733617332556044833949573744436990468712539939003814112611
3928446120483869210920537490358667720582315764513805676344144329811
1170183894773180425847757466192563725601702174218727797284480264100
1096467038204257430531434768045355489225458067421490652318512104044
9237987880822294871017430841385457941421592902596555954085794357188
4382863426335731139858881502888500240320690319415578434808577337266
0028950171774644691000543147822838810178995662110543977028355075933
6912944622415084497959588115759858204270772080361422283295376543399
7594886676417560353944851310917655970428809345018916540978801334711
3120710194256525100459959271958989523869845022876006848016634180766
5179118832751774728826521426349137398811544223867857645797355827966
4217197685605248889576849274270986520071867339238392391573744338122
3715226700842734421825684820431127469143923092543471878488129766500
5366959895167127735271424615952558635342152917884088176375846236288
1828946020417856379827774234681243029470296951568197609331600838399
0204004534954053619512567362751697472859514592268538614632383912000
3714070673652575757051731451933305571210411434568382762412592972133
6587423730339386510944233808012046127062812288516465723430531230977
5853943623654299245611684045052612047013287406305270708842650460911
6822902380712044572393060453525846049516262969388834742386088864333
3953905600111750290438045761969351058223701058905356313653209712266
8858600845683093522571474176712366366539886286523594886972888191511
9593986479297936312615408822857558884446379860370869178478493407177
4265786088182692246296488057047314787227655745399737207077607746944
1076703701550990139285382992715104037591497723424991713811670876277
7142495989487983934892688260993741300348619870834170110187163815388
2678755571099002660936017971649266395810312512314450633941617271177
2021817454975362988167535795877741426086588728875468285419682346933
6290816041362199434024611614278602551316616740819752879107092072311
4612830526230940040891068981750531451655379692090210509890984364077
4826743846918851802940541090773590436075957065304092294305393153211
4584353391969367230455006340408691465663381475591204096892514490366
1253130952692701152600591466937364457838966020573301212979501716244
5904484056410828528366248580178626331031826626865185266795117788533
9253303703719940763380248930909539488344767492375681975845728891311
4572843172816722992914895386449488315946000978242646180410402065566
9585544809390605953232132946230696763126657652129374045338641846866
9134379157510254259949909304623277197277460402667614482428124900611
5460983384885582689021205589515805033857356113073496127363310935300
4857724947067531658321798520390126130868626880951301199609520536899
1765070015616191660083018062239323629555900495579392954527001441366
8682565833156369671923303738607505041331718456706099245010295795644
9491099869128124652741185722900892819862661763419273986002480591955

753498812137838782892132931015852485315668215681359196109678193088
878920088386204424705835469081037592415507836985838020264010657319
939703426185047423434249269173670266412233128763412675412144991625
811597968059162169478328674332349020921649522586045860712427422358
192919234545211137267208432564451874321570751438614406791031847762
049179834554280808252015623489488739652773372755816077818929687823
061978102656966524045859496059612633064578742601523398327057269017
526492338448610692790189222234504941730497481255240593859857364462
376996853159385712321273814603024469636370864092845190638381718484
666085566881324761572594222244312691199051889526779599598200969518
099769601908566329950535037214880476534544066036580201714321512048
548148895542145381122619740736370629069118740998423444248379849877
864201660398137411967706919126367824680195917885220103336628505800
265082431468052257086954142065925167298406627735759455865351097120
540073218562273107392164463962346301360471098011666187512349984453
484460358514866864565680892860963786912472463804106719777942003146
408004838575019930594006671959949231534727081773698205833189525048
940741977898931220739688191739370283234057933361160151489913546837
766453952563778392755423026377344010754029500827542854908103160957
480681882050095307157039500891837918683008010615772437195726104286
590012653612754699631778447151950770979879303351003959681932977931
978404114026646564607825138984098664572206743784019412946427993344
602755911793620215657874412286903482734325027856585160972537393986
300543310880085128603280649415134316766235250951318472718367277841
858246570946926454303586044342443916244596424782369424941123291351
945359700435899858258186686456838949979894041023950139498472081371
766868196607002768221543612780156831426436916868315193808653764444
995783801028047659657934243588933911027948549432170322274540109021
081785870396321358410889707339179176185035146189049995150391291853
798838257149799393898672593668766812143439887204437345283519245182
171828084667305883041221410813643782980156312643474455089133732102
109353169780818616631288524864061655171436335716445431606808204043
946485214765608508425382119956195464105581291388692361016128634432
507362631777222893475341394351822795400541313130466537721535836710
341309198901224661433542195308383838999215843777369949948493630036
979997329572057023321642432375179457953073523790368393918055258704
526345232980857188011357664675317264945458998922934097082478191280
989956856579633280761465844420341765259394033481163058477288969279
989003369558790220431279545394217778188132454016122307998441934304
594134666710248397048122363203264403171779674333079405634904899412
546254072060484107206537927434018736723839296539194824106804361246
462445100950893761805196017215847826456774121341947865394925534046
062629334911770553433058107951091072296466544679236534030556350713
606201500380084530823909437563770713431397711200809563104988624853
239574474673765389946622801430505106818775974297432601018976289548
271499004539529205104099383167428986540340146457709078732055777914
256413194805029580642647942647528122293009100851631954844484387498
112848975613604551236888311306054805543177553596986618641067733321
783446176398638871261306973408477584777205028799677746210001209906
054795735146987610243627867800914723563948633958549974294424343018
432617624466641045659781962366962977712990091756535125618452567869
528087172545366554727618329725306742710439806321977115384817452907
005899651640591451474219165692747373202800068027864153043777151188
895645193623335054131848835201885270934534234424250375342502341379
804386826088505856491180085351242586358544514693173632126641295489
988947901643573237512824224034067410785229873995184759645071062882
382950869531227554436313464929225671476098918997574030834257830134
939780281217307129558183019792777385059754214708710440342703114618

586250671524181580436369368802438647728284274312909057148738866314
831868216990811020503408714432413876062439928432829272024002994011
398044619372880434112916394522236855309614935849497956408398367568
250691500205800691819754249340600591655619017035557754623043025342
079550086114861628538281022208759766026027125059129399349471165401
399155605065851360059067978683216958575566140120937814695919522280
910042922481480937952677185691178971288519272145488327278138859042
900685982686922366791366350787079023027252837501620416268703997292
910639169505239394294316196342649606845041765741297200075167020659
016256431019795837279320584976855891867122937159573742254348969723
525660914387325468230242794287222284442212056649817516485620724969
050642290150694756328134577859065900977880753271946554527212267491
746832331675568814908829243172653033084268452904009324675420861422
953122823237119185314171720952403546821790251327495952559619863156
739076549830570185500494513011992782917696445966909030768232448360
149324128181487979677890558993306836168823252594338302635871570045
773265628186971461545108503740411262243973113671306690346374103619
546017964803874911662176560888781726261220532662016773231815212019
271033426827939681612150248924899986330294819907990085993816497557
671381282803422232913651761396060882569170608662169922518486414072
796691636038852702425110974397465076000009138025676860518862552857
510751822071149064747324176977984561908592953912634844099859644906
812850024400692032200353409045334419625335335722868069734186147907
491208914421782106043539453021174114047210130412174574598255268273
466049257672388547616505028366497790233968118685859753090470850459
985379787590129615900650672627313569635455175430830363749446904678
143494437917078358575138795486909344098503435983953258113905143138
348268603493909994443617048773487087850396769551669451138231729334
547963506211332107299590993635661406263428357617093550033676193560
394924829197494915645155708276988416408386053490835951091020766599
244868091608590862141720556964710435476406656253763171615477627405
531459768926011840292712586867368029285171584055349777900656907286
251721587318161797762858908790909136391794129635733886329846577435
036589781850178527168103096491542719566065292164103167512772401911
388302626698401555351623802765631221706180467292904379124847690390
914104594822764326660001475850755127149959439502802211492375863504
553210212778282278922775479068390747330851162388919014374822163927
429196299696684379703889124743214397963795336239066097587561629207
319462153866742440630673332154695115822240699227134941034061175093
223673685645736608779689450057907476700612163575429003758191239434
760192624075917458210073267911038325072934626822949428915445448366
299063258643317568802778020686039305138387184921485943021507680560
706932698125455962036073230326294370168673618814245535624192682416
131244600726014174148309809559350608549897848635519668549083788490
591716608107897225326574623685339622900148532760449838712721163751
091000204971926523080925730790527721579678822831495659196372825285
048024945124245455759240031853842067135747056217526855431174579120
521441258258599468551971827673623535764457296231265841758279306909
444949785213791193310043143041639764010067398403111379339419106715
876738509271386539798883608812200088579482509587053783657331112541
189387044317908640697317907530267464114146391733777395451408113643
171044048483663619898254685383508786186411228665890900512736676065
431171847134076612507575947993472901219643350137386877152063164597
250069394269132627448751841407612976556278271915614177450922743811
335278277714392527492460826363480225119757669441669249175659116520
793945967814299242997966671793183451968637806916349238129499539732
182929606420450155010969130185458085967274118744369848168388467009
224390430122494019303360371374291005115970411000283284888147885817

8009507828891352943057940289456060217012783705052835682969316817 22
1318148567798991390571064600312080423051600801282159813305512034 62
5631556581131856966644851186324449367420649321958789107533407180 56
8890282663236058936710706004190963228034850485738617533476401692 23
3067710611089866207882561128971076315506773172634529786577742528 55
7120590547547109174546885729930013290711203684813974015969550752 11
8437403659468705939867008729487505367406665574763671232773118080 90
8691339712115496329656487803383978070056497497106087894840956192 87
6971341058573675117456750877758719662977044363737997605045669861 65
4094604284734857568957534480884771180188065745734984112711047519 08
0682489363138001320440989305391167536018339181046100153579932751 53
5510905450236584013458394546703825633316240871193927884580075859 95
3383996757341232610651856818916206992921733880281807259833419301 01
2086246310461990461329148431511263714018479651736272361939248422 56
8103498106712860633439053288517997891114053361622240272969004417 79
8219502613180968952337077345519257332175903865828331539952652961 56
3932018074398514756817232413258063636538049983679584232451617422 05
0007267712431870848792274672244395681544430480462178718528716510 73
8195106213385873810245005839751440275214217162148388514510810272 36
0426473178383069094927207502040487456098756949016879784150057898 45
9516700284458215797987530046688111384033650479977833840343161269 25
2639862881999461281887290873181376611962246696596442286811629227 27
3450679449895149656450202314770426818525204764010014842437233613 40
1819265683875260653153529388029000933028021661361618324270696579 72
2239758294265736728738214317527098148877704376629302596135825787 55
5060824963614316414982974096699916688845699812635967812122116788 50
9381708453577114992558484777020932680954138977825650830098838132 27
8857211430324483762605514611339636507533664315404411035035069925 79
7716061061889895191973546619966225196608116644567942434874928148 53
4819401156856183600396942326500335842967262307425253440336429737 90
9982882095659097146402536687647248234439396626739142440208773310 64
1080940120610352945814726643569181125818729703253133603560493797 27
0275351125258998887647678591101503623470756044327109540217862370 09
4815734953651973137436774339356629555241810989400515852307228700 42
0765340000407770710587913236514976805296124838086218722830355971 71
6368100873553903197212355224619213500507452724814251164685932150 50
9848232423292910148118963337514863108108127109397346626308113898 07
8685316421670258766342200789943568657123486627442910195488863365 13
9012830844849503996929263846134110115411107529157091264005570239 38
1140342296111822233426277731865931137752337618347387609201557612 57
5036104857769698070107261564688184530398896928904431540865563096 56
5234435816183481746254099862748674805230912961890222342472239200 21
6245930093689816743809595632121847329188713369523380706809882643 60
9991200502603195417809856162351627687523449374699407899024455496 89
3167031450056518553249902911012262906135006064530828363951078091 76
0799085853095416600649929381476245207049850182241161529004010370 79
4631242101261738017772159645655475036551783482558081810494021184 35
0599884369992741814764349534982545550233136585338565114077650741 59
8275049598764865355718137994341175517567715857014855288487704906 08
0027273259536361521815116384157483596614385676508283278069614893 06
4735374741536852463572337357891470052379931328610859960019395572 80
3343145195387559682089322801941558761011262467129754003306287875 24
2213772818271002614854625134143084360809240522645727828620735884 40
2922978788952234211625992400445065945835653116609306655057974300 40
8632463208046350743628410476516699359575700605586391527839777036 73
9881201889875573433339156128657541552636867594064152420287089339 10
8466006251658517175814660119686907518614282612879301011178825303 87
7958772995435205900571609333020219768230685107736258472638862527 76

0681181753098271058312603586358045945655302823977740443135225666695
7736392231623022653032412679116154007707659718092921046300994335544
7554003557837350637641880605299408016140601164211173580226212934 12
6007378545046923822620426458995459039410561369489044147100618532 75
9541836267509824179714127110899888156861116436444271863199189246 51
9618402503084611895490285725839866844031220770503870082392230183 63
2727429732712962789814388432942817000684688654591187154776162501 15
4958706713811597375395031541781849984758454634141363784323337639 49
2093256954727113552516829270720341987053453493299038984366408076 18
2354029544656776812816853333757094036289129198876617928609232030 59
9293463621343867180420702905446343493205441984062652136609672918 91
9998179236298311938636215118628996231614554640837667614735890783 18
2284767691080884594327533442135564969460296277106639582679765643 44
4965173505810415917053154053074966045117616628337602866783160363 84
5526113162702478040905312534948158127758578782413474846396669172 52
2404413566971352517492023660596791343643126808459722925597463441 48
9650385459105797474725919790865907155563342298856837848219765081 05
0954916275494011566183768484129350089342697445826065146307545686 52
4470135214533614726392830907173667942588819115003872386203118951 76
6921669606005523908721870725079217581438921792081234188272694920 53
2937873325915066910357618584273428071175927516048427636715501931 51
1119283621717682412245821555710128723178294808109287504824093928 90
7648463717738699400133028833123946725913849779606343013185711541 00
1976586494614686455477035931958956326965954078494768142398803961 11
3461816147482643783468707239192357852672560362058445178203126141 15
9741678374216900847700412982051248817654906543679374632871828852 01
3682077219493535559344849371325964050681369829773096998705968122 78
3388237241869033206947285992654319916361375162924914318557349575 73
0859142996121336780875250998999612897604294125867685706728785640 80
2580817870356744717141020274468127648918944941755468071081449513 65
4397072202254551668644742566110636293354875514604890674500520285 48
3363626516800360609893715829831782765131795909080910689793818613 12
4184655386172780893718398124093235723965906665765480479330967465 89
1344185505481953499262996302805020526968233561794794292373180216 82
8478224939783455726953607423244399264596815040724439867144761832 19
3917210220307501982374571666487377404908632114389015190858124708 00
9003371728625158287388740441365508534301302556819319606957293024 64
0621069613458649196209201453267623363116077219982060959659981789 76
6122136970714675010838578233031796384192636873526518074679712611 45
7995618203924755983414417261882797701972794601856144344506335913 62
6239341131787939441625956207071589227290656062069450549558944409 18
0247146078029102864375475521514011376447857153722735068859935833 32
9269746304064322947634472632446257648301099808870201978201233245 88
2593665403035816579508415858767280447948265666653865326226050169 45
6152481982329719559699825630563828768741063130236456751841353715 75
7653023261416310249833457831476367623049598240171916637338875728 66
8929753557199234737957619574367758341336987138247416564830028789 75
1059193489391586856334123849157582365684698128349464853135129474 98
2498587129302912259165342834878763944847390147005750296285415297 99
4741794424101877102346426916349537868346761498999717123674472152 60
1801871229711267727819777066584419081816596563399240901478516805 15
2083676856711413241387888692799750828173279489997694050252254601 18
7408004004198200651900066788507412147607992506211916848256012360
4692310040080596804631084377968380422395205488692215984214947989 30
8266644161430952487222484291001146675030516506235336859781120875 25
0469132184556618293375267941860745024200140038677323708731500110 80
5005544842730496648971340288759324274907825709138452748349740216 48
8255877034385225985239393157584639561372071425650192133101548950 48

887815508666701504985628427398934923021745345377690510806082607986
947097095869349140819378111400395187508844039748483492909557435855
837328008724734562863730238817759401980732424428203058035993432604
033431039375578012458816684531379383523219670739110307061231472825
594615607012085894959863604923600488299680664291768758770786751043
008414747824167279279250803241119907108627637054686833900713316349
442649503347926072615152555927994033968432950007002268870933247817
116026717831152349185306688470777708521857042327653148123119643932
404556631982982779552103847698633872762113094445708614650064389836
966917042430488317352345969311612855983303532567499201129215970696
799853799328721906746567816346753407500137141287456800621506090166
386362477921782728590316748853923317508895180712840656924835748790
072508836004505899494119022416339625492774452234572378224981122156
921183693343742361812578321950651522515081661161606693290109991123
485681134773022547823701534812419039346534514033030993722811677237
168257757537174989647798893906977912599851117795793890013811242182
281428670229192833077341117625469321781498754590521928193896560772
456712348452147881260133219829968227094713946738337476954565872058
025985956207491085279186051527482319178577075965091207635525564100
768270826245957999024338506944652796842858069079629146202449288458
708619185431261963634163773854847651073152990024236073244338971652
102676480543380460991398308218070247576932430249102396213981846915
324091016364047558636174640552035063200329352639928253545635678349
772092162967979261367265325576347297545054727747254532496923887368
534199706033319413781329348841093748161955675721716880036117667287
557155941240026104196742973577397599442242193797051993750356096336
829762921113555445534240387145582832434347213746620061147247688732
298607565513574146963144042719889237019438835114228228310602680111
398164214811134915119584351296304985267059626462590789841934397310
688611260061704776116610440045240127746811300112038799916524255487
692922796144232845770939550922467245289858311792757737125042427675
179463925875371793506564408723272323546485160868496396947789490301
044657456326528587869981103644454424926974098859626188639245684114
519411810206973927056875924296560338436083514136760593756529809476
323477476981861138268682724994745109491681011725469377401495225967
733372981135840708833375833500735607380533397277012253408955612018
399903393279392169701462409274715669198043283428207651163964608509
422194788139411524990734138472742716911501597527919083526195122479
829542438520411123082131130995708689090205854903952074713077032345
530494980278604409319359773938356769588711000749394429850910418405
090617178674990384718841807280747106396565058394807895275066497120
280146501169662955519597396055655039793312741279309444932655438629
278270856192124294237847043277224350512460373792341620451983761477
090932372541314971146920145569607442405816483205575535295322828121
962392907502122870268490068525299931060177912553297874136454414981
530395732105522515453305145414045499810298460083044171967626655013
720009312345490833144760595240463693450024985804705444573207860866
313385843948498540205508184789500523547041291615622942040759919709
309366255094877334360590982145167341249831609652817583114922366190
761833081233073948300254020822684895657296879672456234164990976707
707763431879888575306419024331323621969124824830520103405855399999
657941850851939221879942299539424607119728315953998180124036793548
244801751962238160394281986893494496001832452481122534177542103820
161225976085056878052740654413415382256284273556937567965656369765
203850729206673015820245742854170378581129675825418227900762933337
350768192294279388975672137215921263983516185368358993846677354583
134675239048550210972098574170010626062114866682908325829274584086
242071496552860524815879101236195295349389781245527300207641687532

144935162149712512702893586843551271098985117493346262419165371018
212459968113184306284998072555978371179755739960249136838213894905
381511952920055275764482690009079706919290146191137553878205970786
181302810255439673648748356127663043815449957788297917284862763925
448006843105277022387491580929080569091427186334266762654988556243
943934494482923793753252653085682032476154950315865820180376268293
905686038396327332925211263865146519373765634256634690771749809555
219071120371142870502697671106810485068625628782901652217147403481
522602964649338910504568067558617668515302569270801874488751165373
836689558056252682445288727589165370424345097283241955967764719533
229671041735688404596014451333945628762740577298739105957129075936
771535032088986300681984475147349679211863210197611386474450910915
061683330055936445165486535677087001956189834436940885098491309568
610539879595133535409317633208102535244760104294006847731408758965
530656078240970480075525771489702834320678937792739089902786381587
735252845276596319994596635000136098736383575990561302870433601783
311281995811399536874890452344171099622648105166629892773473709604
965900846206169864094025902708593331037198890188743505858870759835
712802684777865054817448302356832819903720973490639999143365597451
569029737068440734800590590208212150509676469143864068552134455808
185001874750960935874934285193937495962368035460955400295061130990
556141840342929985306523631838176974956647264385030787558395188572
803465747630268157837373552827020331689950193925419958726765329100
798679982717087910879209974734165646448358736647884520517070465801
449807839760382055431072912780229587564763183089353918177406204083
063086801009608821230606159825796796568956145390806225080540255416
276976753965521105891148386436036568392854250049333214327033234985
006533161583662820592392335567139427383700612602534710870514822174
049287224457514685105163611541754152139922546099654002601852602725
458298827113410482764719064112661493556326789065648294692078565986
103075866403633154864591851632046285065188862376419390830205225386
018404445912185913105312301780687843578043872197353369541265260615
161231989588766382976988213090989124711855574743111067411936198233
909135705136904152274441621385320031378720971056079832696683457361
489194770515581659734137542912675483970637904580976741814369749483
051830681176323742018133110423515601542808053075435570933709537711
964104736246223869930053722410511366417531212746695722247337447930
198057194767937552184067416776539680544878130756161791756520321409
124952648953800664037350915610514793100121817842392666169876481450
125195476341047636112839564228567638449694292232257188756548429671
817311541442260325694190121319575515326345358190718373639201260246
873843437626138877867518020644975213408083779990092694539821991927
785616692205953289440905501768682220986114315441672861483337564378
492812885575526475947275291622997882791334589422985127861937593948
988391098718422002745506191906671231212034183294960859391932897319
058792613624039153766243143172315152166466165098841553323407492298
460272905229984739070832362953202740871442894223909353590926404087
582537196391682510803179356500508776852223751534432860390173356454
175252920192479794343741177126013018303470760484295085472230357868
175356885249009521696393515619170462421919305100704043978327301688
313203639187198951987699307611930210851205633513227693413915492343
961820720529925084358747674571881701006953179590482826381022821716
870715630163487738577345766883138830660823105762229107832579137922
766967436408301414102493550346261796905611367929346255865215464988
885599005396683094883959335667887862005751464942416892487895804579
763907781909291786257821319777424423966311694447816212878235421787
922916680504910447967847009126315323058121488506816600990954166667
611385046438826712459275162705765117151033753874765851488242933934

4926052069997603187434614269727395855889416335315867436873899504 44
4380164372840390458202370694316096130799749190446078234788392875 87

7059923066996294350421508974147064054464167467782134782651229646525
089088059691215247508242669041286549404086191884194730838084649666
896764215049740622721897396973873762329009337869116519482345663551
781788627799717077478384261393532150789589415533762790551893527216
588425916319888754919257529269921885795873057453037890911273915724
356191933508027184122425538310557531907998365009500746946700621559
746604971609338958751348430531522331002960520938944820848045111823
091782478968744237491899922100759116875922640737200540258203251990
791446785025151595762387835141358959931536847444919071623880069660
713470258913129924105105009569584471860979473474316832472983056732
245011708339591331594891876946129949104509411910259847540913967981
064956660393145680662996086259390290334217426044022236573745984117
164438151091461168182329778852592405671096351446151556840779923196
253079925142137913147625726628175747002928397796558568686572899873
927541442930806576034897164241108844101055347328402242304246375545
492405288632398671835460726127304747529102332712496393506979325716
749211550364147938563818787581835459304130828859954103688446122679
829201133150387951960042670692601136723794457282703755477731437836
033734385523336650623677547101193013464667194826713193221897453646
151125119273621872512016328736215134667657588767576760361908733498
063597076097985038711929363751649422153426458790157595620434652570
580058654774662767331355148451776869078772210830677319578133127215
652237002980617906179101070795094866867193264424159867574529303342
975070667280117155919277426465154564811681788220289947068974455904
125356082971931048274983720110102363278374226034544001805245538570
505827149529052749530025482801739967026621873674088642293750866836
332355116946733786957147774913665195772512401544605137525759118606
934194997338815822429947454576371038882157830588669513143571416799
558766530021662597834540103705087069079235982047478237114024690549
216771402678217125484692278963999499341545621567511547856002034922
768079778222015965815046381694783066158072741445238215834866372505
534680746661438220213499728489623217399553437010344496161720695676
216449436861252090799271689500194618228203631147223404775981385489
859338952718877595177241390012474537996157897227506799590834453088
505158561946335096717351316907863689949314195889648664525590165082
360461871317291088108855762687694605782712388371883430300948317770
180783563169829542220894345448502967127577956639767725541860331630
759166669948630826074782577603593669912078137993713906416030818337
457422345264446426239650065465243818169745539826378149747801316058
242932887210592267593063691481544273009287439800397792993881068304
105070363508310460102396855341682615622657617875438108017666154715
714586854385992910619338789827302904163299931142131957810143432780
878421194634903965286328932723675428880190277199018808948760772918
176869580683285725885617687067378381696770327839723803604981520707
853325438444435868547992539056654760738958477290095276783135598031
628387036902640468897619092196732085074276626877449926336421846251
295980597426139727827137818992673012907654769836646434934447925939
751907878872234365860238394719254672488504590100306336351528370436
915726797169057169474234717062968167146832820768224100217491116675
390855908911770346326217417964044111031080898025364293548230316471
852701244493819760213099430931966201348830272720837825685532427544
031737883715071298018863353008221305051932937202634776518936417550
077708467495054398146866153589631643293227329093865115024632877971
415094051713633572827078547537531368304438038085103858198104803048
598774435664103121581585986655318137087880155316573210831880190780
728548920967634144611444402888827541838528905572242064907485295674
251880317383778515387498876855075886318825952441674412158142175161
982622752228355814176577875509657398051419028624762445400083917959

421095037109736548897678708016394875431087414014602682861969939937
928986200276929658679708383439510774741840670459326924806228811763
752405033541775611725952983260319543523469075794649319697724113597
351607215566378191608091205032968508468215161449022331869920135255
006844319710953940791218308620324392206468449786644831040265832452
641747261524438128670860684161978821104240477741211669004598163781
144392959016487713027745459221101711198927404506287940251844044141
867493106853167913845729917627487502299356426943576110751119325039
564173176956078917495593682804431246343283984196670675445753136220
470234921620730680190090202695746761519298290085378740047493920695
697214220620812471275389351495429632398859972567109421972283907422
478021652707037771318385634909144434691099663861134154330708775304
189437270134514925209942600109920047456559501433163197382393877269
645150022495535345039357100766642360709363974811889462022235333585
614914912320232974357822105285928664101878168182357984076792385017
715323710280332801732210501794552319314090742214078252116895181320
379018044269957910125789895373984772432285591319752969558476179038
577008910143298936467240385679928521295834456845724478150793880934
223089223878832262338200862937402087022321430088652059469790790244
076346543324495437287927838887237104677931271476974618873425488787
294939401799125580992327019001638801358530634264902787494741580312
261366681722678727160850832578642359726882309111686809378653798789
913114105248179826908858876869684746675683560066504518954645981473
453725013428116577654530860886818553506902748227858276362079820493
102175181467012336841872088766958508799071478044618197680563649856
200857851881756751501445042976031398009675967902825618067000889750
137868832387855332038694180082227614957989189015669162711716580810
788720430146669530886914927950158378241105907410381873632989858230
174560028463497053735704332611564042247165692920141520722331086325
242743560397391352952736391797404144945024000301286411203116982417
834572641896719158270096427060529567292524127852795965415966715160
366040741866683490174578655018195972008088103100760784822770078393
096699096891692250127515381773972871619952566484349779759535022250
775694887584763447888925827206416386201473586178401978727338551425
798045143281016131975826473022996347695757251114001599699795872026
820962424068860225081769643141636676268843015449841894374999267300
662376231104432529354020833922674967543434766870258030430293507010
707287337888843241827344861953347938591948253272984392348667910624
454162632446199927606457909075947412919087664644049061052152029659
554341550958296018073433322058579630809569613117743938834333741943
827511972344210670235966049155076064991822130892008117231475537679
039927575116274289335355950974415494788519624756458294021231899578
161295274083195672110100225012735166915442554485355017633680978282
844793914260482393303085209874288950731094378417070791923137593561
642312949299869451544672109454615522095674674267895558421633149143
323593343644047016889097186548049127670535229682773124141231742295
500598018386460894658479012925263199032986168020180713026640381071
766677520675968000839702949916160329442401119714656470099451694272
285291296626381659929659722235232402741039654380314157748754065955
999294373097356218447749973893050246145002071840777608543880851897
685545714948837042403730711458531739646590080623996600802211375612
289284416654941964785505868570633079953934598144310528947809568238
367746057355088233118082448023887520172614019136580053428043119719
089340896203954554304121270056986863621835343362682227075929393316
589311302812789030859562667188632854912230139416907380136596695149
639506519082284526663688160018749713750787790686739764555316521288
475733378338436224216088892674472943561118765176701515256288275888
930126455889410522919151786120255175731754608961683394911376849891

342059530062583176894496465216725842983865669262309586264597398851
424891355250709325910011927739727444545370310341342405394984196180
293704255249131883446841784571941549344964607641122787649541380827
652807253906997168263927591203858413176890477343466325575140975224
247063744862184339096584677809913557253067239970365098980010821197
645108223748398965713277415965557602543554642036953537620270062668
930391842456734356610030615736386836142774815136216244068499804090
792536138235053592002255660610356484312192934043898741265777857737
530642052250563344760662351819941082116438217166278392076009620318
025428609518696668522878875267103183262564474731159090083803517925
582369779895182952243347180331021591099050256129995910999383226998
349797289661020731289904281635460875602898149109280928447598497788
225297786167629614841863142505959317484942143792165963220960788806
695404567772355181689301022816927985530265268441354925141772968296
755941187100923873012538545572084581793447898159073923009123868877
105678210270928263109273891003883595349703578994624660031393948647
265257924731796345325094632903023663260054540235907578461100281423
117305421124915287699365641335639885330744509870436576728775881502
886100082463991785339249465515720926504635100177455533793973570236
833272495619998582887894244756845470729864014685212504832116537917
030107907401072448962733960544184912586022235184306645923076966668
883897324942712439048895624828566208034838975597573245621541945149
191710313918304615502384169032115177069501313590133561679391513153
934813124884930308024788163697281874669482891521287116383510062808
347429377681126482038603148375535726991167524671481658114867710483
178576705051615242565499268752405676024009337775083685584271470141
904533328593078089919579800365612343506325546720625325821114898703
929869489196830494313866549344120179359388185589480939434799470891
658339335329582971813220373750082201438231927199631807556117392179
667239043073162126043782535958455513168156622833244856740375500175
437938662805576099735212285255813050306864857280480025361707876315
722326164947576070325722276657170573523821041843037781958265689735
359380685976326199310102678044469748779925344761563591577271040706
994094523192963303699133027481190683102395365364009841903213283611
405011552889903396912475573643155043121248140425779535666893929635
529594188891162010220473936785358420193653459304530736117215178859
325836265294799458872645296956504212728674742121827365231771740880
369908822924681122251748804441807079931842731743933855982995994260
370801360181107844548197898681816874327039478939491343345354333555
311916985249367178493409358328498748074454367461533202630144899260
416056080476494628257839551833741336212782436957392723553530196415
779285763854407737475448791649694400098109525309405807216492173504
236586883009056660475023152538516575967300418018231429562402162025
172169461738356244743921360904965755223528701404490205383272675902
399658166622696531914688547040371722140285540194421378410542113378
728268061266141525458101188005960412444870703797916297232203174598
145031418250815378164455679673679113532993693186762974129620680655
619803325075980612449406376287158197553995285750069955661691341555
401302974738526184495052326538238771229924923881335864722949765338
693364100797413361286872482205034292285360841602139756921727968180
798361759729963320327973278621637154857730640046123476127950875457
145508320181636259556821398646837984996384992300644373672470560592
979142833880149550966338001608507126205725004620578403630370145749
699538815465717795911857151305030580190919175069647552733219104747
099495566619640601459868323810263251563994549829263213280105371602
468842145177456994387763803826031252034011563287267750374428630824
190634682370864859229164121171310734835355843295707932986751060591
836788999139433262676798361514563116412717640093972777116892774 49

602644731398647079021061987878676535007732225417066208684337572257
412708060724861840681921174350562428309724049822829321052929326781
230139221225325505539251144183238417998432991218455487593159860175
027947755344342060192944548133873544627520575038555524821645817189
332750842094296607381423605615648485120166372114890945146716680930
888681871593776724165097965837583513982389358112221239005108966254
023283250069001803954092392170948514070801258707537067775394379883
775893562965608567903743029698326610943774395832141455499416427864
093110532746867261346860658293059060367003185263449623525619975787
153141987320406738811291064958126477639763360275103031148532614045
555059945846854147564716038682218732678422550604896405780209074262
760952894146654415750370790062841102437154408037987477228216986258
322549226585875063783092603976645684652688280164930993192509273466
735148095778722797083917628490978763420028137386932410961533211782
824537751085104287452868172475410593286283869387402834237931904204
259856332864040409001048140824635165345442080249934041575741041112
658861796863699019387011419136352382217686468812172590609289444567
091714612113816705878861431606263782079106506743970312142913799040
811576967466773776666329023340768890384279621140394935819728658726
121480262956800709694133111066864849479419433430290502725551279206
810234549675573789262660209927000369990582875874015632826608137074
753816904938639331826559914185672527424166207075901776345727891430
576990137748017565739869076245471712002508139360178833396246377595
583146341278754486113149067380332363721684245071418824589675989697
408466176841581683173178278739739221098791398664319969950767508032
182891327569108474561900650115313067773292583561492614213237716376
823209213930100246167943974637886295871452186538740418235585915510
818199305843175842193006662124055012154341533572864078326927199553
696873317213588496712220137853466794924678850050367220167562374611
808778149416297223336512736537904054982557529813808450561765449599
501047808722965558689860531840091855573154006012972102138479836810
365710630850744377925709388765278763936240744864307572535539154635
222205356468885366175980337714302800548446845147088946591505900766
909568903731558199102647366221840688802004938308113775254002066434
682979574377552142835705163051936890022839097495904078177630592581
479107226704094321537747002028918396847028884811862977202397210898
791463505782816505458161251945065931772359941392237688176052266864
506545026418132060691379980131021841685934327149800208224880640628
936362652728092116816148066085927776056739151123066295483186865642
950832941964843546421962654584985092364590774489735099224871863176
412643783733327890730113895213979300620080700353692335424914678380
725662478309295803828999733921231485689003890301298584091395671418
748942653356444710802683854998613323511216600144027474433318906189
232986533890767459974296362695037980808426100549885338531574257211
799481755967455906545074585249653468971151959224124847047308202898
828591540790862579640739223575958236879523159940390814931933482886
189286285806744760501450132755068099800761308011918772912410055913
897024018776708326815757220794442400324231157469521306639871633854
570016777768268531802186016563122205254307132022846907470501638094
899314614309271982035665518555757001873679674299359161735937095437 5
600384432177298161986344273200156027450018949384770385300481378817
000375904787364114765031230289737997251745418644112126753613817346
965475635620520487129222522369766046476404480872496266688197789110
691667205864259923805598706022950800392234831866124425870910493602
645348581351373136753204724085715832083998497833962962539850048779
650138556467127928495139934347416775087497912935772450867347524267
511223340913903567930804815118584064406882695472368474624834277885
982453411464942259917762069959682114946025783374335486256390181417

975695911967102504241469748007320986897966308389152816290970055822
814884560093788316387284903935535327418619796798038457055261374875
598986795410061703873284949601917993860343549588052834681703685762
716901444372793856549897987253304270413210369155582560184946468373
026854976395920216149987848938593551128234541898478848238422455018
228070718242215393815365533029943954676100139018415776331539963768
678468865230364163171908877856975655510339305654817249720409578431
321826925139241877994600779897287005195188928115674049991138897562
853720203332114481902284919925451206290787235821535907551359668676
827352102988756964936641581031513568042657425371114170363524336126
077954983168348621857807210105761290514451030704799655055448546340
782749695617884343915987096587645939604208800757899298584369314239
428320464820718829676211323679401107481337021956936774030274725362
950224975205445500967124010035883251225690865041927599802586414330
692517817354330393599650470443169388530684951180354302196526406800
209307293640543087785031732780353806963266176657759011956110188622
595644789700260469802434188046746307826416229320574544636492747815
262419466293136196824808086712262887859306851945467963488650766705
271238392979344844261764133669390777586026176917684697580918818773
364599914619305261304586670865397921355170476626264979610333189494
863292388933318518252473814836309498694777932178477651020017492303
329709003516444804933839857839594189563422603795483037008907727073
950189159282935754840810225563091230258618073722582587465246752392
153607556009457332016904341474816324542722334755736564064890723114
244607345778668196133193261043999932573233161186202368399713936670
558205131404906884482497578606994450028291457099414380530208340411
020959231719083622725382348215432529271607003247717298289498180085
427216986621264931385706324317157787283403484816301593180629043258
675649396572525410285527992803951374676288648217511042731736813295
043925610511510523980501562984797619808287625439007749940077536601
096891816497497696993640266059173945150637254854821110565118335561
604258025619688349032163436148495241191373988791769496026262659477
424769090246855145097037615526158559414760805051214388501112399139
581007676552193708311779718482188425663601527121682612890991712772
504896828706465233879618790186145644623548995428348898081124740483
936169586292530989183662940686385740457633365829492568908176673662
394037543888844703893798218612517044097687000760671291394441842905
912255935043974791043395309993524929768285213397819259481279742576
719426424789589156107026234582477061407956707656493862971199439264
794599693718228974989644736538885657739453651843239613419356348024
427924423505479299332313029174644268352068571951622136579629567271
813862900575662536283560706270821953267516108684013470967238469700
985230546913751110110253067851990554857399427949897644966924387790
467106236929043906845436013289494630900585234259571520743214541107
147036674268526490898353754861434784761085787577694107613964936848
924420108710685282663757156054379032764509425777568289043587572872
290798039061073880567932176913880144650989530090808228629902949580
841953096938807252033125608954287573158150291154088506260747261553
288316604686489544902709753506162930123816157508029136318170884390
141426682462869159222152559118768206241955024255621051866292558336
795997389398733721585128074626913035640312684283015559461976393119
630042866790075634350855627390786904291489860008276578347117506851
802209559951527622186149481192870503334445947703557317411377526214
868642183955003533643533250692471795622619404469937991181341825000
769113799845113776998388637928920509166130556151936982529753875832
670638835647428315471195369957603930600223238661021204485105148589
407183431729510786454308526543521395735416060746563797137239969499
966204615225499027153779804330519194504919976552880629557089248198

1139062128868119952611278404860974798337445307436094627322024569487
7246112202613178876104838674278845542833792105924276830502774508586
1252419346390565383514898056641446484999722669638283632632025262000
6395602896162872843621708166149890228086313865701098441216001522188
0041710130819921345460751524503178626006111556991807623660770013011
4185345859943981511147899287465124504419466103949954177854523636411
1635453085320104896852925230363034146835157866507252365966679502966
4326252925101253365680730960522204965058342372482634070747277292122
1877510285413229407415199390277608401972535808093241575563427522444
8937294253353088329345411613594827340608813150676729459704139011588
5507989246152479761135464222694326588896538624717978743878771089099
4027459419001921484780490666172741611239382601118605469111781966166
4010656852278301124712079242482986987732335197159033342134342173911
6924586305046885524821683793798435976240876341109045197304758984022
6595872827467256266275551324250765647347578606315417861402319011744
7743010743374824028477377531406378296896918656527579551429972015288
2282051283859845317499083765244755655938415341846472348821769020033
3614104650178136446348256680426621949161473236345757095237487042055
3705266339906983460881918177801985474703355659596098930543011992355
80631493378652862200137981764476942281888374711515623968271

www.ingramcontent.com/pod-product-compliance
Lightning Source LLC
Chambersburg PA
CBHW070052080526
44586CB00013B/1017
9781632703217